U0646422

INTO THE
PHILOSOPHY

走 进 哲 学 丛 书

历史唯物主义的
政治哲学向度（修订本）

张文喜 著

北京师范大学出版集团
BEIJING NORMAL UNIVERSITY PUBLISHING GROUP
北京师范大学出版社

再版序言

在历史唯物主义与现代政治哲学方案对立这一论题下，历史唯物主义经常被置于自由主义批判名下来阅读。除了自由主义批判模式外，现在我们提及其他两种哲学史上的看待历史唯物主义的方式。我们想叫它们还原论和消解论。正如它们的名字显示的那样，还原论的理论家说，"历史唯物主义只不过是经济决定论"，或"马克思历史科学只不过是知性科学和实证科学"。例如，第二国际的理论、分析马克思主义等几乎将整个现实缩减为唯一的优先极（只存在物质或原子、虚空，等等），并且否认理想和信仰这样的东西存在。它们经常采用我们刚才讲到的还原论的形式确立观点，例如，考茨基说，"唯物史观"只是我们应用马克思提出的"一个明确方法"以"不断积累经验"的"一个明确的学习过程"①。

值得注意的是，还原论可能采用不同的形式。就像传统上表现为唯物主义与唯心主义的对立方式一样，它真正的优先极可能被引向另一个极，即理念目标、信仰或主观方面。在它的本体论脚手架内部，有还原论者说，"马克思主义问题中的正统仅仅是指方法"②。关于历史唯物主义，还原论者将历史唯物主义与乌托邦联系起来，提供了一种相当出乎意料的阐释。他们会说，"我不是说，历史唯物主义是空想的乌托邦"；"我是说，不存在任何可以被当作纯粹科学或科学的形而上学这样来规定的东西"；用卢卡奇在《历史与阶级意识》中的话说，只存在"救世主义的乌托邦"，像布洛赫在《乌托邦精神》所说的话那样，只存在"具体的乌托邦"；这类还原论者实质上是消解论者，即否认历史唯物主义是"硬科学"的消解论者，而且还以重新评价马克思的辩证法的黑格尔为起点。

同样，持如下主张的人也是消解论者，即否认共同体及其目的、平等、正义等的消解论者。他们会说，"我不说共同体及其目的、平等、正义等是有普遍性的；不存在这个东西。当我们把什么方面叫作共同体及其目的、平等、正义等时，我们完全犯了一个错误，即假定存在'历史的永恒'这样性质的东西"。简言之，在这里，同还原论者相似，消解论者只承认某某"极的"事物，即只承认与被他窄化了的本体论一致的某某事物，而且历史唯物主义——辩证法也因此被他们离奇古怪地降低

---

① 王学东编：《考茨基文选》，407 页，北京，人民出版社，2008。
② ［匈］卢卡奇：《历史与阶级意识——关于马克思主义辩证法的研究》，杜章智等译，48 页，北京，商务印书馆，1992。

到现代性政治理论的地位。他们认为，这里的某某事物是他们通常说起来具有现实性或生命力的东西，也是他们在主观上或客观上愿意谈论的东西。

不言而喻，两种消解论者都有学术、伦理、政治的任务，即诉诸"我们'真正'谈论的是什么"的肯定方面，同时撇分出"我们在谈论'虚构'的东西"的否定方面。正是在这一点上，两个方面合起来就是走向一种政治哲学的移植、解译或转向。这就像卢卡奇所考察的，更像是一种政治对哲学捍卫的历史唯物主义，其特有的表现由主体—客体经过中介的同一而构成：我们在这里可以看到，现实政治问题的绝对重要性使得哲学合法性的政治辩护被极其敏锐地强化了。这一点证实了萨特起初对"现成的辩证法"的批评。在萨特看来，哲学其实"是一种研究和解释的方法"，是一种"社会的和政治的武器"；"它对自己和它未来发展的信心只会再现拥有它的阶级的自信心。任何哲学都是实践的，即使是起初表现为极度沉思性质的哲学也是如此"①。

不难理解，我们现在依然面临传统的马克思主义在经历了不充分的去教条化之后的重生问题。而且它在今天的世界有着亟待实现的使命。我们的问题就是，马克思是如何通过对政治和法的批判——马克思所谓"对天国的批判变成对尘世的批判，对宗教的批判变成对法的批判，对神学的批判变成对政治的批判"——成为政治哲学家的。然而，因为今日历史唯物主义阐释既存在威胁也存在机遇，本篇的目的仅限于清楚地

---

① ［法］让-保罗·萨特：《辩证理性批判》上，林骧华等译，8页，合肥，安徽文艺出版社，1998。

理解一个像"现代性蓝图意义上的政治哲学之历史唯物主义"已然解体却仍然需要重建的问题领域。

一、马克思主义哲学何以为名

任何熟悉马克思主义哲学研究的人都知道，如同一本书，通过封面上的几个名字或符号，它的内容得到了指明一样，马克思主义哲学是通过"辩证法""唯物主义""实践""历史"等关键词勾勒出某种知识学线路的。在这里，关键很可能不是那个人，他让哲学和一个叫"马克思的"人名发生了联系。相反，他必须涉及一种对马克思主义哲学理论影响的贡献，这种理论影响已经由一个人名构成，转向由范式、诸多命题和主旨构成。因此，一开始我们确认马克思主义哲学的难题是，马克思主义哲学和马克思主义哲学在其中得以指定的几个词语之间是什么关系。或者，如果马克思主义哲学是名正言顺的，那么它叫什么名字为好？以我们正确地说明马克思主义哲学的兴趣来说，我们倒是首先应当对这些问题探寻个究竟。

从传统上讲，马克思主义哲学的名字大体上有三个"专名"，即辩证唯物主义、历史唯物主义和实践唯物主义。一门哲学有三个"专名"，确实有它的思想来历，仔细考量却是一件令人迷惑的事。马克思主义概念史表明，在诸多闪烁其词的观念中，要说清楚谁相信什么信念是困难的。有时，要判断一个人是否相信与之相联系的一种学说也是困难的。我们看到，由于术语的不确定性，自 19 世纪下半叶开始，马克思主义哲学在不同时期就逐渐以不同的名字示人。然而，在后来的所谓从辩证唯物主义和历史唯物主义向实践唯物主义的转化中，马克思主义哲学被认为得到了进一步发展，并显示了某些词语或概念在问题表述上的不足。套句眼下熟悉的话说，要研究马克思主义哲学，要以政治哲学的方式进行展示。

学界一般把从"历史唯物主义"到"辩证唯物主义"再到"实践唯物主义"解释为马克思主义哲学主题的转变，侧重点是从客体转向实践的主体。也就是说，唯物主义从本质上翻转为对主体理论的赞赏，通过对以往唯物主义和主体理论的反思大大促进人类实践的进步。值得注意的是，这种"进步说"虽在《关于费尔巴哈的提纲》或《德意志意识形态》等马克思的著作中得到肯定性的分析，但在这里，"实践的唯物主义"这一术语只是指定了马克思主义哲学脱胎换骨过程的一个时刻，而这些文字毕竟只是一篇"提纲"或"手稿"。这就是说，人们在阐释实践唯物主义"转向"时提及的很多要点在马克思那里仅仅是简略提及，未及全面展开。在这些情形下，我们任意选取一个名字称为马克思主义哲学，却没有能解释清楚它的主旨。这样，它就必定使人陷入一个信念被另一个信念所解构的混战状况中。因此可以说，对它的研究，人们难免走向对信念的盲从或不信任。

如今，有一点很清楚，无论辩证唯物主义、历史唯物主义，还是实践唯物主义，它们都涉及对马克思主义哲学的不同方式的理解。但是，关键在于，辩证唯物主义（或历史唯物主义）与实践唯物主义之间并不能被看作"理论哲学"与"应用哲学"或"实践哲学"的关系，因为它们之间并不存在理论知识与应用知识之间的关系。这本来不难理解。这就是说，在马克思的理论阐释中，如辩证法、唯物主义、实践、历史等概念所描绘的本来都是以现实创造现实的效力的运动。这意味着，我们必须对通过马克思主义哲学的反思而获得什么样的科学规定做到心中有数。

事实表明，当人们试图解决范畴选择上的犹豫的难题，并将有关概念定位在一个错综复杂的哲学关系网络时，绝对知识的解释模型是大诱惑，同时又是大困惑。换言之，如果我们现在假设辩证唯物主义、历史唯物主义和实践唯物主义之间是同一个"主义"①，也就是判定我们大家谈的在名义上都是马克思主义哲学，不管第二国际或西方马克思主义是如何表达它的，它都是马克思主义哲学。这是一种设定式确认，而且仅仅通过同一化过程或无差别化过程才被设定为如此。值得注意的是，在这种意义上确认的马克思主义哲学是在观念同一性视角下的统一。这种统一对偶发奇想者及其判断行为（比如，我们总是习惯称之为主观思想或流俗之见），对偶发奇想者究竟可能是富人还是穷人，是高水平者还是低水平者，都漠不关心。实际上，就是在当代意义上，我们将马克思主义哲学添列于寻求绝对普遍答案的哲学窠臼之中。或者说，把马克思主义哲学当作发现一切问题的绝对答案，就明显地表现在这里。但马克思已经千百遍地告诉我们：人类不提出不能解决的任何问题。②

---

① 杨耕：《论辩证唯物主义、历史唯物主义、实践唯物主义的内涵——基于概念史的考察与审视》，载《南京大学学报（哲学·人文科学·社会科学）》，2016（2）。

② "人类始终只提出自己能够解决的任务，因为只要仔细考察就可以发现，任务本身，只有在解决它的物质条件已经存在或者至少是在生成过程中的时候，才会产生。"《马克思恩格斯选集》第2卷，3页，北京，人民出版社，2012。

现在，需要考虑另一种哲学确认，即当代哲学的"风水"确实转向了伦理学和政治哲学。至于这种转向的根据毫无疑问是历史的，是唯物主义的，因为在哲学证据上它不需要任何分裂的世界。在这个意义上，对于那些顽强维护辩证法甚于维护唯物主义的人，他们通常的做法是把目光从唯物主义移开，转而投向"意外""偶在""断裂"式的哲学思考。

这里表述的思想与"唯物主义关注主体理论"有关。为了给这些思想做一个辩护，我暂时只指出一点，即对于革命主体日渐消解的今天，与历史唯物主义相关的历史学建构来说，政治是最值得注意的问题之一。从整个西方马克思主义基调来看，情势就是如此：哲学和政治走向相互交融，而这要求双方都提供一定的条件。卢卡奇之所以认为历史唯物主义的真理性与古典国民经济学的真理性是同构关系①，是因为他在这里讨论的是历史唯物主义和社会领导权问题。这意味着，把马克思主义相对主义化。我们很容易发现，卢卡奇把自己类比成本书（或阶级意识）的主角，但这个角色发挥作用，仅仅是把某种意识形态的观念表述为"革命实践"。② 这个类比虽然颇为传神，但它并不恰当，因为历史唯物主义与古典国民经济学并不能被看作对特定社会都有效的同一类型的真理。

马克思反对这样的混淆，他表明，从事古典经济学的人，其研究以假设为基础。相反，辩证方法是"去除假设"的，研究辩证法的人不把

① ［匈］卢卡奇：《历史与阶级意识——关于马克思主义辩证法的研究》，杜章智等译，311 页，北京，商务印书馆，1992。

② 同上书，13 页。

假设当作本原，而是把辩证法仅仅当作假设来处理。[①] 辩证法所达到的非假设的东西，首先是由历史唯物主义敞开的。至于马克思主义是不是相对主义，则需要更复杂的评论。我们现在可以这样说，马克思主义哲学对于卢卡奇等人来说就是历史唯物主义，而且可能做出这样判断的人一直延续着当代马克思主义哲学的正统阐释。直到今天为止，哲学界大多数学者仍然认为，历史唯物主义是马克思划时代的哲学创造。如果历史唯物主义在这里说的是关于历史的"科学理论"的话，那么显而易见，它所指的就是历史科学方法上的那些对实践认识有引导和促进作用的规范与实践规律。从这个角度出发，我们所意指的东西，我们所陈述的东西，应当会在范式中展现其力量。它是一种政治哲学。

二、在与政治哲学的关系中给予历史唯物主义以思想定位

许多政治哲学家会认为，将政治与经济的相互关系、阶级意识、历史性及对这个时代的科学主义和知性氛围的判断等放在政治哲学的主题下讨论，多少有些不可思议。他们或许很难将这些问题视为政治哲学处理的问题。再者，还有人描述了某种看似符合历史唯物主义的东西，但

---

① 马克思说："不要像国民经济学家那样"，"他把应当加以推论的东西……假定为事实、事件。神学家也是这样用原罪来说明恶的起源，就是说，他把他应当加以说明的东西假定为一种具有历史形式的事实。"《马克思恩格斯全集》第 3 卷，267 页，北京，人民出版社，2002。

他宁愿将其称为关注"政治生活的结束"理论，等等。① 在这样的情况下，我们在努力定位历史唯物主义时面临着困难，或者说所谓规范性哲学和政治理论构筑了现代规范性哲学的社会与政治的二分法，这似乎才是恰当的研究主题。在这个意义上，在与政治哲学的关系中给予历史唯物主义一个思想定位，是我们对马克思主义哲学的新的领会。然而，这样来把握我们的问题早已受到国际上马克思主义研究界的热情关注。

为了在认识上论证这种思想定位，我们首先应当考虑的是历史唯物主义原理的社会功能和现实影响。这意味着历史唯物主义与马克思政治哲学是否具有同样的思想存在形式，或者说，它为马克思政治哲学提供了何种根本性的理论视域。所以，从正确的解释中我们只能得出这样一个意见，而实际上我们已经得出了，这就是，马克思的成果在于将历史去形而上学化，包括其所要避免的所有传统政治哲学的窠臼。换句话说，历史唯物主义研究框架给政治哲学一个更宽泛的定义，即政治哲学的核心在于政治与哲学的关系问题，这只是经济基础与有关在它之上的庞大上层建筑之关系的诸多主题示例中的一个。根据这个原理来看，我们假定"政治哲学"恰恰走向某种对政治的否定、拒绝，因此，马克思肯定的是，"政治论证的全部传统方式崩溃了"②。换句话说，政治哲学的各种定义中充斥着假定、悖论。对这些特点的研究可以在对历史唯物主义批判之后被领会，但是，它也会立刻悬在历史唯物主义自身的头上，这是一种无奈的选择。比如，迄今为止，我们通常所谓斗争政治的

① ［美］列奥·施特劳斯、约瑟夫·克罗波西主编：《政治哲学史》下，李天然等译，926、950页，石家庄，河北人民出版社，1993。
② 《马克思恩格斯选集》第2卷，9页，北京，人民出版社，2012。

既有形式在其对马克思主义理论贡献的效果上依然充满争议。然而，不论政治哲学到底意味着什么，它本身并不会变得有价值，只有它在服务于经济价值或者社会价值的时候才会产生价值。确切来说，这使政治哲学之影响力很难被衡量，因为这种哲学有"时滞性"或者"延迟回应"。这是政治哲学发挥影响力的本质，是一个被马克思主义者一贯忽视的事实。这一点很重要，因为历史唯物主义这个基本原理的"最初结论就给一切唯心主义，甚至给最隐蔽的唯心主义当头一棒"①。

这一方面，除了弄清楚历史唯物主义在政治哲学程度上的上述意义，即在一个尽可能广阔的空间松懈政治哲学的概念网络外，我们还需要从谁的角度上勘定马克思的政治哲学呢？在我看来，卢卡奇式的政治唯意志论为所谓第一代历史唯物主义政治哲学提供了阐释模型。这里，卢卡奇也提出了一个关于历史唯物主义的定义，它基本上没有引起马克思主义研究者的注意：在《历史与阶级意识》中，他认为，作为一种在解决无产阶级"意识形态的危机"中被运用的科学方法，历史唯物主义是关于政治上忠诚于未来社会主义的政治制度的学说。卢卡奇将黑格尔辩证法的复活的效应与马克思理论的革命本质进行独特联结，亦即进行政治的联结，同时，卢卡奇认为，阶级意识的重心是政治上对马克思主义的捍卫。在社会阶级斗争生发于意识形态的层面上，其关键词，无产者，指称了一种原先是"人的完全丧失"转化为一种"把人完全重新争取过来"的角色。依卢卡奇之言，辩证法之精神活力实在是比无产阶级人数的多寡更重要的政治因素。按照卢卡奇的著名的观点，即使阶级概

---

① 《马克思恩格斯选集》第 2 卷，9 页，北京，人民出版社，2012。

念属于资产阶级（因为资产阶级总是占有优势，无产阶级尚处幼年和经验匮乏期），但"马克思主义理论应该使无产阶级进入一种很独特的精神境界"中。对于变革社会有热情的卢卡奇来说，"每个社会的力量按其本质是一种精神力量"①。因此，无产阶级这一身份是"精神性的"，而在精神自身内部把他者理解为敌人或资产阶级，就会导致政治定向地解决问题。历史唯物主义的革命本性在这里最能得到理解。

这个事实解释了，卢卡奇为什么要以一种特殊的方式理解马克思和他的"历史唯物主义"。正如同施特劳斯所见，不同的主义必然为不同的政治制度辩护。② 历史唯物主义对于卢卡奇来说，不过是相对主义，甚至不过是"为了社会领导权的斗争"之"最重要的武器"。因为，社会领导权争夺问题在这个阶段开始以尖锐的方式出现，但意识形态的根本结构在卢卡奇看来却无根本改变。如果说马克思的总体观点在根本上是想把自己在社会历史方面加以具体化，以及从历史整体中将区分细节的能力加以定向，那么，它在卢卡奇那里仅仅比在黑格尔那里使人理解得稍微具体些，而只是保留其黑格尔思辨辩证法的结构和内容。重要的事情还在于，辩证法和所有事情，如无产阶级斗争被并入精神群体的组织操纵中，甚至还同对手的理智安排和解释混在一起，被改造成了这场斗争中的一件"武器"。所以，这对于卢卡奇来说理所当然的是：如果历史唯物主义的真理超出"一定的社会制度和生产制度"，那么这就相

---

① ［匈］卢卡奇：《历史与阶级意识——关于马克思主义辩证法的研究》，杜章智等译，350页，北京，商务印书馆，1992。
② ［美］列奥·施特劳斯讲疏，［美］扎科特整理：《古典政治哲学引论——亚里士多德〈政治学〉讲疏（1965年）》，娄林译，90页，上海，华东师范大学出版社，2018。

当于废除黑格尔式主体（意识），"历史唯物主义的实质性真理"便有死亡的危险。所以，卢卡奇推进了政治上的"反"物化意识，即资产阶级意识。

与此相关，卢卡奇承认意识形态斗争不单基于阶级之间，更根本的是基于人类学的状况。无产阶级与资产阶级之间的差异就是对手存在的对立面的根据。这意味着，在这种意义上，相对地说，"无产阶级内部思想危机"，"资产阶级向历史唯物主义的投降"，"社会主义理论的一部分也越来越厉害地处在资产阶级影响之下"有一致性①，这一点尤其使卢卡奇认为历史唯物主义的真理性与马克思所揭示的古典国民经济学真理是同一类型。它们都带有这样那样的历史性特征，而历史唯物主义作为科学方法的出场，又与特定的社会，即19世纪中叶的社会前提联系在一起。这看起来意味着，历史唯物主义因为应用于自身，必然变成一种相对主义。

因此，这里的问题是要考虑，历史唯物主义的真理到底是相对的，还是绝对的？如果人们忘记了这个"武器"是资产阶级物化意识的"反对"，并首先用来"反对""无产阶级的物化"，那么，人们就会把这种"武器"的意义和功能简单化。在这个问题上，我们在卢卡奇那里同样能找到相对主义的模糊解释。例如，针对历史的范畴被误解为永恒的范畴现象，卢卡奇以其过人的思辨思维，提出了一个所有现代性批判皆采用且常常还被用来对付马克思思想本身的重要观点，他称之为"历史唯

---

① ［匈］卢卡奇：《历史与阶级意识——关于马克思主义辩证法的研究》，杜章智等译，310～313页，北京，商务印书馆，1992。

物主义必须运用于自身"。卢卡奇进一步认为，其他真理可能在其特定的社会结构中充满活力，但这不会影响和动摇历史唯物主义是正确的方法这一判断，因为历史唯物主义对其他真理构成挑战正是它在当时以"资本主义社会的自我认识"① 为限的。此外，卢卡奇似乎觉得有必要在"坚定马克思主义"的论据上理解他与其他研究"马克思主义者"之间的区别。他认为，历史唯物主义也提出了一种"世界性"的精神要求，而借此又完全不同于庸俗马克思主义（比如，第二国际马克思主义）或庸俗经济学的"世界性"神话，所谓把"资本主义社会的一些范畴，看作是永恒的范畴"②。这一点很重要。更为重要的是，历史唯物主义的世界性将进一步成为"远远超越了党派界限"的学说。因为，对于卢卡奇而言，历史唯物主义声称其世界性来自"生存于世界并面对着世界的人的地位的根本问题"，即有一种存在的情态植根于存在本身的结构之中，术语"对象化""物化""疏离""异化"就意指这种存在的情态，通过在概念上将它们"紧密联系"起来③，我们就可以赋予这些术语以哲学上的精确性。所以卢卡奇承认历史唯物主义不仅是一种历史性真理，而且是指出未来人的积极形象的必然性真理。它对一种"永恒的'人类状况'"问题的讨论在本质上具有非常现实的意义，在精神气质上，历史唯物主义便也有了一种胜过那种旨在探讨人在当代资本主义中的异化状况的文化批判的吸引力。现在的所谓文化批判，关乎效果，

---

① ［匈］卢卡奇：《历史与阶级意识——关于马克思主义辩证法的研究》，杜章智等译，312 页，北京，商务印书馆，1992。

② 同上书，324 页。

③ 同上书，20 页。

效果是助推的、变化的。其实文化批判与关注文化没有什么关系，它不过是关注文化的多样性，关注独一无二的真理的偶然性。换句话说，历史唯物主义是成功的。而是否成功，取决于它有内在的、不变的价值。"无论资产阶级还是无产阶级的思想家，无论政治上和社会上的右派还是左派思想家"只能顺应历史唯物主义，承认它。在普遍意义上，"这一点好像又反过来为无产阶级通过革命建立一个无阶级社会……提供了哲学基础"①。至于，从阶级意识给历史唯物主义确立真理性向全人类（无阶级）意识过渡当然是一种飞跃，是一种对政治分界的突然跨越，它将当代人类面对的复杂问题与无产阶级的责任联系起来。

然而，我们不能过分强调这点。关于历史唯物主义的功能及影响力方面，更大的问题仍然是阶级意识的估价问题。在今天，人们已经看到，卢卡奇制造的这种戏剧化故事多半是不真实的，即历史唯物主义和政治上的马克思主义能够在黑格尔政治哲学遗产内部或基础上协同工作。也许，卢卡奇当时也是这样想的，其现时的"策略性研究"就是在历史中自我实现的同一的主体—客体表现，预先告知哲学干预，和一个充满健全的现实感的公平社会的降临。卢卡奇编造此类故事是为了增加政治对哲学的捍卫功能。施米特为此曾说过，"黑格尔思想的这种实现在卢卡奇那儿获得最强大的生命"②。因此，在卢卡奇把黑格尔的政治哲学卓越遗产引入经验的问题之后，历史唯物主义的功能变化似乎得到

---

① ［匈］卢卡奇：《历史与阶级意识——关于马克思主义辩证法的研究》，杜章智等译，17～18 页，北京，商务印书馆，1992。

② ［德］卡尔·施米特：《政治的概念》，刘宗坤等译，184 页，上海，上海人民出版社，2003。

了某些学者（比如，法国存在主义、法兰克福学派等）的赞美，但同时也被另外一些学者（比如，黑格尔主义的马克思主义、后马克思思潮等）谴责为其穿戴了高调的政治哲学外衣。也正因为如此，它在理论上被诱入了神秘主义的东西中——在某种意义上，它必然要用阶级的"理想自我"，即政党和现代政党政治来达成一种以阶级为主体的反思哲学的基础。而此遭遇正是我们看到的历史唯物主义的功能转变成政治哲学缺乏固有根基的显现之所在：我们不得不把阶级意识定义为一个精神过程的"主观因素"——只能在其"内部自身"直接领悟的因素（如卢卡奇后来反省过的一样①）。当我们假定这个历史唯物主义与现代政治哲学具有同样的存在形式时，作为历史科学方法论的历史唯物主义的思考便会陷入一种总体的阶级控制与人类解放要求的争议之中。在这里面，决定性的"问题是领导的权力问题"。因此，对于作为社会历史情势的状态而言，阶级意识的主要问题，与其说是历史过程中的主体与客体的关系，不如说是一与多（领袖—政党—群众）的关系。更广泛地说，"救世主义自居的乌托邦主义"② 计划是一个意识形态项目，如果现代政治哲学照猫画虎地模仿它，就很难避免哲学的"走火入魔"，我们就看不到政治的清明。我们现在要重复这一点：这种抨击引发了一连串的政党或群众组织政治学分析。正如多数法国哲学家（比如，阿尔都塞、

① 卢卡奇说："列宁在这个问题上真正恢复了马克思的方法，我的努力却导致了一种——黑格尔主义的——歪曲，因为我将总体在方法论上的核心地位与经济的优先性对立起来。"［匈］卢卡奇：《历史与阶级意识——关于马克思主义辩证法的研究》，杜章智等译，15 页，北京，商务印书馆，1992。

② ［匈］卢卡奇：《历史与阶级意识——关于马克思主义辩证法的研究》，杜章智等译，20 页，北京，商务印书馆，1992。

巴迪欧等）提醒我们的那样，政治应该与那个现代政党—国家官僚机器
的运转保持适当或科学的距离，如《共产党宣言》就在撤除历史上从利
益的狭隘视野中展现为羁绊的东西后把握无产阶级"先锋队"的性质。
但是鲍德里亚提供了关于政治的现阶段情形的描摹，他认为，"在西方
的全部历史中，有意识主体的唯心主义化，与国家理性控制的扩张是同
步的。它以同样的方式在卢卡奇的阶级层面恢复了"①。

　　一个世纪过去了，如今，政治意识形态正逐渐松解纲常化的阶级论
教条。但是如果历史唯物主义是借分析实证而迈向松解阶级教条的特别
目标，对于我们中的许多人来说，这就不再是这么一回事了。我们认
为，对于任何针对马克思政治哲学及其政治共同体的反省者而言，极重
要的问题是，我们如何借由历史唯物主义的正确功能的运作来体验人与
人之间的普遍交往？我们如何能获得真正的因而也是人类命运共同体的
科学基础？这些问题，一俟成了反思的焦点，就合乎自然地首先导致
"危机意识"（比如，马克思主义哲学问题中那些激进的学者，面对
MEGA2，要让人们知道，马克思主义之文献学危机的更深刻的特征是，
进一步批评作为历史科学方法论的历史唯物主义和历史编纂进化论的学
者越来越多，这将会分别引发与原本的历史唯物主义不相称的危机意识
的增长），正是与整体思想史有关的马克思主义及整个马克思主义社会
科学学科在承受着面对危机的责任。它们一部分反映出过去对马克思政
治哲学的理解是非政治的理解，即对政治之为政治的扭曲的理解，马克思

　　① ［法］鲍德里亚：《生产之镜》，仰海峰译，144 页，北京，中央编译出版社，
2005。

的政治哲学局限于仍然封闭的专业领域。但学术界也非常怀疑历史唯物主义原理是否能够被合理地运用在"解放政治"的主题中，"解放政治"的真面貌是否能够像哲学、科学那样从层层包裹中"还原"或"归基"。

我们的观点说得很清楚：这并不是通常人们所持有的看法。但是，我们强调，所谓"马克思主义危机"，曾经处在作为历史科学方法论的历史唯物主义祭坛上，或借由实证主义、抽象的经验主义、粗陋的唯心主义之类的哲学社会科学表现出来。随之，作为一门学科或一个专业，唯有马克思主义政治哲学受此威胁最为严重。就像我们在雅克·朗西埃最杰出的政治思想著作中看到的，在一种给"政治消亡"或"前政治"社会定义一个"游戏规则"的理解中，马克思主义似乎只能在"藏匿于政治表象背后的"真实的社会共同体与"关于政治假相的科学真理的持续宣称之中游走"。① 有人会说这是个"好消息"。这之所以是"好消息"，是因为它要让人们知道，19 世纪以来马克思主义一直陷入"应有"与"现有"的循环和对立中。而正是在这一结果中，历史唯物主义才诉诸同自身的历史概念相应的本体论哲学消亡的图景。

因此，要使合理考察这幅哲学消亡的计划顺利进行，反马克思主义之中一方的主张需要有表现指针。如果说分裂历史唯物主义理论基础的内在统一是错误的，那么，人们应当如何才能解释和说明，它在承认一般社会历史的客观力量的同时，也为理解迄今所有物质基础之上的实际的上层建筑得好坏、对错做判断呢？也许，我们不可能知道是否应该这

---

① ［法］雅克·朗西埃：《歧义：政治与哲学》，刘纪蕙等译，120～121 页，西安，西北大学出版社，2015。

样期待。确切地说，初看起来这多少有点出人意料：曾经在执科学之名的马克思主义的祭坛上，这样的判断被一再地延宕。简言之，"发现事实"就是实证科学全部的构想。在原则上，在 19 世纪中期开始抬头的正是这种倾向，而在这个方面，那种保持马克思主义之"实证化因素"阐释的做法，与所谓"政治理想信念的消失"和"所有的政治哲学都担保不了信誉"的宣称是一脉相承的。我们已经看到，当历史唯物主义的那些"基本原理"不是被当作社会现实的发现和最彻底展开的路径来阐明，而是被化约为纯粹经验证据并加上文化哀怨之无尽地干扰它的基础的最终变形时，在这里开始出现的，便是马克思历史哲学之思想力度的萎靡，并且引致马克思政治哲学的溃散。现在，我们也许到了应当澄明其危机的意义的时候了。

回顾起来，所谓"马克思主义的危机"及其"保卫马克思主义"的含义，最重要和最基本的问题是：在德国唯心主义破产之后的马克思主义诠释学的任务和焦点是什么？但学界在此问题上还没有形成共识。我们说德国唯心主义破产并非寻常的哲学的破产，而是政治哲学的破产，这使整个马克思主义哲学阐释都变了样。问题在于，这与让马克思主义者感到更应贴近哲学的责任是一回事吗？这是学术任务吗？这是大学教育在参与阶级意识的培养时才会产生的问题吗？还是社会行动和政策制定上的策略变革呢？所有这些问题以前也时不时地提起过，都有不同的含义和意义。但实际上，在对所有这些变化的含义领会中，历史唯物主义作为只被归类为历史进化论中的表达或只被视为对资本主义的反应或影响的观点无疑是错误的。因为，这并不是什么理论或价值准则选择的困难，而是那个时代已经开始陷落，这证明某一理论保留了"坏"的价值准则或忽略了"好"的价值准则，并摧毁了其思想的力量。我们的意思是说，在知性科学或实证科学起决定作用的地方是不能从社会现实方面来理解历史唯物主义基本原理和讲它的故事的（我们可以指出，马克思并不是信手拈来关于"故事"的观念）。因此，历史唯物主义如今处于危险境地的论断还须详察。

第一个问题是：马克思、恩格斯在诸如《德意志意识形态》等著作中是忠实地反映了历史科学研究的实际状况，抑或只是触及了早已过时的问题。如果是前者的话，那么他们在对生产力解放与人的解放相提并论上仍然充满争议，因为从马克思的学生视角来看，他们可能依然不明白的是，对生产力或生产方式的辩证起源的分析是否等同于对全部革命理论的充分说明。马克思、恩格斯在"一般意识形态，特别是德国哲学"片段中为他们自己辩护，他们的理由恰好就是以意识形态的变化状态不可以动摇作为"真正的实证科学"的历史科学的精神的。让鲍德里亚们大感怀疑的著名的"生产之镜"因而完全适合历史唯物主义的运作：一旦有了最初的方向和理想（鲍德里亚们所谓"人为什么要有区别于动物"的执念，这里我们无须去谈论"一当人开始生产自己的生活资料……的时候，人本身就开始把自己和动物区别开来"的哲学根据，因为历史唯物主义的哲学根据从来就不是一种固执的观念，而是一种在这里根本不可能由研究而只能由每个时代的人们的现实生活过程来提供的前提），对新的历史资料及思想、观念和意见的积累只会干扰一开始便已知晓的理想过程。马克思、恩格斯对这个问题做了很好的阐述：如果说他们的"科学"概念及其哲学根据（这里无须提示科学概念或科学的科学性概念始终是一个哲学概念，即便科学实践不断否定思辨的唯心主义）不适合实证主义革命阶段的话，那么历史研究的困难不在于整理历史资料，那不过是哲学推理思维的工作，而在于"在实际阐述资料的时候"的困难。困难在于克服利用它们"受到种种前提的制约"的特征去冒充虚假的历史统一。这些前提是否能够在这里提出来的问题不属于"真正的实证科学"。整个阐述的关键都包含在这句话之内：人们的思想活动被发现死而复活的事实的希望、被确证或否定为"独立的哲学"的希望所完全激发起来。简言之，假如人们洞见这些希望的前提"在这里是根本不可能提供出来的"，那么抽象的经验主义、唯心主义、实证主义，以及通过形而上学体系来解释异化的扬弃及其人性统一的问题便始终只能停留于猜测阶段。①

然而，在"香火延续"上，"我们这一代人同前几代人以及下一代人一样，都对历史唯物主义一无所知"②。正因为如此，马克思主义与实证主义所共有的基本是一种历史境况，在此无须赘述。而这也是历史唯物主义针对黑格尔思辨形而上学的猛烈抨击很容易被曲解为正处在开始追求实证科学或知性科学的地方。到今天为止，大多数有着分析精神的学者都将历史唯物主义界定为"实证科学"，因为它真的与"哲学"③

---

① 《马克思恩格斯选集》第 1 卷，153 页，北京，人民出版社，2012。

② ［法］让-保罗·萨特：《辩证理性批判》上，林骧华等译，18 页，合肥，安徽文艺出版社，1998。

③ 这也是国内有些学者的问题。比如，俞吾金、段忠桥等就历史唯物主义究竟是"哲学"还是"实证科学"展开过深入讨论。其中一种看法认为，如果我们是真正的马克思主义的学生，那么我们就该将历史唯物主义视为真正的实证科学。参见段忠桥：《历史唯物主义："哲学"还是"真正的实证科学——答俞吾金教授"》，载《学术月刊》，2010 (2)。在我看来，这一向是匪夷所思的。换言之，这里想要讲的故事是关于"知性科学的马克思主义"，采用马克思主义诠释学的框架，并不意味着就是马克思的观点。

不同，在人们看来，马克思哲学并不存在。而且，"历史哲学"这个称呼在19世纪的知识语境中意味着最有力度的思想已经被"回归叙事"的提倡者抛弃。在西方知识界，历史唯物主义遭遇争议的一个重要方面就源于此：谁会忘记特洛尔奇说过的话呢？他说，没有像"所谓唯物史观"这样的东西，它只不过是"头脑中缺乏原则"的"生存竞争"。①如今看来，这种诋毁体现了那些赞成构想历史的可行模式的哲学家之影响力的几个重要的方面，并在以后现代主义者的名字而不是以现代主义者的名字命名的当代历史理论领域受到青睐——这被斯金纳归因于马克思主义在历史研究中"统治方法论的衰落"②——其中特别在马克思主义政治和思想史的实证化领域（比如，在经济这一特别的领域，出于"我们是否能够放弃'人对人的剥削'的目的，而以正义论为基础建立剥削的概念"的问题提法，奠基于历史唯物主义的正义理论日渐向占优势地位的"数据"经济靠拢）中也很常见。如今分析实证的思潮不断兴起，历史唯物主义对正义的讨论是否能够导入一个建制向度和数量维度就成了十分重要而棘手的问题。

---

① 因为，特洛尔奇也从所谓唯物史观那里得到了所谓缺乏任何原则（实际上也就是缺乏一种伦理或宗教原则）的教训。他认为，"这种唯物史观只是教导人们，人类历史的真正动力来自获取食物和肉体生存的动机；所有文化建构均产生于经济状况和经济斗争；……所有政治结构无非是统治阶级的工具，所有政治革命无非意味着新兴阶级的崛起。所有政治理论无非是对此类事件的文饰，所有政治伦理也无非是阶级斗争的工具，每个阶级以此将自身理想化"。[德]特洛尔奇：《基督教理论与现代》，朱雁冰等译，291页，北京，华夏出版社，2004。特洛尔奇在方法上靠近社会理论和历史理论的宗教见解。按他对唯物史观的非难，马克思主义本身就是远离精神的庸俗唯物主义，而协调正确的唯物主义与现代精神的可能性端赖于保留信仰的历史关联。

② [英]昆廷·斯金纳：《国家与自由：斯金纳访华讲演录》，李强、张新刚主编，194页，北京，北京大学出版社，2018。

第二个问题跟如何理解和谈论"精神"和"精神建设"的主题有关。我们在面对存在的意义问题时，一方面，如果庸俗的马克思主义把人类存在本身的研究层次下降得太低，那么我们应当把精神的本质放置在何种哲学基础上讨论？另一方面，如果唯心主义把人类存在的意义提升得太高，那么我们又应当避免什么？在这里我们首先应当考虑到马克思不可能承认这样的形而上学，即要么唯物主义，要么唯心主义。每一方均以自身的方式并在自身的层次上符合真理。但它们在发展的过程中出现的某些问题表现出实证主义理论的特征，与后来的以经验实证的分析态度来回应上述问题或建议有关，这一点使历史唯物主义处于庸俗唯物主义和唯心主义的双面夹击下。换言之，在形而上学基础上，这"两个"或"多个""主义"既不对立也不矛盾。毋宁说，它们的世界特征（譬如，本源和派生，社会存在和社会意识，经济基础和上层建筑）和它们与精神的关系（譬如，避免或恢复哪一种极性事物存在的权威：物质的抑或精神的？）是相同的。因此，如果人们把历史唯物主义置于同样的经验实证科学的衡量之下，那么，正像有些人（比如，罗素那样的人）可以将共产主义视为与基督教观念运动如出一辙那样来理解它。①

在此，马克思哲学的"批判方面"被严重地遮蔽了：谈论上层建筑并以政治哲学的真理形式谴责人对人的剥削和压迫，我们无论如何都不再有更恰当的感受。一方面，如果我们让它从"知性科学"和"实证科学"那里获得马克思主义的批判根据，那么除了理智上认为二者（唯物

---

① ［英］罗素：《西方哲学史》上卷，何兆武、李约瑟译，447～448 页，北京，商务印书馆，1981。

主义和唯心主义）之间存在着一种术语上的关联外，我们并不能标记历史唯物主义与其他主义，譬如黑格尔主义的区别；我们不禁要追问：如果对经济基础和上层建筑间的关系的思考正如实证主义相信的那样不能超越比喻或假设的范围，那么，存在能彻底摆脱意识形态的模糊性的东西吗？另一方面，这种将历史唯物主义作为"实证科学"或"知性科学"来理解的问题意识或立场，使得"调和"马克思哲学与其他哲学成为可能。在此，我们充分注意到，对历史唯物主义所做的实证主义式的描述非常天真。只有具备天真的经验实证上的分析态度，只有抹杀了马克思主义的批判与对苦难、暴力、剥削等的所有其他批判（比如，文化批判）的区别，只有局限于把单纯的理智应用于伦理或政治问题的解答，实证主义理论才会出现政治倾向性，从忍受对马克思主义批判的"外来侵略"，从忍受马克思的意识形态批判从属于黑格尔或孔德等人的批判目标，过渡到忍受基督教观念和抽象物质观念对马克思主义批判的渗透。也只有这样的方法论立场才会从根基之外去理解和说明马克思主义的正当性。不管怎样，这种历史唯物主义被看作一种实证科学，这次以经验证据为题重复了莱维-斯特劳斯以文字理论为题提出的质疑："谈论上层建筑并以假设的形式谴责人对人的剥削，以便使这一假设具有马克思主义的正当性，这样做够吗？"① 如果这种追问具有必要性，那么，我们可以断定，这种意识形态是令人不安的。当人们说"经济决定"与马克思的剥削理论渐失影响力，既不对立也没有矛盾时，我们的问题

---

① ［法］雅克·德里达：《论文字学》，汪堂家译，174 页，上海，上海译文出版社，1999。

——在与政治哲学的关系中给予历史唯物主义以思想定位——显然没有意义。在这里同样如此。我们完全可以像"分析马克思主义"那样把被称为"剥削的"东西称为"公平的"东西。当"劳动价值意义上的剥削概念用一种相对严格的方式测度社会不平等的这个方面"时，它的理论作用就相当有限了。[①] 如果这是我们首先关注的马克思的剥削理论的严格方式，即所谓科学的方式，那么我们可以断定，立足于这一意识形态得到的通常是否定的结论，实际上这最终明确了历史唯物主义诡谲的理论命运。

三、定位的疑问

大家想必注意到，需要我们进行研究的理论和现实问题还有很多，上述我们按顺序考察的两个释读历史唯物主义的观念只是沧海一粟。它们或许还表现出以下特征：我们关心的不是实际的作为马克思的历史唯物主义阐释谱系和后出的纷然杂陈的马克思主义政治哲学知识之树，而是在它们发展过程中出现的某些问题或面相所表现出的黑格尔主义和实证主义理论预设对于历史唯物主义政治哲学定位的危险性。这与后来的马克思主义政治观念史演变不无关系。通过这种清理，我们从中感觉到，深入并正确地考察马克思历史唯物主义的功能，其瓶颈就在于如何

① ［法］马可·弗勒拜伊：《经济正义论》，肖江波等译，205～226 页，北京，中国人民大学出版社，2016。

正确地处理事实与规范、科学认识与理念目标之间的关系。因为，在这个问题上，自 19 世纪继承下来的马克思主义，尤其从列宁到现在很时髦的与后现代相遇的马克思主义，对历史唯物主义功能的变化误解甚深。比如，对于我们所认为的"根本制度"即所有权来说，承认历史唯物主义科学真理的任何一个社会成员失去它的阶级意识，是否同时也会因此而失去能够正确维护自己利益的力量。事实上，中国的所有权制度带有极强的政治意味，我们仅仅对其作制度性实证研究或理念目标研究是很不够的。如何从马克思思想及文本出发，进一步阐明历史唯物主义政治哲学的定位，将是我们长期的工作。

前　言

一

　　显而易见，历史唯物主义是马克思划时代的哲学创造，马克思主义的研究者大多把历史唯物主义看成是马克思哲学的同义语。不过，人们对历史唯物主义本质意义的诠释，存在着巨大的意见分歧。这是很自然的，因为大多数诠释者在涉及对历史唯物主义的定义时往往都采用同样的语言来表述他们实质迥异或相互抵牾的思想。在其出类拔萃的思想相互竞争的历史过程中，历史唯物主义曾被阐发为"经济决定论""生产之镜""灵知主义"，乃至"行动的神秘主义"；对于我们来说，加在马克思哲学身上的种种称号也许隐微地或明显地与文本事实相关，却没有任何标识足以洞见马克思哲学的本质：这些给予人的标识，好听点说是含糊不清甚至晦涩费解；说难听点是没有直达事实本身，如同既不能醉人也不能解渴的酒瓶的标签。正是这些标签，使历史唯物主义失去了为人类历史提供丰富智慧和理解力的能力。

事实足以表明，无论对历史唯物主义的实质做何解释，人们实际上碰到了无法内在一致地理解历史唯物主义的一些基本原则之间关系的困难，甚至人们有意或无意、情愿或不情愿地怀疑可否把历史唯物主义当作统一的理论来谈论。这不过是说，在如下一些问题的理解上人们陷入了困境，这些问题可以用正、反两个方面的方式提出。它们是：在经济必然性范围内，如何理解马克思的共产主义价值关怀？在"历史乃是一个有意义的进程"这一 19 世纪德国唯心主义哲学依然保持着的基本信念范围内，如何理解马克思不是驳斥而是将其转换成一个更加以科学为导向的时代命题？在社会历史的客观进程范畴下，如何理解人在共产主义社会中将首次成为自己命运的主人？就马克思在人类自由史上的地位这一问题来说，如何理解马克思前期和后期著述存在着从"运用政治术语来谈论社会问题"到"运用经济术语解释政治"的转变？[①] 在政治上，历史唯物主义将保证经济的持续发展视为政治的一项功能，如何理解这一发展并没有导致马克思让自由屈从于必然性？在"政治"经济学的范围内，如何理解历史唯物主义及其社会批判理论真正超越了资产阶级政治经济学（这里所谓"政治"相当于我们现在所讲的经济）？在根据必然性来思考资本主义没落的问题上，如何理解资本主义的没落不能被当作类似自然法则，只要时机一到，自己便会崩溃？在历史的永恒这一悖论形式中，如何理解资本存在的特殊的历史性与资本主义发展之普

①　［美］汉娜·阿伦特：《论革命》，陈周旺译，52 页，南京，译林出版社，2007。

遍的文化意义？马克思从生产力或生产方式的辩证起源中生发出全部革命理论，如何理解它是使人类最美好的希望转化为现实的公理？这一公理是否如同后马克思思潮所认为的那样更像是理论性的？如此等等。

当我们以这样一种方式摆明上述问题的时候，这些问题及所包含的理论原则显然还有待做出新的分析。它们之所以需要一个新的分析，是因为在过去的几十年里，我们对马克思主义哲学认识得更深刻了。以前，人们可以不加论证就有把握地认为，马克思主义哲学是一门"历史科学"，马克思除了使哲学向"历史科学"转型以外别无其他。可是，只要"历史科学"一般地被人们局限于现代性历史观念的框架内来理解，那么，它就可能遮暗了马克思的政治哲学之维。换句话说，人们可能把历史唯物主义的历史概念判定为西方现代性的"历史观念"，导致"在纯粹的哲学媒介中缩手缩脚"甚至"全盘放弃哲学反思"，这就必然产生忽视马克思政治哲学的危险。① 但是现在，情况已不复如此，诸多马克思的评论者，如詹姆逊、阿伦特与所有那些已经重新发现重建政治哲学重要性甚至必要性的人，已经可以试图论证，资本主义的新发展，使得马克思主义的政治哲学的独特问题自行遮蔽起来。这意味着他们大都感受到了马克思主义哲学失去时效的危机处境，必然与马克思政治哲学的信誉问题相挂钩，或者像有些人坚信的那样，这是一个公众的心智已经清醒地认识那种救赎政治范式的荒唐的时代，从而需要将老问题转换成新的提问方式。这同时也意味着

_____

① ［德］尤尔根·哈贝马斯：《重建历史唯物主义》，郭官义译，43 页，北京，社会科学文献出版社，2000。哈贝马斯遵循这条诠释思路，广泛地研究马克思的思想，并不是直接地集中于研究他那些关于经济问题、历史辩证法的理论，而是更多地注意马克思的解放问题，承担复兴哲学的工作。

近一个世纪，尤其近几十年来，西方人把注意力集中在"政治立场"或"政治趣味"的范围内，提出对历史唯物主义的挑战。如果从问题史上或思想史上看，这些挑战的性质可厘定在哲学与政治之间的关系范围内，以及在这一范围内如何理解马克思主义政治哲学的地位问题。

值得注意的是，这并不意味着我要用"当代西方政治哲学视野中的历史唯物主义"的名义来切近地理解本研究的任务，或者这并非我的首要意向。但是，也许会有这样的反对声音，我大谈西方思想家的学术观点，这种做法里边有些东西搞错了，因为仅仅就以它的篇幅而论，在对历史唯物主义的政治哲学向度的分析中起着决定性作用的观点是西方思想家的观点，而不是马克思的观点，并因此应该把它划归为西方思想，这还有什么可迟疑的呢？实际上，初读此书时，这一印象得到证实，至少并非基于一种误解。因为，光以篇幅而论本研究具有什么样的主导线索，在本质上是由下述未曾言明的印象决定的：存在着一种"忠诚"（而不是"背叛"），是"正统"（而不是"异端"），它最大篇幅地引用马克思或西方思想家的概念、句子和文章。但是，由此来推，我们研究马克思或西方思想家的文本，不是为了强调它所表达的问题和它所试图解决的问题，而只是满足于保留一种在本质上类似于古文献研究的理论。倘若果真如此，这种反对言辞的价值势必要打折扣了。可以肯定的是，就现在所了解的解释学的情况而言，我们是不可能说出马克思的继承者们在一些关键环节上在接受马克思的观点时，单纯凭借篇幅就可明白其"忠诚"程度的！在这一点上，得出另外一种结论是完全可能的。事实上，就像福柯所理解的那样，他们无论如何是不能以脚注的形式注明出处来称自己是马克思主义者的。他甚至论辩道："物理学家在研究物理时感到有必要引用牛顿或爱因斯坦吗?"① 我以为,如果当代西方思想家预先认定历史唯物主义已经过时,他们便不可能有认真对待的态度。要想认真地看待历史唯物主义,我们必须将其考虑为真理。所以,我常常引证西方学者的论述,但不是将西方学者而是将马克思自己作为参照系;不是以西方学者的视域,而是以马克思自己的视域来理解这些论述。总之,我想表达的意思是,学者研究西方思想家的观点,切勿让它牵着鼻子走。那么,我们就会发现,马克思哲学是在与西方思想家的"对话的追溯"中生成的,而不是现成的。②

在此,我们获得的结论是:马克思哲学是历史唯物主义,也是一种"政治哲学"。

<h2 style="text-align:center">二</h2>

如何解释历史唯物主义与政治哲学的关联呢? 我们感觉到,那种

---

① ［英］莱姆克等:《马克思与福柯》,陈元等译,14 页,上海,华东师范大学出版社,2007。

② 或者,不妨考虑一下,我们于当今哲学里发现,处于真理位置的,乃是作为哲学科目之一的马克思主义哲学。然而,在今天中国哲学的范式之中,并没有一门所谓"中国化马克思主义哲学"的科目。众多书册高谈马克思主义哲学,并不是非得强调马克思与众(西方思想家)不同,即得将他的用语、他的表述方式及思想脉络说成是"非西方的"。我同意国内学界的一个基本判断,即"马克思主义哲学当然也是一种西方哲学,但它绝不是一般意义上的西方哲学"。陈学明:《二十世纪哲学经典文本——西方马克思主义卷》,2 页,上海,复旦大学出版社,1999。参见张文喜:《颠覆形而上学——马克思和海德格尔之论》,引言,北京,中国社会科学出版社,2004。

"一种政治哲学的可能，需要绕过马克思"的看法理所当然地只是基于一种比较，即柏拉图主义传统中的政治哲学跟马克思的历史科学之间进行的比较。在这一比较的范围之内，这种认识仍然是对的；但若将马克思关联到"现代性"呢？也就是说，当我们把现代性危机及其解决的基本含义充分地考虑在内时，它就站不住脚了，需要进一步澄清。我们不能以为，马克思"历史科学"的要义仅仅局限于所谓历史规律的解释问题上，实际上，问题的重要之处根本就不在这里。重要的是马克思的"历史科学"是正确地把握了历史原则的"**普遍**科学"。如果人们不否认这一点，那么马克思哲学的独特性本身，恰恰存在于它与柏拉图—黑格尔的形而上学看起来似乎是"同一"部分的争执里，在那里，潜藏着马克思哲学与他们的哲学在"本质上"的差别。这就很容易解释不仅是思想史，就连其他有关意识、观念、行为、道德、政治方面的历史，马克思被委身于"柏拉图式的政治理论家"的行列的诸多原因；或者更准确地说，这绝非偶然。因为，凡是在马克思名义下提到的独特性，归根到底被那些试图把马克思主义引向这一立场的人归属于柏拉图主义内部的"种"的差异中。但是，那样的话，马克思最终以什么名义来反对形而上学—意识形态呢？

问题的关键是：柏拉图式的马克思政治哲学解释的语境源自何处？我们应该如何辨析这种语境中隐藏着的东西？下面我们来做一番探寻。

在 20 世纪的政治哲学史中，柏拉图式的马克思政治哲学解释源自何处的问题，其实首先指的就是人们如何来看待马克思对历史的普遍规律性解释的政治哲学含义问题。亦即，首先，它是指被发现的历史规律在多大程度上能够指导社会的变革的问题。20 世纪政治哲学史默认，马克思对这个问题的反应通常是柏拉图式的。因为，就像按照惯例描绘的习见视野中的情形一样，历史唯物主义建立了可靠的社会变革的"规律"，它是对客观的、以物质生产为基础的现实的人类历史之规定。从各个方面说来，人们都认为，对历史的客观规定是通过一种概念王国的等级制来实现的。马克思，如同黑格尔那样，发展出了一套观念哲学。从思想形式上讲，它把世界分裂为两极：其中所展示的历史唯物主义被一分为二，一部分是以论证客观历史规律为诉求的历史唯物主义概念；另一部分是以关于创造一个好社会为诉求的历史唯物主义概念。马克思就是从这两种历史唯物主义概念中得出结论的，并且从一开始就系统地避免把结论建立在现状如何或现状曾经如何的基础上，而使结论奠基于现实应该如何之上，这就是资本主义必将在历史过程中灭亡的信念。基于这个信念，在关于创造一个好社会的哲学中，马克思对现实与理想的矛盾或实在与理念的差距不满。这一点就其本身而言并没有什么独特之处。因为，我们每个人都会根据社会理想批判社会现实。令马克思的反对者不解的是马克思的态度中的第二个方面：马克思相信，社会形态之所以不佳，可以归因于这个世界内在的拙劣结构——普遍的私有制。这个方面之所以不易为马克思的反对者所理解，是因为他们认为，既定的社会存在秩序（无论从哪里去寻找它的起源）同样可以被看作本来是好的。马克思之所以不愿意这么看，是因为他相信，既定的存在秩序应该改造成令人满意的完美秩序，目的论和价值论这两种成分，一起被内在化在他的世界历史观里面了。① 换句话说，马克思对至善状态的陈述，

---

① ［美］沃格林：《没有约束的现代性》，张新樟、刘景联译，70～71 页，上海，华东师范大学出版社，2007。

总是植根于一种对人类社会历史规律的综合性解释。因此，在马克思政治哲学的根源里，就如本雅明、罗蒂等人想的那样：马克思创立历史唯物主义的完整计划是一分为二的，一个是哲学计划；另一个是政治计划。我们看到，从这种对历史唯物主义漫画式的评价意义中，马克思的反对者可能会大致描绘出它的理论的结构特征：在历史唯物主义的理论体系中，生产力、经济基础、社会存在、物质资料的生产方式等概念为一方，生产关系、上层建筑、社会意识、社会生活的精神方面等概念为另一方，两方相同构成了客观与主观两极对立的概念等级的王国。其中，前一方在价值上和逻辑上统治着后一方，占据支配地位。按照这样的看法，我们不能不相信，这看起来就是，历史唯物主义乃是无可争辩的柏拉图式的哲学翻版！

不过，我们诚然可以确认，这个思想形式必定作为对马克思历史科学的曲解而存在——因为它必定意味着去复原被马克思历史科学批判所击溃的从事着建立秩序的形而上学，且这种复原越完美（如孪生子），我们就越不能分辨出它们之间的差异——但它清楚地证明，如果以往那种概念等级原则让马克思得以开创出历史科学，且开掘出了政治思考的证明性观念词汇，那么，我们如今要找马克思政治哲学的渊源，不就得通过柏拉图主义而找到柏拉图身上去吗？在指出这一点之后，我们可以试想，那些"意识形态"论说的最近的反对者，如卡尔·波普尔、迈克尔·奥克肖特及其他政治哲学家声称，现代性的危机表现为：所有关于事物较好与较坏的政治思考本身，已经终结在解释人类行为或社会变革的"规律"的那种知识之中①时，他们可能是正确的。但是，临到他们遭遇真正的哲学问题，例如，当他们感觉到由解释人类行为或社会变革的"规律"提供的知识不比任何其他解释规律更能够证明某种"正确"或"不正确"的政治论说的时候，从而当他们曲意把马克思历史科学的结构性特征比附成"柏拉图—黑格尔式"的时候，我们显而易见地看到了一种只适合孔德的实证主义和柏拉图主义，尤其适合于回忆说的情形，被挪用来比附着阐释马克思的历史科学。② 因而，它所需要的只可能是把马克思历史科学指派给那些现成的概念、学说和符号，或者说，把历史唯物主义误解为用抽象的概念规定社会历史对象，把它看成这样一个观念，即有天赋的人才能去找增进物质性的（经济和政治）利益的充分理由。尽管，马克思有关要"颠倒辩证法"的隐喻也许可能有利于这种误解，但是如果我们认这种误解为真，那就犯了特大的错误。可是，对于马克思的反对者来说，这并不犯难。他们从概念木乃伊的历史唯物主义那里得到一把方便的钥匙，可以将任何从物质生产出发来观察历史的观点打入意识形态的疑阵，对其进行毫不留情的揭露批判。事实上，人们谈论的 20 世纪假借马克思之名的"革命理论"，有时已很难追溯这些革命的马克思的原义，因为人们笼统地认为所有革命都相似。有一种观点认为，由于

———————————

① 按，这里首要的意思是：从西方古代哲学和政治哲学到现代社会科学对政治的所谓"科学的"理解，实际上是寻求把政治思考从意识形态中解放出来的希望，在哲学传统中一直流传至今。不过，它在寻找满足这一希望时，已经由以往那种极不现实的要求，转向了当下多少不那么野心勃勃的知识寻求，即对现代性历史化的"善"的寻求和承认，假如我们还可以用这种方式继续称呼"美德"。

② 在思想史上，我们经常看到把"二十世纪的教训"从马克思往上推及柏拉图—亚里士多德的情况。

马克思的主要目的是解释资本主义在西方的独特发展，而不是解释为什么世界其他地方没有"自发"地以同样的方式演变。因此，马克思予以阐释的是资本主义发展在西方何以成功，而不是它在世界其他地方何以失败。倘若，这种观点为真，马克思的观点从何谈起整个人类历史呢？因而，它就成为在资本原则的范围内为克服"社会的故障"而炮制的"制度变迁"之权宜之计。举例来说，罗蒂的所谓"成为比马克思更彻底的唯物主义者的最好的方式"，简单地说，就是要我们改变谈话方式，亦即要我们放弃对世界历史变迁的深层原因的理论探求，放弃推翻资本主义和祛除文化商品化的谈论，放弃对资本主义与社会主义的区分，直至放弃"资本主义"和"社会主义"的术语。取而代之的是，我们谈论饥饿、工资和解雇，谈论学校中存在的差别和每个师生获得医疗保健的渠道，如此等等。罗蒂认为，这种谈话方式的转变，意味着"保持真实的左派政治"，意味着"在谈论真实政治时满足于具体和平凡"，而且，现在人们不再有世界历史的浪漫主义幻想，左派政治学才被认为是有价值的。① 我们应该承认，罗蒂确实抓住了柏拉图—黑格尔的大写的思辨历史观的缺陷，但从一切方面看，它被认为把握住了现实，却实为马克思所说的被"现实抽象"力量所统治的规律的哲学所表达，在神秘的形式上，它恰似黑格尔的辩证法。这种具有辩证法的"神秘"形式的"革命理论"，其政治后果早已经清楚：它已经得到"消费主义"及其相应的生活方式的维护，而社会科学（包括"道德科学""历史科学""价值

---

① ［美］理查德·罗蒂：《真理与进步》，杨玉成译，201～202 页，北京，华夏出版社，2003。

科学"和"政治科学"等）正陷入把美国，或稍微普遍地说，把当代西方社会的特征当作人类社会的主要特征的危险中。据说，马克思哲学危机的表现便存在于这样的事实中：他把历史"局限在物质的范畴内，就只剩下消费的问题"①。而消费主义的反政治性，恰恰在于它对集体价值的冷漠。如果，从根本上来说，这种意义上的马克思哲学乃是由历史造成的，那么，我们毫不奇怪，马克思历史科学必然是以某种科学知识的方式和名义，搁置了对错问题或者好问题的解答，马克思何以还有可能深入历史的本质性中去呢？

在这里，我们要告诫人们：对于马克思而言，对社会的科学理解所用的主要方法是历史的理解方法。然而，在领悟此点之前，我们必须赋予马克思的历史理解方法以效力。因为，今天的问题是，历史的理解方法，在抽象的经验论那里，事实上，已经被当作通过经验观察对其所得到的客体的描述的方法。或者说，该方法是"一些僵死的事实的汇集"，它仅仅局限在事实或事实之细节的判断上；在思辨哲学那里，该方法则沦落为"想象的主体的想象的活动"。它们都无法赋予价值判断以效力。如果考虑到理解历史的任务和对于世界之改变的实践要求，马克思绝不认为这两种历史的理解能够描绘出"能动的生活过程"。问题依然在于，唯有"在思辨终止的地方，在现实生活面前"，才为"描述人们实践活动和实际发展过程"的真正科学准备了空间，才为终止"关于意识的空话"提供了道路，并"使独立的哲学失去生存环境"②。如果说"现代

---

① ［英］卡尔·波普尔：《二十世纪的教训——波普尔访谈演讲录》，王凌霄译，57页，桂林，广西师范大学出版社，2004。

② 《马克思恩格斯选集》第 1 卷，73 页，北京，人民出版社，1995。

唯物主义本质上都是辩证的，而且不再需要任何凌驾于其他科学之上的哲学了"，那么"在以往的全部哲学中仍然独立存在的，就只有关于思维及其规律的学说——形式逻辑和辩证法"了。[①] 在这之后，马克思的理论伙伴恩格斯不厌其烦地强调，马克思的历史观已经结束了历史领域中的哲学。换句话说，在形而上学传统的秘密揭穿之后，一种对所有历史时代均有效的哲学就变得不可能了。现在，虚有其名的堪称绝对知识范式的终极真理终结了。终极真理的终结意味着，与终极真理一道的政治哲学所要求的普遍有效的价值评价方式终结了。

然而，在我看来，如果只有黑格尔这样的哲学家才需要哲学的拥抱，那么，马克思在那卷帙浩繁的著作中又是为什么身份呢？为什么马克思的时代与黑格尔的时代相比不太需要哲学？马克思又是在什么意义上拒绝建构某种绝对真理来整饬世界的哲学理论呢？马克思是不是把哲学包容在科学的名义之下了呢？在诸如此类的问题上，我们尽管不可避免地产生很多疑问，但在一点上存在广泛的共识：马克思拒绝把任何教条当作永恒的、终极的规律强加给我们，但我们不可能摆脱哲学，因为我们必须进行哲学思考方能做出对哲学的判断。因而，无论如何，"代表着现状的变革、代表着未来的"的那种真理，"肯定拥有最多的能够长久保持的因素"[②]。因而，对于马克思来说，一个学说包含越多的"能够长久保持的因素"，那它就越好。正是在这个意义上，我们承认马克思的学说仍然或者还是一种"哲学"（哲学意味着对真理的追求，对

---

① 《马克思恩格斯选集》第 3 卷，738 页，北京，人民出版社，1995。

② 同上书，434 页。

于每一个能够理解对于马克思而言这意味着什么的人来说，这种追求是感性意识的自觉表达），尽管他没有承认自己是个哲学家。从表面上看，马克思哲学因为承认价值判断与知性范畴是历史可变的，因而至多只是断言了现实的物质生产条件决定了人们的生活的观点。不过，这个观点本身是属于哲学的，并且在"哲学著作""历史学著作"或者"经济学著作"之间不必做任何区分，这样的区分无法解释马克思与传统哲学批判的关系，也无法理解马克思哲学自身所带来的革命性变化。传统哲学的范畴已经摆脱了原先的定义，并作为历史分析的因素被重新认识。①而如何去解答是非对错或者最好社会的标准这一政治哲学的前提，当然与马克思哲学有关系，虽然这个前提也许会给非现成的马克思哲学强加上一个僵化的框架，然而，要给资本主义制度及被资本主义异化了的无产阶级的普遍而外在的生存关系以一个批判基础的话，马克思的批判首先是以哲学方式的，公开宣布放弃哲学；其次是按照实践的方式改造世界，从而改造哲学化的心灵或自我意识的。

三

在解读马克思的政治哲学诉求及其历史基础问题时，我们会看到，马克思把获得美好的生活和健全的社会知识作为历史唯物主义的题中应

---

①　［法］埃蒂安·巴利巴尔：《马克思的哲学》，王吉会译，7 页，北京，中国人民大学出版社，2007。

有之义。历史唯物主义的生产、生产方式、生产力、生产关系等范畴，不仅对我们理解社会现实做出了贡献，而且也为确立"正确的生活方式"发挥了效力。在这个意义上，可靠的社会历史发展规律，几乎常常更多地被用来分析或验证"正确"的政治思考之奠基的社会秩序和准则等的含义。这一点是毫无疑问的。但不幸的是，在现代党派性语境中，对所谓"历史规律"或"历史的客观性"所做的政治哲学说明，实际上被错认为一种信仰的哲学表达。因此，眼前亟待解答的问题是，历史唯物主义被理解为，既是客观规律，又是理想主义的信念。换言之，在真正占有马克思的政治哲学信念之前，我们必须对这些思想进行陌生化的处理，以破除它们身上的现代性的符咒。

众所周知，20世纪政治哲学的总体趋势有一个极富成果的来源——马克斯·韦伯的政治社会理论。对于韦伯来讲，判断（终极）价值的正确性，是个信仰问题。他说道，社会科学家不能够判断他们的考察是否构建了一项与真有关的理性事业。这种看法是针对历史唯物主义的，因为，在我们看来，韦伯的论旨只能放在作为历史唯物主义的知识社会学是党派性的问题和关系中来把握。如果这种说法没错的话，马克思政治哲学就滋长了另一种政治意识形态的建构，而且它还有助于激发政治上的宗教行动。在我们看来，这些想象出来的观念，似乎是政治现代性的遗产。它根源于人们无力决定什么与马克思政治哲学真正有关，什么与马克思政治哲学无关。

只要审视一下20世纪所提出的诸种政治和社会思潮，我们便可以看到，忽视马克思，只能有坏的政治哲学。事实上，正如迈尔所见，现在只存在着自由主义和共产主义，而且事实上也不存在除这两种思想之外的由其他思想支持的有活力的政治体制。但是，任何一个群体相信什么和做什么，与该群体将什么看成对错的问题，以及对它的理解和辩护方式有关。自由民主政治可以说是将主人与奴隶的辩证关系永恒化。它以私有制的不可改变为固有的解释框架，使少数人享有真正的自由。在多数自由主义学说那里，人与人之间的不平等被看作建立和维持一个有序社会的必要前提。马克思否认了这样的个人主义乌托邦，在马克思看来，人是社会关系的总和，而抽象的个人自由只是作为"对单个人和市民社会的直观"，抽象的个人自由的终极保证只能是作为绝对精神的上帝。现在，我们要明了人的社会本质，才可有效地确立正确的生活方式。我们看出，今天的自由主义只是反映了中产阶级的知性生活的理想。它伴随着这样的观点，即富有的人或富有的国家在道德上优于穷人或贫穷的国家。而共产主义将坚决撼动少数人（富人、特权者）与多数人（穷人、弱势者）对抗的社会秩序。在目前，社会主义和共产主义，虽然还没有在更广大的地带居于优势地位，但是它的解释力反而比其他政治原则更强势。

谁曾经这样说过？无疑，是马克思本人最初这样说。马克思在《共产党宣言》中有一个明确的说法：为了对共产主义这个"幽灵"进行围剿，欧洲的一切势力"都联合起来了"①。这个事实除了证明共产主义的真理之外，还证明共产主义的敌人别无选择。当然，共产主义是不可征服的，这绝不意味着对于一个采取革命的无产阶级立场的人来说，他对阶级斗争结局的主观意愿无可怀疑，并先知般地宣告自己胜利。我们可以说，如果这种立场的选择绝不只是让意志的野马任意践踏历史的界限，那么胜利就必须由历史来判决。在这个意义上，有人会说，如果共

---

① 《马克思恩格斯选集》第 1 卷，271 页，北京，人民出版社，1995。

产主义及其他理论基础——历史唯物主义——已经永远胜券在握，那么这种历史唯物主义看起来就得与神学结盟了。在西方知识界，很多人看到神学同历史唯物主义一样，以不同的方式给予从压迫与苦难中获得拯救的人的基本愿望以实践的指导。这里，我想举一个与此相关的例子，用来说明在已经发生了变化的历史条件下，历史唯物主义如何才能具有揭示社会历史现实的功能。20 世纪二三十年代，深受马克思主义革命乌托邦思想影响的本雅明认为，对共产主义的肯定，使历史唯物主义理论拥有比马克思主义者所设想的正统阐释更多的解释力。本雅明极其敏锐地观察到，被基本上是由第二国际的马克思主义割裂并败坏了的历史唯物主义，不再能够满足自马克思以来历史唯物主义所提出的关于理论与实践相统一的要求。本雅明的历史唯物主义要尝试建立一种实践的理论。对于本雅明来说，这差不多意味着把他思想中的神学维度调换成历史唯物主义术语。这是历史唯物主义"赢得"历史性比赛胜利的必要条件。虽然本雅明认为历史唯物主义必须回归，其超越哲学而回归神学的判断是成问题的，但是他确实很正确地看到了：在已经发生了变化的历史条件下，历史唯物主义"将要获胜"，须重新改写对历史唯物主义的正统阐释，历史唯物主义的发展仍然有待大量的哲学思考。

四

这本书的目的，是为重新思考历史唯物主义的政治哲学向度提供一些哲学分析，或者至少给出一些归纳概括。除了上述看法之外，我还应

再简略地说明，为什么选择政治哲学向度作为一个反思历史唯物主义的
中心问题。简单地说，它是在一个特定背景下写成的。这个背景就是第
二次世界大战后的新马克思主义发展和国内马克思哲学当代性讨论的语
境——其研究路径多局限于：或与海德格尔等当代哲学家的对话，或专
注于文本解读，或被置放进从斯密、李嘉图到马克思的经济哲学方法论
的发展线索之中，如此等等。在这个背景中，历史唯物主义的研究近乎
没有给政治哲学向度留有空间，马克思的现实历史之终极目的论也被删
除，而历史唯物主义（哲学）转变为了历史社会学。甚至马克思的资本
主义的"自我否定"理论也被看成是当今经济发展所需要的架构。对于
这个背景来说，没有"政治制度"更好地解决这类问题，因为，什么是
美好、应然的生活方式，根本不是一个问题，它并非能够特别指望哲学
家（例如，海德格尔）来解答的问题。如果我们非常极端地看待这些论
断，那么，一个充分的反驳就会形成。佩里·安德森提出一个论点，他
为这个论点所做的论证是真正有根据的。他认为，"自上向下看的历
史"，其重要性不亚于"自下向上看的历史"："实际上，没有前者，后
者最终只是片面的历史（即使是较重要的一面）。"今天，"自下向上看
的历史"已经被马克思主义和非马克思主义谈得烂熟，而且在过去的理
解中产生了重大成果之时，我们十分有必要重新将历史唯物主义的研究
提升到政治层面。[①] 换句话说，历史唯物主义要强调生产条件决定人的
生活的具体特征，后者作为"上层建筑"建立在更实在的物质条件基础

---

① ［英］佩里·安德森：《绝对主义国家的系谱》，刘北成、龚晓庄译，5～6页，
上海，上海人民出版社，2001。

上。然而，正像人们所看到的，上层建筑原本所具有的隐喻成分，已经使我们赋予它过多的理论分量，因为这种划分具有简单僵化的二元对立倾向，并完全回避了马克思自己提供的范式——生产方式的内在逻辑、历史的特殊性与人的作用的历史统一。因此，关注人的生活问题、人的存在的价值问题、人的美好与应然的生活形式问题也是历史唯物主义（哲学）的根本。建立于迄今为止所有物质基础之上的上层建筑也有好坏问题。从这一意义上讲，本书对历史唯物主义政治哲学向度的阐发，并不仅仅是一种单纯的理论选择，在 20 世纪最后 10 年的历史氛围中，对于旨在重新理解马克思政治哲学的人来说，它还是一种必然的理论选择。事实上，从传统上讲，历史唯物主义曾经被作为试图通过改变哲学来实现哲学的理论规划工程。这实际上可以理解为用政治的方式处理哲学问题的向度。但是，我觉得，对于"历史唯物主义的政治哲学向度是什么"这个问题，过往的研究已不足以体现或引导最近的论战。因为近 30 年来，横跨各领域的理论家已经对此问题有更好的了解。

但是，当代需要的引导者，不是那些"终结"了"大写历史"并连带冲击了"小写历史"的人，而是那些了解现代性困境而后终结其概念化历史方式的人。因此，我认为，在施特劳斯称为"现代性危机原本是现代政治哲学危机"的这个时刻，历史唯物主义也是一种面对特定的现代性危机的政治哲学理论。这个问题让这个时期的马克思主义研究者产生兴趣。因而，在我们看来，政治哲学中历久弥新的问题，也会在历史唯物主义理论中呈现为特定的形式或面相。历史唯物主义的政治哲学向度的存在，不仅是由现代性危机的结构的诸种特点构成的，而且也必然烙上马克思身后那些影响重大的历史事件的痕迹。这就是这项研究要理解和反思对人类价值有威胁的重大历史事件的原因。当然，本项目各部分所要讨论的问题，并不能够回答历史唯物主义的政治哲学向度所蕴含的全部问题，并且它也不能够被完全归并到这里及前面已经谈及的主题之中。我之所以不想把自己的讨论局限于这些主题，不仅在于今天我对政治哲学的论题、方法和作用方面存在着完全不同的看法，而且在于对它应以什么形式存在下去也充满怀疑。① 可以说，我在这本书里仅试图用导论的方式提出若干论证。因此，我所进行的是一项准备性的研究。其中心旨趣为，对历史唯物主义的政治哲学向度之开启随一些未有定论的问题而转移，我认为要对最根本者之一加以探究。我的总问题是，在历史唯物主义的内部如何勾联出一个政治哲学向度？但与当今任意冠以一种"政治哲学"的概念鲜有关系；毋宁说这是一个摆脱当下时髦的"政治哲学"以及超越用"政治意见""政治规划"和"政治蓝图"来描述它的过程。正如前面已经提到的，随着人们不断理解马克思对资本和现代形而上学的批判及历史唯物主义的精神，"政治哲学"这一词在这里可以被当作对"什么是正确（当）的？"问题的解答。从上述种种意义来看，我在这里从事的对政治哲学的限定与通常所谓某种属于"国家的"政治理论仅仅有着微弱的关系，甚至可以说，即便政治理论问题得到很好的探究，政治（哲）学也不改变与对国家的研究联系在一起的初衷，由时代的严肃性激起来的历史唯物主义的"政治哲学"向度的存在依然没有得到证明。

　　我的写作涉及众多截然不同的思想，有着纷繁复杂的思绪，这种情

---

　　① Strauss, *What is Political Philosophy*?, The University of Chicago Press，1988，p. 17.

况可能有所欠缺：我总是假定了某种指导性观念最终统摄了我的作品，但细心的读者并未觉得我有资格假定自己能够做到这一点。因而，大概有人不禁要问：是什么主导性的线索牵引着我对这些彼此不同的思想范围的研究？我认为，在某种没有解释学的教条主义的意义上，这个问题并不像看起来那么容易回答。至少在最重要的情况下，不管是在显在的意义上还是在隐微的意义上，我知道我的写作向不同的人说了不同的话。而我们可以假定，每一种写作毫无疑问都是这样的！如果读者看到我的写作有某种理解力和解释很不完整的思绪，我自己愿意将此解释为：那些初看起来与包容更广的整体无甚关联的思路或部分恰恰显示着微言大义的线索。或者说，初看上去似乎离题或无关宏旨的思路，细察之下往往是一个更大的背景中的线条。除此之外，在我们的时代，没有一个明智的人会像过去许许多多一流的思想家那样，鼓吹自己的学说在所有重要方面都已登峰造极或包罗万象，而事实上，这些学说都毫无例外地被证明是需要大加修正的。因此，我希望在对解释本书的完整性或系统性的疑虑问题上，宁愿给读者以质疑的权利，而我自己则把它当作我在反对教条主义或与接近阅读的人交流时的策略或弹性来使用。这样一来，目前我愿意把本书在乍看之下不够系统和多中心的特点设想为我不能跟着"杜林"走①的原则运用，虽然事实上系统化和非系统化只是

---

① 恩格斯在《反杜林论》中，深刻地认识到"创造体系的"杜林先生谈到了"所有可能涉及的东西"，这是一种"放肆的伪科学的最典型的"表现。恩格斯自己则理直气壮地声称，"如果在那些我最多只能以涉猎者的资格发表看法的领域里我不得不跟着杜林先生走，那么这不是我的过错"。《马克思恩格斯选集》第3卷，345页，北京，人民出版社，1995。

相对的，并都是语言内部分化进程的产物，而非一个优于并独立于话语交流之外的原始事实。倘若我们将眼光掠过政治哲学领域，看看其他研究领域，比如，历史学领域或者文学领域，那么多中心和非系统的情形更有过之而无不及。可能通读本书的读者可以看到这一点，而且这本书的目的并没有一个一元化的祈求或体系化的妄想，而是即时准备用取决于问题本身的方式来处理相互对待或相互冲突的信念及它们的持有者等。所以，我必须知道如何做才能开阔视野、使人摆脱有碍的偏见或教条方面的事情，至于如何达到这一目的，则全视突破某种死板僵硬的理论框架之举能否包容于各种见解之间的内在联系之需而定。我现在不敢说，我在这方面的工作是不是有成效的。这大概符合关于无知的知识是哲学的原初含义。一言以蔽之，现在对政治哲学已处于衰落状态的强调，既不能否定或改变本项目所标明的调子的性质，也没有或不能减少它所标明的问题的关切性，即对历史唯物主义的政治哲学性质及其自身理想的自行遮蔽之极大的不满，并深化了我们对社会世界的理解。

目　录

第一章 | 在历史唯物主义与政治哲学之间

一、政治哲学：马克思主义哲学的可能性

就其本质而言，哲学，是对人类社会生活中根本的和真正永恒和持久的因素的探究，而作为哲学的一个分支的政治哲学，是对何谓最好的社会政治秩序问题的探究。然而，在我们习惯称为"历史"的东西被称为我们时代的精神之后，当下社会生活的特定"趋向"及其历史起源问题，几乎取代了对永恒和根本问题的思考。对于马克思主义者来说，似乎难以发现还有机会提出政治方面的哲学问题。这大概就是历史主义的理论逻辑使然：由于社会和人类思想的基本历史特征，历史主义拒绝考虑能否用一种理性的、普遍有效的方式宣称存在着自然本性与善的生活特性的问题。

对于历史主义所说的这个语境，当下的马克思主义哲学或政治哲学研究，总会在相反的两个方向上进行哲学思考：一方面引出它，另一方面又拒斥它。在历史的语境中，恰当地考察马克思主义哲学或政治哲学，在我们这里则意味着，马克思主义哲学或政治哲学之所以真正属于当代，恰恰是因为其从思想上超越了现时代精神的那个本质性维度。这也是说，马克思主义哲学或政治哲学作为分析或思考现实性的一种"历史的"理论或一种必须考虑特殊时空条件的信念，理所当然地要提出永恒的普遍性问题，并试图寻找普遍性的解答。

(一)政治哲学终结了吗

在西方，由于历史主义、文化相对主义和实证主义的兴起，标志着为根本性的和普遍性的问题提供答案的那种古典的政治哲学消亡了。理解这种看法的线索包含在对所谓政治哲学与历史的关系的判断之中，更准确地说，是在哲学家对其历史处境的反思中所体现出来的对政治哲学的挑战之中。根据列奥·施特劳斯、皮特·拉斯莱特等人的意见，政治哲学消亡的原因之一是马克思主义的兴起。[①] 这个观点隐含着这样一个判断：在马克思主义那里，政治的正当性问题是由作为政治哲学替代品的历史社会学负担的。因此，对何谓最好的政治秩序这一问题的追问，一直处在传统马克思主义哲学的研究视线之外。之所以如此，在存在论的基点上是因为支配第二国际最出色的理论家的是马克思主义哲学观

---

① 丁耘等主编：《思想史研究·思想史的元问题》第1卷，190页，桂林，广西师范大学出版社，2005。[芬兰]凯瑞·帕罗内：《昆廷·斯金纳思想研究》，李宏图、胡传胜译，12页，上海，华东师范大学出版社，2005。

念，以及使得历史唯物主义被阐发成以"经济决定论"或"经济学的唯物主义"为主导的观念，这似乎决定了这个问题在马克思主义哲学史上只是获得第二位的、在体系方面从属的、有时甚至是被遮蔽的地位。倘若我们不注意马克思主义哲学史遮蔽了这个问题，那么，我们的研究就必然会显示出死抠文本的解读的缺陷。按照那种解读，"经济必然性"和马克思所确认的共产主义未来秩序之间的关系当然被事先处决了：因为，共产主义社会无非是客观经济逻辑的自身展开，是资本主义文明崩溃的不可避免性。坚持历史主义立场的人虽然怀疑了很多事情，但对此却深信不疑。他们认为，历史上后得的经验比先获得的更成熟，对何种政治秩序将是更好的这一问题的解答取决于对历史处境的反思，最好的政治秩序问题应该被历史性的问题所取代。或者说，对变化着的问题除了变化着去寻求解答以外，再也说不出别的什么。因此，在哲学范围内，我对何种政治秩序是更好的这一问题，既无须辩护，也没有能力这样去做。

不过，我们在这里的意思并不是说，这一论题及其意义根本没有引起人们的注意和引发人们的讨论，不如更恰当地说，情形恰好相反。如果过去的马克思主义者或反马克思主义者相信以经济必然性法则为基础的共产主义，就没有必要去辩明或驳斥共产主义是"合意的"或"令人厌恶的"，那么在 20 世纪，无论是反马克思主义者还是马克思主义者都挑起了这个问题。虽然他们还只是以抽象和空疏的方式挑起了这个问题，因为他们并没有能力去现实地面对这个问题本身。例如，弗朗西斯·福山无法合理地区分，而只能抽象地将有关维持一种特殊的制度理论的讨论去取代最好的政治秩序问题，他通过分析现代社会制度而得出结论，现代文明虽然有缺陷，但已经有足够好的制度，因此不再有制度革命的可能性，历史也就完成了。这个历史完成论的特点是，把人类历史过程置于一个资本主义与共产主义殊死斗争的政治场景之中来加以论述，企图把资本主义的输赢看成只是在中立市场中的机遇和判断的结果。此论既出，批评、拥护之声鹊起，只是我们假如超越资本主义狭隘的"普遍主义"，就依然会困惑于这样的问题：现代文明秩序，是"我们"意欲的，还是令人厌恶的，抑或是无所谓？而对于本雅明来说，现代世俗的历史力量是否有能力实现一种高级生活方式是很值得怀疑的，他发现共产主义问题必须是一个远远超越了经济学考虑的问题，历史思考需要神学的补充。另外，当代分析的马克思主义把"历史唯物主义"呈现为十足的"经济学的唯物主义"，以及一种附加的"主观性"或"辩证法"的补充。因此，一方面，他们很少愿意去捍卫被称为"历史唯物主义"的马克思的历史理论；另一方面，他们的许多工作正是在于发展出如下规范性的论证，即"如果要实现社会主义或共产主义的理想，就要说服人们并使他们相信，值得追求这些理想具有道德上的正当性"，或者说"为什么社会主义社会比我们今天看到的国家福利资本主义更令人向往——更自由、更正义或更民主"①。显而易见，在这些声音中，政治哲学在马克思主义的研究中被明确地主题化了。今天看来，过去的马克思主义者或反马克思主义者应该受到责难的地方，并不在于他们如实地描写了作为经济学视野中的马克思，而在于他们标识了曾经对资本主义有卓越描述的经

---

① ［加拿大］威尔·金里卡：《当代政治哲学》上，刘莘译，303～304 页，上海，上海三联书店，2004。

济学家，因而也就是用所谓经济学史上的一个历史人物来冒充和替补马克思。问题实质涉及的是，某种解答何谓最好的政治秩序这一政治哲学问题，是否在马克思主义哲学中最终被转变成为具有"未来主义"特征的历史问题——这当然是值得怀疑的。在这里，我们的研究意在强调历史唯物主义必须是哲学；而称它为哲学意味着它为人类社会生活建立了普遍原则，即共产主义的原则，这些原则的政治意蕴为我们提供了何谓最好的政治秩序这个问题的解答，而这通常是被历史主义化的马克思主义研究所忽视或否认的。

(二)如何理解马克思主义哲学的当代性

从最为通常的划界的意义上讲，我们总是确认马克思主义哲学为真正的当代哲学，它不是任何一种意义上的近代哲学。那么，马克思主义哲学的当代性具有什么样的特质？在今天这样一个人人标榜与时俱进的世界上，谈到这个问题，人们就不由想起某些观点，例如，马克思总是根据历史条件的变化和实践的发展，以批判的精神看待自己的理论，要求根据新的历史情况和实践经验修改和完善理论，从不把它当作任何教条，更不把它视为终极真理。毫无疑问，这是一种自 19 世纪以来哲学与历史的"合流"而深受历史主义影响的观点。它意味着，马克思主义哲学对传统政治哲学普遍性问题的解答必然是具体的、现实的、历史的，或者，马克思主义哲学关于普遍性问题的解答在本质上必然地不可能摆脱历史条件而普遍有效。我们可以把这种求助于历史去理解马克思主义哲学、看上去颇具说服力的观点称为"历史的观点"。乍一看，人们或许认为，在这样一种"历史的观点"的支配下，就可以合乎逻辑地杜绝一切对马克思主义哲学作教条主义（教条主义即是绝对主义的代名词）解释的诉求。但是，只要稍做思考便会打消这种幻觉。一个持"历史的观点"的人，在倾向于询问"马克思主义哲学对当前有何意义"之前，其实并不比非历史主义者能更有效地抵御教条主义。情况恰恰相反，尤其是当他们看不到马克思主义哲学之创建者理解其学说的方式是唯一的，而主张马克思主义或马克思主义哲学有多种时，对马克思主义哲学的历史反思，终究导致马克思主义哲学的当代性这一问题陷入一团疑云。

在今天，在对马克思主义哲学的当代性反思中，什么导致马克思主义哲学丧失了自身的问题，乃至在"后现代主义与马克思主义哲学相遇"的鼓噪声中，马克思主义哲学在本质上何以被转变成为碎片成为无名之物的问题，从根本上仍然处在"历史的观点"的视野之外。我们认为，对马克思主义哲学产生的历史条件的反思的方式必须是"哲学的"，它表明马克思对传统哲学的批判，并不必然赞成整个地取消哲学。因此，我们有必要质疑有些人曾假定过的结论。他们认为，努力理解马克思主义哲学之当代性问题，在本质上关联着追问马克思主义哲学的"合时代性"问题。因为，马克思主义哲学所从事的对历史的研究不再是思辨的，而是实践的。这等于表明他们对马克思主义哲学当代意义的把握，或者从属于其所期望的对未来的指导，或者从当下现实出发并返回当下现实。不难看到，这种观点将马克思主义哲学研究的哲学意义，规定为从历史研究中获得对人类生活的"现实的"或"未来的"指导。于是乎，理解马克思主义哲学之当代性问题亦等于理解它之于现代国家、现代政府、当前的政治处境、现代人、我们的社会、我们的文化、我们的文明等诸如此类的问题，亦即如何"维持一种特殊类型的操作性观念"的问题。然而，正如施特劳斯所见，这种观点难以看到，在不首先了解决定国家、文明、人之本性这些普遍性问题的非历史性解答之前，我们怎么能够充分讨论现代国家、我们的文明、现代人这样一些问题呢？因此，如果这样的理解是正确的话，那么在评判"什么是马克思主义哲学对于现时代的理论贡献"这个问题上，我们需要抓住的是马克思对某些**根本问题**的真正洞见，而不是对这些问题的解答的具体历史情景依赖。这是说，虽然马克思主义哲学的产生有其"历史条件"，但这并不能证明，相应的马克思主义**哲学**也是有"历史条件的"。充其量只能说，与诞生了马克思主义哲学相关的 19 世纪的历史环境有关，可能尤其有利于历史唯物主义真理的发现，而其他环境则多少有可能不利于它的发现。由此表明，马克思主义哲学倘若超出相关的具体历史条件，仍然可能合理地主张它的有效性。而"我们是不断发展论者，我们不打算把什么最终规律强加给人类"①的马克思主义的观点，大概而论，只是表明那些当下无法想象的可能性，无法在当下言说，但它并没有表明未来的可能性完全属于未知的世界，同时它与我们在此强调的马克思主义哲学的当代性问题毫无关系。我们完全可以认为，马克思主义哲学极其正确地阐明了与他同时代的我们所意欲者最终有赖于优先选择的普遍原则，以及在这些普遍原则指导下的政治观念，而根本无须担心这些观念（例如，共产主义的观念，阶级斗争的观念）受制于历史反思而是否与时代的主流信条相融合或一致的问题。换句话说，我们必须愿意考虑这一可能性：马克思主义哲学已经发现了唯一的真理，且它的视域被马克思主义哲学自身所处的时代

---

① 《马克思恩格斯全集》第 29 卷，683 页，北京，人民出版社，2020。

及其所已知的种种可能性穷尽了。用萨特的话来说，马克思一向正确地拒绝将马克思主义说成是"历史哲学的一般理论"，这一点尽管很正确，但是与此同时，马克思相信"历史唯物主义适用于历史过程中的每一个契机"。例如，马克思在经验的基础上将他的阶级斗争理论描述为一种非常普遍性的真理："迄今为止的一切社会历史都是阶级斗争的历史。"所以，更进一步说，马克思主义哲学之所以真正属于当代，恰恰是从其思想上超越了现时代的那个本质性维度去领会才有可能。倘若我们误入歧途，将重点放在考察马克思主义哲学所出现的思想语境和历史条件，进而历史的洞见如同形成一堵无法穿透的墙而最终在年代学意义上强调马克思只是生活于特定的历史时代，并且只有生活于某种特定的历史时代的人，才会倾向于接受马克思主义哲学，那么包含于"马克思主义**哲学**"这一名称之中的关于那些根本问题的意向就会逐渐逃出我们的视线。

(三)为什么是政治哲学：马克思哲学当代性之一种理解

事实上，迄今为止人们用形形色色的方式来看待马克思主义哲学的当代性质及其论证，但这些论证通常忽视一种在马克思主义哲学的实践原则中首次表达出来，使得自己尽可能摆脱时代局限，以使思想的历史性理解成为可能的哲学前提。正如伽达默尔对 20 世纪的哲学基础的理解一样，马克思不再把黑格尔的概念论思想方式看作自己哲学的基础。

马克思把黑格尔的理论失误同后者对哲学与现实世界的关系的看法联系起来。在马克思看来，哲学之所以不能引起世界现状的任何变化，乃是因为在黑格尔所构造的形态里，哲学成了对历史的逻辑回忆。人们不能从历史上的经验教训中学到什么，也不能依据历史上演绎出来的法则行事。如是，我们通过黑格尔所指证的历史精神不能构成现实生活世界进一步改变的动力。在这个意义上，深入探讨马克思主义哲学之当代意义问题，其关键不仅是马克思对黑格尔哲学的批判，而且是对现实和历史的哲学批判。这就是说，人们应该把握马克思彻底抛弃传统的哲学思维，把注意力转向最重要和最根本的问题。就此而言，如果说马克思主义哲学具有一种当代形态的哲学性质，那么某些相似性可能会使我们像伽达默尔那样把它与尼采、海德格尔的等哲学联系在一起。但是我们马上在这点上不由得对伽达默尔的如下做法产生怀疑：当他把马克思主义哲学与弗洛伊德的无意识心理学、狄尔泰历史主义诠释学或克尔凯郭尔及存在主义哲学相提并论，且作为 20 世纪哲学的"出发点"，而认定尼采"作为本世纪哲学运动的后盾"，并"从根本上改变了本世纪批判主观精神的任务"①时，未知他不是在另一种形式上误解了马克思，即把马克思主义哲学看作作为分析或思考现实性的彻头彻尾的"历史的"理论，亦即等同于某种必须考虑特殊时空条件的意见与信念，从而粗浅地断言，马克思主义哲学与其"时代"之间存在明确的关联，其革命仅仅发生在"历史观"方面。

　　值得注意的是，当代最有力的思想运动正是援引历史的视角作为批评马克思主义哲学的资源。但是，它在批评传统政治哲学不具备历史的洞见或者没有注意到价值判断的相对性的语境中，并没有重新发现一个指导人类生活的替代者。这里只要举出海德格尔的例子就足够了。海德

---

　　① ［德］汉斯-格奥尔格·加达默尔：《哲学解释学》，夏镇平、宋建平译，115 页，上海，上海译文出版社，1994。

格尔明确指出，西方形而上学有两个终结点：尼采和马克思。这对海德格尔来说意味着：马克思的历史观结束了历史领域内的哲学，但仍然使得哲学苟延残喘。因为海德格尔固执于那种以迄今为止的西方哲学史为尼采哲学指派的立场来看待马克思哲学。马克思也和尼采一样，是令海德格尔失望的哲学家。也就是说，在海德格尔的眼里，马克思的哲学并没有把哲学从对传统的批判中拯救出来，尽管这体现了新的思想方式上的要求，但并没有用新的"思想"替代形而上学（如果在"哲学"这个词的所有意义上意味着并被看作"形而上学"的话），而是仅仅把它"倒转"过来，或简单地在西方形而上学的范围内进行哲学的思考和争辩；这和还不起债的人埋怨债主的道理没有什么两样。依照海德格尔，马克思对世界史的劳动生产的解释以及这个解释所依据的人类本性的看法，仍然是在黑格尔的劳动概念的意义上发言的。马克思主义作为一种劳动的形而上学被海德格尔认为依然处于旧哲学本身的视界范围内。正是在这一点上，海德格尔在"思想的基本原则"这个文本中断定，虽然"与黑格尔相对立的马克思并不在自己把握自身的绝对精神中，而是在那生产着自身和生活资料的人类中看待现实性的本质。这一事实将马克思带到了离黑格尔最远的一个对立面中。但也恰恰是通过这样一个对立面，马克思仍然保持在黑格尔的形而上学里；因为，就每种生产的真正生产性是思想而言，现实性的生存总是作为辩证法、也就是作为思想的劳动过程而存在……每种生产在自身中已经是反—思和思想"①。在这里，海德格尔

---

① 转引自张祥龙：《海德格尔思想与中国天道——终极视域的开启与交融》，446页，北京，生活·读书·新知三联书店，1996。

虽然没有明确然而却真切地暗示了：马克思主义哲学被嵌入黑格尔的形而上学的框架中，原本是对自19世纪后期以来将马克思主义哲学的解释实证主义化或发明出一个教条的思想体系的反动。在19世纪，在哲学被实证主义化的条件下，人们可能说自己是反黑格尔主义的，但这实际是表明他们的思想和黑格尔的距离，它虽然自以为和黑格尔式的形而上学势不两立，但在海德格尔看来，它只是黑格尔式的形而上学的"倒转"。因而，按其本质来说，它们与背后的形而上学的前提是一样的。

我们看到，在另一个文本中，即在《关于人道主义的书信》中，唯物主义这一术语是海德格尔对马克思主义哲学訾议的重要根据。令人费解的是，他是在用黑格尔的概念来思考这个术语，并且不适当地解释了历史唯物主义。海德格尔认为，历史唯物主义虽然正确地看到人类生活和思想的历史性，但是却错误地将历史视为一个理性进程。海德格尔似乎要说，马克思的学说虽然转向历史，但基本上仍然可以纳入理性时代的"非历史性的"学说之中，探究每一个问题直至达到其基本的和最终的普遍性的思维方式之中。故此，其反对主体性的形而上学无情地被形而上学的圈套套牢了。很清楚，这不过是对一个很流行的说法——关于历史唯物主义，人们认为应该强调第一个词"历史"，而不是强调第二个词，因为第二个词是形而上学的根源——的海德格尔式的诠释。正是在做出这种辨析之后，海德格尔提出讨论"在多大程度上可以谈论改变社会"的问题。在他看来，如果真想回答这个问题，首先必须追问什么是社会。海德格尔认为，马克思在《关于费尔巴哈的提纲》中说的那句被经常引用的话——"哲学家们只是以不同的方式解释世界，而问题在于改变世界"——是缺乏根基的，因此必须对它作存在论的追问。海德格尔的追问表明，当人们认识到"改变世界以世界观念的改变为前提，并且，要获得一种世界观念，人们就必须充分地解释世界"时，人们便能够清晰地看到"马克思说了坚决反对哲学的话"，"恰恰有以哲学为前提的要求"。这就是说，"马克思在谈他的'改变'时，他依据了一种完全确定的解释世界的方式"①。倘若海德格尔在这里也提出了马克思想要建立一种与以往任何一种哲学都根本不同的新哲学，这种哲学绝不是费尔巴哈式的关于自然界的唯物主义学说，它是历史唯物主义的，而如果历史唯物主义仍然是哲学的话，那么他的洞见仍旧是深刻的，因为它揭示了马克思主义哲学作为对哲学的否定的哲学这一事实。不过，在对海德格尔的马克思式的理解上，我们也陷入了极大的困惑中。因为如果按照海德格尔的判断，前面引述的马克思的那句话应当判定为犯有跌入柏拉图主义的错误。海德格尔认为，柏拉图主义将不能改变世界，不仅柏拉图主义不能，"而且所有一切只要是人的思索和图谋都不能做到"②。

这话大有深意。看来，我们必须深入讨论。从合法性上来判明海德格尔的这种观点。其关键之点仍然是，抓住海德格尔对马克思主义哲学的识见，完全只是出于海德格尔对以往一切哲学的批判，也是借着哲学史的"海德格尔化"而对政治哲学的批判。按照海德格尔的哲学史提供的衡量标准，把从柏拉图一直到他那里为止的西方哲学作为日益遗忘存在的历史看待，亦是把它看作形而上学的一贯历史。以这样一种总体视角

---

① ［德］贡特·奈斯克、埃米尔·克特琳编著：《回答——马丁·海德格尔说话了》，陈春文译，6页，南京，江苏教育出版社，2005。

② 孙周兴选编：《海德格尔选集》下卷，819页，上海，上海三联书店，1996。

为线索，一部海德格尔式的哲学史可以和怀特海一起说，2000 年来，除了柏拉图哲学以外，没有哲学。因此，海德格尔把马克思对黑格尔的理性形而上学批判仅仅理解为在形而上学内部范围的批判，尽管在《关于人道主义的书信》等文本中，海德格尔首肯马克思的历史观具体深入劳动的历史中，但海德格尔在抨击柏拉图主义最终成就的今天西方的主流思想传统时，却在更深的层面上把马克思主义牵缠在内，从而不公正地将共产主义看成与现代自由主义或美国主义处于同一时代，也就是说，它们都与"技术时代"有着本质关联。因而，海德格尔将共产主义社会这个我们所意欲的选择视为人类遗忘存在或没有摆脱"流俗的历史"观念的见证。既然海德格尔相信，整个哲学传统通过不断式微的"被存在所抛弃"而受到损害；既然海德格尔认为倘若不放弃哲学本身，整个柏拉图主义的传统就不可能被放弃，那么海德格尔就会寄希望于放弃"哲学"的立场，转而提出以"思想"代替"哲学"。而思想何时开始呢？海德格尔在绝对关键时刻的一句话明确指出："唯当我们已经体会到，千百年来被人们颂扬不绝的理性乃是思想的最顽冥的敌人，这时候，思想才能启程。"①

　　我们终于明白，海德格尔所欲进行的突破传统本体论的努力，不仅否定了历史是一个理性的进程而使哲学本身碎片化，而且拿海德格尔的例子来说，鄙视理性之现代性的运动作为一个整体已经在它与政治的关系中迷失了方向。事实上，海德格尔的思想所产生的"非哲学的"理论后果映照出了这种关系：一方面，由于整个政治被海德格尔打入常人和闲

———————————

　　①　孙周兴选编：《海德格尔选集》下卷，1306 页，上海，上海三联书店，1996。

谈的领域，因此，对民主和人权的任何一种关切都被海德格尔贬抑为一种纯粹存在者的事务而不值得真正的哲学存在论追问；另一方面，海德格尔认为，民主并不是一套最适合技术时代的政治制度，这一点表明，还存在着较好的适合技术时代存在论本质的政治制度。那么，是什么样的政治制度呢？海德格尔坚持，他给不出这个问题的答案，这个问题在原则上属于神秘的命运安排，我们今天的处境已接近虚无主义的边缘。但是，海德格尔的诗性之思显而易见存在着无法避免的矛盾：一方面，海德格尔依循对具体的社会政治制度（自由主义、法西斯主义和共产主义）的"存在论的中立"的思路，消除了一切传统的对立；另一方面，他又一度神秘地赋予具体的社会政治模式（纳粹主义以技术的方式推进世界统治的行为）以更接近技术时代存在论的真理的特权。这当然使海德格尔的存在论的政治观念变得清晰，或者说，它事实上是"政治的"，因此维克多·法里亚斯希望我们相信海德格尔一直热衷于政治。而且，在我们看来，海德格尔试图对被当作"党派"或者"世界观"看待的共产主义加以拒斥，这恰恰是他的存在论的政治表达。这意味着，如果我们理解他的表述的批判指向，那么我们首先就可以读出海德格尔对马克思主义哲学的一个根本批判的某些"弦外之音"。据此，我们可以根据海德格尔的例子加深这样一种思考，这种思考就是，我们把马克思对哲学（历史观）所做的贡献应该当作对政治哲学的可能性的理解的贡献，历史唯物主义作为政治哲学澄清了那些解决人类社会生活的最为基本的选择。在这里，我们无疑会看到这样的证实："马克思所产生的影响及其科学工作的根底里的东西……恐怕是他的政治哲学。马克思对此并未特别精雕细刻，也不是始终明确，但是它产生的冲击力要比那些精心论述的理论产生的影响的总和还要大。"①

二、历史唯物主义与政治哲学的切关性

马克思力图运用经济学的分析范式进行历史和社会建构，马克思的名字在思想史上以创建历史唯物主义与政治经济学的理论结合著称。按理说，他的理论与政治和政治哲学没有直接的关系；再说，与流行的经济—技术思维携手并进的，显而易见，是对马克思的误解：他毕生的革命要求，被借助其权威性的所谓国家社会主义的失败所"证伪"：一方面，马克思的政治理念被由"实证化"或"伦理学化"的词汇支配的言谈所取代；另一方面，唯物史观的"人类真正可以接受的那种社会秩序观念"被溶解为无批判的自然观念。但是，正是在所谓马克思留下的政治哲学的真空中，在常常被称为现代性的时代状况下的今天，有力证明了唯物史观从来没有越过马克思时代所谈的问题和情境。这表明，经济学与政治哲学的紧密联系，构成了唯物史观研究社会经济现象的基本规范。

(一)马克思的政治哲学在何种意义上不在场

在前面提出了关于"马克思主义哲学的可能性"的主张之后，我们有必要接着处理一种可能的基本意见，这种意见可以表述为：不存在马克

---

① ［美］汉娜·阿伦特：《马克思与西方政治思想传统》，孙传钊译，81～82 页，南京，江苏人民出版社，2007。

思的政治哲学，与西方主流政治哲学以及其他哲学教义相比，马克思主义尤其是"非政治的"。有几个理由让这种意见看起来可信。首先，人们常常倾向于将马克思看作由柏拉图和亚里士多德所模塑的西方政治哲学传统的终结者。而首要的，西方政治哲学的开端是以柏拉图《理想国》的洞穴寓言方式显现的。柏拉图《理想国》的洞穴寓言宣称：在一个共同世界中，人的共同生活是一种非本真的生活，渴望真正存在的人——哲学家，会掉转目光离弃这样的世界，他们的明亮的灵魂之目光向上望，去看那给予万物以光明的光源，去彻底地寻找存在的根据，以便回转来指导人间事务。在这里，柏拉图所讲的并非一种认识论，而是政治哲学。依据柏拉图的政治哲学，其政治问题实际是"该由谁来统治"的问题，它也是教育的问题，是造成共同的思想框架的问题。简言之，为了达到政治生活所追求的最高目标，柏拉图提出了"谁最有资格去统治"的问题。而在亚里士多德那里，我们可以将他的《政治学》开篇探讨的"最高级的社会"说成是政治社会，此后，我们自然就见到，人们提到"政治学"并将其作为实践哲学的一种有至高意义的形式。但是，19世纪人类的生活世界已经完全变成了不同于柏拉图—亚里士多德身处的世界的另一个世界，其经济组织和取得生存手段的方式的改变，刻画了社会及社会"优劣"层次的改变，一个"普通教育"的、完全改变了结构的劳动的世界，一个取代了"优秀"（arete）教育和贵族阶层的世界。马克思从人的生产劳动的立场出发，把该由谁来统治的问题从属于物质资料生产方式的问题之下。就其表面的意义而言，这意味着拿"该由谁来统治"的问题与"什么是最具生产力的生产方式"的问题相比，前者显得不重要，同时又含有把后者提升到最重要的位置的意思。马克思以一种决定性的方式放弃了柏拉图的政治形而上学。阿伦特由此认为，倘若"有一个哲学家，为了使哲学在政治中得以'实现'，离开了哲学，便意味着政治哲学的末日降临。马克思就是这样去做的"①。

这个论断无疑表明了，一个人如果试图在马克思的著述中，寻求某种类似我们在柏拉图那里所发现的政治哲学教导，那么这只能是徒劳的。如果历史唯物主义忠实于自身，那么它将超出仅仅是未来学式的关怀，超出纯粹的政治理想设计。首先，这是因为马克思哲学总是革命性的，并以人类自由为诉求。它所属意的，并不是某种具体的组织、制度和政治原则。在马克思那里，什么是最好的政治制度，什么是在不同情形下可实行的政治制度，这些都没有讨论。在这方面，按照马克思自己的说法，"在将来某个特定的时刻应该做些什么，应该**马上做**些什么，这当然完全取决于人们将不得不在其中活动的那个既定的历史环境。但是，现在提出这个问题是**不着边际的**，因而实际上是一个幻想的问题，对这个问题的唯一的答复应当是**对问题**本身的**批判**。如果一个方程式的已知各项中不包含解这个方程式的因素，那我们就无法解这个方程式"②。很明显，谁要设想用方程式去说明历史现象，谁就不胜劳碌了。不过，假如人们无法通过参考历史支配的东西来支持某种政治学，那么我们将会说，这对政治乌托邦是一件糟糕的事情，但对于具有"对资本主义生产方式各个方面的一种正确的认识"的工人阶级说来，"要知道在每个具体场合下应该反对哪些社会制度并以何种方式发动主要攻击，这

---

① 贺照田主编：《西方现代性的曲折与展开——学术思想评论》第六辑，397 页，长春，吉林人民出版社，2002。

② 《马克思恩格斯选集》第 4 卷，643 页，北京，人民出版社，1995。

是**永远不会**有困难的"①。这便道出了马克思主义与那种脱离实践而"真实地想象"历史的意识形态的区别。换句话说，旧的哲学，包括无产阶级运动还在幼年时出现的宗派创始人制造出来的哲学，用来塑造自身的最大特点，也许就是提供一个个与政治结盟的"公民宗教"或政治神话。它们企图将某种"应当"的政治观念建立在一种特别的宗教的、道德的或哲学的观念上。显而易见，共产主义既不能成为"一种教条的抽象观念"，也不能预设为某种"现成的制度"②。简言之，马克思欲将自己的历史观从传统的政治正义的政治哲学形态或者与政治结盟的"公民宗教"之意识形态的"短浅"中摆脱出来。

其次，马克思所关注的是人类历史性存在的整体，而不是特殊的社会政治制度。马克思从政治哲学的角度对黑格尔法哲学所进行的批判，主要目的也不在于批判德国的现存国家制度，而在于批判现代资产阶级的国家制度，以此揭露了，黑格尔为一个处在历史进程中的资产阶级的国家体系提供一种法权的正义性的做法，以及由此而引致的抽象的国家理念或制度安排是错误的："黑格尔应该受到责难的地方，不在于他按现代国家本质现存的样子描述了它，而在于他用现存的东西冒充**国家本质**。"③如果说，"政治的"本质特征一般而言是与"国家"联系在一起的，那么，无论是马克思本人还是后来的马克思主义理论家都没有把国家当作一种自足的分析单元。马克思认为，在 1848 年以后，资产阶级在政治上就已经不是一个革命性阶级了，它的历史使命已经完成，已经变成

---

① 《马克思恩格斯选集》第 3 卷，223 页，北京，人民出版社，1995。
② 《马克思恩格斯全集》第 1 卷，416、417 页，北京，人民出版社，1956。
③ 《马克思恩格斯全集》第 3 卷，80 页，北京，人民出版社，2002。

一个反动的、保守的维护现存秩序、压制新的历史可能性的阶级统治，即它的主要精力已经转移到如何控制和压制无产阶级或产业工人阶级，保持自己在一切社会领域里的特权。而当无产阶级还需要国家时，那就不是为了自由，而是为了镇压自己的敌人；在《哥达纲领批判》里，马克思攻击认为可能存在工人的"自由国家"的观点——国家已经是太自由了，自由地推进了资产阶级的利益；由于在本质上它是一种压迫的形式，在无产阶级社会里是没有用的。一旦有可能来谈自由，国家就应该消亡，应该让位给没有政治统治的共产主义社会。这与黑格尔力图合理化、合法化、普遍化的近代市民社会和资产阶级国家之论点具有完全不同的境域。与这样的看法相一致，有人认为，像马克思主义那样最终把政治、宗教等"上层建筑"安置在生产力和生产方式这个"经济基础"之上的做法，可追溯到圣西门的政治理论遗产和古典政治经济学的影响。恩格斯在《反杜林论》中讲的社会进化的结果必然是，对物的统治取代人对人的统治便是受圣西门学说影响的具体例证。从这个角度，至少在有些人看来，马克思主义关于政治、国家的批判的哲学基础似乎没有完全脱离资产阶级的行政管理传统。哈贝马斯为此提醒我们：马克思关于革命的可能性和生产力与生产关系的辩证法的论点因此容易遭到生产主义的或经济主义的曲解。从不同的角度，阿尔都塞也提醒我们，注意在马克思那里存在的理论"空白"，即"关于意识形态、关于国家、关于党和关于政治的唯物主义理论"的空白。[①] 我们对哈贝马斯和阿尔都塞的这些

---

　　① ［法］阿尔都塞：《哲学与政治——阿尔都塞读本》下，陈越编译，258～262 页，长春，吉林人民出版社，2003。

观点在进一步提出我们的看法之前，肯定只能暂时这样看，在最低限度上我们只能做个补充，这就是，马克思对无产阶级的定义在国家、民族、文化等方面超越了欧洲中心论的限制（虽然在客观上，在"先进生产力"和"先进生产关系"的意义上，事实上又强化了欧洲中心论），从而为非西方社会在 20 世纪通过革命和无产阶级国家革命手段登上历史舞台提供了理论基础。

最后，在理解政治时，人们基于"政治的"国家或民族性的信念，认为马克思忽视了这一维度。韦伯引起了人们对这个观点的注意。他强调政治经济学是一门政治的科学，它应该立足于民族的经济组织和价值体系，为民族国家服务。马克思虽然也研究政治经济学，但在韦伯看来，在马克思那里，政治还以某种方式不在场，即政治只是被理解为对经济关系的反映。韦伯进一步通过把经济生活视为各民族国家之间的"生死斗争"，将马克思和斯密勾连后指出：无论是斯密用"经济学自身的特定价值尺度来衡量经济事实"的主张，还是马克思从阶级斗争的角度看待经济问题，都看不到经济的权力关系，看不到经济的政治实质。韦伯宣称，他们要么从柏拉图式"普遍主义伦理观"出发，要么持守"古而有之的人类理想的一般类型"，这不仅没有触及真正的政治，而且是一种政治盲目和政治不成熟。韦伯还认为，马克思主义的看法在德国现实中站不住脚，因为德国工人阶级还很不成熟，和当时的英美劳工阶级比，德国劳工阶级连什么是自己的利益，如何维护自己的利益都不很清楚，更谈不上有什么政治组织和政治斗争的经验了，所以在《民族国家和经济政策》这篇著名的就职演讲中，韦伯鼓吹所谓"政治成熟"，就是指统治阶级——韦伯指的当然是市民阶级——能够把握本民族长远的经济、政治权力和利益，而且有能力在任何情况下把这一利益置于其他考虑之上。我们似乎可以把韦伯的这一构想称为一种政治文化和阶级意识。在我们看来，韦伯跟马克思的根本不同在于：他谈的是德国市民阶级政治上的未来。这个阶级能否将自己的利益等同于全民族的利益，完全取决于特殊历史条件的"机运"。韦伯在将德国与英、美、法等国的资产阶级比较后担心德国没有这种"机运"。正因为如此，他认为，经济政治领导阶层的特殊职能就是要成为民族政治意识的担纲者，事实上这是这些阶层存在的唯一政治理由。韦伯高举一个在市民社会——权利国家的框架里的价值观，向马克思主义政治经济学和历史唯物主义的最根本理由挑战，这即是说，马克思谈的资本和资本主义生产关系是一种以经济活动为基础的普遍性力量，以生产方式的革命和阶级斗争为动力的唯物史观亦是一种世界历史的普遍论述。而在韦伯这里，资本主义并不是普遍的东西。他用文化的特殊论来对抗经济对人类事务的普遍决定论。人们以为，今天似乎应该承认韦伯的理论眼光，从近代的历史视野看，民族斗争似乎比阶级斗争更有资格成为解释现代历史的线索，决定世界历史的发展与其说是阶级权利问题，还不如说是民族权利问题。

现在，让我们简要地对上面的论点做一评述。我们应该承认，在一定意义上，以上述方式思考历史唯物主义在政治哲学问题上的切关性，也的确有些道理，并值得我们认真思考。问题在于依傍这些观点遮蔽了很多重要的问题。它无法表达我们对马克思在政治哲学史上的重要地位的关注。特别是，它何以保证马克思主义和自由主义、无产阶级和资产阶级不被作为同一阵营里的内部矛盾来看待？不用说，我们需要提出相反的意见，以明确地阐述一种马克思的政治哲学。或许，我们还可以这样认为，历史唯物主义在某种意义上就是政治哲学。假如它有这样的性质，我们考量它的视域或者框架就是历史唯物主义与传统政治哲学的区别。我们认为，这个论断的全部证据和意义的澄清只能来自历史唯物主义的社会政治理想，它是反资本主义的。马克思及其马克思以后的马克思主义者，以一种西方现代性的反抗者的思想姿态对资本主义现代化模式的激烈批判，就显示出它既是历史主义的，也是政治哲学的。如果假定了这一点，我们就有可能将马克思的政治哲学，一方面从它所继承的近代主流政治哲学的语汇中清理出来，另一方面也跟因为它与资产阶级的政治经济学的长期关联而获致的含义相分离。正是这一点使我们赞同这样的观点："如果我们撇开对现代社会价值理念的分歧理解不谈，而单纯从理论形式特性上看"，马克思所创立的历史唯物主义作为一种现代社会—政治哲学类型的特点是鲜明的。[①]

（二）作为为历史唯物主义辩护的政治哲学

在对马克思已经有了太多解释的今天，其解释的正确性是由什么来保障的？在该著作的题旨中，该问题最为通常的划界上的要求是指，如果说，马克思创立的历史唯物主义，拒绝对社会历史现象做政治哲学或政治的原则性解释，那么，马克思凭什么证明现存的社会现实是不合理的、非正义？难道说，作为一种历史必然性理论的"科学的"马克思主

---

① 万俊人：《现代社会道德合理性基础论证——兼及中国现代化运作中的道德问题》，载《北京大学学报（哲学社会科学版）》，1996(2)。

义与作为一种政治哲学意义上的马克思主义有两套范畴？这些问题显然
不是随随便便提出来的。必须看到，在马克思的理论传统中，历史唯物
主义通常被捍卫者拒绝诉诸政治的价值规范的解释性作用，并且，由此
引致的救世乌托邦式及伦理学化的思考和唯物主义两者之间的裂痕几乎
成了诠释历史唯物主义的习见。眼下使这样的论题变得更加引人注目的
原因在于：今天的马克思的诠释者向我们表明，历史唯物主义用生产力
的客观性，来达到证明性政治思考的意图落空了。据说，这是 20 世纪
早期令人非常痛苦而难忘的经验之一。据我所知，那些所谓"明白事理
的人"不再相信生产范式的活力仍一如马克思所见，物质或技术变迁本
身也不能完全解释历史的一般结构和方向。因而，有时人们说，在用历
史哲学担保某些目的的尝试失败之后，从策略上就有必要在历史发展之
前就先设定一个有效的政治价值规范性判断，去解释社会主义或共产主
义为什么是"好"的。此种必要性，不仅由于社会主义或共产主义理想是
值得追求的，而且这些理想的根据我们似乎从已有的历史唯物主义中看
不到。这种观点费了好大的劲去证明所谓政治的价值理论是马克思主义
理论体系的薄弱环节。我们不能不看到，这样拘囚思路的见解已经根植
于社会批判理论的基本范畴之中。在本雅明、阿多诺、哈贝马斯等人那
里，情形就是这样的。而在"新近"的诸多运用西方自由主义理论对历史
唯物主义进行批评时，我们常常被告知，马克思的社会理论的政治价值
规范的基础从一开始就是不明确的，但是，马克思对未来的前瞻总应该
与某种政治哲学关切着。例如，在一段关于马克思主义的命运问题的申
论中，金里卡认为，"对于马克思主义者而言，澄清他们所信奉的社会

主义或共产主义的规范性基础，就显得更为重要"①。

在这里，我们不可能详尽地讨论那些一再散布所谓马克思并没有为政治哲学贡献了什么的成见。这里必须明确的是，这种论点根本不是新近才出现的，它的出现同实证主义的主张大有干系。第二国际的理论家，例如，普列汉诺夫早就感觉到，仅仅用"经济唯物主义"来概括马克思的历史理论，不能准确地说明它的基本哲学倾向和它同历史唯心主义的原则界限。但遗憾的是，他的理论所实行的那种"实证化"，恰恰倾向于压制历史唯物主义的政治哲学向度。例如，当他感觉到"经济唯物主义"理论的局促，而使"生产力"的客观性进一步还原为地理环境是推动生产力发展的"原始动力"的客观性时，其做法无疑会走上歧途，即通往孔德主义的极端形式的实证主义。孔德的实证主义用所谓社会发展的法则来掩盖一个价值规范或一个价值规范秩序的特别意义，它必然会使自身转变为历史主义，而那些极具正统性的头脑也毫不含糊地醉心于把马克思的历史理论视作孔德实证主义之同一类型。

同时，我们一旦对那种把历史唯物主义的特征界划为一种实证科学的做法产生怀疑，也同样可以怀疑，把历史唯物主义，特别是作为其理论旨归的共产主义，关联于伦理学的做法。因为不论谁想把历史唯物主义规定为"伦理学"，他都把实证科学或知性科学当作划界的尺度。在这个意义上，孔德主义并不孤立，从终局上说，非批判的唯心主义同样可能是非批判的实证主义。这里，我们只要举出伯恩斯坦的例子就够了。

---

① ［加拿大］威尔·金里卡：《当代政治哲学》上，303 页，刘莘译，上海三联书店，2004。

因为，正是孔德那贫乏的实证主义方法逼促着伯恩斯坦为其社会主义寻找一种道德基础。伯恩斯坦在阐述他对历史唯物主义的见解时，总是认为他那个时代的马克思主义是"太唯物主义也太决定论了"，所以他希望"被估计为没有价值判断的马克思主义"能够将康德的学说纳为己用。① 马克思的哲学立场，在这里被公开地说成是实证的社会进化论和决定论，我们需从伦理的角度，以一个道德所应当的观念补充之，从而将马克思的理论强行融入狭隘的理论与实践的联系中。对一个更好的唯物主义历史决定观的寻找，似乎能补充伦理道德，这是唯一的选择。

我们说，马克思对资本主义的批判并没有受制于一种道德义愤——像伯恩斯坦认为的那样，那是因为对于马克思哲学而言，伦理学上认为是道德规范所规定的义务、责任、权利的人人关系，可归结为政治权力或经济权力的"事实关系"或"客观关系"。道德本身并不是不能质疑的给定性。但道德义愤却可能是政治哲学的对象，因而哲学得在道德面前为自身辩护。任何致力于马克思及其学说研究的人，在对马克思历史观的道德情怀与道德的最终根源的追问的区分中，最好将这两个问题分开，去深刻领悟马克思超越道德的历史必然性追问的启发性力量。换句话说，马克思为历史理论的奠基工作，更多地关注的不是好的生活与道德之间的关系，而是历史普遍规律的论证问题。把马克思当作一位伦理学家的所有尝试使人们看不到他的分析精髓。我在别的地方曾经论证过，

---

① ［英］麦克莱伦：《马克思以后的马克思主义》，林春等译，44～45 页，北京，东方出版社，1986。

"伯恩斯坦极其简单地证明了一种马克思主义和柏拉图伦理学或康德伦理学，其他伦理学相似的境况。因为，在他们的伦理学中，最'好'的东西总是存在于空想中"①。它并不是在经济发展的历史规律运作下产生的，而是人想象出来的。

看起来，哈贝马斯的警觉是对的。他说："在马克思的理论传统中，每当人们倾向于压制哲学问题，而有利于科学的科学理解时，滑入拙劣的哲学中去的危险就特别大。"②这里需要注意，西方的主流哲学从没有打算去真正理解马克思的政治价值立场，因而也没有真正理解哲学实现改变世界这一誓言。阿多诺在被无限延搁下来的实践及失败的实践中看见了当今世界拒斥任何批判思想所使用的借口。早就有人这样误解过马克思："他希望找到经济和社会生活中的自然规律（重点号为引者所加），但他的研究却几乎完全局限于英国的工业条件，把它视为资本主义生产方式的'经典场所'。此外，马克思的讨论一直局限于商品和价值，因此，也局限于资产阶级的资本主义的各种观念，仍然囿于古典的从而也是资产阶级的政治经济学。如果马克思主义特有的科学性完全建立在严密的分析上，这些指控就是正确的。但科学在这里意味着一种把意识当做进步标准的发展形而上学意识。"③不难发现，这一指责遮蔽了马克思在政治哲学史上的伟大地位，存在着把马克思等同于斯密之辈的危险。

---

① 张文喜：《自我的建构与解构》，363 页，上海，上海人民出版社，2002。

② ［德］尤尔根·哈贝马斯：《重建历史唯物主义》，郭官义译，4 页，北京，社会科学文献出版社，2000。

③ ［德］卡尔·施米特：《政治的浪漫派》，冯克利、刘峰译，209 页，上海，上海人民出版社，2004。

可是，这种把马克思的观点界定在古典政治经济学传统的做法，始终伴随着马克思主义的发展历史，它在本质上忽略了马克思对整个资本主义秩序全面的、不妥协的批判，尤其忽略了如下事实："马克思没有着重去考虑'用商品生产商品'，他的主题是用人类劳动生产商品。"①

说来说去，马克思的理论确实是建立在古典的政治经济学理论基础之上的。但是，即便在古典政治经济学那里，我们也并不是看不到在经济和政治之间，尝试在可能的范围内让政治黯然失色的同时，通过放松政治与经济之间的纽带的紧密程度，让这种纽带更宽、更强。我们必须或者起码要察觉：经济学是实现政治希望的仆人。拿斯密来讲，就算他的经济学遮蔽了政治哲学，两者的紧密联系也是政治哲学史上无可回避的事实。一方面，在让他谈应该促成何等性质的社会这个问题时，他相信那种最能制造财富及最有助于防卫武力的社会是最佳的社会。政治学家克罗普西为此认为，资本主义是斯密原理的化身。同样，马克思认为，资产阶级政治经济学在本质上是一门关于财富的科学②，它在经济理论范畴中考察的是物与物的关系。但是，另一方面，我们对斯密的认识是，仅仅看到他为使政治哲学朝着经济学方向发展出过不少力气，现在这已经被认为是不够的。我们的论点是：要充分了解近世资本主义的自我理解，就得好好掌握涵盖在《道德情操论》里的斯密的诸多省思。我们要弄懂资本主义和马克思的"后资本主义"理论的交锋的根源，就首先得承认从斯密那里接过来的资本主义已经预见了后资本主义对资本主义

---

① ［英］M. C. 霍华德、J. E. 金：《马克思主义经济学史 1929～1990》，郑吉伟等译，296 页，北京，中央编译出版社，2003。

② 《马克思恩格斯全集》第 3 卷，342 页，北京，人民出版社，2002。

的主要批判。第一步应当看到，对于斯密来说，资本主义社会是对人类问题的**有缺陷**的解决办法。市场的原点是他耗尽《道德情操论》的全书而加以阐述的"公正旁观者"，即与只跟从一人的欲望的"经济人"不同，"公正的旁观者"挂虑自己的欲望能否普遍化。"普遍人性"这个斯密建构出来的准则，正是他所说的自然的或最好的社会秩序——自由、繁荣、宽容的文明社会——的基石。倘若斯密能够看到："文明社会"的概念，并不表明某种永恒不变的价值，他可以预示马克思所讲的"无产阶级"或"全人类"的观点，那么这是马克思引为正确论述和历史论述的基点。这即是说，斯密的资本主义学说，在指向建立一个普遍的人类，以作为义务、责任的根据，也作为经济发展的最终受惠者——因此作为最终的社会之际，也就是把捉人类利益取代特殊的政治社会利益之际。

当然，我们也许应该责怪 18 世纪的斯密的目标太过于短视：他从不怀疑存在着一个万物变化都在其中发生的不变的境域，即自然境域。在这个境域中，一切矛盾和不规则都得以容忍。也许斯密早该看到，只有从"自然的智慧"中开出历史之维，我们才可以让自然律纳入规范中。不过，这种设想不是暗示历史境域是容易获得的。马克思认为，人的存在形式和规定性是依靠历史、通过历史并同历史一起保存下来和发展起来的。既然人性是历史的、变化的，那么人们就假设只能在历史过程中创造、筹划及寻找行动的基准。采纳这种看法相当于要求马克思的思想从斯密的思想那里倒过来，以使得政治再次成为"基础"，阻止任何以经济取代政治的可能。马克思通过对商品价值的内容和形式所做的分析揭示了：资产阶级社会将商品的价值与它的黄金等价物等同是荒谬的——以一种贬损感性生命的商品被定为标准来确定由人类劳动生产的商品的价值，这正是由资本主义秩序的运动方式所组织的那种社会疯狂的证据。它对应的是资本主义生产方式的必然要求，这等于说资本主义的经济发展是一个政治问题，并且只能依靠政治性的解决办法。也就是说，资本主义的经济扭曲状态是由处于扭曲的资本主义政治—经济结构之内的经济活动产生的，这种经济扭曲状态不能由在那个结构之内的经济活动的进一步发展所补救。在这个意义上，马克思谈论自然具有"社会历史性质"绝不仅仅是"从经济学角度去看待自然的"（施密特语）。因为斯密没有看重这一点，相反，在《国富论》里，斯密认为，"自然"在很大程度上是用经济学语言向历史发号施令的。因此，他不可能从"自然的智慧"中，抽取出"一种他相信可以指引人前行"，"给人臻于完美又赋予历史意义"的历史哲学，其最后造成的结果是，斯密的经济学因而也是国民经济学"拦在资本主义和共产主义中间"了。①

　　在这样粗浅地标识出了斯密与马克思的分歧之后，我们还有必要明确地肯定：马克思从现存的资本事实中引出的不是想象出来的资本思辨之舞，即顺从所谓"普遍永恒资本"和斯密式的道德情感要求，而是引出资本的历史性及资本与劳动阶级之非人的生存状况之间的必然对抗。这种对抗，使马克思看到了资本主义合理化体制与来自生活世界的感性生命的要求之间的对抗。应该说，马克思对人与人之间的（阶级）对抗、他们的仇恨和友爱始终有着深刻的关注。这就是马克思在探究经济问题时的那种着魔般勤奋的最深层动机：如果不了解资本的限制就是资本本

---

　　① 〔美〕约瑟夫·克罗普西：《国体与经体——对亚当·斯密原理的进一步思考》，邓文正译，153～154 页，上海，上海人民出版社，2005。

身，不了解资本主义和资产阶级的生活结构，那么，它的各种形式的个人自由和社会互动，看起来将会是合乎自然的生活方式，它们的不人道现实及包含着的自身否定的种子就依然是一个谜。不言而喻，对现实生产力所包含的人的活动的异化及其扬弃，是与马克思有关的问题，它绝不能搬到近代视野所开展的那个国民经济学的地平线上。

问题在于，既然是马克思而不是斯密真正做到了为政治和经济的结合负责，那么马克思对政治关注断不会偏离对历史中心（经济）的思索。这意味着马克思谈论最好的生活方式这样的政治哲学问题，不可能没有自身的本体论承诺，即实际上这假定了一个前提，一个没有说出来的历史中心，偏离历史中心不能得出"正确"的历史判断和正确的政治决定的政治思考。换句话说，马克思所谈论的美好社会的看法是从那种解释社会变革的"规律"中得出的。马克思和斯密同样都承认，经济发展的动力是人的卑劣的欲望和追求，这些欲望和追求贯穿于经常展现在他面前的生产和分配的经济制度之中。重要的一点是，是马克思而不是斯密在经济制度的运作中看到了资本主义埋下的自毁的种子。马克思认为，共产主义革命将把人类从伪历史的存在状况中解放出来，进而开创一种真正历史的存在。当我们说：历史唯物主义的哲学问题在本质上就是政治哲学问题，那么这意味着：政治哲学问题就是关于人类可以接受的那种真正秩序的哲学问题。如果说，在马克思的时代，马克思由于他所高度关注的是那些日益贫困化的生产者和劳动异化而凸显其作为政治哲学家的品格的话；那么，在剩余价值理论所昭示的"资本的规律与一切个人之作为人去生存的可能性之间的敌对关系"仍然起着支配作用的今天，面对"人在现代性中的抽象生存"及整个社会领域的"非政治化""理性化"和庸俗经济学化，这注定了"现代性状况仍然落在历史唯物主义的预言之中"①。原因很简单，考虑政治经济学的人不能不连带考虑"要捍卫什么"，"维护什么"，"为什么奋斗"之类的问题，这些不是一个单纯的经济问题或技术问题，而是一个严格意义上的政治哲学问题。在今天看来，马克思是正确的，他的理论高度全部来自国民经济学的终结，以及为政治哲学的发展做出的新贡献。

---

① 吴晓明、王德峰：《马克思的哲学革命及其当代意义——存在论新境域的开启》，29 页，北京，人民出版社，2005。

第二章 | 现代性与历史主义

一、作为问题的现代性政治哲学

现代性无疑具有丰富的内涵及多种维度，就其作为整体的现代性这个意义上来看，现代性最为重要的特征便是其多种多样性及变动不居。这个界定几乎没有告诉我们现代性是什么，除非以否定的方式来理解：有的只是现代性的多元和分裂。如果现代性通过与前现代思想的断裂而出现，那么我们便可看到：追新逐异、传统意义的消逝、片面的理性化、自然秩序的流变、现代自然科学，特别是技术对目的因的拒斥及理性自身在历史中的变化的诸种思想方式导致了现代性危机。在诸如此类的意义上，按照一种非常流行的看法，我们不能说选择一个更好的生活是合理的，而选择一个较差的生活是不合理的，因为它们随时代而变。因此，以一种政治哲学所要求的普遍有效的方式去解答对错、好坏问题便不再可能。这里，我们把现代性的分裂视为对前现代政治哲学的拒绝。于是，现代性批判的中心课题便是对现代理性主义或对理性之现代信仰的批判，它逻辑地包含了试图恢复人们的自信，以便能够合理地赋予价值判断以效力：相信自己能够知道什么是正确（当）的，什么是错误的；什么是好的，什么是坏的。寻找恒久和普遍的美好生活原则的努力在现代性境况中的困境给予我们的提示，绝不意味着我们应该停止谈论这个问题。故此，现代性的问题式就是：一种超越历史主义的恒久的和普遍的美好生活原则倘若还能辩护，那么如何辩护？

（一）一个公设性前提

众所周知，尽管哲学是少数人的事业，但哲学上的分析却不得不对与这种分析有关的任何人都有效，不管他们是否正好处于此时此地。在这里，我试图提出并说明一个公设性前提，即哲学的基本问题是"什么是正确（当）的"，而在把哲学视为对正确（当）的追问及其回答时，我们就把政治哲学置于哲学的中心地位了。需要指出的是，这里要说的，既不关心"正确的"与"真实的"有什么样的关系，也不关心"正确的"是否总与实践有关，不关心"真实的"是否与认识有关？我这里是在主张哲学家们虽然总是以真理的或科学的名义从事他们的事业，但是被正确理解了的哲学并不是一种经由验证或实证形式而来的科学活动，而是本义地被看作关注"**美好生活**"的基本原则，特别是因关注"**美好社会**"的基本原则而背负着深重的价值的活动。它肯定世界上存在普遍的真理，永恒的价值。虽然哲学家明知：真实的情形是，世界上并没有什么永恒的东西；大多数人，在大多数的时候，大都会灵活务实，见机行事，因地制宜的。不过，即使我们务实灵活，我们也没有丢弃理性主义传统的一般假设。这一点我无须赘述，因为大家都很了解。比如说，我们的同时代人对公正生活的辩护——如罗尔斯，将"秩序良好的社会理念"作为道德问题重新恢复到严肃的哲学研究的对象的地位，的确隐含着对"哲学在政治上无能"的历史主义话语的反拨。另外，我们认为，"好的哲学"往往本质地被承认是"正确的""合意的"的哲学；"好的科学"习惯上难以避开"真实的""准确的"这些语汇。这就是说，在某种意义上，哲学总是以"正确的"为依归的，至于最终是否真能如此是另一回事，或者至少我们是应该这样被教导的。①

问题在于：什么是"**正确（当）的**"？对于我们来说，正确（当）的，及其同根词正确（当）性是作为一个历时性、历史视域奠基于基础关系，它意指从历史纵深的时间中创造秩序（关系）的恒定的不可移易性。但从原初意义上考察，"正确"只不过与行动者所得的好处，或所躲过的害处有

---

① 阿尔都塞出于科学的东西和意识形态的东西之间的划界的需要而指出："哲学命题都是论点。""哲学论点都可以从否定方面被看做是独断的命题，因为，它们既不能接受严格科学意义上的证明（在我们说到数学或逻辑的证明这个意义上），也不能接受严格科学意义上的验证（在我们说到实验科学的验证这个意义上）。""它们只能被说成是'正确的'。"[法]阿尔都塞：《哲学与政治——阿尔都塞读本》上，陈越编译，7～8 页，长春，吉林人民出版社，2003。省略外文。显然，就其极端的阿尔都塞形式而言，它企图维护一切意识形态都不可能是合理的这样一种极端相对主义的观点。同时，又通过不同于合理的根据，即可接受性的根据来区分好与坏、正确与不正确、正义与非正义的哲学，以保全有些哲学——在他那里首先是指马克思列宁主义——可以是好的这种观点。我现在借正确（当）性这个词关涉一个合理性的极限概念，所质疑的恰恰是阿尔都塞以及其他人立论所具有的历史的相对主义特征。

关。这个原初的意义显然过于狭窄，它通常导致的结果是：人们只能从人性的某些简单的心理的自然要求方面找寻对错的界限。但自然观点并非永远正确（当）：我们不能简单地把"自然的"等同于所"是"的东西。我们注意一下：斯密所理解的自然正确原理，其"正确性"并非真的做到了自然而然的无可争辩。因为斯密的"正确和错误的天然原则"是以一个拟想中的"公正的旁观者"或"普遍人类（人性）"的存在为基本前提的。但是，"人类"这个概念中并没有特殊的差异，作为整体的"人类"本身无法去观察，去判断。因此，那种将"普遍人类"引为正确论述的客观标准，把其他一切都当作"平均主义"包揽了进来，它自然要对不太具有理性资格的以及事实上有资格的人授予同样的权能。一方面，它超出了我们对人类经验条件的解释范围；另一方面，它只能从形式方面找寻对错的界限，这种抽象寻找并不总是有意义的，并且往往无功而返。这个结果的产生不能不归因于所谓斯密的"中立化"和"非政治化"思维：现代自由市场所假定的形式上纯粹和公平的程序促使斯密从政治哲学转向经济学。倘若要理解资本主义和马克思的"后资本主义"理论交锋的根源，就得澄清马克思从斯密接过来的资本主义起了什么作用。直截了当地说，我们不难看出，"什么是正确的？"这个问题是在政治的领域里提出来的，它是一个"政治哲学"的问题。因为正是在政治哲学之价值领域里我们不得不面临形形色色的价值选择：谁是真正能评判"何为正确的生活？"的权威者？近代以来，最著名的且最富成效的权威一方面是同大资本相连的，另一方面是与无产者相连的。这里的根源很深，且我们不得不遵从政治共同体的法律或者是人的命令；在当今的政治多样性的世界中，如果要寻求"什么是正确的？"这个问题的答案，我们将会发现自己陷入种种诉求的相互冲突之中。不过，分歧通常使人们更加确信自己的哲学立场是正确的。施特劳斯说过，价值判断受制于理性的信念，鼓励了对有关正确与错误或好与坏做出负责任的论断的倾向，如果我们不能确定云雾覆盖着的两座山，哪座山高些，那么难道还不能确定一座山比一个鼹鼠丘要高吗？这一事实意味着我们最终并没有放弃确有一致性和合理性之类的观点。自20世纪70年代以来，自由主义、社群主义，以及它们之间的争论或所谓古典政治哲学的复兴正好可以证明这一点。即使我们对这种争论只有肤浅的认识，这已经足以使人们认识到："什么是正确的？"这一问题是政治哲学的中心议题。一旦人们除此之外还看到：在当下的人类状况下，即在如今社会和人文学科的繁复话语里生成并被频繁地以"现代性"加以表达的状况下，这一问题并不像人们所以为的那样，已经化约成一种不可通约的个人判断，以致根本不再存在。列奥·施特劳斯等人在20世纪百般强调的政治哲学视野，就自视为改变这种观点而发。

(二)现代性概念与规范的马克思主义

我们首先要确定一个对后面的叙述有至关重要意义的问题：什么是现代性？长期以来，在对现代性现象的探讨中，如何调和该词所蕴含的各方交杂的话语成为一个主要难题。含混的含义会对结论的确切与否带来消极影响，这是众所周知的。不过，这里并不打算对该词做辨析和梳理的工作，而是直接采用一种解释，这种解释是以马克思对现代性的理解为背景的。我们认为，马克思把握了现代性的一个维度，即资本主义维度。马克思对现代性因素的理解值得特别强调。关注生产方式和交换方式的现代革命是马克思对现代性解释的重要特征。我们可以从《共产党宣言》中概括出马克思对现代性的三个理解背景：一是在经验层面上，历史的指导意义可以从历史运动尤其是生产力的发展中得以辨认；二是现代世界粉碎了一切固定不变的东西；因此，我们需要一种理论上的努力，来揭示永恒变化中所具有的重复性和必然性；三是现代性现象的"流动性"和"多变性"归结为因资本——它专事于瓦解传统和亵渎神明——而引起的生产方式和交换方式的不断革命。它是以商品（货币）生产为基础的资本主义社会的"新奇"的过渡性和历史性之表现。对于马克思来说，现代性是如何分裂的与现代性是如何统一的，这是现代性话语逻辑地包含着的两个方面。倘若可以把"破碎的现代性"当作某个统一的东西来描述，那么也可以将反映在时代精神层面上的现代性后果理解为：商品和货币的神力把人的"本质力量的每一种都变成它本来不是的那个东西，即变成它的**对立物**"。这就是，"它把坚贞变成背叛，把爱变成恨，把恨变成爱，把德行变成恶行，把恶行变成德行，把奴隶变成主人，把主人变成奴隶，把愚蠢变成明智，把明智变成愚蠢"①。从而所有彼此对立的东西好像建立起由一端向另一端的必然转变，它无情地撕裂了对世界和人生意义的整体性理解。而现代世界的整体性意义的丧失所导致的意义多元状况在"信仰领域"和"知识领域"里自由竞争占了统治地位②，此二者实为同一件事情。

值得注意的是，对于马克思所揭示的这个事实，处于 21 世纪的我

---

① 《马克思恩格斯全集》第 3 卷，363～364 页，北京，人民出版社，2002。
② 《马克思恩格斯选集》第 1 卷，292 页，北京，人民出版社，1995。

们也许见之早习以为常了，但是，鉴于马克思是在一种历史论题的哲学基础上思考的，这就非比寻常了：它不仅超出了那些只处理艺术在发展中的风格的转变的现代主义的关怀，而且以思想的至高努力去寻求永远变动不休的资本社会的运动**规律**。于是，那个始终使大多数现代性分析家不得安宁的晦蔽的问题——历史性的永恒问题——变成了昭如白日不言而喻的问题："历史性的永恒"在马克思那里不再被看作简单的矛盾用语，恰恰相反，它有着特别深刻的辩证含义。弗里斯比曾为此辨析说，"马克思在资本主义中确认现代性体验的'起源'，他的分析表明，资本主义当事人对于这些'起源'本身并不清楚。如果商品交换的神秘世界确实创造了一个飞逝的、过渡的、任意的和冷漠的社会关系丛结的印象，那么单单去体验这些关系开启不了从整体上认识资本主义社会过渡性的可能。反倒是，作为一个看似永恒的、自我复制的自然过程，它在另外一个层次上将这种过渡性掩盖了起来。现代性的辩证法仍旧被庸俗政治经济学所掩盖，对于生活在资本主义关系'魔魅世界'的当事人来说，仍然是隐而不显。永恒的、自然的以及和谐的一面掩盖了过渡的、历史的和对立的一面"①。弗里斯比的观点表明，马克思的历史观视界根本否定了资产阶级生活方式的永恒化，它是资本主义生产方式之要素"蜕变"的历史观。这正是马克思与古典政治经济学家的区别。只要认清这一事实，就可呈现出历史唯物主义作为一门历史科学所具有的基本原则，以及它所隐含的解答社会最好秩序的问题的诉求。

---

① ［英］戴维·弗里斯比：《现代性的碎片——齐美尔、克拉考尔和本雅明作品中的现代性理论》，卢晖临等译，37～38 页，北京，商务印书馆，2003。

如果这些讲法是对的，那么即使马克思放弃哲学而专注于历史、经济和政治，也有其内在逻辑，我们在马克思的历史观中必然会发现其中有某种原理性的东西，它应该包含着某种"原理"，或者有"原理"地探讨一切问题的精神动向。正是这保证着从生产力或生产方式的辩证起源中生发出马克思的美好生活观念。但这种说法是不是意味着马克思的历史观必定预设了某种超越历史（一种对所有历史时代均有效）的价值标准？如果不存在超历史的标准——按照施特劳斯的观点，在原则上说，超历史的标准的可能性所要求的只不过是那些基本问题永远一样——可以用来衡量历史过程中的事件，那么马克思如何判断对过去的历史阶段（即资产阶级阶段）有正确的认识？或者说，为什么作为历史性理解就要求有某种非历史性条件来作为前提解释，而不是相反？我相信，在价值规范的这些问题上，我们对马克思的这些询问没有得到应有的应答。我们的目的并不在于立刻着手对这种询问做深入的批判。在后面的行文中，我们会对这种询问以及它所涉及的原则性问题进一步阐明。这里先征用诺曼的观点作为替代性评价。诺曼曾说："价值判断常常被马克思主义者划分为意识形态范畴，而这就产生了我一再批评的伦理相对主义。"诺曼想说的是："马克思主义有必要与关于人类美好生活的理性论证联系起来，而且也将为之做出贡献。问题在于，马克思主义者对意识形态概念的误用将会削弱这种贡献。"[1]需要指出的是，在传统马克思主义研究中，马克思仅仅被看成是无产阶级的理论家，这种阶级学术的论述逻辑

---

① ［加］罗伯特·韦尔，凯·尼尔森编：《分析马克思主义新论》，鲁克俭等译，57～58 页，北京，中国人民大学出版社，2002。

并不具有足够的批判分量：阶级利益只是一种"非理性的原因"，反映无产阶级利益的意识形态只有通过"合理的可接受性的根据"加以论证，才能成为"好的""正义"的意识形态①，诺曼已经告诉我们，马克思主义对"何为美好生活？"的关注有跨越意识形态樊篱的可能性。

我还想补充的是，不管我们是不是会满怀愧疚地跌入柏拉图主义，从而陷入"善本身""好本身"的说教之中，也不管历史上哲学家们寻找超越历史的普遍原则是不是全都失败了，马克思的观点都必然可以容纳由来已久的传统。当然，马克思做的不是重复传统，而是重建传统。因而，他避免了把寻求跨历史的普遍生活原则作为自己著述的特点。最明显的例子当然是用反规范的方法研究社会现象，这历来被马克思主义研究者认定为马克思主义的一般理论的主要因素。但是，举例来说，通过分析马克思特别是青年马克思的颇具原创性的"劳动的解放"概念，我们便可发现这一劳动概念具有十分规范的内涵，它包含着一系列有关政治哲学思考的前提（终极价值），即便马克思在看到了哲学的局限之后，开始思考经济和历史材料，将"好像是一种很简单很平凡的东西"——商品当作出发点去研究现代性，马克思也没有放弃他的历史理论的规范特征，这些经济和历史的材料就成了马克思判定何者可能、何者不可能的基础。总之，马克思不是放弃了对超越历史的普遍生活原则的追寻，他做的恰恰是在不同的基础上继续开拓哲学史的未竟事业。在这个意义上，"马克思主义，在现实里所拥有的影响力，……归根到底都是从基

---

① ［美］希拉里·普特南：《理性、真理与历史》，童世骏、李光程译，179～180页，上海，上海译文出版社，2005。

督教和柏拉图主义所代表的西方思想史系谱中产生出来的"[1]。所以，如果历史本身并没有贯穿规范（要求）的意义，而只是囿于人类情感的重复记录或者只是以欲望为动力的技术的历史，那么，马克思指责资本主义摧毁了以劳动为中介的交互主体性关系的社会秩序而滋生"兽性的堕落"，或者张扬通过自我和通过他人的"双重肯定"的共产主义的劳动，不就变成毫无意义了吗？

应该强调指出，因为资本主义在现代性的状况中不是进入终结，而是获得成熟和稳定的发展条件。人们在对既定秩序持"无批判的实证主义"态度时，就会把资本视为历史过程中的一种难以改变的终极，这等于否定了历史唯物主义的历史解释原则。资本的历史，实际上与马克思对进行中的历史发展所做的探讨或者与人类历史可能的漫长程度相比较，实在不算长，我们不能轻言最好"把马克思解读为有助于理解我们如何在过去欺骗自我，而不解读为告诉我们如何在未来做正当事情的人"[2]。这么说来，也许对历史唯物主义的政治哲学向度的研究最终为解决"什么是今天的马克思主义"这一问题提供一个新的支点。为了澄清这一点，我们首先应该考虑现代历史观念与现代性危机的关系。

(三)现代性危机与现代历史观念

"现代性浪潮"向我们表明，高度分化的社会几乎消解了政治的根本

---

① ［日]柄谷行人：《马克思，其可能性的中心》，中田友美译，8 页，北京，中央编译出版社，2006。

② ［美]理查德·罗蒂：《真理与进步》，杨玉成译，212～214 页，北京，华夏出版社，2003。

问题，即具有哲学性质的问题。相应的是，一种针对所有历史时代去解答对错的问题或者解答社会最好秩序的问题的做法，不仅不会简单地得到认可，相反，在通常的情况下会遭到拒绝。列奥·施特劳斯将此称为现代性危机，或政治哲学危机。

值得注意的是，从现代性理论的问题意识审理来看，对现代性危机的谈论总是非常明确地与反对作为观念的、目的论的历史—形而上学概念联系在一起。当今时代最深刻的思想家不仅不相信历史—形而上学概念，而且也常常攻击以历史—形而上学概念为某种政治制度、某种历史变革以及为它在经济上的对应物提供一套辩护的可能性。对历史—形而上学概念的批判的宗旨在于阐明并不存在一种与线性的、目的论的、末世论的、连续性的和真理性的概念等相关的历史，而只有在记载它们的形式、律式和模式上各不相同的历史。① 而且依据这样的历史概念，20世纪的大多数政治灾难在那种最大强度的现代性批判中被关联到某种以单线历史进步观为基础的极权主义政体上。政治哲人列奥·施特劳斯便是在这样的"历史"概念中敏锐地意识到了西方政治哲学所发生的深刻变化：几代之前，所有伟大的哲学家亦即政治哲学家还是确信：哲学的最高任务就是从理性上廓清政治的正义性观念，尽可能使它成为可资应用的标准，成为正义原则。从柏拉图一直到黑格尔的全部政治哲学家"都

① ［法］雅克·德里达：《多重立场——与亨利·隆塞、朱莉·克里斯特娃、让-路易·乌德宾、居伊·斯卡培塔的会谈》，佘碧平译，64～65页，北京，生活·读书·新知三联书店，2004。

假定根本性的政治问题是能够得到最终解决的"①。因而，构成历史的最基本的原则和制度发展到某一形态可能不再进步了，原因在于所有真正的大问题都已经得到解决。在一切所谓"后革命时代"，再没有什么大事了，当下是过日子的时候了，烦人的政治再也不会找上门来，似乎天下的事儿都可以通过议论就得以解决了。例如，在福山对自由民主政体的基本原则和机制的探讨中，我们发现，他对历史终结做过明确的阐述，这是受制于黑格尔。黑格尔在提出关于现代世界的看法时几乎没有犹豫。尽管他也曾说过，在世界应该怎样的这个问题上提出建议并不是哲学的任务，他相信哲学的取向在本质上是回顾性的。但是，理解"存在的东西"却是哲学的任务，而以此为基础，哲学还是可以对当前现实或理论中的那些与在原则上已经取得的东西不调和的方面提出批判。哲学之所以能够并且应该提这种建议，原因就在于黑格尔坚持了合理性的极限概念，它指的是一种恒定不变的东西，是自身不能被超越的"精神"的最终自我意识。这就是为什么黑格尔说，历史过程是一个合理的、理性的和进步的过程，并将历史"终结"定位于主客体的统一的自由国家形态。

但是，在我们的时代，这一信念被动摇了。黑格尔之后的思想拒绝关于世界应该怎样的教导。后黑格尔主义者，特别是后现代主义者不再相信借助于哲学的历史观念以及哲学的正义观念，就可以对各种现实的或者理想中的体制、政策进行价值判断。特别是第一次世界大

---

① ［美］列奥·施特劳斯：《自然权利与历史》，彭刚译，38 页，北京，生活·读书·新知三联书店，2003。

战之后，德国的历史思想就失去了对于历史有可能进行一种客观的研究的信念。即便是深受马克思影响的人，也否定研究社会科学的客观方法的可能性。尤其是《存在与时间》的问世，标志着哲学家们对古典理性主义的否定。历史主义走到了它的尽头：最终的永恒价值和意义被消解了，遗留下来的一切不过是历史性、时间性和相对性的东西。那些重要的思想家如斯宾格勒、云格尔、施米特和海德格尔这样更加激进的人，公然宣告价值存在于无政府状态。就海德格尔而论，他拒斥政治哲学，这表现为依循哲学的中立的生存论思路，回避政治的根本问题。即使在细节问题上这些哲学家提出这种或那种建议，也是以一种质疑的方式进行，而不再相信人类理性有能力就自身"应该如何生活"下一个判断。"哲学在政治上的无能"，也许真的是哲学家该"休息"了。作为一种理论的历史主义就此达到了它的逻辑结论。也许，海德格尔的研究者正是因此断然否认对海德格尔关于"准备"的言论，连同其有关形而上学的终结的议论作末世论的或政治的解读。从事实本身上看，我们所知道的被施特劳斯称为政治哲学的主题的那些东西，已经不再提上像海德格尔那样的西方哲人议事和论辩的日程。他们全部的注意力皆转而投放在社会理论、诠释学、现象学、科学哲学以及文化人类学上。这种哲学转向意味着辨析时代的先兆既没有可能也没有必要出现。我觉得，施特劳斯就这方面对现代处境的必要批判，很可能有助于我们理解这个时代真正成问题的究竟是什么。施特劳斯的如下说法便是这里所讲的现代哲学消解政治哲学的后果，他说，现代性危机的实质乃"对前现代政治哲学的激进变更——这个变更的结果乍看起来是对前现代政治哲学的拒绝"①。

这个明显的事实引发的诸多现代性后果首先表现为，现代政治哲学改变了古典政治哲学在德性层面上的价值至善追求，奉德性的功利技术为至尊的局面，哲学单纯成了服务于现实需要的政治器具；其次是以历史的标准取代自然本性的或先在的标准。现代历史主义为政治哲学创建了一个新的处境，在这种处境中，我们已不再有任何独立于历史流变的"好"或"坏"的标准，或者说，我们关于"好"或"坏"的可断言性的标准只能与时(历史阶段)俱进。于是，在我们这里所提到的哲学(理性)中，就不再有一个更高的权威可以裁决什么是正确的。这种情况的发生根源于我们文化中的理性概念的历史变化以及哲学转化成了智能的结果。不论是古代哲人还是中世纪哲人，他们都认可如下说法：如果 A 是比 B 要好一些的生活，这一事实就是选择 A 而不是选择 B 的最可能的理由。与此不同，现代哲人们声称生活过得好或差，只是一个趣味问题。亦即类似于罗蒂提出的一种看法：根本没有先于历史的东西可以用来定义某种普遍好的生活。"何谓美好生活？"的问题应该丢弃，而以"生活在一个21 世纪富裕的民主社会中是怎么一回事？"之类的问题来取代。同时，由于自然——例如，使一个人成为哲人的自然禀赋——不再认为是被给予的，而是前人的历史传承。因此，按照此种理解，人们常常在比较性的价值估量中指出，曾经是神秘和不可知的自然如此强烈地影响人类，以致自然法成为人类行为规范的渊源。最早的哲学家，如柏拉图和亚

---

① 贺照田主编：《西方现代性的曲折与展开——学术思想评论》第六辑，88 页，长春，吉林人民出版社，2002。

里士多德都曾断言自然秩序隐示着人类社会的秩序。但是，现代历史意识并非自然之道的理性表达，相反，原则上它和自然之道相悖。对于现代人而言，自然法被看成是施加于自然的立法，而不是被设想为源于物之自然的必然性。自然法原先具有的政治向度消失，转而对经济向度日益强调，此种转变基于哲学对自然本身的发现，以及割除自然的等级性的设想，更鲜明地突出了人的自我保存和所谓"舒适生活状况的正当"。这个教海是霍布斯—洛克学说的关键所在并且被继承下来，我们用这个教海来明确社会的政治坐标，政治建构皆聚焦在安全—不安全二元对立的周围，并试图以此构建相互区分的意识形态、文化、经济和政治对立。

后面这层意思还可用海德格尔的思考来表达。海德格尔在试图为现代性现象划界时指出，现代性现象的本质在于："世界的解释愈来愈彻底地植根于人类学之中，早在 19 世纪，人们就很合理地强调指出，世界观也意味着、甚至首先意味着生活观。""人类活动被当作文化来理解和贯彻。而文化就是通过维护人类的至高财富来实现最高价值。文化本质上必然作为这种维护而照料自身，并因此成为文化政治。"①海德格尔的这番话包含着一种明智清醒的道说，它揭示了这样一个现代现象，即因为文化（人创造的事物）的最高目的与大多数人的追求财富的现实欲求是相适应的，所以文化具有了非同小可的政治功能。从这个意义上讲，文化（不管它指的是什么）事实上成为政治的某种东西的等价物。想必这也是被公认为马克思主义者的詹姆逊主张，文化研究最好从政治和社会

---

① 孙周兴选编：《海德格尔选集》下卷，886～903 页，上海，上海三联书店，1996。

的角度入手的道理。一般来说，整个现代政治哲学就是把人的政治存在建立在生存的必要性上，而不是建立在非功利的德性概念上。它们着眼的是：人们在事实上如何生活，而非人们应当如何生活。

　　但是，现代政治哲学没有注意到，政治除奠基于人的自我保存并服务其生存向度之外，也服务于捍卫某种观念和理想。或者说，哲学在无以回避地承担起"什么是正确的？"这个议题并借此进入对公共事务的探究的同时，即伴以哲学，尤其是政治哲学对政治习俗的批判。迄今没有一种文化建构曾出于纯粹经济状况，也没有一个政治现实主义能将社会生活的理想问题排除在外。即使恶名昭著的马基雅维利，我们在面对他时，也被迫像施特劳斯那样提出一个问题："他归根到底是否将共同福祉视为至高无上的终极准绳？"或者，他是否与我们一样认为存在永恒的问题，因而也就存在永恒的抉择？施特劳斯认为，我们时代的很多人的一个基本疏忽是：我们可以通过对马基雅维利的适当阐发，重新发现永恒问题。不但如此，今天经常被人否认的永恒的问题，只是并不像有些人所确信的那样容易接近，或者，只是被现代哲人放在一边罢了。无可否认，施特劳斯的影响和引起的争议在于他对永恒的问题的关注和强调。他的判断和识见，已不再属于美国专有，在今天的西方的政治哲学领域占有不容忽视的地位。我们有理由据此断定：在政治和社会生活中，我们仍有一些根本而稳固的第一性原则，它们继续在哲人的思想中提出一些政治性和制度性的重大内涵赋予其合法性和正当性的当代建构。所以，即便在一个不再有统一价值观的所谓"德性之后"的时代，也并没有遏制住对一种准宗教的统一力量的需要，更没有阻止自 20 世纪后期以来的政治哲学复兴"何为美好生活？"的哲学动议。尽管这样的问题似乎没有多少是当代日益专业化的现代哲人所愿意提及的。或者说，一位在可靠地被划定了专业界域中像物理学家那样在理论上构建着政治哲学理论的学者，似乎无须多分心去关注那些根本的原则问题。但是，如果一个人面临这样的问题，他要向一个看不到并且也不承认当代学术的日益专业化本身就是现代性危机的表现的人，去说明哲学的特殊权利和它的对象的本质要求，那么这个人便不能回避上面的问题。如果我没弄错，这就是"何谓美好生活？"这一政治哲学的基本问题还能继续追问下去的根本理由。结果，似乎是有人如果想废止"何为美好生活？"的追问，并强调它只是已被揭穿的"错误意识"，而同时却又实际地感到一种生活观点合理，另一种生活观点不合理的时候，他便是在进行语义上的欺骗。

可以看出，我们上述所做的思考为我们指示了现代性本身的问题式：一种超越历史主义的恒久和普遍的美好生活原则倘若还能辩护，那么如何辩护？

（四）历史与理性的张力

面对这一问题，到底应该做柏拉图式的还是做规范化的解释？这的确是两义的。如果是第一个意义，则答案很显然是模糊和空洞的。这不仅因为在柏拉图确立的泛希腊—犹太的世界基本结构中，感性世界远没有超感性世界完美；而且柏拉图的"理想国"依据自然和理性将每一个人的生活安置得井井有条，再没有选择的余地。这与其说是对政治理想主义的设计，毋宁说更像是对政治局限性的描述。因为凡不可选择的生活都不会是美好的。此外，柏拉图的理想国之所以令人无法适从，是因为那种恒久和普遍的美好生活原则作为知识标准的可信性值得怀疑。如同柏拉图的美诺问题一样，我们也深知关乎该问题的柏拉图式的循环论证：在我们对有关恒久和普遍的美好生活原则的认识所具有的作用做出解释和估量之前，我们必须知道恒久和普遍的美好生活原则的存在以及功效。因此我们可以明晰地看到，恒久和普遍的美好生活原则的辩护这个目标先验地萎落为哲学—言辞王国的最高目标。柏拉图式的哲学不正是以颁布恒久而普遍的真理为其天职吗？一句话，我们之所以知道恒久和普遍的美好生活原则，就在于探求真理的哲学被理解为自我授权的真理的颁布者。这个自我宣称可以称为柏拉图式的哲学所隐含着的循环知识论的基础。我们当然不能说，这就算标准的知识。可是，更进一步，我们如果丢开柏拉图的那个形而上学诉求，转而认为，既然恒久和普遍的美好生活原则通过理性无法掌握，那么就必须将"美好生活"看作以非理性的价值和力量的作用（及"魔魅"效果）为前提，而将柏拉图"理性"和"想象力"的区分颠倒过来，通过想象力和激情来掌握。这种反柏拉图主义的主张之所以需要正视，是因为它将美好生活的追求限定为一个私人的合理目标，私人与公共之间的紧张关系依然存在，这无疑等于回避了这个问题本身。

根据先前的阐释，我们说，寻找恒久和普遍的美好生活原则的努力在现代性境况的困境中给予我们的提示，绝不是说我们应该停止谈论这个问题。至少，不仅没有哪位相对主义者能对一切都持相对主义，而且在义理上我们也绝不会因为某种被要求或被意愿的东西的不在场而停止谈论这个问题。我们相信，如果没有不断追寻恒久和普遍的美好生活原则的意图，并在自己的生活和实践中接近它，我们的文化将无法生存下去；相反，如果我们在根本的意义上认为，对美好生活只有主观的信念，这些主观的信念到底正确与否不可能确定，在持这样一种自然观点之后，认为我们还能过同样好的生活，这就错了。我们相信这个对胡塞尔来说原本是一个科学批判概念的规范原则，经过相似于哈贝马斯理论那样的转换，便可成为一个社会政治的和历史哲学概念意义上的规范原则。"这个原则在人类的实践生活和共同生活的事实中是无法以任何方式被取消或被改变的。"①但如果人们因此而相信这样一个原则就像自然力量一样制约着我们的实践生活，那就根本不了解如下现象实情：事实性思维并不是根据理想来进行的。这意味着：这个规范原则无法直接改变为贯穿在人类思维和实践中的实在趋向，相反，规范原则（规律）一般来说意味着："应当在"，"现在也许还不在或者在现有的状况下还不能在"②。因此，这一事实为人类理性制造的麻烦是：一方面，人类自己对理性生活的选择仿佛是当作信仰而不是当作感性、当作实践去理解；另一方面，我们只有高举理性的火炬，才能使情感和意愿领域隐蔽着的和谐以及处在规范原则上的东西展露出来。

因此，在这里要提醒人们注意两个关键点。第一个关键点是：在现代性处境下，一个在特殊的生活秩序中生活的人，当他承担起对种种现实生活秩序的理性批判的理论重任时，可能滑向属于未来的宗教理想。例如，用其中的一个神学政治论点来讲："晨祷已经被晨报所取代：不再每天都是同样的东西、不再每天都是对人的绝对职责与崇高尊严的相

① ［德］胡塞尔：《逻辑研究》第1卷，180页，上海，上海译文出版社，1994。
② 同上书，33页。

同提醒，每天都是新的玩意，它们是不会提醒什么绝对职责与崇高尊严的；专业化，关于越来越小的事情，我们知道得越来越多；在实践上不可能专注于罕见的本质性的东西（人的整全性完全有赖于此）；用一种虚假的普遍性、用各种各样缺乏真正激情的兴趣与好奇的刺激来补偿专业化的后果。"①我们如何能够合理主张恒久和普遍美好的生活原则？

百年来政治神学认为，先前那些对高贵、伟大的渴望已被证明与现代世界社会无关，现实世界社会及其历史要合乎人性，就应该进入宗教神学信仰的表述中。其代表人物的认识兴趣保持在社会政治的**宗教性**批判方面，他们在某种程度上犯了宗教绝对性的片面性错误。在这里我们不可能来具体讨论现代性语境中的神学思想问题，但这个问题不仅重要，而且把我们引向当下探讨的最有意义的中心，我在这里要说的是特洛尔奇，尤其是特洛尔奇对历史相对主义的挑战。出于对"无限制的"或"漫无目的的"相对主义的批判，特洛尔奇曾由以神学思想把握自身与现代性语境的关系出发而强调，现代性问题的要害与人们误解历史方法有关。或者说，现代性所落下的历史相对主义之顽疾根源于现代对历史的过度抬高。特洛尔奇决意用一种恰当的历史方法来重新发现一种普遍规范。用他自己的话说，这是"用历史克服历史"。但是，要成功地承担这一任务，这位在宗教偏见和思维习惯以及语言习惯中思考的哲学家，很自然会把"跨越科学历史方法的范围"以及"进入个人决定与信仰的领域"

① 贺照田主编：《西方现代性的曲折与展开——学术思想评论》第六辑，118 页，长春，吉林人民出版社，2002。

作为要求提出来。① 与此相关而须提及的是，他从宗教立场来评价，对唯物史观的一种读法与正确的历史唯物主义理论风马牛不相及。因为这种读法"只是教导人们，人类历史的真正动力来自获取食物和肉体生存的动机"②。人们只要稍稍思索一下便会明白：历史唯物主义虽然始于这样一个历史前提，即人类天然地具有保存生命的需要，为此人类必须对自然世界进行改造以满足这些需要。但这一点不一定只有成为马克思主义者才能承认，哪怕稍具理性的小孩也懂得这一点。在马克思的思考方式中，限于人类自我保存的劳动观念必然淘空生产劳动的目的论内涵，而后者正是人类社会建立起来的一般价值规范认定的基础。

与此相应，在面临"历史给信仰造成的难题几乎远甚于现代形而上学和现代自然科学给信仰造成的难题"③的现代性状况下，对生产劳动的社会维度以及目的性重视，对科学和知识所做的独立和无限的追求的肯定，必然构成对上帝的背离。马克思说道："一个人，如果想在天国这一幻想的现实性中寻找超人，而找到的只是他自身的**反映**，他就再也不想在他正在寻找和应当寻找自己的真正现实性的地方，只去寻找他自身的**映象**，只去寻找非人了。"④由此可见，根据马克思对受制于费尔巴哈的宗教心理的"上帝"概念的批判来说，"上帝"是人间最美好的东西在天国的投射，如果在天国的这种投射是幻觉的话，借以投射的内容则是

————————

　　① 亚当斯：《特洛尔奇的〈基督教的绝对性与宗教历史〉》，见刘小枫等主编：《柏拉图的哲学戏剧》，365～378 页，上海，上海三联书店，2003。

　　② ［德］特洛尔奇：《基督教理论与现代》，朱雁冰等译，290～292 页，北京，华夏出版社，2004。

　　③ 同上书，236 页。

　　④ 《马克思恩格斯选集》第 1 卷，1 页，北京，人民出版社，1995。

非幻觉的人的切身的需要和利益。因为，如果不是"上帝"关切到试图思考上帝的人的利益，人是根本不会去思考上帝的。这个观点，是当今抵制相对主义的利刃。由此，马克思得出结论说，最美好的东西不仅在人间，而且是真实的。如果一个人通过宗教批判，发现最美好的东西在人间，而且发现"人就是人的世界，就是国家，社会"，他就要求抛弃关于自己处境的幻觉，也就是抛弃那需要幻觉的处境。从本质上看，马克思这种彻底的现实主义是建立在社会批判基础上的。作为社会批判理论的具体展开，马克思展开对商品社会的批判，就是对物的依赖关系的普遍化、永恒化以及它所表现出来的与个人相对立的独立的社会关系并抽象为一种独立的观念力量的批判。① 马克思哲学的期待和马克思的判断本身就在对资本主义社会的批判中得到检验。这与青年黑格尔派一门心思只想从理性造反出发解放这个社会的幻想绝无共同之处。

由此出发，我们也就认识到人们在把握现代性核心时和对现代性的臆想的反抗中所遭遇的迷雾：由于人们一直以来已经习惯于把技术的统治地位或大众统治视为时代的历史状况，并且根据这些方面去分析现代的精神处境，因此，人们就沉溺于这样一种习见，就是把已经是和仅仅是理性主义的结果的那些现象看作是理性主义本身，或者把结果和作用看作理性主义的原因。在对这种思维方式的不假思索的适应中，"理性"在历史中变化的观念不见了，将人那里认为不朽的东西皆放在变的过程中的历史感不见了，代之而起的是膨胀为逻辑神话的理性。这种对理性主义反思——这是第二个关键点——的背景令人们想起了"理性的限度"

---

① 《马克思恩格斯全集》第 46 卷上，111 页，北京，人民出版社，1979。

这个话题和被频繁指向的对西方现代理性主义的责难：理性主义在哲学和实践上都是错误的，它的哲学上的错误在于它仅仅将确定性归于技术而成了技术霸权的教条；它的实践上的错误在于，它相信除了利益没有其他东西来自人的自觉行为的信念。[①] 但是，每一种对理性主义的批判无论多么有见地，只要它没有去思考理性之本质的处所，那么，它就还在历史的"内在逻辑"之外思考。尼采早就觉察到："所有哲人的共同缺陷是，他们都是从当今之人出发的，他们全都相信，可以分析当今之人达到自己的目标。历史感的缺乏乃是所有哲人的遗传缺陷。"[②]

对熟念哲学史的人来说，尼采的观点难道是真实的？因为，事实上，没有人会怀疑西方现代的历史感不但是德国自由哲学的主要特征，而且还由此导向马克思的历史唯物主义。尼采凭什么将此事实一笔勾销？尼采的考虑是从理性观念以及基于人的力量控制自然的历史进步的新的西方式信仰引发的。尼采体会到，从最独特、最鲜明的地方使事件显现出来的是一种以子之矛，攻子之盾的相互对立的力量构成的关系，神学的或理性主义的历史学传统倾向于把独特事件化入一个理念的连续性之中，化作一个目的论运动或一个自然的链条中，就必定与尼采自己所理解的历史感的特征相反。反过来，我们抓住尼采所理解的历史感的特征，可从正在出现的那种大众统治的逻辑那里获得尼采对理性主义批判所具有的一种暗示，指示出一些现代性的主要特征。尼采认为，"我

---

① Michael Oakeshott，*Rationalism in Politics and Other Essays*，Indianapolis，Liberty Fund，1991，pp. 24-25.

② 转引自贺照田主编：《西方现代性的曲折与展开——学术思想评论》第六辑，118页，长春，吉林人民出版社，2002。

们将成为什么样的人?"的问题是文化的全部问题所在，而文化的核心里没有历史；谈哪种文化比哪种文化进步是很可笑的。尼采以此阐明，现代性起源于用"进步"标准替代"好"的标准。这表现在，现代性对"老人和传统"的藐视以及泯灭"高贵"与"下贱"的区别。① 如果说，古代把"好的事物"等同于"古老事物"，把"最古老的事物"等同于"最美好的事物"②，那么现代性则肇始于"新事物"与"美好事物"、"最新的事物"与"最美好的事物"之间的理所当然的相提并论。现代性的一个维度，即资本主义生产方式从产生一直到崩塌，其实质不过是生产"花样翻新"的商品。也就是说，现代的规则是从新而非从持久、古老、渊源和传统的角度寻求辩护。所以，变革，通常也被认为是现代性的重要特征。

但是，要求同先前历史断裂而成为"新"时代并不能直接拿来证明现代性的正当(确)性。因为，变革就是为了完善，或者为了增强一些好的东西；同样，保守则是为了避免更坏的东西。在此似乎已经预示了：凡历史变革都预先假定"好"和"坏"的标准，没有"好"和"坏"的标准，又怎么会有历史变革之"进步"和"倒退"的区别呢？因此，笼统地讲，要么承认世界上还有可能存在好、坏或对、错的标准，并且为此承认合理的就是好的；要么只能将历史变革归因于像技术操作那样的必然性或盲目和武断的意志。如果人们承认这一点，那么 18 世纪的进步信念——人类社会发展被理解为像自然一样的有规律的过程，无论是科学技术进步还

---

① ［德］尼采：《论道德的谱系·善恶之彼岸》，谢地坤等译，326～328 页，桂林，漓江出版社，2000。

② ［美］利奥·施特劳斯：《关于马基雅维里的思考》，申彤译，125 页，南京，译林出版社，2003。利奥·施特劳斯，又译为列奥·施特劳斯。马基雅维里，又译为马基雅维利。

是社会变革，都建基于人类理性拥有的内在逻辑——并没有证明理性有能力超越所必需的历史性的自我肯定功能。因而，尽管 18 世纪的人们从 17 世纪接过进步概念的讨论，并很快从科学领域推进到政治领域和道德领域，这种推进对于 19 世纪的人们而言仍然是势所必然和在情理之中的，但是，在今天的人们看来，现代科学并非遵循它自诞生之日直到 19 世纪末一直持有的诺言：它将向我们揭示宇宙的真实性质与关于人的真理。"关于越来越小的事情，我们知道得越来越多"，前面已经提到过的这句话再次向我们挑明了这一点。说到底，20 世纪的大多数政治哲学家不能如先前那样把科学技术当作进步的同义语，是因为科学技术进步的"好"的特征远远不能确定，这与科学给他们留下的最深印象一直是压倒一切的物质上和技术上的巨大成功形成鲜明对比。这即是说，科学的工具性的巨大成功，驱迫哲学家们寻找关于科学目标的好坏性质的陈述之认知意义上的标准，但是事实一再证明，寻找这种陈述的企图业已失败。如此一来，在最终的分析中，人们就把握了一种倾向拓宽合理性的概念，放弃将理性的外延视为科学的外延的观点，并且把生活领域的片面的技术化以及出于技术创新而"对于科学所做的那种利用"视为现代性危机的根源。因此，理性的自我界定、自我授权所遭受的某种极端的压力导致如下观点：必须对发生在技术领域的变革施以"道德监督"和"政治监督"——"何种技术创新应该予以利用，何种技术创新应该予以压制，必须由好的和明智的城邦来决定"①。

---

① ［美］利奥·施特劳斯：《关于马基雅维里的思考》，申彤译，477～478 页，南京，译林出版社，2003。

从这个出发点来看，我们认为，如下观点是完全正确的：正如抨击现代性并非认为历史应被看作合理化的不断幻灭的过程一样，称颂科学并非盲目倡导技术决定。就自然科学和技术发展所引发的问题而言，强调它们绝大部分是社会问题，它并不能单纯依靠自然科学和技术本身来解决。但承认这一点并非必然意味着，我们必须发掘出作为现代性之解药的前现代价值体系。很明显，我们不能简单地回到古代或中世纪的世界观上去。自觉地向传统的回归更不是回归到传统社会，它只能是现代人的自我创造的一种延展。马克思为此指出："留恋那种原始的丰富，是可笑的，相信必须停留在那种完全空虚之中，也是可笑的。"①换句话说，用来定义好的东西的、一成不变的、与历史无关的标准或者原则是不存在的。但是，将历史的变化引入理性之中这一事实丝毫不意味着理性可以变化成任意的、无所谓对错的东西。因此，我们的初衷是考察一种超越历史主义的恒久和普遍的美好生活原则是否能辩护，倘若还能辩护，那么"如何辩护？"这一问题最终便是如此回答。

二、马克思的自然概念

马克思的自然概念所具有的社会历史性质，往往被马克思的评论家所费心强调，与此同时，似乎从这样一种自然概念，可以推演出强式人类中心主义和相对主义的历史主义。但是，透过罗蒂放弃"自然的"与

① 《马克思恩格斯全集》第46卷上，109页，北京，人民出版社，1979。

"人为的"的区分的后果和施特劳斯的自然概念对价值相对主义的消解这个背景，可以发现历史主义只是引入一种以自身历史性处境为导向的世界观，它忽视了历史与自然这一关系结构，自然是这个关系结构的根本。而无以提供某种普遍性规范的意义则是它的现代性逻辑的体现，仿佛人类真的不凭自然之助创造了历史，建立了一个自足的现代世界。

不过，"没有约束的现代性"恰恰是历史主义的想象。比如，"整个所谓世界历史不外是人通过人的劳动而诞生的过程，是自然界对人来说的生成过程"①之思想，或许正是那个让历史主义者以为自明而接受的思想。在马克思的著作中，这句格言被引用的频率是很高的，无论是那些认同马克思的人，还是那些诋毁马克思的人，都把它看作马克思对历史和自然、人与自然之间关系的典型论述，但是无论是那些历史主义的维护者，还是那些试图反对历史主义②的所谓"伪历史"概念者，都过于匆忙地赞同或批评包含在这一格言中的要义，而未从这句格言中得出一些可能的结论，自马克思道出这句格言以来，到今天已有约 160 年的时间，从这约 160 年的年代学和历史学的距离来看，这句格言所蕴含的问题虽然没有变，但那些问题所需要的解释却在历史中变化着，这些变化对我们诉说着什么？下面我们将围绕马克思的自然概念与历史主义的关

① 马克思：《1844 年经济学哲学手稿》，92 页，北京，人民出版社，2000。
② 中文"历史主义"一词译自英文"historicism"或"historism"，而二者移译自德文"Historismus"。历史主义在此首先是一个争论性的概念，如卡尔·波普尔认为，历史主义是一种社会科学的方法论，欲于社会历史演化中，寻求历史的规律，以达到预测历史的目的。因而在 20 世纪初作为"历史主义的问题"被讨论的，首先是在历史实证主义以及由此而浮现的历史相对主义两种形态中的历史主义。这里援用历史主义一词，在以下行文或不同的语境中当会有不同的意蕴。

系来谈这一问题。

（一）一种基本的张力：自然与历史

恩格斯在他著名的书评《卡尔·马克思〈政治经济学批判〉》中写出，由马克思首创的"德国的经济学本质上是建立在**唯物主义历史观**的基础上的"①。如果没有黑格尔的"巨大的历史感作基础"，这种历史观就是不可思议的。恩格斯继续说，黑格尔是"第一个想证明历史中有一种发展、有一种内在联系的人，尽管他的历史哲学中的许多东西现在在我们看来十分古怪，如果把他的前辈，甚至把那些在他以后敢于对历史作总的思考的人同他相比，他的基本观点的宏伟，就是在今天也还值得钦佩"②。在这里，我们可以对恩格斯的观点做如下理解：黑格尔的前辈甚至于他的后辈的历史哲学，亦即柏拉图主义构架中的历史哲学，把细小而具体的幻想串联起来，这些幻想热衷于讲述人类与某个非历史事物——诸如上帝、人性——的关系的种种奇怪的故事。与黑格尔的历史哲学企图努力于"宏伟的"叙事相比，他们追求的目标不免显得平凡。因为，黑格尔相信，自己那个融理性精神与启示精神的"绝对精神"亲临了主客鸿沟合拢的决定性的历史事件。而这种对具有历史性之宏伟的目的追求，使他陶醉于"历史目的之最后实现"的幻想之中，然而，对于恩格斯来说，他更多地想对黑格尔的辩证法做较为同情宽厚的理解：辩证法在实践上——尽管不是在理论上——放弃了达到"终极真理"的观念，转

---

① 《马克思恩格斯选集》第 2 卷，37～38 页，北京，人民出版社，1995。
② 同上书，42 页。

而坚持着相反的论点，这个论点就是：每种哲学都是其时代精神的概念化表达，这促成恩格斯把"历史观念"这一智力资产注册登记在黑格尔名下，便进而强调在"思想的历史发展"与"世界历史的发展"之间黑格尔与马克思的承续关系。

所以恩格斯认为，黑格尔这个划时代的历史观为新的唯物主义观点提供了"直接的理论前提"，只是黑格尔的辩证法的缺点是从思想开始的，马克思所做的工作就是把呈现在黑格尔那里从"纯粹思维"观念出发得出的结论，建立在新的唯物主义方法之上。在这里，恩格斯所表达的意思重复了马克思自己所说的那句名言：在黑格尔那里"辩证法是倒立着的。必须把它倒过来，以便发现神秘外壳中的合理内核"①。但是，事实讲来，马克思的哲学不仅颠覆了黑格尔，而且做了黑格尔所没有做的，即马克思解构了逻辑和历史、自然和历史、思想和行动的传统的等级秩序，也就是在那些跟黑格尔观点几乎相似的地方，马克思没有像黑格尔那样去"叙述"。

因而，在马克思和黑格尔的关系上，马克思并没有完全"信守"于他自己所说的话。按照我们的解读，对于黑格尔来说，自然是没有历史的，所以黑格尔拒绝通过自然来研究历史。在黑格尔的视野中，自然中的变化以及自然的起源都是概念世界中过程的一种结果或逻辑后果，逻辑在先是时间在先的基础。尽管黑格尔同我们一样，相信精神出现在自然界之后，不过，黑格尔认为，这只是从科学认识论上讲，而不是从本体论上讲，因为逻辑先于自然，所以历史的运行模式就要由逻辑来决

---

① 《马克思恩格斯选集》第 4 卷，289 页，北京，人民出版社，1995。

定。而自然仅仅是历史运动展开的环境。相反，马克思的卓越洞见确认了，作为本体论视域中的自然概念，的确不是一个自然科学概念，而且也不是一个历史概念，从这一点来讲，施密特把具有社会历史性质看作马克思的自然概念同其他种种自然观相区别开来的东西的观点，在本质上就错了，与施密特不同，我们需要进一步指出：自然也绝不仅仅是人类历史的一部分和人类生存的条件，或者满足人类需要的手段，因为假如马克思强调历史、人与自然以实践为中介的高度统一的话，那么在这种三者统一的结构中，自然乃是最基本的，历史取法自然，历史乃是一个自然历史过程，而自然只能取法自身，对此，马克思的注释家很少强调。"漫不经心"的施密特看到"马克思在自己的著作中，极少讲到自然'自在'"，就是一个例子。

下面的话则进一步证明了这一点：在《德意志意识形态》中，当马克思去感知哪怕是最简单的"可靠的感性"的对象，如樱桃时，重要的不是像费尔巴哈那样把它看作自然产物的樱桃，而是看到樱桃在某个时期被引入欧洲，作为商品起到一定作用，具有如此这般的交换价值等事实。对这样的自然概念本身的讨论，在马克思的注释家那里通常是在把人加以神化和贬低自然的标题下进行的。一个引人注目的事实是，由于马克思的历史观自诞生之日起便被嵌入现代性的框架中来把握，因此，人们假定了使之成为他们认识和统治对象的那个"自然"就等同于马克思的自然概念，例如，格鲁内尔以为，只有或正是这一点才使马克思对自然感兴趣。

这里我们要批判格鲁内尔的是，他贴在马克思身上的"人类中心论者和以人为神者"①的标签，被用于描绘马克思的那些前辈们倒是如此地恰如其分。换言之，为了满足人类生存的需要，对自然应当加以改造，或者必须通过经济活动使自然人化之类的观点，虽然也出现在马克思的文本中，但这些观点即便在最充分的意义上也不能等同于马克思的观点。很明显，这种自然观中的自然已经失去了目的和秩序，成为一个僵死的物质世界。如果我们把这样一些现代性观念归属于马克思，那么我们就不能真正看到属于马克思的东西；避开用一种观点表示两种意思的说法不谈，如果比马克思早一两个世纪的那些现代性思想家不是在思考着征服自然的方法，那么他们还在做什么呢？

为了理解这一点，可以进一步参考施特劳斯的观点，在政治哲人施特劳斯的视野中，虽然他首先注意到来自道德政治世界观的变化，然后才是自然世界观的变化，所引致的现代性危机，但他同样反复强调哲学的最深危机在于17世纪以来"自然"概念的完全改变，亦即"自然"成了自然科学研究的"对象"，把自然理解为需要通过劳动去征服的东西，在自然界尚未被加工时，它在经济上就是毫无价值的。在17世纪成功地宣扬建立"现代世界"的那些思想者，对解放人类的目标有过明确的规定，他们描绘过一幅"非凡的蓝图"，那位睿智的哲人培根建议，"通过观察和实验以改造并扩充知识，使我们的概念有一个坚实的哲学足以存身的基础，这可能是稳固而紧密的，与事物的现象不可分割并相适应；因此，自然已被了解，可以控制、调度并利用它来为人们的生活服

---

① ［英］格鲁内尔：《历史哲学——批判的论文》，陶仁莲译，84 页，桂林，广西师范大学出版社，2003。

务"①。"自然变成了一个无灵魂的机器的胜利形象，变成了一个庞大的仓库或者一个没有知觉的以最苛刻的方式被加以拷问的证人。"②在施特劳斯看来，由于现代科学自诩发明了某种观看自然的方法，以至于人类意志可以把一种客观的自然法则和尺度或自然存在物予以替换。在哲学反思的层面上，这表现为客观性的种种规定越来越纳入主观之中，以至在康德之后所完成的思辨，被全部吸收到主观性中去了，此乃是古典和现代思想的差别的表征之一。

　　在这一视域中，如果我们撇开马克思的反对者不谈，那么，要确认马克思的自然概念的当代意义，似乎并不会太难，但我们知道，这种承认往往是轻易的，正像葛兰西所主张的马克思主义的历史主义或者卢卡奇所突出历史的本体论性质的努力等，在今天看来仍然座架在形而上学之现代性冲动之中，也正是在这一问题的语境中，被赋予当代意义的马克思自然概念的解释将难以避免柯林武德对马克思"科学历史学"解释的"特色"，尤其是他对马克思的历史观相较于黑格尔具有更"强点"的诠释和辩护。柯林武德看到，"对于马克思本人来说，自然就不止于是历史环境而已，它是得出历史模式来的根源"③。在马克思那里，那种强调自然和人类、自然和历史的二元论，固然是错误的，因为它落入为宗教哲学所具有的，也为实际上（除了在口头上粉饰之外）并没有把人和自然

───────────

　　① ［德］蒂洛·夏伯特：《现代性与历史》，载《第欧根尼》，1985（1）。

　　② 转引自林国荣：《自然法传统中的霍布斯》，见渠敬东编：《现代政治与自然》（思想与社会第三辑），2 页，上海，上海人民出版社，2003。

　　③ ［英］柯林武德：《历史的观念》，何兆武等译，186 页，北京，商务印书馆，1997。

统一起来的唯心主义的自然观中去。但是，如果说马克思的自然概念直接就是指"通过人类历史的所为被变样过了的'被文明化的自然'、'被历史化的自然'"①，复又落入对历史本质的误解中。这种误解仍然坚持自然与历史是相互外在的对立，从而导致人类同自然关系的历史不被看作自然历史的一部分，相反，自然被解释为人类历史的一部分。以至于谁都看穿这种历史之谓历史的解释，历史被看作它没有什么恒常的东西，一切理想都是人类创造性活动的结果。

时至今日，人们还是从这样的基本语境来看待人和历史的关系，人们在利用马克思的"人创造自己的历史"的断言，却基本上建构非马克思的观点，这是因为人们尚未充分地考虑到，人不创造一种任意的历史：人在自己不能选择的，仅仅留给人的选择很有限的解决办法的处境中活动。处境的逻辑为传统思维方式的崩溃，特别是为马克思解构强式的"人的主体中心主义"预备了可能。为了避免强式的人类主体中心主义的冲动，这个论题被法兰克福学派接触过，法兰克福学派曾表明，"自然对象的独立整体不得不被保护，尽管这并不忽视它和人类主体相互作用。马克思曾称之为'人的自然化'和'自然的人化'是必须的，但不能以取消它们之间的不同为代价"②。以我们的理解，问题的关键在于把人的主体统治在很久以前就被认为达到了的现代意识，等同于事实上的人的主体统治，毫无疑问这会使现代意识成为一种被

---

① ［日］广松涉：《事的世界观的前哨》，赵仲明等译，17 页，南京，南京大学出版社，2003。

② ［美］马丁·杰伊：《法兰克福学派史》，单世联译，305 页，广州，广东人民出版社，1996。

囚禁的幽灵性意识。

这种表述表明，与其说自然和历史处于对立的位置，毋宁说国历史处于自然的对立面，就是人们欲在历史性思想中取消自然，但事情并非这样轻松，某种历史境域之获得与丧失，取决于历史性生存的人与自然关系的展开，实非单纯的人力所能左右。人类的历史世界有自然的极限。截然固守自然与人为的对立是可笑的。例如，按照柯林武德的诠释，马克思所做的"原始共产主义、资本主义、社会主义"这样一种历史运动的序列的分析，就来自自然的制约，马克思所做的事，乃遵循了"历史事件都有自然的原因"这一原则，也可以用恩格斯解释马克思的话来说，这就是"历史从哪里开始，思想进程也应当从哪里开始"①。按照这个观点，黑格尔设计出了世界历史目的实现的道路，在这个道路中，德意志民族的精神在一个特定的时代体现着世界精神。它是世界历史进步的承载者。在这里黑格尔染有的神秘的"本土主义"，根源于他从逻辑中为历史抽象出模式，而不是从自然世界中抽象出模式，他未曾意识到德意志民族精神并不能充当普遍的规范力量，正像黑格尔的历史观只是地方性的知识一样。

但是，到底什么是具有普遍性的东西？在西方哲学史中，为什么具有特殊性的东西一直被置于从属于普遍性的地位？这在不同的哲学家那里虽有不同的理解，但他们大多把在具体的社会和生活土壤上自然生长出来的、与地方情况相匹配的地方性叙事混充成普遍性的历史解释模式。就黑格尔而言，从特殊性到普遍性的过渡是一种扬弃的运动，在这

———————

① 《马克思恩格斯选集》第 2 卷，43 页，北京，人民出版社，1995。

场运动中，民族和国家能够根据它们真正的自我意识能力的高低来判断和排列。处在历史终点的民族和国家究竟是德国还是美国，就要看最终审判官是黑格尔还是福山。显然，黑格尔眼中的从亚洲到欧洲的关于自由的世界历史精神运动，就是在一个具体的身体或个体中对被束缚了的普遍性在世界历史哲学中的扬弃。黑格尔编撰的这样一个故事的结尾，并没有反思到自己从属于西方人的这种特殊处境，再也没有任何论证比洛维特提出的下列论证，更能想起辩证扬弃的失败：对于洛维特来说，西方思想体系中第一部真正的世界普遍史是基督教的相关理论，黑格尔是按照上帝在未来实现的蓝本来理解世俗历史程序的，天意在历史中的作用作为前提得到了承认，不依赖于一种天意，他就不可能提出任何历史图式，但是，正如洛维特所见，天意实在"过于不确定，过于狭隘"，用在琐事上，例如，用在一个人的意外遭遇上，也许勉强凑合，用在探究世界历史中各个民族和各个国家身上，就必然沦为"信仰的小贩叫卖"①。同时，黑格尔的历史模式不是来自自然的事实的做法本身引发了"激进的历史主义"。正如福山将黑格尔与早期世界普遍史编写者（如丰特奈尔或孔多塞）进行比较后挑明，在"相信真理是有基本历史相对性"②的黑格尔那里，历史之外没有一个能被接受或否定的基准点，只有在历史之中宣称的最终时刻才能达到充分的自我意识。因此，福山把黑格尔哲学归结为"历史主义"，称他为"第一位历史相对论的哲学家"，

---

① ［德］卡尔·洛维特：《世界历史与救赎历史——历史哲学的神学前提》，李秋零等译，66～67 页，北京，生活·读书·新知三联书店，2002。

② ［美］弗朗西斯·福山：《历史的终结及最后之人》，黄胜强等译，69 页，北京，中国社会科学出版社，2003。

既然是"第一位"的，那么黑格尔在历史的绝对时刻获得充分的自我意识就被福山剥夺了。福山的黑格尔没有了历史的绝对时刻，历史过程也就成了不可完成的进步幻象或无根基信念的恶无限。

福山的这个黑格尔与施特劳斯在《自然权利与历史》中解释的那个黑格尔出入不大①，同时，他们都把马克思看成是黑格尔遗产的最大继承者。倘若进入福山的黑格尔解释并将其置于施特劳斯对黑格尔的批评之上，可以发现作为 19 世纪和 20 世纪思想特征的"历史感"或"历史意识"，是"把自然乃是规范这一前提当作神话加以拒绝"②的结果。故而，人类挣脱自然的桎梏伊始，乃是从永恒秩序走向人的决定的现代世界所设想的历史的开端。

(二)都 21 世纪了，还谈什么受制于自然?

我们在现代世界设想的历史的开端中看到了一幅新的世界图像：自然和历史的分离构成了现代与古代的生存性紧张，其主要表现是自然科学的兴起及其现代意义的"历史"成了一个文化的范畴。按照施特劳斯的说法，发现自然乃是哲学的工作，而不是自然科学的工作。当哲人，也许是泰勒斯发现了自然时，也就是当自然的现象与人为的习俗得到首次区分之际，哲学也就开始了。从这个角度看，自然并非像习俗那样总是出自人类。施特劳斯的学生曼斯菲尔德对此曾举例做过解释，他说，假如人们说，"这是一头白色的神圣的牛"，那么这个语句中的"白色""牛"

---

① 　[美]列奥·施特劳斯：《自然权利与历史》，彭刚译，30 页，北京，生活·读书·新知三联书店，2003。

② 　同上书，25 页。

是出自自然，而"神圣"则是人为的。在发现自然之前，古代人在那些"永远如此、处处如此"的习惯和方式与因部族不同而各异的习惯和方式之间，并未加以区分。"古老的"或"祖传的"东西就是人们的行为的判准。换言之，前哲学的"文化"或"文明"不会根据自然和人为附加的习俗的区分来思考世界和自己的关系。施特劳斯指证，圣经中未曾有希伯来语的"自然"一词，"自然"概念的诞生地是古希腊。① 古希腊哲学认为，只有当"无序状态"(chaos)变成"有序状态"(kosmos)才形成自然和世界，古希腊哲学的 kosmos 正是英文中"宇宙"一词的词源；而"历史"一词则十足是近代（近代是古代世界与现代世界之连续性的体现，但也是两种世界秩序之差异的分叉口）的语汇。对于古希腊人而言，"历史"观念没有立足之地。例如，在古希腊的知识体系里，历史知识根本就不是重要的知识。古希腊思想整个说来有一种十分明确的思趣：不仅与历史思想形同陌路，而且在实际上它是基于"反历史的形而上学"（柯林武德）的。这里实际上隐含了在人类哲学的发端时期，哲学是以"我们的常识或对于自然世界的自然理解"为出发点的，古希腊哲学的 kosmos 所表达的也只是关于自然世界的充分意义，还不是关于人文世界的概念，缺乏人之为人的特质（人性）规定，"人性"的概念对于古希腊人的心智结构来说是如此陌生，以至于他们甚至没有一个词来命名它。

阿伦特由此指出，"humanitas（人性）一词在希腊语言和思想中缺席的原因在于，与罗马人相比，希腊人从来不认为人是世界上最高的存

---

① ［美］列奥·施特劳斯：《自然权利与历史》，彭刚译，82～83 页，北京，生活·读书·新知三联书店，2003。

在。亚里士多德认为这种信念是'荒诞的'"①。这种观点表明，一个文化要中断它在此之前一直在进行的思考方式，并开始以一种新的方式思考，这种变化，很可能就是"来自外界"的侵扰而发端的，可见，所谓"人性"并非一个给定的自然，而纯粹是历史性的产物。马克思针对这点论道：人的存在形式和规定性，"是依靠历史、通过历史并且同历史一起保存下来和发展起来的"②。既然"人性"是历史性的，那么人们就假设只能在历史过程中创造、筹划以及寻找行动的基准。这意味着：一方面，人性的历史性使人的自由创造和面向将来的生存筹划成为可能，在这一意义上，人性的历史性成了人的自由的前提；另一方面，人性是历史的，偶然性、对未来的开放性，以及潜能都是历史的要素，这些历史要素不属于自然界，而属于人类。

值得注意的是，这种对历史性的过分抬高，导致人的自由在历史性之外没有一个更高的立足点，自由主义将生活变为娱乐，使人们滋生无根感，这就是罗蒂指出的为什么企图为自由提供"哲学基础"注定是白搭。因为这一企图仍然假定存在着一个"自然秩序"之类的基础。令罗蒂不解的是：张扬自由主义文化的启蒙运动认为自由主义文化应该有个基础，因此，启蒙运动试图跟在当时最有前途的文化部门——自然科学——搭上关系，以便接触到非人的真理和找到永恒不变、无历史性的"绝对的"基础。在罗蒂看来，启蒙的科学主义诉求在当时虽然是很自然的事情，但只是个"有用的策略"，就今天面临"不同的科学所使用的不

① 转引自贺照田主编：《西方现代性的曲折与展开——学术思想评论》第六辑，443页，长春，吉林人民出版社，2002。
② 《马克思恩格斯全集》第2卷，140页，北京，人民出版社，1957。

同的语言日益难以驾驭"的状况而言，它必然会沦为一种梦想。① 然而，罗蒂给我们带来的是启蒙之梦的另一个版本：自由主义社会的诉求。在罗蒂看来，自由主义社会的诉求只要求历史的比较和在各种提案之间考量哪一个最具吸引力便已足矣。在罗蒂给我们讲述的未来理想的自由主义文化中，那种"价值相对主义"和"虚无主义"的警告，那种社会制度在现代是否已经"合乎理性"的质疑，统统都是匪夷所思的。总之，罗蒂让我们的文化寻求所谓"哲学基础"的想法一边去吧！从此，罗蒂的梦想也就不会再被"相对主义"和"非理性主义"等"陈旧不堪"且"应该摈弃的语汇"所侵扰。

在此，我想特别地归纳出罗蒂对马克思历史唯物主义所做的批评的两个观点：其一，历史唯物主义具有理论上的不彻底性。罗蒂认为，从尼采到海德格尔，从实用主义到维特根斯坦的思想转向，已经决定性地削弱了哲学本质主义的基础，而且这种转向使我们能够以远比马克思更彻底的方式表达唯物主义的观点。那么，这位当代美国最有影响、风头最盛的哲学家是如何对历史唯物主义做更彻底的思考的呢？罗蒂说，"成为比马克思更彻底的唯物主义者的最好的方式，是使左派的政治考虑摆脱黑格尔派的浪漫主义倾向。我们不应该再把'历史'作为一个对象的名称使用，围绕它来编织我们减少不幸的幻想"。罗蒂这里说得毫不含糊，所谓对历史唯物主义更彻底的思考，就是把历史唯物主义计划一分为二。在另一处罗蒂进一步申论，用历史哲学来担保某些目的的尝试

---

① ［美］理查德·罗蒂：《偶然、反讽与团结》，徐文瑞译，77～78 页，北京，商务印书馆，2003。

是徒劳的，根据他所说，我们无法通过参考历史支配的东西来支持某种政治学。其二，历史唯物主义理论上的彻底性取决于阅读历史方式的改变。进一步看，由于对哲学反本质主义功能的基本认定，罗蒂所谓"成为比马克思更彻底的唯物主义者的方式"，简单地说，就是要我们改变阅读历史和谈论历史的方式，也就是要我们放弃对世界历史变迁的深层原因的深层理论探求；放弃推翻资本主义和祛除文化商品化的谈论；放弃资本主义与社会主义的区分；直至放弃"资本主义"和"社会主义"的术语。取而代之的是，我们谈论饥饿、工资和解雇；谈论学校中存在的差别和每个师生获得医疗保健的渠道，如此等等。经此，谈话方式从实用目标之外向具体提案转移后，凸显了"实用主义者"罗蒂哲学的政治取向。罗蒂以为，这种谈话方式的转变意味着"保持真实的左派政治"，意味着"在谈论真实政治时满足于具体和平凡"，而且现在不再有世界历史的浪漫主义幻想，左派政治学才是有价值的。

我们应该承认，至少表面看来，罗蒂不仅确实抓住了柏拉图—黑格尔的大写历史的思辨缺陷，而且也洞悉了西方形而上学所讲的"普遍性"，只是在语言中说出来的"普遍性"，而不是在一切经验事物中现成包含着的无所不在的"普遍性"。鉴于此，我们部分同意罗蒂从术语学角度挖掘形而上学根源的做法。但是从整体上看，对于治疗哲学家罗蒂来讲，哲学家们杜撰的问题成了他的有意关注的中心。他不太关注人类的命运问题。他异想天开地认为，语言之外不存在思想的意义。不难推论，罗蒂所谓比马克思的唯物主义和历史感更彻底的唯物主义和历史感，实质上也就是人类永远不可能解放，政治永远不可能改造的感觉。

罗蒂的哲学对我们的启示是，后现代并非同质的，后现代思想家在某些方面难分彼此，在另外一些方面则相去甚远。罗蒂这种对基础主义、本质主义、普遍主义的异议，与马克思仍然具有一定的共同性，但是，即使是对基础主义、本质主义和普遍主义的反对，马克思与罗蒂也是出于对哲学史的不同问题意识的考量。很显然，罗蒂的主张没有像他自许的那样比较容易被人接受。因为他通常从否定意义上规定自己的哲学，作为实用主义者的他赞成历史主义，认为所有的研究脉络都是历史偶然性的产物，任一观点的出发点和判准都是社群历史和知识传统的反映，他的作品的任务之一，就是抛弃他的论敌即柏拉图主义和形而上学者所使用的一套语汇，就是放弃绝对之物和相对之物、自然和习俗、客观和主观的区分。更一般地说来，就是放弃"在事物自在存在方式和这些事物与其他事物之关系的古希腊式区分，特别是放弃事物自在存在方式与人类需要和利益之关系的古希腊式区分"①，在罗蒂的哲学图画中，原本在古希腊哲学框架中所做的自然和习俗的区分，因而也就是绝对之物和相对之物的区分，只不过是一个过时的教条，因为那种教条以为"被发现"的自然，其实是"被制作"或"被发明"出来的自然。"发明"亦即"人为""人造""人言"以及人对物的赋义。

但是，我们必须看到，罗蒂仅仅把人们所发现的原以为来自"自然的"某个东西看作其实来自我们人类自身。这样的观点要赢得别人的认真对待是困难的。在罗蒂的论敌看来，罗蒂对"相对主义""主观主义"的献媚几乎是无法掩饰的。可是罗蒂显得无意与其论敌较劲。他说："重

---

① ［美］理查德·罗蒂：《后形而上学希望——新实用主义社会、政治和法律哲学》，张国清译，94页，上海，上海译文出版社，2003。

要的一点在于，我们这些被人指责为相对主义者停止使用寻找和制作、发现和发明、客观和主观的区分。"①罗蒂的这一表白就是他自许的语境主义立场，他意欲把人们从这样一个假象中解救出来：存在着某个超历史的根据或基础。但是说不存在这样的根据并不意味着不存在任何根据。所以，他感觉到在他坚持放弃自然与人为的区分时，这个放弃并没有使他感到足够的安心，这样，我们似乎有必要给他补上一句令人迷惑的类似于"我收回已然言"之类的话。这表明罗蒂察觉了坚持历史主义和相对主义必会遭到自我指涉的批评（亦即批评他人，而自己却犯同样的错误）："一切都是历史的或相对的"本身岂不就是"普遍和绝对"的吗？

从这样的思路出发，克吕格、洛维特和施特劳斯等人想要将世界历史的观念从激进历史主义中解救出来，并且重新获得关于世界的某种自然的概念。因此，他们对价值相对主义和虚无主义的批评大致同样适用于罗蒂。施特劳斯说，"历史主义断定所有的人类思想或信念都是历史性的，因而理当命定了会陈腐朽落；然而，历史主义本身就是一种人类思想，因此，历史主义就只具有暂时的时效性"②。在不断思索现代选择，并把它们与古人加以比较的过程中，施特劳斯阐发了自然的古代意义和向古代观点回归的关怀。施特劳斯总在思考他所称的"现代性的三次浪潮"：现代的自然权利的兴起，不但没能返回古典的自然世界，反而推进了走向彻底历史主义的现代性方向。施特劳斯对历史主义的反驳

---

① ［美］理查德·罗蒂：《后形而上学希望——新实用主义社会、政治和法律哲学》，张国清译，96 页，上海，上海译文出版社，2003。

② ［美］列奥·施特劳斯：《自然权利与历史》，彭刚译，12 页，北京，生活·读书·新知三联书店，2003。

焦点在于，"历史主义拒绝考虑什么是好的**这个**社会的问题，认为基本上没有必要提出好的社会这一问题，而且这个问题原则上不是与人类同期存在的；这个问题之所以可能提出，是神秘的命运安排的结果。……但是……最激进的历史主义者在 1933 年对他的国家不明智和最不温良的部分做出的裁决，表示屈服或宁可说是欢迎，把它当作命运的安排。当时，这个国家处于最不明智和最不温良的气氛之中，而同时又在奢谈明智和温良。如果有必要证实的话，1933 年事件看来不如说是证明了人不能摒弃关于美好的社会的问题，而且也不能靠听从历史或任何其他不同于自己的理性力量的安排而摆脱回答这个问题的责任"①。既然理性或人性是永恒的，那么，我们应该像古代人那样去理解他们，而不是致力于按今天的哲学去理解过去的思想。这就假定了某种客观的事物秩序，一种客观的道德世界。这就等于说，事物并非我们所看到的和判断的那个样子，而是它们本身自在的样子。但是施特劳斯也知道，向古代观点的回归存在着固有的困难，或者像尼采说的，盼望见到希腊人的时候却发现自己站在一位德国人面前。不光把德国人当希腊人，而且把纳粹当成存在的自由之缔造者，世界上还有比这更糟糕的事情吗？更不用提自然及与其联系在一起的"自然正确"或"自然正当"，已经作为一种迎合历史的标准而被拒斥了。按施特劳斯的说法，每次伟大的浪潮都始于对希腊的向往，但是这些回归最终总是被现代性所激化。要恢复自然的古代意义，并把它用作一种标准变得几乎不可能。在这点上，施特劳斯与恩格斯的观点不谋而合，恩格斯提醒我们，唯物主义的自然观不过是

---

① Leo Strauss，*What is Political Philosophy*? pp. 26-27.

对自然界本来面目的朴素的了解，不附加任何外来的成分，所以它在古希腊哲学家中间从一开始就是不言而喻的东西。但是，在古希腊人和我们之间存在着两千多年的本质上是唯心主义的世界观，而在这种情况下，即使要返回到不言而喻的东西上去，也并不是初看起来那样容易。因为问题绝不在于简单地抛弃这两千年的全部思想内容。① 海德格尔则从语文学的视角一再指出，拉丁文以及在拉丁文基础上的近代科学语言在翻译希腊文的自然概念时造成后果深重且不可挽回的损失。

在这样一种哲学语境中，我们可以体会到，马克思主义着手颠覆西方理性主义传统，以超越抽象主义、本质主义和客观主义的思维方式，大体上是把自然概念放在"原在"的位置上，原则上哲学语言译不出它，所以马克思说，"被抽象地孤立地理解的、被固定为与人分离的自然界，对于人说来说也是无"。这一具有后哲学意蕴的论述可换用海德格尔对自然的解释，马克思主义与海德格尔的共同之处在于，从人那里只能引出存在—思维—语言，但不能从人那里引出自然的自在存在（原在）—思—言，自然是人（包括历史、艺术等）和动植物共同的基础、共同的存在和"源始根据"，因此，在《德意志意识形态》中，马克思坚持自然的自在存在及其规律对社会历史的中介要素的先在性，马克思从来没有"从泛神论角度赋予历史以'独立性'"②。

诚然，马克思并不是在抽象的意义上关心先于人类和社会的自然存在的问题，在马克思看来，人类能够提出这样的问题，总是以对自然做

----

① 《马克思恩格斯选集》第 3 卷，527～528 页，北京，人民出版社，1995。
② ［德］施密特：《马克思的自然概念》，沈力译，23 页，台北，结构群文化事业公司，1988。

理论的和实践的把握之一定阶段为前提的，但这绝不意味着马克思仅仅是"从经济学角度去看待自然的"（施密特），由于马克思思考的是人和自然、历史和逻辑的关系这些作为历史基础的"大问题"，而这些大问题都是不再有基础的基础问题，因此它们不得不互相支持，互为基础：在马克思看来，人固然可以认为是自己创造了历史，但其实是历史通过自然这个中介假人之手而创造了它本身。在这个意义上，从马克思的自然概念中可以推论出：自然具有"社会历史的性质"，反过来，社会历史也具有"自然的性质"。如果说，哲学是对"永恒的问题"的探索这种看法大致不错的话，那么对社会历史所具有的"自然的性质"的探索，似乎就是对那些"永恒的问题"的探索，所以，马克思总是在"物质变换"概念的意义上，谈论人类社会历史的"永恒的自然必然性"，因而马克思与一切历史主义者、一切后现代主义者的分歧的焦点是：哲学把握永恒的努力是否仍然可能。必须承认，马克思的历史唯物主义具有唯物主义自然观的基础，而它们共同构建了自然历史（包括人类生产）的王国，它首先和主要是一种客观的"法则和尺度"，一种先于人类意志并且独立于人类意志的有约束力的秩序。对于马克思来说，生产是历史的基本问题，且基本问题永远是一样的：虽然所有技术都在不断地改进，但是也在不断扩大"自然的必然的王国"。通过这种永恒性，人为的法则只是在人的特定群体中有效。然而，在他的社会批判中，他强调的却是人类的历史发展。如果说，永恒的知识，或者至少是对于永恒的预测乃是可能的，这是身处 19 世纪的马克思主义的历史主义的信念，那么对于我们的同时代的人来说，首要关注的，就不是永恒的和普遍的东西，而是变易的和独特的东西。马克思早就描绘过，种种人们曾有过的思想和信仰不断地烟消云散的现代性面相是：伟大的成为卑劣的，卑劣的成为伟大的。

尽管如此，哲学的危机、信仰的危机并不能阻断我们今天还在谈论的人的"自然"、心灵的"自然"，一般地还在谈论"事物的自然""事情本身"等，并且也还如此这般地在这些范畴的范围内讨论某些规范（如节制、渴望和平、合作、自由和人道）和历史的发展规律问题。同时也由于大势所趋的历史规律问题与政治问题的确有一种或接近或分离的关系，因而马克思强调必然性应当是历史运动所固有的，十月革命强化了历史必然性的威力。十月革命对于 20 世纪的意义，与法国大革命对于其同时代人的意义一样，都是怀抱美好生活的希望。倘若，有效的普遍的自然法则是永恒的，而与之相对的人为的实定法则也与之趋于一致，而且判断人的事物的基准依存于自然必然性，那么，我们就会恍然悟出马克思在理论上运用经济来定义政治、革命的用意。这也说明哲学的危机并不等于马克思主义的危机，而且表明世界和生活毕竟不会因为时间和历史的模塑而彻底改变。无论如何，历史主义的重大贡献使我们像康德那样体认到，人类变得开化比变得有道德要快得多。这就是说，历史向着获得"更多一点"的个人自由的方向推进，同时，这些收获总是被不可改变的人性的因素威胁着；然而，即使持久的某种类似自然法的东西已经因我们这个时代的种种灾难或社会变迁所终结，我们也依然不会否定今天还是按照传统的标准生活着。换句话说，即使今天，在人们谈论的所有终结中，我们可以谈论自然的终结，许多人，甚至可以说大多数人也完全不会否定自然——作为一切自然之物的准绳的自然本身——的存在。

第三章

历史唯物主义：有政治哲学含义的历史科学

一、历史阐释的政治取向

现在，研究政治至少可涉及三个学科的范围：历史学、政治科学和哲学。但是，起初，政治哲学与政治学的论域是完全相同的，它全面包括对人类事务的研究。只是，"从前属于政治哲学或政治学范畴的很大一部分，现在已在经济学、社会学、社会心理学名义下成为各自独立的学科。而不为正直的社会科学家介意的那可怜的残余部分又被历史哲学家和以自称有信念来取乐的人所蹂躏"①。这样一种状况，令与马丁·海德格尔同时代的列奥·施特劳斯感到愤愤不

---

① Leo Strauss, *What is Political Philosophy*? p. 17.

平。如果任由政治哲学"除了作为埋葬物之外，只能作为历史研究"，要不然就作为没有说服力的和发现世界的虚无的见证，那么，滥用特权的少数人就可能根据他们自己的规划而不是根据理性来改变世界。没有了对任何人有效的真理，强权、野蛮就会填充空虚，这就是为政治哲学送葬的危险所在。

这正是问题的症结所在。人们通常谈论的政治哲学转向或政治哲学复兴，乃是警惕哲学跳过政治共同体而直接进入本真世界的企图，警惕由此而来使哲学不可能或使哲学成为政治的附庸的谋划。这警惕还包含了对历史科学和政治科学之间学理关系的断裂的隐忧。但后一问题在对马克思主义政治哲学的研究中从未得到充分的论述和处理。

那么，历史研究和预期的政治科学之间是否有生产性学理关系的可能性？我们发现，这是一个转向语言学进程中的历史叙述研究中极富争议的问题。对这一问题的争论又与另一些问题相联系。这些问题包括史学作为一种科学的地位以及历史研究被设立为一种自主的学术性规范的性质问题；历史学与历史哲学的关系问题；与自然科学知识相比较而言，历史知识阐释的权威性问题；等等。在这一系列主题中贯穿着一个核心的问题，即科学与意识形态不可调和的对立。显然，它关系到历史唯物主义的一般认识论问题，而关于这些问题的答案都不是自明的。但自 20 世纪 60 年代以来，在一种让历史学走出自然科学的潮流涌动之背景下，海登·怀特的叙事话语着力凸显了历史阐释的意识形态性甚至特殊政治（这里所讲的政治是它在 19 世纪的化身，而非古典式的政治）意蕴以及美学性质。他将诠释的兴趣从所研究的文本转向其形式特性，与传统倾向于根据"主题""论证"等"内容"来展开其意识形态取向的分析，呈现出大为不同的学术景观。这对我们阅读马克思的著述的方式具有正反两面的启发意义，并为我们深刻理解唯物史观的政治意蕴提供了一种可能性。

（一）以历史研究为基础的政治科学之可能性

人们容易觉察到，整个 19 世纪关于人文社会科学和自然科学区别的问题一直是争论非常激烈的一个话题。这一话题虽然重新引发了西方文化中的大部分早期认识论冲突，比如，理性与信仰，神话与历史，世俗知识与宗教知识，等等。但是，所有这些冲突辐辏为科学与意识形态之间不可调和的对立。这种对立部分解释了史学研究转变为科学的不情愿，和政治成为科学研究对象，从而在非哲学的政治科学与非科学的政治哲学之间形成一种区分受到阻碍的原因。在这种二元对立的情形下，即便出现了一种奠基于历史科学的政治科学设想，也不被算作对历史学研究的贡献，而是被批评家确定为"意识形态"的观点。据说，具有这类设想的思想家应该被叫作（思辨）历史哲学（或史学理论）家而不是历史学家。

在此，我们不禁回想起"为什么我们至今还没有目睹政治科学的发展？"这个问题。这是曼海姆在他那本探讨"在社会生活和政治活动中如何作为集体行动的工具实际发挥作用"的著名著作，即《意识形态与乌托邦》中提出的问题。曼海姆认为，政治科学的最大障碍在于：在政治领域内，对某个问题的陈述因观察者的政治立场不同而不同，这种差异甚至渗透到逻辑领域。显然，按其本质来看，曼海姆的观点也是一种意识形态。更值得注意的是，某些历史学家拒绝把作为科学历史编纂学的政治当作合适的对象。因此，曼海姆这个问题如果交给专业历史学家或政治哲学家，那又如何呢？对于"政治"本身，他们往往声称，试图建构以历史研究为基础的政治科学是危险的！这种危险包括作为恶魔般的大屠杀、集中营和社会工程蓝图的所谓真理、在多元文化主义中受到抵制的种族主义和原教旨主义，等等。所有这些形态最终归结于思想的本体论意义上封闭的极权主义。这一观点几乎成了现代意识形态理论研究之习见。持有这种观点的最为凸显的例子，就是一些具有人道主义思想倾向的极权主义批评家。他们以此贬低那种所谓与黑格尔、马克思等人相联系的历史哲学。这些批评就其逻辑特征而言，毫不掩饰地展露了历史阐释的政治学。①

我想说明的是，马克思的唯物史观与阐释的政治学之间的联系的确是显而易见的，却久已被"教条的"历史"遗忘"了。此外，当我们把历史阐释的政治学作为唯物史观的当代性问题明确地提出来时，我们发现，

---

① 我对"阐释的政治学"这一概念含义的理解直接征用了海登·怀特的观点，他在那篇极具思想穿透力的文章中阐明了他所理解的"政治"以及阐释活动所具有的政治性。众所周知，在西方历史上，阐释学可谓源远流长。在这一传统中，"对真理的追求符合政治利益"与"追求真理本身具有政治意蕴"，这是两个表面相关实质不同的问题式。说白了，我在这里探讨的就是那种追求真理本身所特有的政治——在阐释者与阐释者之间争夺话语霸权的政治。如同怀特所见，当一个特定的阐释者宣称他比其他对手有权威时，阐释活动便具有了隐喻意义上的政治性，而当他的理论直接和间接地(或被那些掌握权力的人奉为正统信仰)导致了赞成或反对某种特定的社会秩序(包括法律)时，这种阐释就具有了政治性。对此，我们并不难理解。怀特强调，即便是文学批评或古文物研究学问中的阐释活动仍然具有政治性，只是一般人对此难以察觉罢了。迄今为止，怀特的这一观点还是正确的，遗憾的是，怀特并未继续阐明他的政治观点或他的后现代历史叙事学在进一步的细节上是如何运作的。[美]海登·怀特：《形式的内容：叙事话语与历史再现》，董立河译，81页，北京，文津出版社，2005。

有关这一问题的论说从哪里才能获得基础还是蔽而不明的。这意味着，我们的问题需要一种源自它所寻求的东西方面的事先指引。对于我们来说，黑格尔关于历史话语本质的观点已经以某种方式（正面或反面）可供我们利用。黑格尔在《历史哲学》中曾提示过：历史这一词的含义是多重的，其客观和主观连接的含混的含义必然造成有关过去的记述相互冲突的混沌状态，如果不借助哲学从这种混乱中找到秩序，历史学注定只具有一种原始科学的地位。这种哲学性的历史将是一部人类的普遍的历史。我们看到，黑格尔的"世界历史"舞台上的主角是民族国家。历史哲学针对的问题就是，国家如何成为现实存在的。他说，我们必须假定历史的叙述与历史的行动和事变同时出现。一个拥有政治结构的国家是使它们同时出现的一个内在的共通的基础：政治作为历史的基础，既是历史意识产生的前提，又是历史研究借以可能的实用性条件。① 值得注意的是，19 世纪的历史编纂学不再延用黑格尔的历史学类型（普遍的、实用的、批判的和概念的）原则。史学家除了分辨出可能尝试在进行"普遍史"或世界历史考察时所运用的诸原则之外，着重分辨了"真实"的历史和"哲学性"的历史之间的区分。但是，他们仍然坚持对政治史研究的兴趣（例如，马克思喜欢把生产过程中的革命性变化与政治革命联系起来）。他们将哲学范畴和政治价值用于历史。没有哲学范畴和政治价值，他们的历史著述就不过是编年纪事而已。只不过这种兴趣对于大多数历史学家而言往往为以历史叙述本身为目的的专业兴趣所遮蔽。这种微妙

---

① ［德］黑格尔：《历史哲学》，王造时译，63～64 页，上海，上海书店出版社，1999。

的意向变化的本质，从怀特的口中，以戏剧性的方式揭示出来便是：这一专业兴趣"把历史话语的形式——它所谓的真实故事——当作了话语的内容，而真实的内容，即政治，却被仅仅再现为一种讲故事的工具或者它的偶然例证"①。

毫无疑问，循着这一思路可以尝试解释，为什么说我们这个时代阐释学的时兴，本身也是个富有重要政治意蕴的标志。它表明，一方面，黑格尔之后的历史学家谋求一种有关历史领域及其过程的综合思想，它虽有赖于哲学，但其中的哲学要素已不会像传统"历史哲学"那样构成对自身的严重威胁——就其特征而言，怀特认为，黑格尔的历史哲学是一种愿望的产物，这种愿望通过为历史赋予意义的方式导致专业认可的策略改变——为前提。人们由此认为，那种借类似于自然科学的普遍范畴建构起来的历史观念实为潜在的极权主义。现代的历史概念无比强调历史是一个过程。这一概念有其政治经验和现实事件的来源，尤其更早的概念主要是源于将自然视为一个过程的现代自然概念。它使得历史失掉了多样性和复杂，它在极大程度上是出于排除阐释学观念的后果。其实质是把政治作为实现历史规律的手段。当然，这并不是一个无争议的观点。我们似乎很少理解，这种联系如何产生，何以产生（因此，我们往往只是想当然地接受极权主义概念——墨守成规的保守主义者和后现代主义者共同拥有这个概念就说明了这一点）。但是，从阐释的政治学来看，这种关系是显而易见的：如果我们是以对人、社会和文化这些人文

---

① ［美］海登·怀特：《形式的内容：叙事话语与历史再现》，董立河译，39页，北京，文津出版社，2005。

社会科学研究对象成为规范研究的对象为目标，那么这些规范是以理解这些对象为目的的。在这种理解活动中，无论有多少普遍经验在起作用，其指向并不是证明和扩充这些普遍经验以达成普遍主义历史话语，而是去理解这个人、这个社会、这个文化是怎样的，以及它们是怎样成为今天这个样子的。如此说来，黑格尔的理性总体性一词的哲学概念被看作和极权主义一词的政治概念相互重叠，应当算公允的。可是，如果从因果性方面看，不论是出于对马克思的敬意，还是偏见，人们都被驱使着挑明马克思与黑格尔的联系，谈论所谓"马克思主义和种族中心主义"之类的论题——从波普尔到利奥塔、鲍德里亚的论述都是这样，就都还是无根无据的。

另一方面，正如我们在马克思那里所看到的，伴随着历史意识的上升及其更加强烈的阐释学眼光的，是政治哲学地位的下降。在当代西方历史叙述研究语境，尤其是 20 世纪 60 年代末以来的研究语境中，对有关历史学自主的学科地位进行了革命性思考。意欲寻找另一种历史解释模式，以帮助史学家进行意义转化，无论这种转化是在过去和现在之间，还是在历史学和历史哲学之间。所有这一切意味着，历史理论渴望成为科学却与科学的表象大相径庭，历史学家确信历史之中的科学的要素，但历史学指的科学并非实证主义的，而是"历史的　科学的"，或者说，历史思维中的科学性成分十分类似于学术界不成文的规则和禁令，这在很大程度上，是怀特将历史研究比作词典编纂者和语法学家的工作的理由。众所周知，词典编纂者和语法学家思索时下言语的用法，以便说明该言语的规则，随后将正确的用法界定为遵循那些规则的言语。于是语言本身变成了由规则支配的东西。在这样作为正统而被铭记的正确用法的观念内，许多不同风格的策略成为可能，它们或许都多多少少遵循如此确定的"规则"。这就意味着，倘若历史哲学不能如黑格尔所要求那样充当历史学的一般科学或理论，我们这个时代的思想所渴望的历史综合原则，就不得不从 19 世纪对近代科学、哲学（意识形态）和艺术的敌意而产生的不同的历史学传统中寻找。就此而言，西方 20 世纪开辟的一个主要的崭新的领域——语言学领域的确使史学传统进入一道全新的光亮中。据说，这道光亮具有成为"历史哲学"解毒剂的功效。

这同时也是说，由于历史思想具有作为一种语言产品的地位，因此，历史思想的基本问题最初的表述，最终会被某些历史学家锁定在话语世界以及历史学家写作历史的方式问题上。

(二)规范化历史问题的本质与政治和审美的关系

正是在语言学领域里找到了自己偏爱的阐释学模式，海登·怀特的后现代历史编纂学在历史学领域显得格外扎眼。我们在这里将以他的思想作为我们论题的"支援背景"。怀特提出的历史叙事理论把叙述看成是实现历史阐释的方式以及对历史论题之成功理解的话语模式。与 20 世纪的哲学迷恋语言现象相一致，他把历史"看作以叙事散文话语为形式的语言结构"。对于怀特而言，历史叙述的问题在于：虽说它是由经验所认定的事实或事件出发的，但它必然地需要一种埋藏在历史学家内心深处的想象性建构，来把它们置于一个完整一贯的故事之中。在《元史学：十九世纪欧洲的历史想象》一书中，怀特将四位历史学家（米什莱、托克维尔、兰克和布克哈特）和四位历史哲学家（黑格尔、马克思、尼采和克罗齐）并举，他力图表明：在元史学层面上，史学和历史哲学的传统区别是一种未经批判的陈词滥调。因为，怀特认为，历史学家和历史哲学家拥有同样的研究对象，并且他们之间源自"有关对那些对象的一种严格规范化研究应该包括什么的问题"的争论本身，并不能通过诉诸同样处在争论中的"历史所可能教导什么"来解决。"严格意义的历史学和历史哲学的区别只在于侧重点不同，而不在其各自内容上有什么差别。"①毫无疑问，怀特已经消解类似这样的问题：一边是史学家，一边是历史哲学家，他们讨论的是不是一样的问题？怀特的结论是，在历史叙述中并没有为像历史编纂的真相和可证实性这样的概念留有空间，我们最好把 19 世纪历史学家的伟大文本作为小说来读。

对历史叙述的这一阐释是怀特研究中最为大胆的一面，因为它不仅颠覆了历史即事实的重复这一古老而顽强的史学观念，而且在其思想倾向上将历史著作看作纯粹的语言结构或者文学仿制品，便为他讨论历史研究中阐释的政治问题开辟了道路。

值得注意的是，从西方历史学之父希罗多德到当代历史学家娜塔利·戴维斯（Natalie Davis）都同样承认历史叙事的文学方面以及想象力在重建过去历史中的作用。而怀特在这里远远超越了这一思想传统。在怀特看来，19 世纪历史学由整个 19 世纪还主要是一种业余活动转化为一种制度化了的规范，其实质是作为一个学科的历史学的开创者对修辞学的攻击，因为人们通常认为 19 世纪历史编纂的规范化，无非是要求

---

① ［美］海登·怀特：《元史学：十九世纪欧洲的历史想像》，陈新译，1 页，南京，译林出版社，2004。

放弃修辞学和文学效果以获取历史真相。可是，依怀特，要求历史著作摆脱辞藻的因素绝不意味着摆脱了语言包括科学的语言在内所具有的修辞维度。所以，"非修辞学化带来了对新的，不过只是不同类型的修辞学的普遍接受"。用保罗·瓦雷西奥的话来评述，怀特在这里所说的是"反修辞学的修辞学"①。于是，19 世纪以历史学作为一种学术出场的那种历史编纂的种种假设，受到了怀特的质疑。有许多这类假设甚至要追溯到西方历史学从古典时代一直延续下来的传统的开端。这一传统被视为一种对历史研究对象的真正态度的观点所特有的，这种传统源自利奥波德·冯·兰克及其追随者。他们和古代的伟大历史学家一起分享着对神话与真实的分野，他们强调历史著作之科学的而非修辞学的特性。因而，成就 19 世纪出现的历史研究的规范化的实质，就是对历史学的科学地位的坚定信仰。就是在马克思哲学中情形亦然，马克思格外地称之为一种历史科学，历史学要获得科学的地位，它就必须发见和总结历史发展规律。马克思在起源于经济不平等的社会冲突之中看出了合规律的历史发展的根本动力——生产力。无论是定量的社会学与经济学研究方法，还是年鉴学派的结构主义直到马克思主义的阶级分析方法，都有着大致一致的科学前提。历史研究转变成一门科学的期待，承诺了历史学家会修正意识形态和政治歪曲，那些歪曲被历史学家看作一种"要像它实际上所发生的那样"建构过去的主要障碍。

　　但是，怀特深信，正像 19 世纪进程中的历史学的规范化不能由非

---

　　① ［荷］F. R. 安克施密特：《历史与转义：隐喻的兴衰》，韩震译，17～18 页，北京，文津出版社，2005；［美］海登·怀特：《形式的内容：叙事话语与历史再现》，董立河译，92 页，北京，文津出版社，2005。

修辞学化来解释一样，规范化也不能等同于非政治化。只要稍微了解一下历史阐释、叙述和理解之间的关系，我们就足以提出这样的疑问：19世纪历史研究的"科学的"取向，难道是历史学家发奋努力追求认识论上的纯粹发现的状态表达？起初构成了历史变化主要内容的政治难道真的被现代历史观念的兴起渐次消解？当然不是！因为在怀特对政治做了19世纪式的理解之后，任何历史解释都潜在地含有对解释的权威性与合法性的追求。在传统的意识形态内，真实、客观地描述历史的文本往往成为权威的文本，或者说，能够成为权威的历史文本往往就是那种成功地抑制或升华了诉诸政治权威冲动的那种历史文本。因此，历史研究领域之规范化中的政治的本质具有令人难以琢磨的含义，其部分原因在于：历史研究才转变成一种规范的过程，其目的只是确定"事实"，要么抑制，要么升华这种诉诸政治权威的冲动，以此来评估支撑不同政治纲领的历史哲学的客观性、真实性和实用性。这种联系促使历史研究肩负起看护政治和社会思想实在性的任务。因此，在怀特看来，反政治或非政治化的史学立场是不可能维持的。就连人们通常认为的既不批判也不做价值评估的实证主义和揭示了进入知识之中的意识形态因素，从而可以通向客观的知识的马克思主义，都被怀特认定为应政治之需而呼应历史研究转变为一门科学的诉求。而且，"一般说来，提出历史研究应该转变为一门科学的要求是为了倡导一种被认为是进步的政治——就实证主义者来说是自由主义的，就马克思主义者来说是激进主义的。相反，抵制这种要求，则是为了诉求一种明显是保守或反动的政治或伦理价值观。历史研究设立为一种规范是在现代时期完成的，为的是满足大体上是反革命的和保守的政治价值观和政权的需要，因此，确立将历史视为一种潜在科学的对象之可行性和可意性的重担就落到了那些试图这样做的人肩上"①。此外，19 世纪进程中日渐增强的向自然科学看齐的取向，在本质上是因为仍然保持着世界乃是一个有意义的过程之观念，即使这个观念主要属于唯心主义，马克思并没有驳斥这一观念。毋宁说，在某种意义上，马克思将德国唯心主义哲学的基本观念转换成了一个更加以科学为导向的时代语言。从怀特的观点来看，即使像法西斯那样的政治不能通过一般的学术历史研究和思想史研究而得到理解，在某种程度上，它仍然很可能是一种历史观的作用，这一历史观在历史中看不到任何意义，因而就给历史强加了一种意义。就此而言，法西斯政治是对抗那种使历史的明显的混乱成为理性、理解力或审美感受力所能够理解的"驯化的"历史观所付出的代价。怀特断言，现代历史研究的"政治化"绝不是现代的创新，而是常规。一种真正规范化历史研究的社会功能不过是另外一种形式的政治功能。不消说，怀特的这一说法隐含着这样的前提，即消解政治思想和非政治思想的区分，这当然是令人困惑的。但是，这并不意味着在怀特看来政治方面在把握历史编纂规范化的性质中起着决定性作用，而只是表明，我们研究的在过去一个半世纪内历史编纂的规范化的实现，可以在政治潮流的基础上得到最好的刻画和理解（在主流之内，不同的历史学流派，要么以"国家"名称取名，要么贴上更为特别的政治标签，也说明了这一点）。它是了解怀特如下观点的前提，这种观点认为，"历史思想的政治化是其自身专业化的一个实际前

---

① ［美］海登·怀特：《形式的内容：叙事话语与历史再现》，董立河译，84～85页，北京，文津出版社，2005。

提，是它被提升为一种值得在大学里讲授的规范的基础，也是历史知识
可以承担起'建设性的'社会功能的先决条件"①。

这话大可深入品味。因为，在理解历史记载的时候，我们找不到任
何理由，去偏爱或冷落某种解释其意义的方式，在某种程度上，恰恰是
在意识形态或其他方面区分左、中、右或无政府主义，保守主义，激进
主义和自由主义诸如此类之可能性的观念，成为一种历史研究的规范化
条件，而且经由此而赋予无意义的历史以意义。显然，从怀特的研究中
我们可以看到，在准许一种尼采式的视角主义或像怀特自己这样自称对
历史叙事的形式分析的"形式主义"而拒不承认指涉对象的实在性的情况
下，阐释的政治学就成了历史研究乃至一般人文社会科学研究的规范化
的急需。在别种文类的著作中，譬如，在对政治思想史的社会学研究的
著作中，我们也发现，在 19 世纪的人类经验和精神序列中居于中心地
位的，是政治意识形态这种特殊文化类型。在这当口儿，即资产阶级民
族国家巩固时期，资产阶级思想家将国家变成历史事物的载体，所有历
史都成了国家史。历史研究的功用及其所服务的政治利益昭然若揭。每
种政治观点都伴随着一种历史哲学或历史过程的叙事。它反映了因为政
治经验（一个事件或对它的经历）归于记忆从其记忆领域转移到历史领域
的现象，所以它需要一种历史意识。或者说，对历史知识进行规范，乃
是专业历史学家所生产的历史知识被投入各种用途，尤其是确立为各种
相互争执的政治主张之客观性的仲裁者的必然后果。曼海姆也看到，

---

① ［美］海登·怀特：《形式的内容：叙事话语与历史再现》，董立河译，87 页，北
京，文津出版社，2005。

"对历史的解释也成了一种武器，在政党冲突的最高领域使用，因为这里互相冲突的不是直接利益，而是——看起来几乎是一种选择——不同的本真的世界观和植根于社会和政治世界中的世界设计"①。其实卢卡奇对唯物史观的功能的解释，也是如此这般来定调的。

照这么说，阿伦特在那些意识形态中把历史和政治联系的观点是正当的。要说明此点，我们只要像怀特那样指出叙事是一种在本体论或认识论上带有明显意识形态甚至特殊政治意蕴的必要选择，就绰绰有余了。但正因为如此，就不能像阿伦特那样将现代历史观念等同于按照黑格尔、马克思实践的那种"历史哲学"了。怀特认为，这里要紧的是，在那种"起码公开是政治的"历史哲学里，黑格尔和马克思仍然不能摆脱长久以来的实在论幻觉，"它声称位于政治之上，而且同时把任何稍具乌托邦色彩的政治纲领或思想作为不实在的东西清除出去"②。就怀特的个人信仰而言，具有社会责任感的阐释者需要做的一件事，是在对任何政治"实在论"的批判中，坚定地保持自己的"乌托邦性"。因此，想象力在历史学家的意识层面上会起相当大的作用。它首先表现在历史学家的一些努力中，在这些努力中，想象力通常被我们描述为设身处地地考虑、从过去当事人自身的观点出发看事情等之类的能力，所有这些导致一种与自然科学中所可能意指的客观性观念大不相同的历史客观性。所以，想象力是历史研究中特别需要规范化的一种能力。这一点很重要，

---

①　［德］卡尔·曼海姆：《保守主义》，李朝晖等译，36 页，南京，译林出版社，2002。

②　［美］海登·怀特：《形式的内容：叙事话语与历史再现》，董立河译，89 页，北京，文津出版社，2005。

马克思认为，要是没有资本主义生产方式支配下市民社会中人们的幻想性"想象"，也就不能形成拜物教机制以及近代经济现实。因此，怀特把规范化历史问题的本质不仅与政治思想的关系联系起来思考，而且也根据审美理论，把它与自身表现在 18 世纪的美学中所包含的崇高和美的悖论联系起来思考。

众所周知，美和崇高是当时流行的论题，很多人都用这个题目作过文章，最有名的要数埃德蒙·伯克的《关于我们崇高与美观念之根源的哲学探讨》一书，我们这里无法详尽讨论伯克所谓关于美和崇高的思想争论以及这一论题在 19 世纪的延伸。但是，对于我们的目的来说，这一讨论关涉这样一种事情：美是与"秩序""感觉、意义和有意义的行为"相联系的。因此，按照怀特的理解，美是依靠转义便可理智地加以把握的东西，是自动地屈从于转义把握的企图的东西。[①] 相反，崇高则逃避我们的把握。伯克的《对法国大革命的反思》可以说就是对历史意识美学的一种贡献，也可以说是对历史过程理解中驱除崇高这一观念的诸种努力之一种。总体说来，这种由伯克、康德、席勒和黑格尔发展了的美学传统，通过剥去"过去"的所有可能不适合转义学解释模式的东西，努力去驯化或把握历史（事实），以此种模式赋予历史实在以意义。凭借这种

---

① 怀特的所谓"转义行为"："是从关于事物如何相互关联的一种观念向另一种观念的运动，是事物之间的一种关联，从而使事物得以用一种语言表达，同时又考虑到用其他语言表达的可能性。"怀特认为，转义不仅是诗歌和语言理论的基础，也是任何一种历史思维方式的基础。按照传统诗学理论和现代语言学，怀特识别出四种主要转义：隐喻、换喻、提喻和讽喻。它们的主要功能是间接或比喻地描写作为客体的经验内容。参见［美］海登·怀特：《后现代历史叙事学》，陈永国等译，370 页，北京，中国社会科学出版社，2003。

断言，历史唯物主义透过各种偶然性去发现历史必然性，也必然被怀特所嵌入的这同一种关于美的美学传统所统辖了。正是这种美的美学使历史唯物主义"具有内在的反乌托邦性"。但是，"提出马克思主义作为一种历史哲学具有内在的反乌托邦性"，这一点对怀特来讲显然是匪夷所思的，特别是考虑到马克思主义一边自称是一种历史科学，一边又自称为摧毁资本主义社会革命的希望提供理论基础，更是如此。如主流历史学及其哲学界的辩护者一样，怀特正是由此发现了所谓马克思主义及其公认的历史科学已经超越了历史思想和乌托邦思想的对立之声称的反讽意味。

(三)与一种言辞模型接合的唯物史观之可能性论析

事情就是这样，美学、政治学、伦理学成了历史哲学的必然内容，反过来，它们自身之内也将融入那种"历史的"要素。但的确，在 19 世纪的历史研究规范化之前的几个世纪里，历史写作很少感到与历史崇高、阐释的政治学、语态被赋予的意识形态性质有紧密关系。怀特对 19 世纪欧洲历史想象的深层结构分析，为有关历史知识的性质与功能的争论提供了一种新的或特殊的理论视角。我们感兴趣的问题是：这种新的或特殊的理论视角对马克思的历史思想研究有何现实意义？它在 21 世纪马克思主义研究思想史上地位如何？

先谈谈一个在所有关于马克思主义的讨论中最常见的观点，即意识形态与科学之争。马克思主义是科学社会主义，或者人们常常说，马克思主义是一种关于资本主义的科学理论。然而，我们认为，在提出马克思主义作为一种历史观可以合理地声称具有"科学的"资格的知识时，这一定看起来是相当模糊的，特别是考虑到以下卢卡奇式的看法就更是如此：马克思主义的历史观被认为是适合于特定的意识形态的而不是从其他方面被利用的。这对于为了使无产阶级自己看清形势并且能够根据自己的阶级地位去正确地行动来说，尤其如此。因此，我们当然可以谈论马克思主义的**科学**，就像也可以谈论马克思主义本身就是意识形态一样。但这种谈论既不能如第一国际、第二国际的马克思主义将马克思的思想简单化为经济决定论的一般学说（说到底，自由意志—决定论问题与政治科学的可能性或非可能性问题一样，都是一个意识形态问题）；也不能如伯恩斯坦那样论断马克思主义是建立在一种道德观念基础之上的和一种奇怪的理由，即马克思主义一定是一种意识形态，因为它由观念构成，观念从定义上说就是意识形态。避免在哲学上对马克思主义做相当矛盾的诠释，关键当然在于搞清楚：科学靠什么区别于意识形态？抑或说，要让意识形态对立于科学，我们需要哪些界定它的特征？不可否认的是，诸多（包括马克思的）"意识形态的"（而"非历史的"）概念存在着许多重要的难点，这些难点的存在仅仅由于历史有别于科学，对无产阶级来说，唯物史观相较于科学研究的某一方法，无疑具有更高的价值。因此，意识形态在历史研究的某个方面是不可避免的。任何企图表明马克思把意识形态等同于虚假意识，然后，认为马克思以这种或那种形式生产一种与任何意识形态意义上的政治学都没有明确联系的知识的论调，难免遭到如下一系列诘问：马克思的唯物主义历史观及其意识形态概念，被当作一种批判工具，用于揭穿其他人的虚假概念。但他是怎样表明他自己逃脱了同样的谴责？马克思主义是否像它自己声称的那样，是社会分析的科学体系？马克思主义对资本主义社会危机的分析是否可以应用于当代的危机？马克思的乐观理性主义、他对科学技术的强调是不是仿照了在资产阶级社会科学中其他同行的研究方式？马克思给予社会经济因素以特殊地位，又如何避免滑入一种粗陋的还原论？从作为决定性因素的经济和生产开始，马克思就只能根据这种模式来说明一切社会，又如何能够根据特定社会自身的特殊性理解它们呢？如此等等。

在我看来，对于这些看法的正当性提出初步异议，需要另辟蹊径。在我们手边的例子，首先须考量怀特对马克思说的话：为了让人们注意马克思的历史理论及其意识形态概念的难点所具有的决定性意义，进而从思想的主要风格方面把它作为历史叙述的关键因素提出来，这正是当代马克思主义意识形态家及其反对者百思不得其解而被怀特重新确认的哲学问题。很显然，如果以传统的眼光看，怀特试图指明在历史研究转变为一种规范的过程中包含些什么问题时，他主要在做一种叙事的形式分析，这种形式分析开创了历史理论走向文学的先河，抹去了历史和文学之间的差别。元历史学被完全理解为在进行讽喻。走向这种范式的探讨，在根本上关心的不是历史学中关于往事的忠实性再现的主题，而是支配历史学领域中发现历史真理的分析策略。其中，一个文本的意识形态诸方面被明确地说成"元语言学"的姿态，换句话说，意识形态成分与文本的"主题""论证"等具有"内容"的一般成分不发生关系。意识形态承诺既包含在法律—政治的话语中，也同样包含在科学的话语中。因此，在这里，马克思的作品为什么或以什么方式在历史学领域中享有权威的问题就迎刃而解了。人们完全可以怀疑怀特的天真。只是从话语的转义学切入历史作品，与马克思的历史观讨论的那种主题有何关系？它不过是允许人们的历史解释可以无关宏旨，甚至有悖历史认识的逻辑。不过，对我们来说更感错愕的事情在于，这里并没有取得任何有关历史的语言学分析的经验。最令人惊讶的是，他们完全忽视了马克思有关历史和历史写作的反思，也即唯物史观本身是一种"对应该怎样写历史的指示"（卢卡奇语）。在这一意义上，马克思反叛黑格尔或许可以称作对黑格尔历史分析的语法和句法的一种解构。而这种看法在历史叙事理论的光照下才慢慢可以琢磨出来。由此可知，怀特的如下观点并非空穴来风，他自许话语转义学并没有与科学和科学认知理念激进断裂，这种形式主义分析毫无疑问关涉历史与历史学的意义之类的本体论问题，因而形式本身具有了内容。怀特相信，他的《元史学》"提出了一种被称为'历史的'思想模式的一般性结构理论"，他想要回答的问题在于"历史地思考指什么"①。在这个意义上，可以说，《元史学》同唯物史观一样，也暗含了谋求有关历史领域及其过程的综合思想。

所有这一切无疑说来容易，但对于我们来说，却是难以领略到的。所以，我们立即就要求做出一种说明，去解释这里所谓运用语言模式对唯物史观分析所具有和可能具有的正当性。对怀特而言，在研究马克思和19世纪欧洲人的意识中与马克思争夺霸权的其他形态历史理论的代表时，他既不需要去判断马克思是不是比其他历史（哲）学家做得更正确（顺便提一下，在何种意义上，人们有理由考虑怀特执着于相对主义，并不是一个容易明了的问题），也不需要像其他后现代主义者那样认为

① ［美］海登·怀特：《元史学：十九世纪欧洲的历史想像》，陈新译，1页，南京，译林出版社，2004。

当代的马克思主义者应该考虑如何修正和改进马克思所强调的许多重点，因而也不需要在他自己面对马克思的时候，将前面提及的一系列诘问置于中心来讨论。怀特告诉我们，像马克思这样的思想家获得其历史地位与其说是"用来支撑概括的'材料'的性质，或者用来说明这些'材料'的各种理论"，不如说是在阐释的层面上，他们"对历史领域相应的洞见中那种保持历史一致、连贯和富有启迪的能力。这就是为什么人们驳不倒他们，或者也无法'撼动'他们的普遍性，即便求助于随后的研究中可能发现的新材料，抑或确立一种解释组成思想家们表述和分析之对象的各组事件的新理论，也都无助于此。作为历史叙述和概念化的楷模，他们的地位最终有赖于他们思考历史及其过程时，那种预构的而且是特别的诗意本性"①。这就是说，马克思作为将历史以独特风格哲学化的代表，并非因为他相较于其他历史（哲）学家利用感性材料更好地揭示了历史的真相，而是他的思想表现出对一套思想结构，即比喻性结构的持久性追求（由于这样的理由，怀特拒绝马克思早期与晚期著作之间的所谓意识形态与科学的阿尔都塞式断裂）。②

想必，怀特就是在这样的意义上，将马克思视为 19 世纪历史反思语言实践传统中的成员，历史中的分歧与冲突最终在几种比喻之间的转换中得以扬弃。根据怀特对比喻性质的理解，比喻无非是赋予"材料"以意义，使陌生事物变成熟悉事物的一个过程；使神秘的和未分类的事物的领域移入另一个经验领域的过程，这个经验领域已被编码，足以被认

---

① ［美］海登·怀特：《元史学：十九世纪欧洲的历史想像》，陈新译，4 页，南京，译林出版社，2004。

② 同上书，387 页。

为是对人类有用的、无威胁的。① 具体来说，马克思的思想变动有两个端点："一端是换喻式地理解人类在其社会历史状态中的分裂处境，另一端是提喻式地暗示他在整体历史过程的终点发现了统一。"怀特告诉我们，马克思关心的问题是，"人们何以能够同时被决定了而又有着潜在的自由？他何以能够在生成中是分裂和片段，而在存在中又能是整体划一呢？"②诸如此类的考虑意味着，在一般的文化实践中，话语本身就是意识努力与有问题的经验领域达成一致，实现它与社会或与自然环境的统一。这也说明了社会的、政治的，还有历史的世界是比喻所喜欢的领域的原因。显然，怀特分享了当代语言哲学实践坚持的这样一个信念："在我们支配把实在转变成人类目标和目的的能够接受的世界方面，可以论证比喻是我们拥有的最强有力的语言工具。""比喻在构造知识以服务于我们的社会和政治目的的方面有着明显的效果"，"它让我们使这个世界变成对我们及我们的子孙来说是更好和更安全的地方"，而且比喻"总是引导我们依据较熟悉的系统去看不那么熟悉的系统"③。就这样，怀特准康德式地将转义视为构成历史知识的先验条件。而且，按照怀特的逻辑，在历史的描写中除了指向把那些我们过去陌生的、神秘的事情演化成熟悉的东西之外，我们并不能期望历史学家做些别的什么。于是，他们在真正的政治世界中就容易从激进转变为保守。同样，这部分

---

①　[美]海登·怀特：《后现代历史叙事学》，陈永国等译，370页，7页，北京，中国社会科学出版社，2003。

②　[美]海登·怀特：《元史学：十九世纪欧洲的历史想像》，陈新译，388页，南京，译林出版社，2004。

③　[美]海登·怀特：《形式的内容：叙事话语与历史再现》，董立河译，16页，北京，文津出版社，2005。

说明了"奠基于马克思主义原则之上的政权，在维持其声称的根本不用最平凡的方式进行社会之激进变革的纲领方面，何以会再现出明显的无能"①。

现在，从怀特走向语言的道路来看，他对这种"无能"加以分析的美学含义就更清楚了：马克思的历史理论对历史现象进行那种将会揭示支配它们之间连接规律的批判性分析，将历史理解为一个自然历史过程，赋予历史以某种意义，使历史的明显混乱变成理性、理解力和审美感受力所能够理解的，其中历史的各个片段、各个时代乃至个别事件，对于赋有这样或那样理解它的方式的意识来说，都是能够理解的。由此，怀特把马克思的历史概念与19世纪美学之老生常谈的东西相联系，声称马克思摈弃了空想政治的努力。因为，事情很清楚，只要历史事件和过程成为可理解和可解释的，那么，就决没有空想政治的基础。但我们应该注意《元史学》的副标题是"十九世纪欧洲的历史想像"。想象的光荣归根到底在于发明创造。如果马克思仅仅在实际上预测了历史规律，并运用它们揭示了使得人生表面现象可望有意义和回顾起来可以理解的整个人类戏剧的"情节"（或"结构"），那么，他无疑削弱了对于人类新生活的创新性和构成性。几乎不用思考我们即可发现，怀特的习见在于：只要马克思主义以消灭意识形态（包括预言）并用关于实在的科学观取而代之的方式解决它们之间的冲突，其激发空想政治的能力就会丧失。这种与政治"绥靖"相等同的东西，在实践上就落为"自由主义者所赞成的

① ［美］海登·怀特：《形式的内容：叙事话语与历史再现》，董立河译，100页，北京，文津出版社，2005。

那种怯懦的历史主义，以及功利主义者认为政治本身之实质的那种妥协政治"①。显然，怀特用来批评唯物史观的流俗论据并不是基于唯物史观空洞的乌托邦主义，而是基于它越来越缺乏乌托邦之动力。

从目前讨论的观点来看，应该看到，关于唯物史观之自主的学科地位的政治学意蕴曾经是唯物史观研究之未经适当审视的前提，如今却成了一个必须努力来重新展开的问题。不言而喻，只要假设马克思一生的著述和"事实"的文集，和任何历史学家的作品一样，就可以将之归于一种复杂的符号系统，并且，做了正确分析的唯物史观绝不是这样一种观点，这种观点已由马克思做了正确的阐释，并被确立为诉求其自己阐释的权威性和公正性的最高法庭，而成为非竞争性的历史解释，那么对唯物史观是如何确立其话语合理性问题的探究就绝不会是没有意义的问题。就此而言，怀特从一种言辞模型出发对唯物史观的分析和批评，以识别其中的意识形态成分，为我们理解唯物主义历史诠释的政治学提供了崭新的视野。然而，这不足以证明这样的主张：转义学将实质性地深化我们对唯物史观的洞察。相反，它也暴露了如下事实：他那种搁置历史观念的差异而似乎只讲阐释样式的差异的思想方法，在一定程度上离"正确"解释越来越远，所以历史唯物主义作为历史科学方法论的意义在很大程度上是被误解了。这意味着，它使人们越来越远离而不是接近唯物史观的源起和主题，对此怀特似乎并不讳言。不过，马克思与怀特自己的存亡攸关的区别被描述为只是应用不同的语言模式，以及由此决定

---

① ［美］海登·怀特：《形式的内容：叙事话语与历史再现》，董立河译，193～194页，北京，文津出版社，2005。

的殊异的兴趣指向。① 这不免令人诧异。如果说明智并深刻的历史学确实有理由拒绝接受"经济决定论"的历史哲学观点的话，那么历史唯物主义作为历史科学的方法论就开辟了具体理解人类历史的道路。我们不能不看到，历史阐释样式问题总是只有通过对一般"人类实践活动"的规律洞见本身才能弄清楚。所以，不用说，在历史作品的范围内，在怀特将马克思列入历史解构和分析的可能典型之前，我们同样必须对他的作品进行解构性分析。

二、历史阐释的政治和道德意蕴

在试图评价历史学家对同一事件的不同描述和意义解释时，单纯的事实之所以不足以被用来决定谁对谁错，很重要的原因不仅是，在历史学中，知性所要求的那种"普遍有效性"并不是真理的最高要求；而且是对于不同的解释而言，它所要说明的与其说是事实的真相，不如说是被讨论事件的意义，因此，历史解释的不同模式都会以某种方式来解释它的"社会责任"，呈现某种政治的、伦理的内涵——即使严格的道德原则不能运用到历史研究和政治上，历史研究和政治领域不能完全摆脱道德的审视——对于检测决定这些解释的方式具有什么样的政治和社会责任内涵来说，这对体现在法西斯主义中的历史阐释，构成了一个重要的案

————————

① ［美］海登·怀特：《形式的内容：叙事话语与历史再现》，董立河译，252～253页，北京，文津出版社，2005。

例。它崭露了历史阐释的政治、伦理的底线。施特劳斯认为，启蒙运动的理性主义的不幸就在于认为真知（关于对真理的知性要求）对人类有用，且必然能够改造社会。但是，在施特劳斯看来，大屠杀足以证明西方文明对真理的热爱招来了能够防止坠入虚无主义深渊的"人造网"被毁坏。因此，在我们的时代里，这个讨论之所以变得特别有意义，是因为一方面，我们时代的进步就其目的性而言包含了对苦难的关怀；另一方面，相较于连绵不绝的灾难——从实际的灾难到对灾难的恐惧，某种政治上驯化了的历史态度，容易导致政治的和思想的危机：把大屠杀事件以及人类苦难从记忆领域转移到历史领域的举动等而视为对实际的灾难以及对灾难恐惧的消除。

（一）叙述主义与事实主义的困境

从第二次世界大战结束到 20 世纪 80 年代还不到半个世纪的时间里，在大屠杀问题上出现了一批所谓"修正主义的"历史学家，他们借历史的开放性以激发更多的研究为名，认为任何一个历史研究的对象都能支持许多对其过程之同等合理的描述。他们不提历史学家所努力争取的"公平""客观性"之类的典型现代性术语，相反，他们采用的历史的阐释的方法往往使一个事件非实在化，利用另类殊相重新描述这一事件，使之不同于受害者本人所了解的大屠杀的情形。这些历史学家最惊世骇俗的观点是：对犹太人的种族灭绝大屠杀（在第二次世界大战前后，在东欧或北非发生过大屠杀，在中国发生过南京大屠杀等，这些历史事件都有相似的命运，即所谓"大屠杀虚构论"，今天，齐泽克的所谓"学术性大屠杀产业"的主要特征就是否认客观地反映历史事实之可能）这样的历史事件从未发生过。显然，从言语产物的角度看，这种道德上突兀、神智上混乱，学术上同样令人困惑不解的说法，包含了可称为叙述主义或文本主义(textualism)的基本立场，它不仅是说，全部历史记叙都是虚构的；而且历史叙述的一致性、连贯性，要求历史学家构建一个远远超越原始材料的故事。这样一来，历史学家的话语之创作的整个问题就是可以多角度讨论的，其信凭性仅仅借它们的解释权力来判断，不受真理的限制；一个人以何种方式把大量的文献综合地放在"可信的"叙述记录里，"最终的根据是美学的或道德的，而非认识论的"①。

　　我认为，历史学家试图诉诸认识论客观主义，来解决在那些由文献记录证明了的事件与那些希望了解这些文献记录的"真实意义"的读者之间进行意义转化的问题，这显然是有诸多困难的。在此，我不想对这种转化之困难另作说明，当代历史理论在所讨论的叙事问题中对它的解释已经够多了。但是，我想说的是，在理解历史记载的时候，在这一历史记载自身中。我们可以质疑数字和知识等"原生事实"具有保障历史"真实"的天然功能，从而很难确定某种解释其意义的方式的优先权是一回事；而我们可以任意假定一种历史"实在"的概念则是另一回事。比方说，海德格尔指明，只有在后见之明的情况下，过去的行为是有罪的或无罪的才会毫无疑义。他并没有预言的天赋，在反思的目光面前，一切政治的东西，如行动、言说和事件，都变成了历史的东西。人在把罪恶施加于或归因于他人时经常都是专横的。但纵然如此，海德格尔应该对

————————

　　①　[美]海登·怀特：《元史学：十九世纪欧洲的历史想像》，陈新译，4页，南京，译林出版社，2004。

一切屠杀与迫害中的受害者与施害者相区别这一点，并不会因为没有先见之明而变得不可确定。否则，一旦我们接受他的这种立场，这或许就意味着，人们总可以根据自己的"意愿"看（听）自己想看（听）的东西，因而一个人或许可以随心所欲地撰写他的历史。施害者或许就会变成受害者，或有罪的不是凶手，而是受害者。可以说，历史学家之无法以道德上负责任的方式表现大屠杀就是与这种视角主义有关。难道真实情况不正是：与大屠杀的铁证如山的罪行相比，叙述主义者面对那些浩如烟海的关于大屠杀的文献记载，区分阐释中的谎言与失误或错误反而变得更加困难，反而以何种方式解释他的"社会责任"变得更加模糊不清。

然而，我们也不得不看到，令人奇怪的是，在大屠杀的现实性问题上，迫于大屠杀问题本身的敏感性的压力，人们原以为，忠实于严格的"历史方法"——用一种自历史研究被确立为一种专业规范以来一直作为其特点的"客观""公正""实在论"和"道德责任"的态度来看待历史——不可能得出否认大屠杀这样荒谬的结论。人们相信可以用事实主义来克服叙述主义或文本主义。所谓事实主义，首先承认这一件事件的实体性存在，在真实的事件与构建的事实、真正的历史记叙和对历史"实在"的虚构的扭曲之间做区分，并在实证历史领域里，确认像 1789 年 7 月 14 日发生的攻占巴士底狱的"事件"，仅仅是一个事实，不存在关于可选择的阐释——或者至少这个术语所指涉的实体先于任何特定的历史学家对于它的兴趣而存在。大屠杀事件中的死刑毒气室等实体的存在同样如此。但是，决定性的问题是，这种所谓"事实"讨论如果只不过是一个要求以下主张的诉求，那么同样潜含着"有罪的不是罪犯"的反讽性夸张，这样一种主张是：意欲通过寻找大屠杀的深刻原因，揭露修正主义对历史的"看法"的"欺骗性"。这种主张认为，历史表明，大屠杀并不是突然发生的，它的出现是一种长时间历史运动的结果。

显而易见，人们在这里看到，就大屠杀而言，当我们不顾一切地去弄明白"为什么纳粹时代无数的有良好教养的、受过高度知识或职业训练的'知识分子'会狂热地投身于纳粹的'运动'？""为什么一种被人们公认的理性主义的现代文化仍无力抵制法西斯主义的诱惑？"等问题时，法西斯政治在实际上就被课题化为学术研究、思想史研究或者一般历史研究的对象。一句话，在这种表面上具有客观性的历史阐释中，我们已经把纳粹常态化了。这种历史态度很容易产生政治上的驯化效果。对此，本雅明这样的观察家明确阐述过，"法西斯之所以有机会得逞，原因之一就是，在进步的名义下，反对者把它看做一种历史常态"①。这是一个连政治上敏感的历史分析的学者都常常注意不到的问题。当然，这并不是说我们不可以从学术的角度来处理大屠杀事件，就像从文学、美学的角度来表现它一样。但是，我们不能忘记，在另一个层面上，大屠杀成为我们文明时代的黑暗中心。"它的谜面事先否定所有的（解释性）谜底，否认认知和描述，是不可沟通的、浮在外表的历史化——它不可解释、不可看见、不可表现、不可传播，因为它标志着（叙述）宇宙的虚无、黑洞、末日、内爆。因此，欲将之置于其背景中，使之具有政治性

---

① ［德］瓦尔特·本雅明：《本雅明文选》，陈永国等编，407 页，北京，中国社会科学出版社，1999。

的任何企图，都等于反犹主义对其独特性的否定。"①思想史研究表明，第二次世界大战后存在主义的本质主义明显转向以诗与哲学的元历史论说来对抗对现代历史的实证研究，其原因也是不言而喻的。

显然，把大屠杀视作超越"正常的"政治话语所不可触及的"例外"，不在于声称看透了法西斯政治的盲目性以及历史意义之虚无观，而在于看到一种"寻找大屠杀的隐秘意义"的做法之悖论性的意味。可以说明这种意味的最有代表性的事情是，由1985年朗兹曼导演的纪录片《种族灭绝》（又名《洗劫》）引发的德国"历史学家的论争"，即起因于哈贝马斯等人反驳诺尔特。其时，诺尔特正是循着对大屠杀的"理解"或问"为什么？"的思路，旨在把纳粹的犯罪与历史上其他的犯罪背后的本质做一个前因后果式的比较性探究，以此而否定奥斯维辛所代表的犯罪之历史的独一无二性。② 人们从中不难辨认出这种"比较"的"专横"以及它所具有的危险性：它除了将陷入减轻或抵消纳粹罪行的危险之外，还陡然增加了对希特勒滔天罪行的不可理解性：就好像是说，如果我们把希特勒与其他人比较，那么，我们发现他并没有什么可怕之处，他只是与其他人一样的人。这样的看法使他的罪行更加不可理解。而且，用以显示这个矛盾的学术研究越深入，此矛盾隐藏的也就越深。这样，我们才可能正确地理解朗兹曼"反对探究大屠杀原因"的禁令和他关于"大屠杀不是一个不解之谜"的矛盾的说法：那个主宰着大屠杀本质之始终的实事状态

---

① ［斯洛文尼亚］斯拉沃热·齐泽克：《有人说过集权主义吗?》，宋文伟等译，48页，南京，江苏人民出版社，2005。

② ［美］汉娜·阿伦特等：《〈耶路撒冷的艾希曼〉：伦理的现代困境》，孙传钊编，15页，长春，吉林人民出版社，2003。

是，法西斯主义的意识形态本质存在于其诉求的绝对虚无的形式特征之中，这是一种历史观的作用，这一历史观在历史中看不到任何意义。对于法西斯政治而言，牺牲还是屠杀，不要问这样做有什么意义！

所以，说到底，在探讨了有关大屠杀的上述两种常见观点之后，我们需要补充的一点是，对大屠杀问题的解决并不在于仅仅揭露修正主义对历史"看法"的"欺骗性"。如果我们要把这个问题探索到底，我们至少可以揣度，它绝不仅仅引起文本和背景之间、文本和外在于文本的现实之间的关系，以及文本表达事实或虚构到何种程度的问题。不言而喻，只从此处强调的这类理论或方法问题的角度是解释不了构成法西斯历史的那些事件所占据的某些人类经验的。但是，有一项界限是历史学绝对无法逾越的。这就是，我们要洞察历史科学作为一种能够产生某种知识的规范，总会以某种方式来阐明它的"社会责任"。"历史学家应该对什么负责？"这一问题至关重要，并始终贯穿其研究的过程之中。把什么称为历史阐释的伦理学和政治学就是以这个问题为转移的。这里事关宏旨的是，当今人们支持一种日趋时行的相对主义，拒不承认发生过大屠杀这件事；或者准许一种视角主义，这种视角主义允许我们讨论作为事件证人文本的可靠性或诚实性，讨论受害者的文化能动性以及他们对历史事件的参与度和共同责任问题，乃至去宣称一种对纳粹主义历史的纳粹观点最低限度的合理性等观点时，人们就不得不面对对受害者的责任，面对历史与政治或意识形态的关系和历史记忆的权力和正当性等问题。一言以蔽之，在大屠杀问题上，在决定这些问题的解释方式中，我们碰触到了海登·怀特的所谓历史阐释的伦理的和政治的底线。

（二）记忆向历史的转变中的历史学家的社会责任

众所周知，一种特定的历史话语总可以分成"事实"和"阐释"两个相对独立的方面。这意味着陈述的事实的真实性与对这些事实阐释的正确性并不存在必然的正相关关系。或者反过来说，对事实的阐释，可能是有启发性的、深刻的等，但是它的正当性仍然可能存疑，仍有可能同有关的事实不相符。从写作历史的方式的角度看，事情的实质在于：无论依赖事实有多深，历史学家每次构建较宏伟的历史叙述的努力都被迫使事实（件）情节化或结构化，以便对复杂的历史现象做描述。因此，事实不过是在研究以往事件记录的基础上的构建物（顺便提及，即便是16—17世纪具有哲学眼光的自然科学家也知道，在自然科学领域里没有纯粹的事实，一个事实只是在说明理由的概念的观照下才成为事实）。这样，在历史学家所理解的过去某一地区"发生的某事"和他们在对这件事的叙述中所描述的"发生了什么"之间就产生了感觉、概念、语言之间的关系等大量复杂的问题。在他们的研究中，想揭示的不仅仅是"发生了什么"，而且是这种发生的"意义"，不仅想追寻历史事件的动因，而且想追寻随之而来的动因，即动因之动因。这意味着，对于历史学家来说，他们是从可能性来理解历史事实的，他们首先关心的是意义以及在不同的意义系统之间进行转化的问题。这种意义的生产和再生产，被怀特称为研究过去的不同历史方法所共有的"深层结构内容"的东西。当我们说大屠杀这个事件是人类的"悲剧"时，我们就不仅仅是在要求一种事实的、历史的理解。正因为如此，对任何忽视或模糊了意义维度的特定历史话语所具有的建构性作用都必定无法理解。反过来，任何一种无法理解的历史话语，都不可能具有意义或者价值。与此相应，任何一个历史真实的叙述者绝不仅仅只想讲述有关过去的事实，还为了尽可能地完成从特定历史话语中消除所谓对事实的歪曲的计划。用当代关于历史话语中叙事本质和功能的后现代观点来看，"历史描述的目的或许是对重要历史事件解释的增殖，而不是构建单一的解释的一致性，这种一致性关于'公正无私'的宣称表明了它对于维持社会现状的'兴趣'"。因而，理所当然地承认，"历史解释的不同模式包含着政治的、伦理的暗示而不是固守客观性、公正性标准是有益的"①。

在大屠杀问题上，承认这点也是有益的。我们可能愿意承认，历史学家的职责是把历史事实从那些利用它们的意识形态家手中拯救出来，正如马克思在意识形态批判中，着力揭示资产阶级的各种理论、思想对无产阶级的悲惨状况及其根源的掩盖。但是，同时，只要马克思能够有效地反对资产阶级意识形态，他就不能仅仅提供自己对既定规范所要求的"中立的客观性"看法，要是他出于客观性意识排斥人类之间存在敌对性的事实，所有这些又何以从理论上来把握？同理，应当明确的是，对能够"证实"大屠杀确实"发生"的任何人或事进行公认探索的"研究"并非真正是"历史的"，而是"意识形态的"。这是就以下意义而言的：大屠杀是属于那些由文献记录证明了的事件和过程。而这里所说的文献记录不能在有关过去的故事中再现自己，而只能以某种其他的话语模式（如百

①　[美]海登·怀特：《旧事重提：历史编纂是艺术还是科学?》，见陈启能等主编：《书写历史》，27 页，上海，上海三联书店，2003。

科全书、摘要、统计图表、电影等）再现为反思对象。换句话说，大屠杀问题的解决并没有特殊的方法，毋宁说，方法只是添加剂：它收集一堆资料，填注到匀质的、空洞的时间中。这往往意味着所谓"历史事实"被简单地置换为统计学的数字和不带感情色彩的"知识"。这样，再现了的对象是"非历史的"。它们似乎就是一堆可以由摘要、统计图表之类的东西构成的、没有感情负担的死的知识。后人恢复历史记忆就是取出"原件"。这种把自身限定在"本来的模样"的死的知识，可能正是对一个历史事件的意识形态的处理方式。因为，一旦静止的资料和知识成为超历史的"事实"，以统计和经验为基础的预见，一开始就宣称这些都是有理有据、确实无疑的论述，然而却都是不真实的，它包含着对创伤记忆的政治化和工具化利用，偏执于某种意识形态的可能，从而阻止了一切批判性探究的可能性。据我们所知，历史的"事实"与其说来自历史事件的缔造者的经验和思想，倒不如说来自那些从外部旁观、渴望理解和融入这一系列事件的人们的努力。在这种情况下，本雅明把"遗忘"描绘成根据历史唯物主义的观点，就历史呈现而言的秘密大宪章，他说："对于希望重现某个事件的历史学家，他们应该把此后历史进程的所有知识统统抹掉。这再好不过地道出了历史唯物主义与之分道扬镳的那种研究方法。"①在这里，人们不费吹灰之力地认识到阶级意识的作用，他接着说："掌握历史知识的不是任何别人，而是奋斗着的被压

---

① ［德］瓦尔特·本雅明：《本雅明文选》，陈永国等编，406页，北京，中国社会科学出版社，1999。

迫阶级。"①依照本雅明，如果历史唯物主义者按官方历史展示出来的表面上胜利者的凯歌那样加以接受，那就等于故意遗忘，那样他就沿袭了官方历史那有组织忘却的方法。② 我们确认，这并非说，被压迫阶级在撰写历史。情形恰恰相反，迄今为止，一直都是统治阶级在撰写历史，或者说是统治阶级把历史记忆揣在自己手里（编写过去史和强行推行现在史的权力）。结果，即使由革命带来的新世界，也并没有像人们孜孜以求的那样，收获一门"政治科学"，而是一门历史科学。

明摆的是，这个人的问题和焦虑并不是由过敏反应引起的，从字里行间流露出来的那种忧郁，形成于现代记忆中最黑暗的时刻。令这个人吃惊的是，显然，为了建构其中所发生的事件，为了获得历史运动的规律感，那些马克思主义的教条主义者并不知道如何处理法西斯主义问题。反之，如前所述，他们提出了一些错误的论断：他们在无穷进步的信仰中"把它看作一种历史的常态"。一如在第二国际理论家那里所表现的，历史知识的客观性要求永远是马克思主义教条主义者最穷于应付的话题。对于他们而言，20世纪"竟然"还能够发生这样的事情，真不可思议！这个人尖锐地提出，"这种态度不是哲学的态度，这种态度不是觉悟的开始——除非是这样一种觉悟，即导致这种态度的历史观站不住脚"③。我们应该强调，任何一种关注现实生活的哲学，尤其是马克思

①　[德]瓦尔特·本雅明：《本雅明文选》，陈永国等编，410页，北京，中国社会科学出版社，1999。

②　张文喜：《历史和记忆的历史性哲学考察：从柏拉图到本雅明》，载《江西社会科学》，2004(1)。

③　[德]瓦尔特·本雅明：《本雅明文选》，陈永国等编，407页，北京，中国社会科学出版社，1999。

哲学不能漠视非常状态和极端处境，而必须在最大程度上关注它们。但我们并不认同本雅明那对非常状态更甚于规范状态的兴趣。这种兴趣来自救世主传统的解释学，是为了把一个特定的时代从连续统一的历史过程中爆破出来，给予从压迫与苦难中获得拯救的基本愿望以实践的或战略的指导。

这种在今天看来似乎如此陌生的主张，在此也是最富挑衅性的。它凸显了两个问题：第一个是正确认识历史记忆的迫切性问题，第二个是正确认识历史学家的社会责任问题。

首先有争议的是历史记忆问题。在传统马克思主义之中，经济因素对政治因素的制约造成了历史进程本身的客观运动。历史唯物主义是有关历史发展的中性的"客观知识"，这种客观知识已经放弃了它作为任何一种特殊的政治纲领或一种意识形态的工具的地位。故此，一般人运用这种观点得出下面的结论并不令人吃惊，他们认为，若从历史决定论角度看，马克思主义创始人必然以进步的名义"宽恕"了历史的"恶"，譬如，宽恕对落后国家的殖民统治和武力征服，而不是如本雅明那样声称要有复仇精神。有人以马克思在殖民问题上的态度为例来展开这个问题：马克思震惊于——英国对印度的入侵这一事件充满了那么多苦难和恐惧，他说，"无数辛勤经营的宗法制的祥和无害的社会组织一个个土崩瓦解，被投入苦海"，"它们的每个成员既丧失自己的古老形式的文明又丧失祖传的谋生手段"①。从前资本主义社团社会的感情角度看，这些破坏性的历史情景是令人难过的，然而，马克思并没有从这种感伤

---

① 《马克思恩格斯选集》第1卷，765页，北京，人民出版社，1995。

性、说教性中停下来就事论事，相反，他马上提醒人们，不要简单地反对英国的暴行，不要盲目地支持印度保持现状。根据马克思这里的观点，印度人还没有开化到管理自己的程度。他们在可能被认为适合这项工作以前，必须经历某些历史文明的发展，并做出从墨守成规的传统中解放出来的努力。只有在一往无前中，携带着过去的苦难才能转变为历史进步的酵素。因而，殖民统治便有了一个与人类历史进步相关联的道德外观。即使有人相信马克思依据阶级斗争重写历史的努力，在一定意义上至少是出于渴望为受奴役的先人平反的思虑，同情历史给他们带来那被损害的生活，复又加上了被忘却的屈辱。

如果上述理解是符合马克思的本意的，那么，不用说，历史唯物主义强调的"进步"何以避免"历史主义"的"进步"？这种"进步"按照本雅明的视线不过是征服者按照历史惯例加入统治者的胜利庆典行列，在欢呼消灭罪恶的暴力的同时再产生罪恶的同义语。① 我们认为，对于这个问题，依照马克思，只能在回溯中回答，即在我们获悉这个观点带来的最终结果之后，才能回答这个问题。这意味着，殖民主义是否真的成了文明的传播者？历史唯物主义真的有足够的方法，确保我们对这些给人类带来巨大苦难的事件是什么以及如何发生等问题的"中立性探究"的正当性？重要的是，还能不能谈及后代或者后人，能不能谈及未来将会有人生活着？对于这些问题，我知道不同的读者会有不同的看法。例如，政治家感兴趣的可能是迅速取得成功，而取得这种成功的方式从比较长的历史时段来看，

---

① ［德］瓦尔特·本雅明：《本雅明文选》，陈永国等编，406 页，北京，中国社会科学出版社，1999。

会带来更多的问题，这一点他可能认为是可以忽略的。统治者与被统治者之间可能出现一个明确或者不那么明确的共识，那就是不采取或者推迟采取能够对发展失误加以纠正的复杂或者令人痛苦的措施。而且，由人所开创和出演的戏剧，由于只有在行将结束的时候才会表现出它们的真正意义，因而，几乎旁观者而不是当局者，才更有望理解以往事件的真实意义。如此等等。但是，在对这些问题的讨论中，仅将其置于"主观—价值"与"客观—事实"之二分的现代性之轭下考虑，实际上是对马克思的误解。在这里，马克思实际上是要求把历史的苦难从记忆领域转移到历史领域（哪怕对于那些亲身经历过的人及其亲属和后代来说，刻骨铭心的"痛苦记忆"禁止他们这样做），使我们返回到关于历史阐释之更大问题的相关性上。这就是说，在马克思的理论逻辑中，对历史的探究仅仅停留在感情层面是有害的，它的害处在于会将复杂的历史简化为意识形态的东西。因此，情感记忆、特定立场的道德取向只有与那个时代的生产力发展相协调，才具有了历史的正当性。一般来说，这是历史必然性的题中应有之义。

我想，一般讲来，每个历史唯物主义者都会从马克思的这些观点中获益。但是，这些观点的正确性，仍然需要放在许多前提之后才会明显表现出来。这里我们只能谈一谈主要之点，即如何正确对待，把一个历史苦难事件或对它的经历从记忆领域转移到历史领域，从而将人类记忆中立化的问题。

无论如何，由于大屠杀这种经历对于其作为一种历史实体的存在本质来说具有存在的限定性（例如，随着第二次世界大战的幸存者一个个离去），现在我们（譬如，犹太人或者中国人）正经历着一个集体创伤的"活的”记忆转移到历史领域的过程。最后，终将导致我们都没有身临其境过。即便是在大屠杀发生的年代，“事实上当时极少人相信，居然会发生这样的事情，许多人以为是言过其实而不予重视”①。这种经验表明，大屠杀最终虽是我们的记忆，却并不是每个人（每个人类个体或某个民族的每个个体）的记忆。因此，研究它的历史学家必须宿命般地经受如下一系列问题的拷问：仍然健在的受害者及其亲属和后代的感情乃至愤怒；施害者的否认乃至敌意；人类感觉到自己父辈乃至自己所从属的国民所干的事情的责任分担等问题。这些问题远比历史学家在面对否认历史事实本身的虚构言说时，如何使自己的研究不被政治意识形态所扭曲的问题更复杂。

　　我相信记忆是必要的、理所当然的或是正当的，只要不是某种集体记忆的言论特权所做的历史解释绝对化为独裁叙事，并最终单纯化为“政治正确”之类的宏大叙事。道理很简单，一方面，对过去“敬畏般”的研究所形成的记忆的集体崇拜会流于历史虚构，变成一种顽固僵硬的祭祀仪式。在这种仪式中，某种遥远事件的记忆会被处理成仿佛是活着的人的记忆，倒错成一种超时间的苍白模式。现代文化工业和传媒则为此提供了可能。另一方面，一场战争可以在特殊的时刻、特殊的地点结束，因此，历史阐释的政治学教导我们要认识到，常有的情形是，记忆不能带来任何益处，战争的结束阻断了一种复仇欲望的发泄。然而，把战争事件归于历史岂能等同于战争的结束？众所周知，那种以知识和资料来压制战争记忆，剥夺掉它的感情负荷和价值承载的做法是无可信凭

---

　　① ［伊朗］拉明·贾汉贝格鲁：《伯林谈话录》，杨祯钦译，19页，南京，译林出版社，2002。

的。很明显，根据这种做法，"历史总是遵照在它之外的某种尺度来编写的；现实的生活生产被描述成某种史前的东西，而历史的东西则被说成是某种脱离日常生活的东西，某种处于世界之外和超乎世界之上的东西"。马克思认为，它是迄今为止的一切历史观忽视了历史的现实基础的表现，马克思在批判德国历史编纂学时指出，"法国人和英国人至少抱着一种毕竟是同现实最接近的政治幻想"，而德国人却无视"现实的利益"，甚至无视"政治的利益"，而只在乎"纯粹的思想"，"这些纯粹的思想后来在圣布鲁诺那里也被看作是一连串的'思想'，其中一个吞噬一个，并最后消失于'自我意识'中"①。对我们来说很明显的一点是，作为一种历史知识，它的信凭性，只说它的证据确凿，是不够的；只说不能将其搁置于感情的对立面，也是不够的。关键在于，像马克思指明的一样，历史知识更适合于一种特定的意识形态，而不是单纯知性所要求的那种"普遍有效性"的东西。

如果情况是这样或可能是这样的话，那么历史学家该如何对待记忆向历史转变的问题，就可归结为他在面对自己的工作对象时，该如何担当起自己的道德责任问题。②

历史学家的道德责任问题，在这里一般来说意味着他对同样一件事情的两种不同的看待历史的态度：他直面历史的灾难和恐怖，应该在适当的时候以自己的方式做一个有记忆的人，抑或对历史有所遗忘。具体地说，在面对一场浩劫所造成的意识形态体验"景观"时，他应该相信悲剧

---

① 《马克思恩格斯全集》第 3 卷，44～45 页，北京，人民出版社，1960。
② ［美］海登·怀特：《形式的内容》，董立河译，115～116 页，北京，文津出版社，2005。

在某种方式上已经被"重新常态化"了，悲剧被视为普通的历史的常态运作的一部分，视为总是已经发生的事情，因而牺牲的集体丧失了某种言论特权，他应该倡导宽容的历史记忆而不是复仇精神，他也不再相信历史学家"肩负着为人民报仇雪耻的职责"，抑或，相反，他应该相信实际的灾难和对灾难的恐惧远未结束，我们必须严肃看待这一威胁，并将宽容视为只有统治阶级及其信徒才享受得起的奢侈品，而对于被统治阶级则是需要反对性的意识形态，为了反对这样的意识形态，他应该悲天悯人"肩负着为人民报仇雪耻的职责"吗？我们发现，无论是肯定地还是否定地回答这些问题，这两种观点最终如同莫比乌斯带的两个层面那样密切相关：在一个层面上前进到一定程度的时候，我们可以明白自己已经跃到了另一个层面。

现在，我们有必要稍微偏离一下当下语境来讨论这样一个老问题："历史能够重演吗？"显然在我们试图回答这个问题之前，这个问题需要被定义。但这不是我们的主题。对于这个问题，也许诉诸大师们的思想最简便。桑塔亚纳（Santayana）说，"大凡忘记过去者必然重复过去"。结论看起来似乎是：到目前为止，人类历史已经证明了历史是在一种重要的意义上重演。如果这是说历史被不可抗拒的规律统治着，这个规律不仅在过去它能够生效的事件中发生作用，而且也注定在将来也许引起的相似的条件下发生作用，那么我们便会成为一个冷峻的决定主义——"命运是无法抗拒的"——者，从而不再把历史中的苦难置于理论的意向关联中。黑格尔说，世界历史车轮在前进的过程中，"不免要践踏许多无辜的花草，蹂躏好些东西"①。马克思也说，从历史的观点看，我们

————————————

① ［德］黑格尔：《历史哲学》，王造时译，34页，上海，上海书店出版社，1999。

有权同歌德一起高唱："既然痛苦是快乐的源泉，那又何必因痛苦而伤心？难道不是无数的生灵，曾遭到帖木儿的蹂躏？"①很明显的一点是：这样一种历史概念教导的是，在适当的时候，历史遗忘是必要的。所以，这也就解构了像本雅明那样为人牵挂的历史"苦难"景象。在这里，也许可以换句话说，历史过程是毁灭与文明的双向过程，只有对历史做单线条的、局部的理解，对苦难的理解也才会停留于本雅明式的"苦难—进步"的对抗关系。当这样一种对抗关系无限膨胀的时候，历史就陷入一种不可调停的、沉重的过去或当下压倒了未来的可能性的境地。

然而，众所周知，事实上，历史事件从不重复发生。任何一个具有历史感的人，通过对历史的反省所曾了解的唯一的一件事是，没有比历史能被还原成过去这个想法更与历史态度相反的了。黑格尔说，"人们不能从历史上的经验的教训学到什么，也没有依据历史上演绎出来的法则行事"。"回忆过去的同样情形，也是徒劳无功。一个灰色的回忆不能抗衡'现在'的生动和自由。"②因而，桑塔亚纳的这句格言，相移于历史事件，看起来更为适用于思想史。这也就是说，如果历史是思想史的话，那么先前的知识事件已被遗忘，很可能导致两个不同且相距遥远的时代的极其相似的事件在思想史上产生相同的反响和相同的不利影响。倘若我们回顾思想史，就会不断看到当代最高水平的思想者如何诉诸先前时代思想者所使用过的相同观点的不利处境。例如，20多年前，德国总理赫尔穆特·科尔为了指明那些因为来到人世太迟而没有卷入大屠

---

① 《马克思恩格斯全集》第47卷，190～191页，北京，人民出版社，1979。

② ［德］黑格尔：《历史哲学》，王造时译，6页，上海，上海书店出版社，1999。

杀的德国人的窘境，使用了"对晚生的恩典"一语。许多评论者立刻洞悉了这种说法之道德暧昧和机会主义之意味，并把它视为这样的信号——如今德国人可以摆脱大屠杀的阴影，或因为大屠杀问题在德国已"最终解决"，或因为它超出了自己责任范围。

其实，在我们看来，针对某个历史记忆达到统一的看法远不是那么容易的，这也绝非要紧之事。至关重要的是，无论是科尔的说法还是评论者的反驳都反映了历史知识总是根据某种已确立的政治权力和社会权威，即某种特定的目标、兴趣或目的来辩护的。这说明，如果对过去自身的研究，要做到直面历史的恐怖，并消除它所导致的恐惧的话，那么就需要设立某种正确的目标、兴趣和目的，就像马克思那样从解放的要求出发，将结束人类的一切"主奴关系"看作自己对过去研究的目标。非常清楚的是，马克思援用了当时欧洲社会改革运动的普遍走向，即共产主义传统的解释学的走向和学理资源并且依照他那具有政治功能的概念从哲学上阐释历史唯物主义。虽然这些观点常常错误地被作为所谓马克思主义的神话观念而引起了世人的兴趣或者嘲笑，但是这并没有阻止我们把历史唯物主义看作很好地阐释了它的"社会责任"，并期待到马克思那里寻找消除人类苦难的思想的灵感的宝库。

三、政治的科学化能否成为事实

明白历史知识总是根据某种已确立的政治权力和社会权威，即某种特定的目标、兴趣或目的来辩护的事实后，再来重温哈贝马斯提出的论点就好懂多了。哈贝马斯在《作为"意识形态"的技术与科学》中认为，"政治的科学化今天还没有成为事实，但无论如何是一种趋势"①。那么，为什么我们至今还没有目睹政治的科学化？这究竟意味着什么？在此，当把政治整合进一种广包的政治哲学中去，并且把政治哲学置于哲学的中心时，我们自然会提出这些问题。我把哈贝马斯的精湛分析和多维思想放在一边，但接受他的问题。现在，我们必须提出历史唯物主义视角中的"政治的科学化"问题。

从现实和可能性上讲，倘若将对政治的学术研究和理性探讨视为"政治的科学化"题中应有之义，那么哈贝马斯的问题倒是显得怪异，甚至连是否正确地提出了问题也是引人怀疑的。在一个像我们这样充满着理性特征的世界里，即使那些承认在对政治领域做理性理解的困难比其他社会生活领域更多的人，也没有轻下断言，学术和科学研究无法促使政治生活显现它的秘密。事实上，自公元前 5 世纪的雅典政治学成为关注知识与行动之关系的学科以来，我们业已不再需要论证的是，正确地学会以理性范畴思考社会与政治的可能性和重要性。可以说，在古希腊，没有一个哲学家主张把政治置于非理性之中，而把它排除在理性探索的事物之外。而且，继西方社会的非基督教化运动使宗教一极丧失了统一真理的作用，而政治一极"在很大程度上成了各种世界观的理智立场汇集的中心"②之后，政治的科学化诉求更强劲地被引入现代（mod-

---

① ［德］尤尔根·哈贝马斯：《作为"意识形态"的技术与科学》，李黎等译，97 页，上海，学林出版社，1999。

② ［德］卡尔·曼海姆：《保守主义》，李朝晖等译，39 页，南京，译林出版社，2002。

ern)的政党政治，并获得了更深刻的观点：理性的论证作为一种政治利器被充实到某种政党的政治目标中，并结合进了它们的思想体系里，由此，这极大地促进了科学观念的传播。这种趋势事实上在《共产党宣言》中也得到了印证：《共产党宣言》在过去的 100 多年时间里被大多数读者解读为科学社会主义在政治上的重要文献。此书之历史、政治和公众性的印象，本质上是由下述印象决定的：《共产党宣言》既是优秀的学术成果，又是一份共产党的政治纲领。正如韦伯所讨论的那样，马克思理论在建立社会科学上扮演着建设性的角色。

此外，在启蒙的绝对主义时期，大多数政党国家试图用国家所保证的对世界的客观说明取代由教会所保证的对世界的客观说明。相应的是，数学和精密的自然科学根据公理演绎的方法，对启蒙的政治科学及其他社会科学产生了决定性的影响。我们必须记住，政治哲学是以蔑视任何政治的东西起步的。当霍布斯宣称，他是与政治哲学的整个传统实行明确决裂的第一人时，按照他自己的看法，实际上就是将数学方法应用于政治哲学，他试图从本源上解决政治的科学化问题，使以往以道德、习俗和宗教为基础的政治学转变成为理性知识的一个部分。这种诉求最初被曼海姆从社会学的角度表述为，资产阶级追求系统连贯地把世界上的所有事物都加以量化的权力意志的表现，这种权力意志被其他阶级分享而获得更大支配地位。就今天的情况而言，政治的科学化诉求导致了一种不断增长的专门化、知性化趋势，其结果是：政治家从事政治的方式有效性在很大程度上有赖于他成为某方面的专家，乃至于政治领导层被期望能从科学技术发明家的群体中产生出来。在此存在着大量的设想，其中最为甚者是列宁，十月革命后列宁强调科学和科学家的政治重要性，他相信，当社会主义跨越垄断资本主义的统治时，"政治家会隐入幕后，工程师和农学家将走向前台"①。十月革命的本质和目的则被说成为："电器化加苏维埃。"列宁这种特定看法不正是政治的科学化的最激进的表述吗？

今天看来，列宁的这番见解的教益是：在经济建设比任何时候都更为重要的历史阶段，国家的功能不是在缩小，而是在转移。如果说，政治的概念是与国家的概念联系在一起的，政治学的特点在于它是一种对国家的学术研究，即探讨国家的总体历史发展以及国家当前的状况和需要，那么这种政治的科学化期望在今天依然典型地表现为向管理型国家特别是一种"经济型国家"的转变。我们业已看到，从来没有什么像现代政治这样地要求理性化和知性化，政治似乎必须从理性论证出发才能奠定自己的正当性。这表明把科学与政治分割开来已无希望。和这种认定相关联的是曼海姆同时所观察到的：政治的科学化诉求导致了双重历史效应，即"每一类型的政治学逐渐地至少在它们提议接受的形式上被赋予了某种科学味道，而每一种类型的科学态度也依此带有某种政治色彩"②。如果真是这样，建立一门尚待形成中的政治科学的障碍终将得到克服，只要时机一到。

然而，"为什么我们至今还没有目睹政治科学的发展？"

对于我们来讲，政治科学首先本质上是"一种创造活动的科学"，而

---

① ［斯洛文尼亚］斯拉沃热·齐泽克：《实在界的面庞》，季广茂译，305页，北京，中央编译出版社，2004。

② ［德］卡尔·曼海姆：《意识形态与乌托邦》，黎鸣等译，38页，北京，商务印书馆，2000。

创造性活动尽管不等于在毫无规律可循的情况下被迫做出决定的活动，但是创造性活动的本质在于与时俱进和审时度势。想想列宁在签署《布列斯特—立托夫斯克和约》时所说的"任何犹豫都意味着死亡"。再想想怎样来调和列宁式的决策——在 1917 年 4 月做出的关于在 10 月 17 日举行革命的决定——的创造性和关于社会经济力量的决定机制的观念。看来，只有发挥包含在阶级斗争概念中关于能动性和机缘性的潜在思想的作用，人们才能实现对历史唯物主义理解的理论上的接合。就此而言，我们认同谢弗莱的观点，即"国家的例行事务"是归属于"行政"领域内而不属于"政治"领域。在我们看来，倘若认定政治科学是一种关于创造活动的科学，那么"国家的例行事务"与"政治"之间的对比提供了某种可作为分析"在什么条件下政治科学是可能的问题的出发点"。曼海姆倾向于将这种区分转变为对社会进程中理性化的领域和非理性化的领域的两分构想。这种构想的社会学根源是显而易见的，它表达了资产阶级时代不同于过去的一切时代的地方，即马克思的所谓"一切社会状况不停地动荡，永远的不安定和变动"的特征。在进行这种讨论时，虽然曼海姆完全曲解了马克思，但他却揭示了这样一种本质联系，即资产阶级的兴起伴随着一种极端的理念主义，与那种墨守成规是完全一致的。

必须承认，"政治活动"和"行政活动"的界限实际上是可以变通的，但是强调这种区分在理论上却获得了一个更为深远的意义，它关乎这样一个问题：一个国家的存在，它的在在何处？于此，马克思在政治思想史上的一个革命性的变革是：马克思虽然对资产阶级政治国家做过批判，但是他没有把"政治"与国家或政府混为一谈，或者说其政治概念不是涉及特定国家形势的"小"政治，而是进一步为政治和社会变迁寻求最终原因，即从古代、现时代到未来这一最为广阔的视野来寻索人类历史的规律，在这种意义下，马克思认为政治科学无疑是存在的，因为，历史唯物主义最深刻的特征就在于：它存在着一个非常科学的历史概念，它不仅正确地揭示了在什么条件下政治科学是可能成立的，而且通过政治实践来发展和彰显历史唯物主义的科学性。如果说"政治的"一般而言与国家之间存在着某种关系，那么马克思的所谓"政治的"就绝不局限于"国家的"，这才是所谓"伟大政治"或者本真的"政治思考"。由此而来的结论之一是：科学或政治社会主义在政治上的作用奠定在历史唯物主义的基础上。特定的政治因素并不是马克思主义"新"哲学产生与发展的决定性因素，马克思关心社会历史问题甚于关心政治问题，这既不是马克思本人"闭着眼睛跳进茫茫黑夜，即对于国家、对于意识形态、对于党、对于政治的无知"（阿尔都塞语），也不是所谓马克思在政治上的不成熟，我们早就听说在马克思对历史获得了历史唯物主义的解释统一性之外，根本不存在一种包括政治学在内的所谓马克思主义的具体社会科学，"我们仅仅知道一门唯一的科学，即历史科学"①。用列宁的话说，历史唯物主义始终是社会科学的别名，并且它也从来没有企求说明一切，而只企求指出唯一科学地说明历史的方法。就此而言，关乎审时度势的时势问题的"政治"，实质是关乎社会历史变革的"规律"问题。这种历史唯物主义的解释使人们再也不可能孤立地思考政治问题，更不能仅仅以某种政治制度来标榜一个社会而把架构政治制度的原则放大到社会整体

①《马克思恩格斯全集》第3卷，20页，北京，人民出版社，1960。

上，相反，政治处处映射着经济关系。正是这种情形使得马克思对传统哲学的政治作用做出批判，运用经济术语来定义革命的激情，以解决政治思考的历史始基问题。

然而更加重要的问题在于，马克思的"历史科学"并不是作为"知性科学"和"实证科学"出场的。这差不多昭示了迄今为止"为什么没有专门的政治科学？"的真正原因。这里所说的政治科学，就是作为社会科学的政治学，而为此并不需要拒斥那些宣称仿效自然科学的"政治学"在方法成就的正当性方面无可指摘的科学性意义。但是，作为社会科学的政治学，很难全部用自然科学的那种诸如量化的方法进行研究。譬如，它能够对目的、价值、规范、素质作为量化的东西加以探讨吗？假如我们以某种可学得的知识为基础，拥有某几种政治知识如科学管理、动机研究、公共舆论研究等，就等于拥有真正的政治知识吗？历史的必然性与天体沿轨道旋转的必然性能够找到对应的关系吗？

但这样一些问题的设问是有前提的。它意味着人们完全清楚这里所谓"科学"的意思是什么，并成功地使社会科学与自然科学分离出来了，甚至成功地建立起思考社会历史经验世界问题的方法论。从性质上说，虽然政治在当代社会的内涵非常不确定，但是，毫无疑问，就知识学视野来看，政治知识属于"应用的"或实践的知识（"实践性地知道怎样"）。不过，通常医学、体操以及当下时行的驾车等知识也适用这一含混的定义。在这里细究知识分野问题会离题太远。而历史上的政治学追溯到古希腊人那里，一开始就伴随知识分际问题。古希腊人认识到，尽管在所有的学科中无疑都可能会有计算和度量，但政治并不能与计算和度量相提并论，是毋庸置疑的。相反，在柏拉图的对话录中，数字和计算只有像音乐和体操中所表现的那样，才成为政治的"度量衡"。就此而言，用羊毛织衣服的编织技艺在比喻的意义上被用来阐明政治技艺（知识）的见解就颇为深刻，它表明了柏拉图直接以公民和政治家的视野来思考，将政治哲学（科学）的任务基本落实为教育，就像编织把自然物变成人工物，教育则把自然中生成的人引导成为公民。于此，政治的机制转化成了教育的机制。而教育与艺术的类比总使人感到非常贴切，"艺术使自然完善，自然需要艺术来完善：人是艺术的动物，必须营造人的世界"①。由此古希腊先哲提供了颇具启发的洞见：在以人为本的政治建设中，健全的政治主要是教育、艺术的产物。这虽然也是个理性化过程，但是理性化只是部分的。或者更确切地说，它无法在现代科学特性的刻画中做出理解，否则政治（学）必然会从实践智慧跌落成空空如也的机智。事实上，在政治哲学家思考一种社会秩序或者证明其合理性而向公民推荐他的信念之前，而且在人类早就开始提出通常归于政治哲学的各种基本问题之前，那种归于社会风范的"教化"过程已经自然地运作着了。

显然，这意味着在政治、科学和艺术三者之间，需要进行一种恰当的阐释平衡，列宁认识到，"政治是一门科学，是一种艺术"②，但是，在当代政治理性主义的语境里，藏匿各种结果使我们无法看见的，是艺术，而不是科学。因此，如果科学果真仅仅是一种事实科学、实验科学、测量科学，如果追求艺术而不排斥其他，那么，艺术当仁不让地"担当起了世界性的拯救功能"。韦伯写道，"不论这可作何解释，它从

① ［美］罗森：《诗与哲学之争》，张辉试译，8页，北京，华夏出版社，2004。
② 《列宁选集》第4卷，189页，北京，人民出版社，1995。

日常生活惯例中提供了拯救，特别是从不断增长的理论和实践理性主义的压力中"①。

今天，人们比以往任何时候都更清楚地看到，可以引导我们走向未来的科学技术有丧失其价值的危险。

然而，在传统上，对政治的"科学化"可能性问题的分析背景源于马克思的意识形态分析，毫无疑问，被正确地看待的精神生产二分观，即统治阶级的意识形态的生产和作为与意识形态生产不同的一般知识形态的生产，是马克思留给我们最有影响的遗产。马克思告诉我们，由于占统治地位的物质关系的决定，统治阶级通过权力调节着自己时代的精神生产和分配。从某种意义上讲，所有的知识源于权力的生产，并且也形成了我们赖以理解自身并赋予实践的定向目的性。但是，我们不能只关注政治学科中的意识形态内涵，而忽视科学实践自身所具有的权力关系方式，使科学具有批判的豁免权。劳斯认为，在经典的马克思主义理论中，作为一种知识和权力形式，一方面，科学在很大程度上是为统治阶级所控制的，因而往往与压迫联系在一起。"科学为意识形态提供了支持"，并成为统治阶级所掌握的物质力量。另一方面，"科学也是挑战压迫以及意识形态的批判工具，并为建立更公正的社会秩序提供了资源"。在这种科学功能的两可发挥中，问题的关键，不在于看到马克思主义对科学所怀有的热忱，而是必须考虑到，对意识形态的关注不能忽视对科学的政治（价值）方面的含义分析，一旦我们承认我们不能将科学的理解

————————

① 转引自[加]谢少波：《抵抗的文化政治学》，陈永国等译，83页，北京，中国社会科学出版社，1999。

与我们对自身社会存在的理解分割开来，而科学实践自身代表着权力关系，许多科学领域似乎相对独立于直接的意识形态旨趣的看法，就不过是哈贝马斯式的幻觉了。① 理由是，科学中的认知旨趣从政治和价值批判中独立出来的企图面临重重困难。

在这里，引出韦伯与马克思在历史上的关系问题是至关重要的，它和我们讨论的政治科学的前景密切关联。众所周知，自从有了对韦伯的诠释，这种诠释便致力于澄清韦伯与马克思的关系。这一情形不是偶然的，因为马克思和韦伯的政治社会理论代表了政治社会学理论主流的不同样式。对于韦伯来讲，社会科学是人类对于人类生活的知识，是试图从此岸的角度来理解社会生活的知识。但是，社会科学是价值中立的，包括社会科学在内的科学由其性质所定，既不能提出实践的规定，也不能对价值和意图做任何合理的评估。判断（终极）价值的正确性，是个信仰问题。② 人们看到，韦伯这些观点的论旨可以在历史唯物论的知识社会学是不是党派性的问题意识中来把握。如果此说不错的话，韦伯就会错失历史唯物论的当代性视野。从韦伯的观点出发，从可靠的社会历史发展规律中，能够得出"正确"的政治思考的观点，这本质上属于某种"教派的"社会科学。所以，韦伯在其理念与理性化知识的关联范围内为马克思指定一个"充当穿上学术甲胄的先知"的位置。韦伯认为，马克思从"历史规律"中演绎出来的价值判断，是没有经验理性依据的，问题仅

---

① ［美］约瑟夫·劳斯：《知识与权力——走向科学的政治哲学》，268～270 页，北京，北京大学出版社，2004。

② ［德］马克斯·韦伯：《社会科学方法论》，朱红文等译，52 页，北京，中国人民大学出版社，1992。

在于，以"科学的名义"支撑个体的价值意义选择或政治论断，损害了经验理性的学术原则，越出了经验理性的界限。① 换句话说，这里没有客观的价值，只有主观的和互相冲突的价值判断。所有的政治思考，所有关于做什么不做什么的思考，都需要"绝对有效"同时又是特殊的规范，这些规范除了来自天启之外，不可能从那些由人类行为或社会变革的"规律"所提供的那种知识中得出。

从韦伯那里引申出来的对马克思的上述评论的确包含着一系列重要的意见，在非常重要的一点上，我们完全同意他的观点：在韦伯的意义上，科学从本质上不适合证实某种政治信念。与此同时，只要人们认可了对于人类生活此岸性的理解的完全合法性，不会像韦伯那样对忍受现代此岸性的非宗教试验深感失望，那么韦伯所引出的难题就将自我取消。但是，这丝毫不意味着我们同意韦伯的科学概念，他的科学（包括社会科学和自然科学）概念是从新康德主义那里接过来的。站在马克思的立场上，对他所达到的洞见和对历史唯物论的批判当然是可以逾越的：如果像他那样认定"科学社会主义"是一种演绎出来的和以西方唯理智论为前提的观念体系，而不是"废除现状的实际运动"，那么韦伯只是助长了对马克思主义的误解。我们认为，今天的所谓马克思主义政治理论危机实质上并不是作为"科学的"马克思主义政治理论的危机，而是作为"某一种"科学的马克思主义的政治理论危机。或许，有关这一问题的历史例证，更有助于说明这一点。依我们看来，人们在对待马克思主义

① 刘小枫：《现代性社会理论绪论——现代性与现代中国》，229 页，上海，上海三联书店，1998。

理论与实践关系的态度中，借助于经济还原主义视角，马克思主义被变成实证论的科学方法，在基础与上层建筑两者之间的联系中对技术专家的作用做工具理性的理解，便是一例。

在今天，马克思主义的"科学性"的表现，从来没有像现在这样呈现着丰富的形式。在此麦金太尔的观点是不能不加理会的。[①] 事实上，从马克思主义自身进一步发展的可能性来看，一方面，我们需要从历史唯物主义的角度刻画出中国特色的社会主义道路和内涵；另一方面，我们特别需要坚持马克思主义对人类的理想精神，深化和发展马克思主义的科学的政治理论和科学政治实践。

四、政治、科学、艺术

马克思主义关于意识形态、政治和历史之间关系的基本见解表明，

---

① 麦金太尔指出："马克思主义的社会主义实质上是深刻的乐观主义精神。因为不论它对资本主义和资产阶级制度的批判多么彻底，它都致力于：在由那些制度构成的社会中，一个更好的未来的人和物的先决条件正在积累。但是，如果发达的资本主义的道德贫困使这么多马克思主义者一致认为的样子，那么未来的资源从何而来？""毫不奇怪，在这一点上""我早就说过，马克思主义者在向权力靠拢的时候，他们总有成为韦伯主义者的倾向。"对于我们来讲，麦金太尔的观点是一种有力的责备，它表明在今天这样一个各种各样的政治传统都处于"山穷水尽"的境况下，反对历史唯物主义的论据真的不是由于历史唯物主义所具有的某种宏大政治理想，而是由于被迫陷入与马克思主义传统相悖的悲观主义。而且在成为悲观主义者的过程中他以某种方式发生转变成为韦伯主义者。[美]A.麦金太尔：《德性之后》，龚群等译，328～329页，北京，中国社会科学出版社，1995。王逢振主编：《詹姆逊文集——新马克思主义》第1卷，210页，北京，中国人民大学出版社，2004。

只要一种历史解释在围绕政治统治的合法性问题时，被调遣来充当一种历史的普遍指导，它就开始对不同的历史解释行使一种同一化的暴力。但是，政治学不能受制于刻板的程式或某种政治意识形态的教条，即关于在政治领域内普遍事态的政治学命题系统。即便政治学要求科学化的精确性，它也带有一种与数学等自然科学很不相同的范围和意义。马克思主义认为，"政治是一门科学，是一种艺术"。不过，在当代政治理性主义的语境里，我们无法看见的是政治的艺术化之可能性的一面，而不是科学化的一面。在对话（多元）而不是独白的理性（一元）观念中，政治技艺的自然主导原则便是诉诸"权衡、适中以及合适"的标准。

（一）意识形态、政治和历史哲学之间的关系

我们知道，政治因素并不是马克思主义"新"哲学产生与发展的决定性因素，马克思关心社会历史问题甚于关心政治问题，甚至在马克思对历史获得了历史唯物主义的解释统一性之外，根本不存在一种包括政治学在内的所谓马克思主义的具体社会科学，"我们仅仅知道一门唯一的科学，即历史科学"[1]。所以，政治概念的界定完全取决于社会历史变革的"规律"。但是，以马克思主义的历史观念面对政治世界性，却显得只有通过政治和社会设计，并在工人阶级政党集体意识层面上所产生的政治潮流在它那里得到最深刻、最生动的体现时，它才能产生实践性的后果。换句话说，历史唯物主义只有涵盖了整个世界和一切人的命运，才会获得对一切人（不管他是哪国公民）都有效的真理的尊严。我们在这

---

① 《马克思恩格斯全集》第 3 卷，20 页，北京，人民出版社，1960。

个意义上可以说，马克思当然地认为他的理论既是历史唯物主义的也是政治的。

以上解说中有一点非常重要：政治学领域未加反思看起来像是现实性中的一个独立领域，但在马克思的历史观中，哲学、宗教、艺术、道德与政治和社会状况密切相关。与此相关，马克思虽然对资产阶级政治国家做过批判，但是他没有把政治与国家或政府混为一谈，或者说其政治概念不是涉及特定国家形势的小政治，而是从古代、现时代到未来这一最为广阔的视野来寻索人类历史的规律，马克思由此寻求到谋求更完美人生的手段，这就是所谓"伟大政治"或者"政治地思考"。这种唯物主义的解释使人们再也不可能孤立地思考意识形态，因为它处处看到经济关系的"反映"。

不过，在对人类世界开放的分析中，政治世界作为一个特殊类型的世界而得到认识和规定，并不是马克思主义与众不同的标志。它恰恰是自17世纪开始，西方社会逐步从宗教框架中脱离的整个精神有序状态的基本面相。这也就是说，继西方社会的非基督教化使宗教一极丧失了统一真理作用之后，政治一极"在很大程度上成了各种世界观的理智立场汇集的中心"①。在启蒙的绝对主义时期，大多数政治国家试图用国家所保证的对世界的客观说明取代由教会所保证的对世界的客观说明，但是，这无助于公众相信"客观世界秩序"。正是这种情形使得黑格尔、马克思和尼采对传统哲学的政治作用做出批判，以解决政治思考的历史

①　[德]卡尔·曼海姆：《保守主义》，李朝晖等译，39页，南京，译林出版社，2002。

基础问题。于是，至少存在着一种趋势，即各种思想潮流都或多或少直接将自己定义为某种社会政治潮流的一种作用，并因此与总体社会政治进程保持一种紧密的关系，诸如人类目的、人的意义等问题都是在这种可以理解的关系之中提出来的，政治担负起真理综合和统一的任务，成了缝合科学、伦理学、美学等学科和信仰的裂隙的职能。

但是，几百年来，一种政治的绝对真理综合从未发生过。造成这种现象的知识社会学原因，在于行使这种职能是以历史哲学的支撑为前提的，或者说政治经验的特点与历史的具体理解是相互依存的，而所有的历史哲学都因历史解释的参照点之间差异极大和与此相关的世界并非政治统一体而无法担负这种职能。也就是说，因为所有的政治派别的观点都只能是局部的观点，但它们都把政治行为理解为在历史背景下进行，而历史的总体过于广泛，以致产生于它的任何个别观点都只能是一种相对的综合。黑格尔试图在自己的历史哲学中追求一种绝对的、永久的综合，在这种通过概念化的语言综合中，历史是哲学的实现。这里意思是说，黑格尔认为，（他的）哲学思想经历史的接受、认可、检验、证明直至成为政体的肉身，人类在原则上已经在哲学那里解决了其政治问题。对于黑格尔而言，这意味着他的哲学属于后革命国家、属于拿破仑治下统一的欧洲：承认人的权利和承认每一个人的尊严，以及一个君主制的国家元首等，这样构造起来的社会是终极社会。但他的这些综合不是被一再证明是局部的综合，就是在其后来的发展过程中纷纷解体，直至产生出左、右两派黑格尔主义。在这里，人们最终可以说的是，只要时间还没有结束，历史在左派和右派黑格尔之间能否分出胜负，不得而知，至少现在还未分出胜负。所以，科耶夫认为，一个对黑格尔解释者的工作具有某种政治宣传的含义。这话当然也适用于他自己。这本身可以称作所谓"黑格尔主义真正综合的一幅讽刺画"的一个特别成熟的例子。所以，我们确认，当所有的思想潮流最终都要面临如何解释历史的任务，而束缚于一套历史哲学时，"对历史的解释也成了一种武器，在政党冲突的最高领域使用，因为这里互相冲突的不是直接利益，而是——看起来几乎是一种选择——不同的本真的世界观和植根于社会和政治中的世界设计"[①]。进一步说，只要一种历史解释在围绕政治统治的合法性问题时被调遣来充当一种历史的普遍指导，它就开始对不同的历史解释行使一种偏见的暴力。很显然，这是马克思主义关于意识形态、政治和历史之间关系的基本见解。

马克思的这些见解可以变换视角关联于其他理论视野中的意识形态学说。当代意识形态研究相比于马克思主义的意识形态批判，透露出前者更强调的是虚假意识；或者在知识社会学视野里，它把"意识形态"与"乌托邦"相提并论。比如，德曼把语言视作政治制度和意识形态机器的完美模式，政治分析的模式衍生于语言模式。德曼著述中最具政治破坏性的断言是，历史是语言的错误，所以，"我们几乎不能指望人文科学的认识论会有多么直截了当"[②]。这里，德曼的论点所要求的政治及其知识的预设是把历史与意识形态相混淆。他表露了对言说和话语的怀疑。詹姆逊从新马克思主义的观点对德曼做了批评。詹姆逊在同一个问

① ［德］卡尔·曼海姆：《保守主义》，李朝晖等译，36 页，南京，译林出版社，2002。

② ［加］谢少波：《抵抗的文化政治学》，陈永国等译，56～57 页，北京，中国社会科学出版社，1999。

题上的立场可概括为：语言的错误之外存在着历史，但是没有文化能超越意识形态。意识形态是无以名状的政治无意识所采纳的叙事形式。有效的意识形态同时必然是乌托邦的。在更深层的意义上，詹姆逊还主张解释学与政治相联系。他的"政治无意识"，把政治视角作为一切（文学）文本阐释的绝对视界。显然，一种可以叫作政治解释学的学科需要不断从马克思那里汲取思想资源，因为"左翼"和"右翼"都继续用马克思遗留下来的概念术语来界定自身。

有必要强调指出，我们这个时代解释学的时兴，本身就是一个具有非常重要的政治意义的标记。它标记着这样的事实：在一个被资本的范畴支配的世界里，思想和言语是这个绝对崇拜物的变量。这由此加强了这样一种现象：政治学的命题不是像自然科学命题那样可以被说成是"真实的"，而是被宣称为"正确的"（或"不正确的"）。于是，人们几乎可以随心所欲地去解释一切政治事件，只要这些解释是从单一的前提（不可分割的统一性，即理性）推演出来的，就被视为"正确"。这种被阿伦特定义为意识形态的思维，因为具有理论上的连贯性而非常具有说服力。而且，这种情况会被巧妙地转换成另一种观念，即一切可能都是必然的。因为它们说它们已经揭示了过去与现在的奥秘，因而，可以"正确地"预言未来和控制历史进程。

（二）对政治的科学和艺术的阐释学平衡

这样，政治解释学就和一个更大的问题——政治能否"科学化"问题联系在了一起。这里，"科学化"一词取它的宽松的含义，我们对它的规定并不是明确的，而是隐含的，且考虑到论题的旨意不做"科学"与"技术"的概念区分。显而易见，不同的工作假设就像马克思、曼海姆、阿伦特和哈贝马斯的工作假设那样，对此问题的解释会引申出不同的观点。阿伦特有一个观点认为，随着官僚化的科学创新的不断发展，现代社会以必然性为基础，正不断"介入"自然，其手段是不断地将自身合法化，进而创造出越来越明确清楚的行为方式，反过来它又依赖于这些方式。从 19 世纪起，历史必然性就在人们的心灵中投下魔咒，这一魔咒通过某个革命强化了它的威力。这里，阿伦特实际上呈现了极权主义这种虚假政治的经验背景，由于她把政治假设为人类行为以及人类多样性的最高体现，这使她能够针对 20 世纪政治思想和实践中的政治的"科学化"思潮做出足够的省思。

但是，我们在面对这个问题时，需要有进一步的规定。我们自始就要对该问题做不同层次的理解。对它的解释会出现不寻常的矛盾。一方面，凭我们拥有的所有辨别力和洞察力，这个问题不是指政治学能不能成为像自然科学那样的科学，这里所说的政治科学，就是作为社会科学的政治学，为此并不需要拒斥那些宣称仿效自然科学的"政治学"在方法成就的正当性方面无可指摘的科学性意义。的确，作为社会科学的政治学，很难用自然科学的那种诸如量化的方法进行研究。因为，"科学化"包含一个假设，即自然科学的方法论准则是合法性知识的唯 基础。它对政治的影响是，政治实践和人本身都可以按照那些与决定非人的自然现象的行为法则相类似的法则来管理。所谓政治无非就是合理的行政管理的还原（广泛的政治冷漠症，绝对反政治的消费主义在很大程度上与此有关。它使个人或消费者对任何集体价值漠不关心）。这有大量的证据，比如，人们脑子里的本能倾向使他们回到用自然科学的方法来思考政治问题，人们试图通过所谓对社会组织、政府和治理手段的比较研究，或阐释理想类型，如"民主""一党制政体"等，来寻找典型情况的共同和本质的东西，或收集统计和计算或然性。这些基本设想以某种方式将自己描述为"意识形态的终结"。所以，关于政治学，德里达说，西方整个思想传统一直是被哲学的同一性概念所误导了。我们可以把德里达的这句话视作马克思这样一个观点的有益的增补，马克思说："黑格尔在市民社会和国家间构思出来的同一是两支敌对军队的同一。"①

不难看出，在德里达这种说法背后包含了这样一个问题：政治是否还能够是一门科学，因为它也许根本就不可以是一门科学。德里达的解构主义为此有力地揭露了同一性何以不是直接的或固有的，而是由意识形态的中介产生和构成的。如果我们将德里达的立场与其知识构成联系起来，那么我们看到，同一性何以具有一股建构性的政治力量，即人需要把无序的和偶然的变成有形态的和可解释的。在差异中建立同一而使"人们"的存在成为可能，这被德里达的朋友德曼视为公民社会的基础。这标识了一切语言形式（文字主义）不可避免地带有"政治性"。倘若没有把同一性视作价值和意义的本原，政治学就无法存在。按照阿伦特的意识形态定义，这等于说意识形态不可避免地与政治结合。

但是，如果没有一种激起或趋向个性化、多元化的社会生活环境，那么这种"同一性"的意识形态制导下的现实生活方式简直使人难以忍受。据此而观，政治学不能受制于刻板的程式或某种政治意识形态的教条，即关于在政治领域内普遍事态的政治学命题系统。对此需要进一步

---

① 《马克思恩格斯全集》第 1 卷，307 页，北京，人民出版社，1956。

说明。

从性质上说，虽然政治在当代社会的内涵非常不确定，但是，毫无疑问，政治知识属于实践的知识（"实践性地知道怎样"）。在柏拉图的对话录中，用羊毛织衣服的编织技艺在比喻的意义上被用来阐明政治技艺（知识），它表明了柏拉图直接以公民和政治家的视野来思考，将政治哲学（科学）的任务基本落实为教育，就像编织把自然物变成人工物一样，教育则把自然中生成的人引导成为公民。于此，政治的机制转化成了教育的机制。而教育与艺术的类比并没有太多的麻烦，"艺术使自然完善，自然需要艺术来完善：人是艺术的动物，必须营造人的世界"①。由此这就产生出一种指示：健全的政治主要是教育、艺术的产物。这是用理性过程很难比拟的，否则必然会将政治学从实践智慧转向推理。

但是，正如鲍德里亚所指出，由于符码无处不在，抽象的符码是一种比剥削性的资本主义经济体系更为有效的统治方式。就我们看来，人们必然和必须将各种符码与政治活动联系在一起，此时，就产生了一种政治论说、推理的要求。对于这样一种符码的存在，柏拉图也许无论如何都未能预期到。因为，巩固在人们脑子里挥之不去的柏拉图政治论说的形象是：柏拉图是一个手中握有完全可靠的准绳的人的形象，其政治论说就是以这个单一、普遍有效的准绳来考量各种各样的政治"意见"，他认为政治论证唯一的选择就是彻底地寻找最终的根据。但这样一种柏拉图形象在哲学与诗的纷争中会变得模糊起来。根据罗森的解释，细读

---

① ［美］罗森：《诗与哲学之争》，张辉试译，8页，北京，华夏出版社，2004。

《理想国》，柏拉图对诗的谴责不是在"本体论"或"认识论"的维度上的。① 有一个论点足以质疑上述那个版本的柏拉图形象。这个论点是：柏拉图也是一位伟大的作家。我们这样认为，当然不是说他对纯粹形式的思考的天赋表现在他那诗般的语言创造力中。而是《理想国》与所有的柏拉图的对话录一样本身就是诗。

很显然，这里真正的问题并不能简单地被看成对习以为常的文类提出修正，而在于人类经验统一性的言说，实质在于同一性和差异性上。正如罗森对这一版本的柏拉图所做的注解：人类经验的统一性只能通过诗去接近。② 从最根本的意义上来说，柏拉图确信，正如"实在"（整体）是有层级的，政治知识也有不同层次，关于思考本原（柏拉图意义上的形式）的知识是政治知识的"最高"形式。"最高"形式的政治知识很"崇高"，但与实践的世界却不会拉上关系。或者，他看到，倘若理想政治家难以造就而没有人能掌握逻各斯中的"实在"高低或"实在"与"非实在"的区别，在这种情况下，最好的逻各斯实际上就是"意见"，顶多只是亚里士多德意义上的聪明人的"理性意见"。哲学家实际上不会从某种"正义"的公理中演绎政治生活，就像一位数学家不会凭一个方程式来解释现象。因而，苏格拉底对纯理性辩证法隐晦的说明，"并没有显示精确是所有知识的主导因素"，"最多仅仅显示它主导了知识的生产性部分"。看来，在对话（多元）而不是独白的理性（一元）观念中，政治技艺的自然主导原则不诉诸"算术或精确"的标准，而只诉诸"权衡、适中以及合适"

---

① ［美］罗森：《诗与哲学之争》，张辉试译，12 页，北京，华夏出版社，2004。
② 同上书，7 页。

的标准。其所需要的充分理据只诉诸传统和经验给我们的种种暗示。正如列奥·施特劳斯所见，即便政治学要求精确性，它也带有一种与数学很不相同的范围和意义。对于前者来说，严密精确意味着准则不受激情所扰并不被抨击为激情所滋育的意见；对于后者，严密精确意味着从不证自明的原理出发，依靠的是显明无误的结论。

无论是数学的前提假设，还是政治学的前提假设，本身已经以一种根本的规定为前提。康德以来的认识论自称有自然科学的精密性而想成为精神的一般基础的科学，然而他们遗忘了"作为正在进行工作的科学家的他们本身以及他们的周围生活世界"。因此，数学的自然科学就它的方法和理论的合理性而言，完全是相对的。这种思想观念不禁进一步令人联想到斯蒂芬·图尔明（Stephen Toulmin）的看法，"假如蒙田而非笛卡尔成为近代哲学传统的奠基人，那么文学和政治学而非数学和物理学将构成用世俗世界观取代宗教世界观的尝试。笛卡尔范式，数学证明，将被边缘化"①。

问题是，在对真理问题的探讨时，关涉到哲学或科学与文学、政治学之间传统界限标准果真是充分的吗？不久前，人们对此问题的回答还很明确。随着"对于现代科学中，甚至数学科学中令人困惑的无法解决的不清晰东西的出现，以及与此相关联，对于以前时代所不知道的那种世界之谜的出现"②，现在反对的呼声越来越高。它们与图尔明一起声

---

① 转引自［美］理查德·罗蒂：《后形而上学希望——新实用主义社会、政治和法律哲学》，张国清译，118 页，上海，上海译文出版社，2003。

② ［德］胡塞尔：《欧洲科学的危机与超越论的现象学》，王炳文译，15 页，北京，商务印书馆，2001。

明科学主义的优越性只是一个历史的巧合，它意味这样一件事，即对文类壁垒的消解。

这是不是处于哲学与政治之间的诗的胜利？的确，透过罗蒂的眼睛来看 20 世纪的学术版图，当代那些旨在颠覆形而上学的解构主义者都认为"人类的英雄是强健的诗人、创制者，而不是传统上被刻画为发现者的科学家"①。成长于 19 世纪的历史意识，看到了人类发展受制于更复杂的因素，那些出自社会的物质条件，或那些更难以琢磨的情感力量并被模糊地归类为"文化"的因素，现在被承认为有更大的重要性。因而，"艺术比真理更有价值"成为我们时代一个非常重要的政治解释学命题。

然而，在匆匆做出其他结论之前，我们不能忘却的是，对政治的艺术化，并不需要投射一种简单地反科学（哲学）的政治思想。与一名训练有素的政治家看法一样，对政治的艺术化的重申并不要求对科学和理性进行一种对抗性的隶属化，即进行一种唾手可得的取代。相反，在政治、科学和艺术三者之间，需要进行一种恰当的阐释平衡，即"政治是一门科学，是一种艺术"②，但是，在当代政治理性主义的语境里，藏匿各种结果使我们无法看见的，是艺术，而不是科学。因此，如果科学并不被赋予本体论的优先地位，如果追求艺术而不排斥其他，那么，艺术当仁不让地"担当起了世界性的拯救功能"。韦伯写道，"不论这可作何解释，它从日常生活惯例中提供了拯救，特别是从不断增长的理论和

---

① ［美］理查德·罗蒂：《偶然、反讽与团结》，徐文瑞译，41 页，北京，商务印书馆，2003。

② 《列宁选集》第 4 卷，189 页，北京，人民出版社，1995。

实践理性主义的压力中"①。

五、政治、能动行动、经济—技术思维

对于政治存在主义和哲学存在主义来说，能动行动是其最高的关切。在一个从经济学—科学技术思维看待的世界和那个世界意义以及能动行动的极大失落之间具有一种内在关系。一个在本质上由经济学—科学技术统治的世界，只关乎实证的实在，因在本质上"遮蔽了"政治而使世界丧失了意义。在回应经济—技术时代之显然的无意义性问题时，对科学政治的可能性问题的辨析是关键。这也许是因为这样的事实：与经济学—科学技术思维的主宰做最彻底的决裂并不意味着人们可以不考虑科学性的所有因素。政治观中文化危机在哪些方面应当归咎于科学技术的作用？而为此又应当肯定政治实践的哪些"科学的因素"？对诸如此类的问题，即使在以科学和对依靠科学进步的信仰的名义下加以考察，也不能违背科学认识的界限。

（一）行动的可能性及其对经济技术思维的批判

人们把哲学与科学之间的区别运用于人类事务的研究上，由于自然科学和机械论思维的影响，在现代，政治表现出了科学理性（智性）倾

---

① ［加］谢少波：《抵抗的文化政治学》，陈永国等译，83页，北京，中国社会科学出版社，1999。

向，行动的可能性即使不会完全被排除也会严重受阻。这里，对于自然科学和机械论思维所导致的文化、政治领域里的被动性，尼采的看法可以作为一个衷心表达出来的例证性的索引来举证。他在某个地方写道，"知识扼杀了行动"，"松懈了能动性之缰"，人"现在把他的行为置于抽象的控制之下"，鼓励了"躲避生命的行动"。科学和技术已经表明能使行动目标"化为乌有"。在这些充满着对于行动可能性的忧虑的话里，我们感觉不到科学和技术对自然的"能动性"所具有的意义。相反，在 19世纪末、20 世纪初的哲学的存在主义者和政治生存主义者，例如，尼采、施米特、卢卡奇和海德格尔等人的态度里，恰恰是这种对自然的"能动性"及其在自然科学和人文科学之间的战斗一直是前者得胜，使世界丧失了意义。① 而取代那些引领时代的人文学者的工程师和技师在这些人眼里根本就不懂文化和政治。

在这种意义上，在科学和技术的兴起对西方知识分子的特别后果的关注中，以及对文化、政治危机的分析过程中，当代政治哲学强调政治与"科学化"脱钩，往往是与凸显行动的中心性作用相关联的。而在深层意义上，人们援引"行动"一词是想重新恰当地恢复曾经被古希腊人所赋予的人的最高的能力，也就是行动和言语的能力。比如，阿伦特重拾亚里士多德的实践概念，赞赏他的如下观点：在人类共同体的所有必要的活动中，只有行动和言语这样两种活动被当成是政治性的。更为重要的是，如果在亚里士多德那里，"人是政治动物"的伟大断言，必须同"人

---

① ［美］约翰·麦考米克：《施米特对自由主义的批判》，徐志跃译，95 页，北京，华夏出版社，2005。

是会说话的动物"以及"人是理性的动物"的断言联系起来思考的话，那么由此也可推论：说理的言语是古希腊政治活动的核心，所谓行动就是在恰当的场合说出恰当的言辞。真正的人的社会生活是要避免诉诸语言之外的暴力。这就意味着，"合理的判断力"是政治的一种基本品性。

然而，一般地说，判断力的活动，是把某个特殊事物归入某种一般东西中，但是"特殊"与"一般"向来不和，例如，把某事认作某个规则的实例，在逻辑上是不可证明的。康德指明，为了遵循这个规则，他需要一个其他的判断力，或者说，它依赖于"无穷判断"。所以，判断力一般来说是不能学的，它使人们能够显示真我风采以及具有不可替代性的能力，它只能从具体事情上的训练中获得。也可以说，"合理的判断"，即政治的艺术。

显然，在阿伦特看来，激发行动又通过行动得以体现的那些规则不服从"知性判断"。在这样的意义上，阿伦特的"行动"概念具有非预见性和不确定性的特点。在这里，我们必须看到，西方社会的科学化、技术化、专业化和法制化在阿伦特看来就是推动了以说理为主轴的政治活动被专业化的政治活动所取代的"顺从主义"的产生。这种"顺从主义"没有考虑到人类行动的目的的高度复杂性。它期望每个社会成员"表现出某种行为，并强加给他们不计其数、各种各样的规则，所有这些旨在'规范'其成员，使他们循规蹈矩，以排除自发的行动或非凡的成就"。与这种"顺从主义"相伴随的，是强求一致性的暴力手段和行动的普遍化。值得注意的是，所有这些倾向于将社会成员"标准化"的转向，毫无疑问，被阿伦特主要归于是经济领域里的活动模式化的结果。而卢卡奇则将抽象的数量分析在社会科学中的全方位影响的缘由归入马克思所分析的商品形式的物化效应所侵蚀的现代思想模式。阿伦特抱怨许多属于经济活动领域里的标准，都被挪用到政治领域里来。当经济一拥而上地融入政治领域后，可想而知它就必然改变了原有"政治"一词的含义的内核及其性质。他说："这种一致性（即假设人们循规蹈矩且不自行其是）根植于现代经济学（它的产生与社会的兴起是相一致的，经济学与它主要的技术工具——统计学一起，成为出类拔萃的社会科学）"。现在，统计数字的一致性，已经"不再是一个社会的秘密的政治理念"①。

这就是说，现代经济学基本假定人们在经济活动中的行为如同其他方面的行为一样，均以相同的方式行动。这样一来，社会及其社会的形成也就征服了保留个性的公共领域的政治领域（因此，现在，谈及的个性常常就是怪异的同义语，希腊人大概很难理解我们会把怪异和优异混为一谈）。还可顺便指出，施米特通过与阿伦特颇为不同的道路揭示了议会民主制受到了技术影响力的感染，在原理上与经济学思路是一致的。他写道："通常人们只从经济学思路——从个人的自由经济竞争、契约自由、贸易自由和创业自由中产生的社会和谐和财富最大化——来解释自由主义。但这些不过是一般自由主义原则的应用。同样可以说，通过不受约束的意见冲突能够发现真理，这种竞争会产生和谐。"②显而易见，政治上的自由主义不能简单地看成是经济上的自由主义的表现和机械反映。因此，从政治的观点来看，我们注意到，自由竞争观念的基

---

① ［美］汉娜·阿伦特：《人的条件》，竺乾威等译，31～32 页，上海，上海人民出版社，1999。

② ［德］卡尔·施米特：《政治的浪漫派》，冯克利、刘峰译，187 页，上海，上海人民出版社，2004。

础往往是一种难以识破的预定和谐观念的伪装，这表现为消除一切起伏波动的因素，形成一种整齐划一的社会生活格局，且实现在理想上行动的可能性。现在几乎不可避免地产生了行为至上的倾向，事件本身越来越失去阐明其历史时间的能力。这意味着在既定的国家中，统计学意义上波动的消除过程，便是鼓励用社会领域取代公共领域的过程。用哈贝马斯的话来说，国家的"社会化"和社会的"国家化"之双重过程摧毁了公共领域的可能性条件，即国家与社会的分离。与此同时，将普遍化的经济统计学方法运用于政治学，无非表明这是蓄意忽略它的真正的主要内容，毕竟，在政治现象中，适合于抽象数量分析的行为只是其中的一小部分。更为重要的是，这些行为往往又不那么具有政治性。曼海姆就是几乎以这样的方式来考虑行动与政治行为的区分的。他认为，"只是在理性化还未普及，而且我们在毫无规则可循的情况下被迫做出决定时"，才会发生政治行为，因而那种"国家的例行事务"，或者"有用的实际知识所应对的政治行为"，或者"置于普遍现存法则之下的做法，几乎不能算政治实践"①。与此相应，实用主义强调行动的非历史精神及其反复强调直觉方法，将知识和理性化的能力看作不确定的，将所有政治思想或看作派生的或斥为幻想的观点，反倒赢得曼海姆的同情式的理解。

从以上分析中，我们可以看出，能动行动不能是客观、抽象、普遍的理性行为。值得注意的是，这一观点无论具有怎么样的批判性，都不

---

① ［德］卡尔·曼海姆：《意识形态与乌托邦》，黎鸣等译，116 页，北京，商务印书馆，2000。引文有改动。

能归结于仅仅是针对政治中的行为主义和理性选择两种"科学"范式的批判。它乃是基于范围更广的现代思想的批判。如果我们不希望从传统宗教的实质意义的立场来应对现代科学和经济思维所导致的被动性和无意义性问题，那么，我们也不应该像索雷尔（Georges Sorel）那样通过为了行动而拥护行动来对抗自由理性的"机械论框架"和制作意义。这当然意味着，一个政治决断及其导致的政治行动应当是对技术时代倾向技术的执行或审美化的政治实践模式二元性的超越。同时，在讨论这个问题时，不能完全把后现代主义理论的缺陷搁置不察。

后现代政治将严肃的理论与政治相分离，政治被视为理性和科学程序的障碍，将政治投票描述为"政治阶层的各种杂技表演"（鲍德里亚），政治人物，被视为根据臆测或根据其所代表的利益行事。这些看法的取向承认作为政治主体及其政治行为的不确定性，以此揭示政治世界似乎最经不起理性化的检验。不过，那些旨在批评当代政治体制和实践中科学方法和技术至上的政治的言论，涉及的与其说是建构具体的政治理论和实践，不如说是政治的特殊合理性理解得以发展的方式。这可以在以下各种类似的本体论假设中清楚地看出，这种假设认为，一切政治决定总是在众多相互作用的因素持续变化着的情况下做出的，因而政治学不是一门可被称为进步的、可积累牢靠结果，以致可进一步研究而得出结论的科学。所以，它的历史特别重要。

换句话说，在几乎解决不了的问题上，我们感到，对政治本身的特点是什么的问题答案的寻求把我们引向历史。政治地思考和行动，是以历史地思考和行动为前提的。但是，近代以来，政治事实上只不过是社会整合的一项功能。政治实际上是没有历史。亚里士多德意义上的行动、言语和思想，则变成主要是隶属于社会利益的上层建筑。政治被归结为经济的一种简单变种。社会似乎发展到了单纯靠经济因素来决定它的性质和特征的地步，由于经济—技术思维过分强调了经济的社会功能，以致未能更具体深入地探讨政治本身的特点。由于忽视政治本身的特点，人们，比如，机械主义的马克思主义者往往不能更深刻地揭示由政治权力所产生的政治特殊问题。但是，我们绝不能把忽视分析政治的特殊性的账记在马克思的名下。公允地说，自从"政治科学"产生之日起，以马克思为先驱的替代范式一直在发挥着若隐若现的影响，长期代表着对主流范式的批判传统。[1] 而回到马克思则在一定程度上看到了政治过程相对于社会经济过程而言的独特性。

为了"去理解真正的人"，为了理解社会历史，马克思虽然说，甚至人们头脑中模糊的东西也是他们的可以通过经验来确定的、与物质前提相联系的物质生活过程的必然升华物。因此，道德、宗教、形而上学和其他意识形态，以及与它们相适应的意识形式便失去独立性的外观。它们没有历史，没有发展。[2] 但是，在这段常常被人们征引的话里，马克思并没有明确提到"政治"一词，这并不意味着他忽视政治的特点而把"政治"当作"上层建筑"的附属品，而他恰恰是为了强调政治与经济之间相互关系的特殊性。在我们看来，只要我们不像后马克思主义那样把政治置于社会本体论的地位，那么马克思的这一强调就具有对社会和政治进行明确区分的意义。它旨在警示当下的人们——无论是美国人还是俄

---

① ［美］R. H. 奇尔科特：《比较政治学理论——新范式的探讨》修订版，高铦译，101～148 页，北京，社会科学文献出版社，1998。

② 马克思、恩格斯：《德意志意识形态》，20 页，北京，人民出版社，1961。

国人——不再有别的理想，他们不知不觉地在为经济思维而共同奋斗。

(二)对科学政治的可能性的期许和对曼海姆的质疑

我们看到，迄今为止，"在欧洲历史上发生的所有文化变迁当中，最强烈、最重要的当属 17 世纪从传统基督教神学到'自然'科学的转变"，这种转变仍然决定着未来所有文化发展的方向。在这场变迁的核心处"存在着一股几个世纪以来始终起着关键作用的基本动力，即争取一个中立的领域"①。因此，继中世纪衰落而来的是政教合一之总体思想的坍塌，这不仅意味着宗教世界观的分裂，而且意味着政治的分化，同时，标志着工业社会特征的理性思维形式的发展、科学(新自然科学而非各种形式的旧自然科学)世界观受到的尊重、政党政治的出现以及知识人把自己的集体行动建立在可以理性地加以论证的观念系统之上等，都足以促成科学和政治的联盟。这种联盟假定了科学是中立性的基础，它提供了达到发现真理的"最适度条件的最佳机会"，认为只有科学知识才是真正的知识。

然而，一方面，科学知识无法使任何价值判断有效化或无效化，政治科学的"政治"方面又必然地与承担某种价值判断相联系；另一方面，由于科学在事实上的成功，科学始终呈现出某种具体的价值含义，使人们一说到"科学的"就表明这是"好的"。因此，吊诡的是，要使政治科学变为一门"纯科学"，却要把科学异化为一种意识形态，即把无法赋予价

---

① ［德］卡尔·施米特：《政治的概念》，刘宗坤等译，236 页，上海，上海人民出版社，2003。

值判断以效力的科学论证，置于普遍有效性的位置，以为科学的道路通向绝对，并结合进了政党的思想体系，成为谋求权力和利益的工具。据此，人们应该很清楚，自 19 世纪以来，欧洲人已经赋予科学，特别是技术以宗教般的含义。据称 20 世纪乃是"人类平等已经在技术上成为可能"的时代。在此意义上，科学及其技术是"政治的"，或者说科学技术的认识论可作政治解释，因为它影响（并受其影响）了政治赖以发生的实践塑造。"科学技术"表面上以中立的名义为某种社会群体之利益诉求论证。但是，这种诉求却是一股政治力量。也有人把它视为统治的意识形态，从而展开社会政治批判。

这种批判，如我们在曼海姆那里所见的那样，是以政治学作为科学的可能性问题为内容的，而同时，还得从思想上给那些怀抱着让政治服务于所有的人的理想的知识分子以社会重要性。具体地说，曼海姆不但回答了"为什么没有专门的政治科学？"这个问题，而且他加强了这个问题那令人不安的特征：他与那一代德国知识分子的感觉一样，将该问题的讨论推进到知识的承载者——知识人问题上，力图通过他心目中的知识英雄在整个社会结构中的地位来阐释他对政治"科学化"前景的看法。当然，透过现代科技永续不断地实行其意识形态统治，曼海姆并不是第一个发出警告的人。但是，把社会学极端非经济学化以及应该如何考察知识分子与政治的关系，曼海姆可算是第一个提出这个问题的人。显然，曼海姆通过他所犯的错误和部分正确的分析，最终不会认同马克思和恩格斯赋予无产阶级以一种社会价值的做法。在他的眼里，"无产阶级因其受社会状况的限制，不能得到把握现代政治冲突所必需的知识"，而一个"相对不具有阶级性的"，"无社会依附的知识分子"群体，因为有一种与生俱来的对历史运动总体性的感觉，如果与"具体地展现出来的社会力量的设计紧密联系起来"，则能更好地洞察历史和政治思想的本质，形成全面的政治和历史观。在这里，知识分子是某种超越于知识形式之外的立法者。至于知识分子所加盟的这些现实力量通过谁（比如兰克或马克思）表现出来，是无关紧要的。①

但是，曼海姆并没有以上述看法为基础，认为以之可能建立起任何"科学的"政治学。他的怀疑主义的相对主义理所当然不能停留于科学的可知主义的怀抱里。他只是寄望于从前现代原有的垄断地位放逐后的现代自由知识人，能够为"诸神"或凡人之争的各方提供一个沟通的平台。他不想步黑格尔或尼采要时刻准备为他们的政治建设或反政治建设计划付出代价的后尘，他相信，政治运动的极端的两翼都坚持要把它们片面的实践观强加于我们，"今天，人们比以往任何时候都更期望这样一个能动的中间群体尽力去创造一个党派学校之外的讲坛，捍卫整个观点的兴趣"②。如果不是这样，知识分子就会丧失所可能获得的一种相对的总体视角，因而，他们应该在极端相对主义所说的那种著名的黑夜里"扮演守夜人的角色"。曼海姆声称，为了回应技术时代的文化冲突，主导着知识发展趋势的知识人，他们的使命在于"获得更广阔的观点"，且原则上应该在政治性的公共社会的广大讲坛上就他们的研究实践所产生的政治影响展开讨论。像我们看到的那样，卢卡奇、哈贝马斯等人敏锐

---

① ［德］卡尔·曼海姆：《保守主义》，李朝晖等译，128页，南京，译林出版社，2002。

② ［德］卡尔·曼海姆：《意识形态与乌托邦》，黎鸣等译，165页，北京，商务印书馆，2000。

地看到，开展这种价值超然的讨论的条件是不具备的。曼海姆赋予"自由翱翔的"知识分子的可能性和重要性，乃是知识分子对自己的幻想。但是，曼海姆仍然坚持认为这一点能够做到，且令人向往。

于此，曼海姆那座从意识形态理论到知识社会学（又称"非评价性意识形态"）过渡的桥梁似乎就建成了。曼海姆认为，知识社会学试图成为一门科学，它实际上伴随马克思而出现，但知识社会学在马克思著作中受到了遮蔽，其原因在于马克思没有将知识社会学同对意识形态的剖析区分开来。曼海姆的任务是用知识社会学取代单纯的意识形态批判，"不带党派偏见地分析实际存在的社会状况中的一切可能影响思想的因素"，为相互斗争的各方寻找一个可以对话的基础。在这里，这看起来仍然是施米特所批判的靠辩论施政的议会制的翻版。但是，曼海姆的"反思性"所能达到的问题式的研究只能到此为止。卢卡奇认为，"曼海姆的知识社会学并没有搞出什么名堂来"①。他的知识社会学是以规避"诸神之争"和凡人之争为问题取向的，而这么一个关键的问题，他却简单地诉诸自由知识人本身的社会性质（包括知识人的价值判断的涉入如何保证其判断是有效的）。这样，在曼海姆那里，知识不再是在历史实践、在经济基础那里寻求它的变更、动力、衍生和催化。我们必须估计到，我们在使自己置身于现代知识社会学的立场时，就会发现现代知识社会学已将诸神之争视作理论的当然起点，因而，曼海姆所提出的问题早已不再是真正的问题。

---

① ［匈］卢卡奇：《理性的毁灭：非理性主义的道路——从谢林到希特勒》，王玖兴等译，574 页，济南，山东人民出版社，1997。

我们想强调的是，我们绝不可能像曼海姆那样提出取消辨明政治知识的"正确"（或"不正确"）的任务。至少当我们检审并对"政治科学是否可能"做出讨论时，我们会看到投射到这个问题之上政治知识的"正确性"问题。对于政治理论来说，"没有立场和无所关联的知识是根本无法想象的"。用马克思的观点来讲，没有了阶级利益观念作为评判政治、社会行动的"客观"标准，一个社会运动是进步还是反动，就没有了依据。尽管人们之间也会有不同的看法，但基本上仅限于什么是信息化的正确方法之类的看法。资本主义社会中的商品和金钱被当成判断"客观性"的唯一标准——在施米特看来就是这样的事实：丝绸衣服毫无疑问地与毒气等量齐观。因此，在这一点上，任何急于先从政治存在论中，继而从似乎是任意的政治判断中解放出来的后现代政治观点，必须重新结合社会理论与政治存在论。它必须对人类本性和人类知识的问题有个立场，因为在这些问题上，倘若将"科学的"理念还原为纯粹事实的实证主义解释，这越来越表现为只是错误的源泉。实证主义既不批判，也不做价值判断。胡塞尔强调，"单纯注重事实的科学，造就单纯注重事实的人"①。因此，当意识形态与乌托邦思维作为我们时代的一个主要问题被提出来，并根据我们时代的基本困惑加以思考时，我们就可能看到，因为，任何一个特定的社会集团的思想并没有一种特权使其处于垄断真理的优越地位，知识和信仰之间的裂隙，以及在它们之间交通的困难，都直接和自发地指向了权力和政治问题。这种趋势不仅是一种政治

---

① ［德］胡塞尔：《欧洲科学的危机与超越论的现象学》，王炳文译，16 页，北京，商务印书馆，2001。

或社会的趋势，也是一种知识和哲学的趋势。所以，在当代多元性和解构性的哲学叙述中，我们时代思想上的危机不是某种观点立场的危机，而是首先在政治现实中试图消解"政治"与"科学"的张力，这最终导致了人类思想总体化的幻象。

(三)误入歧途的政治理性主义

在我们的时代，科学在哲学与科学之间改变了地位，很快便成为关于世界的一般态度或信念的表达。这样一种信念或许能够就世界应当如何被描述达成一致，促进技术控制。但是，一种强大的不断增长的放弃科学性的潮流，正在动摇这种信念，政治问题不应沦落为科学技术问题，因为，没有一个唯一的或纯粹的政治智慧范式（因此，也必须同意，政治理论必须与时俱进而具有权变性，不会像科学的理论一样，要求一种能够证明或证伪政治建议的"正确性"的论证，致力于探讨一套没有价值担当的政治制度。否则，政治家在执行职务时与其说运用的是科学，不如说运用的是技能）。对此，阿伦特和哈贝马斯等人都曾做出过一些艰难的选择，以确定在更恰当的政治观中文化危机在哪些方面应该归咎于科学技术的作用，而为此能够并且应该肯定或维系政治实践的"科学因素"有哪些。

政治实践不容置疑地表明，政治科学化产生的问题在于一种误入歧途的政治理性主义，这种政治思维方式注重政治的合理性（尽管这种合理性是"特殊的"），从亚里士多德、卢梭直到黑格尔。但是不可由此认为，"合理性"本身是坏事，而只注重策略性行动，或一味强调政治权力的"恶"和谎言。事实上，自公元前5世纪的雅典政治学成为关注知识与行动之关系的学科以来，我们业已不再需要论证的是，正确地学会以理性范畴思考社会与政治的意义，例如，没有一个古希腊哲学家主张把政治排除在理性探索的事物之外。当代马克思主义者列宁则在十月革命后强调科学与科学家的重要性，他更加信赖专家的权威，他相信，当社会主义跨越垄断资本主义的统治时，"政治家会隐入幕后，工程师和农学家将走向前台"①。列宁的理想，迄今仍然落空。预言失败的原因不是出在列宁身上，而是出在"在技术性中逃避在所有其他领域均无法解决的问题成了当今的趋势"。换言之，错误出在"不正确"的科学观上。这种错误倾向的产生是由于全球化背景中的政治现在变成了文化消费的对象——美国人和俄国人都在为经济思维并肩战斗。

我们已经看到，把科学、经济与政治分割开来的知识论，已无希望。现代文化是一种科学文化。科学关于世界的概念已经作为一种政治武器被充实到某种政治目标中，极大地促进了科学观念的扩散，而且只有当某种关于世界性的政治概念形成而建立政治哲学时，科学才实际上第一次具有了重要性。在这里，我们经常面临着防止陷入片面性危险的思想任务，这种片面性就是胡塞尔看到的"客观主义"，即认为自然科学有其自足的客观性。胡塞尔十分认真地认为，"因此为了争取平等权利而与自然科学进行斗争乃是精神科学的错误"②。精神科学理所当然地包括政治学，有关精神的客观科学从来也没有存在过，将来也绝不会存

---

① ［斯洛文尼亚］斯拉沃热·齐泽克：《实在界的面庞》，季广茂译，305页，北京，中央编译出版社，2004。

② ［德］胡塞尔：《欧洲科学的危机与超越论的现象学》，王炳文译，401页，北京，商务印书馆，2001。

在。这是因为有关精神的客观科学是一种范式混乱，而且从"视角"理论看来，曼海姆罕见正确地指出，"任何一种学科都无法成功地为另一种学科制订程序规则。一个更加宽泛的、从不同角度得到界定的领域的探究方法，只能从人们在这个领域中进行的卓有成效的实践中产生出来"①。

① ［德］卡尔·曼海姆：《文化社会学论集》，文彦等译，24页，沈阳，辽宁教育出版社，2003。

第四章 | 新的经济科学：开显政治哲学

一、历史唯物主义之超越政治经济学批判

作为历史唯物主义的科学证明的马克思主义政治经济学的显著特点，绝不在于其跟自然科学的相似性，而在于马克思得出的人类历史的辩证发展观以及人在历史性生存中的革命批判精神。革命批判要服从历史规律，绝不意味着革命批判以不断更新的未来的名义而死亡，正如革命批判不会随着政治经济学批判而无限延宕一样。在马克思对资本的逻辑分析中，批判和历史这两个维度不是被奇怪地抑制了，而是获得了巩固的确定的形式。马克思主义政治经济学的蓬勃生命力合乎逻辑地源自历史唯物主义。这是在当今马克思主义研究中遭遇到种种误读时所必须阐明的。

如我们所知，在《〈政治经济学批判〉序言》中，马克思原则性地谈到了历史唯物主义与马克思主义经济学的分析范式之间的内在关联问题，在那里，马克思把历史唯物主义看作"我所得到的、并且一经得到就用于指导我的研究工作的总的结果"①。恩格斯在为马克思《政治经济学批判》所写的序言中接近翻译了马克思的这一观点，他说，马克思的经济学"本质上是建立在唯物主义历史观的基础上的"②。列宁同样也认为，"自从《资本论》问世以来，唯物主义历史观已经不是假设，而是科学地证明了的原理"③。此外，拉布里奥拉等人都把马克思在《〈政治经济学批判〉序言》中所简述的"原理"看作历史唯物主义的基本指导思想，认为马克思在这里"准确而清楚地概括了唯物史观的指导思想"④，这个指导思想强调"独立存在和发展的经济规律战胜了一切幻想并显示自己是社会生活中的主导原则"⑤。所有这些观点透露了理解的何种消息呢？根据流行之见，这些观点可做如下阐释：一方面，对历史唯物主义的解释，必须同时是对资本主义社会的一种解释，或者用另外一种表达是，马克思创作《资本论》的过程，是把历史唯物主义应用于经济学的科学研究和在经济学的科学研究中进一步证实和发展历史唯物主义的双向过程；另一方面，《资本论》中所研究的资本主义社会发展的理论，是同对历史领域总体把握的历史唯物主义相适应的局部理论。或者说，历史唯物主义揭示了对于整个社会发展都适用的规律，但

---

① 《马克思恩格斯选集》第 2 卷，32 页，北京，人民出版社，1995。

② 同上书，38 页。

③ 《列宁选集》第 1 卷，10 页，北京，人民出版社，1995。

④ ［奥］安·拉布里奥拉：《关于历史唯物主义》，杨启潾等译，24 页，北京，人民出版社，1984。

⑤ 同上书，97 页。

这绝不排除政治经济学的特殊历史规律。而历史唯物主义的创立为政治经济学研究一定社会生产关系本身的发生、发展和灭亡的规律提供了方法。

应该指出，历史唯物主义思想史展示了，这些看法首先渗透在第二国际的进化论中，例如在考茨基的著作中，或者特别是在苏联学界所呈现出的作为社会学形态的历史唯物主义中。但这不是我要说的。我要说的是，这些观点往往被传统马克思主义者认为是理所当然的，在今天，情形也是如此。而且，它操着拙劣的"实证科学"或"知性科学"的语言，或赋予历史唯物主义的功能以"知识社会学"的形式，并把历史唯物主义法典化（形而上学化），从那以后，即使是恩格斯也没有完全上升到马克思的精神所具有的骇人的广度和高度。[①] 我们看到，随着马克思主义理解史上解释学意识的觉醒，尤其是政治经济学视野的扩大，历史唯物主义应该回到马克思本人思想的关键点上，用超越政治经济学的模式来理解。

(一)将历史和批判引入经济学与误读马克思的原因

就我们的视角来看，一切为了指证马克思哲学之当代性的举动，总是应当纳入对关于马克思哲学之本质很重要的解释方案给予历史性的理

---

① 倘若我们循名责实，而直追造成极端后果者，分明有数人，恩格斯即其一。在恩格斯那里，马克思主义变成了唯物主义—实证主义的社会学，具有孔德或柏克不同的但却是同样意义上的原则；"实证科学"或"知性科学"之于马克思的历史科学，一如假金之于真金的区别。不过，关于这一点，似乎必须等到我们自己世纪里的马克思主义研究者的出现，才能清楚呈现出来，这尤其适用于将马克思视为革命人道主义的理解。现象实情也表明，马克思与恩格斯之间的思想差异很少为大多数甚至是他们最紧密的追随者们所意识到。事情还不止如此，因为就其话题而言，这种差异总具有解释学的性质，会自然而然地被各种禁忌保护起来，或至少拒绝阐明这一点事实，因而它近乎成了不能说的问题。

解和批判之中。就像马克思哲学本身所具有的性质一样，他的著述差不多全是"批判的"。从《1844年经济学哲学手稿》到《资本论》及其手稿等著述，其理论冲动就是对资产阶级社会的本质批判，这种批判本身就是在他的时代"批判的批判"（青年黑格尔学派）的激情中孕育化生的，它既不忘"批判"本身通过理论干预社会历史的原初使命，同时又不忘辩证地颠覆"批判"的思辨形式。因此，我们对马克思哲学的初始理解便依赖于马克思对政治经济学的根本批判及其超越政治经济学的要求。

我们也不难看出，如果说迄今为止的经济学包括政治经济学及其批判都是从一个狭隘的视角考察有限的资源分配及总体经济行为的决策的话，那么，与其他经济学观念相比，这一经济学定义更应该是马克思批判的对象。因为这一定义意味着，存在着所有的人在所有的历史阶段上都面临的经济问题，而这一问题解决得合理与否，取决于人们能否借用以物理学为样板提出的方法学，以在市场和非市场或商品和非商品之间维持一定的平衡。针对这种观点，马克思在劳动和生产的基础上，提出对于政治经济结构的批判，这构成了"批判"的政治经济学的前提。换句话说，如果政治经济学被界定为市民社会的理论，那么，"批判"的政治经济学就是在质问此理论的正确性。马克思从《哲学的贫困》到《资本论》对古典政治经济学提出的根本质疑，是指古典政治经济学给予资本主义经济范畴的非历史的、永恒的、固定不变的和抽象的概念。马克思认为，不仅消费、分配、交换、货币等范畴是历史的产物，而且与这些范畴联系在一起的科学即经济学本身也不过是历史的或暂时的，只有历史观点才可能是该领域认识上可信凭的。按照马克思的观点，"每个历史时期都有它自己的规律。一旦生活经过了一定的发展时期，由一定阶段进入另一阶段时，它就开始受另外的规律支配"①。从这个意义上说，马克思主义政治经济学把商品（资本主义商品）社会作为自己的科学研究的对象，这绝不是偶然的。马克思谈到了资本主义生产所固有的"商品的形而上学"和"微妙的神学怪诞"世界。正是这个世界，使人类劳动的产品获得商品的形式，人与人之间的重要关系表现为物与物、商品与商品之间的关系（而非人与人之间的直接关系）。简言之，现代社会特有的人与人之间的对立的物化关系，才是经济科学的对象。所以，对资本主义现实的分析才具有特殊意义并赋予经济学以特殊的逻辑形式。假如我们面临的是有自觉组织的经济形式，人与人之间的关系是简单的和真实的，他们的行为不再由幻觉和商品拜物教式的倒置所引导。那么在这种社会历史状态下，政治经济学不再是一门"政治的"科学，逐渐丧失了它的存在的权力。或者说，它只是充当"经济地理学"和"经济政策"的规范科学。仅从这一点看就很清楚，研究资本主义就是要研究它的一定历史的和十分独特的发展过程。② 当然，马克思的分析并非第一次使得根据历史来表述经济学成为可能。③ 而且，也绝不能由此以为马克思否定了

---

① 马克思：《资本论》第 1 卷，23 页，北京，人民出版社，1975。

② ［俄］尼·布哈林：《食利者政治经济学——奥地利学派的价值和利润理论》，郭连成译，46～47 页，北京，商务印书馆，2002。

③ 根据福柯的"知识型"划分，当现代知识型重建了关于生命、劳动和语言的话语时，历史（时间）成为知识对象的内在因素，知识对象脱离了外在的历史（时间）。在政治经济学领域，正是以李嘉图代表，将历史性引入经济学中去，才使得由注重空间性和可见性变化的知识型转变为注重时间性和不可见变化的知识型。在这一着眼点上，我们认同"由李嘉图在经济学中达及的社会历史观的逻辑层面，才是马克思后来 1845～1857 年科学思想革命的真实起点。"张一兵：《回到马克思——经济学语境中的哲学思考》，59 页，南京，江苏人民出版，1999。

决定不同发展阶段社会生活进程的全部的和一切可能的普遍规律。历史唯物主义的两个基本命题，即生产力决定生产关系、经济基础决定上层建筑，构成了马克思主义政治经济学的分析范式。它表明，"如果说资产阶级经济的范畴适用于一切其他社会形式这种说法是对的，那么，这也只能在一定意义上来理解。这些范畴可以在发展了的、萎缩了的、漫画式的种种形式上，总是在有本质区别的形式上，包含着这些社会形式"①。而这正是那些出于**政治的**和理论的原因"证明现存社会关系永存与和谐的现代经济学家的全部智慧"恰恰忘记了的道理。②

我们也知道，从根本上批判政治经济学，差不多总是意味着，马克思"批判"政治经济学不是去纠正或约束现有的这门学科的某些不妥之处和某些细节瑕疵，也不是弥补空缺或填补空白，以使内容十分广泛的研究继续下去。相反，马克思必须扼住政治经济学批判的咽喉，提出一个同政治经济学"总问题"相对立的历史唯物主义的"总问题"，提出到底什么是经济学的评价依据，在知识层面上引入一种真实的、彻底的断裂。假如说，任何术语都同作为这一术语基础的理论体系相联系，因而任何术语自身都包含着特定的理论指向。那么，马克思早已看到："一门科学提出的每一种新见解，都包含着这门科学的术语的革命。"③当马克思用历史唯物主义、辩证法、生产方式、劳动力这些概念，而不是用自然、人、理性、形式逻辑这些概念时，他的理论同资产阶级抽象的思想

---

① 《马克思恩格斯全集》第30卷，47页，北京，人民出版社，1995。

② 《马克思恩格斯选集》第2卷，3页，北京，人民出版社，1995。

③ 马克思：《资本论》第1卷，34页，北京，人民出版社，1975。引文摘自马克思引用的考夫曼对他的评论。

概念王国的那种历史距离就可能被置于阅读者的视野之中。正如阿尔都塞所见，"马克思的特殊贡献并不在于他肯定和指出了生产的支配地位（李嘉图已经以自己的方式做到了这一点），而在于他改造了生产概念，并赋予这一概念以完全不同于旧概念所表示的对象"①。但这里的问题不在于指出阿尔都塞的评论是正确的（因为，马克思诚然同他的先驱者、他的批判者、某些拥护者以及同在他之后的"经济学家"相区别），而他就问题的根源仍然找错了地方——显然马克思突破近代思想范式的根本原因不在于他所采取的概念和术语。我在这里只是要提醒我们注意，马克思在以生产、生产力、生产方式、生产关系等术语来表述他的独特"经济学"判断的原则时，就能够揭示出我们社会历史中的根本性对立或分离，而且也希望解构政治经济学的最终阶段并消解政治经济学。

　　然而，这么一来，一般人普遍会有一种感觉，也许是种不快的荒唐感，说它荒唐，是因为"马克思从政治经济学的无权存在的状况中得出的结果是一本叫做《资本论》的巨著，而《资本论》从开头到结尾又**一直**在谈论政治经济学"②。这怎么能够在自身内部保持一致？假如马克思的谈论一直局限于商品和价值，哪怕他打乱了在古典政治经济学中这些术语的原有关系，哪怕是由于向他的同代人解释他的学说的需要不得已采用这些术语，他的谈论也不能逃出古典的从而也是资产阶级的各种观念的陷阱。马克思与"资产阶级的"经济学之间的争论，激起了某些波浪并

---

　　①　[法]路易·阿尔都塞、艾蒂安·巴里巴尔：《读〈资本论〉》，李其庆等译，196页，北京，中央编译出版社，2001。
　　②　同上书，183页。

构成了表面的涟漪岂不像"小孩涉水潭中的风暴"？马克思生前庞大的经济学研究计划和一而再再而三地转向资产阶级经济学，岂不显示"马克思主义处在 19 世纪思想中，犹如鱼得水：即是说它在其他任何地方都会停止呼吸"？① "还是在它们产生的那个历史时代，它们就是无用的，甚至对我们来说是神秘化的？"② 也许，在今天随着政治经济学延伸到如此宽阔的领域（作为语言、符号、身体生产的消费等），以至于与利润和剥削相联系的资本主义体系，只不过是显现了政治经济学体系的初级阶段。"生产"获得更丰富的内涵：文化领域是知识生产，精神领域是欲望生产，政治领域是权力生产。因此，种种现代性状况岂不表明政治经济学无法同物质生产决定论分离开来，注定了马克思的"批判"政治经济学无法扩展为普遍化的理论？也许，因为马克思主义的实际研究目标只是"在存在和意识上"批判政治经济学的规范内容，所以，它似乎成了"批判的"理论，但其实只是用"奇袭的方法"，即"强行宣布唯物主义占有了黑格尔的逻辑学的方法"，当然，它没有成为"批判的"理论。③ 相反，我们在马克思那里看到的同样是"黑格尔理性主义的自打包票"④。这是身陷"生产之镜"的马克思的"辩证法的阴谋，无疑也是所有'批判'的局

---

① ［法］米歇尔·福柯：《词与物——人文科学考古学》，莫伟民译，340～341 页，上海，上海三联书店，2001。

② ［法］鲍德里亚：《生产之镜》，仰海峰译，75 页，北京，中央编译出版社，2005。

③ ［德］尤尔根·哈贝马斯：《重建历史唯物主义》，郭官义译，5 页，北京，社会科学文献出版社，2000。

④ ［德］卡尔·施米特：《政治的浪漫派》，冯克利、刘峰译，207 页，上海，上海人民出版社，2004。

限"①。简言之，在种种情况下，对马克思主义理论传统的兴趣，就会引起对空想的怀疑。我们知道，顺着这些观点的思路，它们仿佛成了马克思哲学的历史"命运"之"压倒性的"谈论，因为是"压倒性的"，我们无须指明持这些观点的人是谁。已逝的和在世的，好像总想把马克思"一切说尽"，可以让我们结束"死者"的声音。

这里，并不是要对这些观点所想象的有利地位进行全面的质疑，只是在这一点上，我们不应该忘记这样的印象：这些观点在反对马克思时，要么是在其形式上或技术—策略上挑战历史唯物主义；要么在逻辑上制造的所谓历史反而成了理解历史的障碍，制造所谓真理（科学）与革命（历史唯物主义）的分裂，重要的还不是这种疏阔散荡的理解，而是此种理解本身具有消弭马克思哲学开放性的性质。这里，允许我暂且放下马克思的观点。从这些观点本身上来说，在人们的"认识与兴趣"中看到的那个马克思，一直把作为"人的自然科学"的经济学批判等同于一种解释自然科学的方案。马克思没有把政治经济学批判所具有的特殊能力与实证科学恰当地区分开来。相反，由于偏爱"工具主义的认识论"和"经济主义"的逻辑，为什么马克思从来没有明确地讨论过一种以有政治意图的意识形态批判来精心设计的人的科学、一种对人的自然科学所提出的带有实证主义色彩的科学的含义，就更加清楚了。对这种马克思主义的科学立场，人们从如下的方面来反对，即我们不能忽视经济学，是作为人的科学，而非严格意义上的科学。因此，它应该对社会劳动体系的

---

① ［法］鲍德里亚：《生产之镜》，仰海峰译，103页，北京，中央编译出版社，2005。

结构性变化进行反思，反思是批判不可缺少的特征。可以说正是马克思"按照生产模式来理解反思"，掩盖了社会理论。它表现为用再生产过程的逻辑而非民主化进程的逻辑来解释社会组织原则，导致了马克思的理论没有明确地考虑到理论的伦理依据和政治依据，经验分析的科学与批判之间的差别随之荡然无存。[①]

人们可以看到，这些观点不仅出现在时下的后马克思思潮的形式中，而且某些持现代主义立场的理论家，例如，哈贝马斯也是这些观点的代言人。哈贝马斯持之以恒地关心的是批判理论之可行规范的基础问题。他当然是要以此证明历史唯物主义的遗产之所以有时不加反思就起作用，是因为马克思的后继者认定的客观历史主义，没有解决如何成为"批判的"理论这个专门问题。哈贝马斯认为，马克思主义政治经济学批判也是原本意义上危机理论，马克思关心的是认识和说明危机的发展，从危机的发展中，马克思看到资本主义制度在结构上受到限制的控制能力枯竭的征兆，它根植于剩余价值所占有的这种基本关系。但同样的危机现象，假如用现代社会形态分析的观点看，只是意味着资本主义遇到的困境。而历史唯物主义作为社会进化的全面理论（而不是这种理论的现有形式），因为能够承担从现代社会形成的前景中规定同时代的社会组织原则的任务，因此相较于现代社会形态的分析，不仅同资本主义形

---

① ［德］尤尔根·哈贝马斯：《认识与兴趣》，郭官义等译，37～56 页，上海，学林出版社，1999；［德］尤尔根·哈贝马斯：《理论与实践》，郭官义等译，286 页，北京，社会科学文献出版社，2004。

成的解释更相一致，而且更有在行动中确定方向的意图。① 因此，对于哈贝马斯来说，如果说历史唯物主义在可以说明改变社会组织原则的实际的必要性之类的问题上不会有许多作为，如果说社会主义的组织原则仍然是从再生产过程的"形式规定"中推导出来的，那么历史唯物主义重建的无望，与政治经济学激进批判的软弱性必定相关。换句话说，倘若马克思不是假革命之名，将一种政治因素引入新的经济科学之中，进而使之成为它自命的东西——政治经济，也就是一种依赖于政治权力因而能被政治组织和革命手段推翻的经济，那么马克思的影响承受不住一个多世纪的历史的风雨。

（二）历史唯物主义优势的立足点：对资本的非人化的革命

现代性状况表明，当马克思开始分析资本时，资本主义工业生产还是马克思 1858 年所说的世界的"小小角落"。当马克思把政治经济学看作是决定性领域时，在很大程度上，商品形式不仅还没有获得普遍的形式，这经历了长期的历史发展过程，而且宗教严密统治世界的现象也还没有消失。至于，在马克思身后 100 多年里，由于资本主义与现代科学技术的结合，资本主义仍然不断在产生。在后现代主义者看来，关于政治经济学的当下阶段，马克思给我们提供的只是关于垄断资本主义的分析，在马克思那个时代，政治经济学体系还没有充分发展出它的全部矛盾，那么正如鲍德里亚在说明象征交换理论的主导体系时宣称，用历史

---

① ［德］尤尔根·哈贝马斯：《重建历史唯物主义》，郭官义译，38～42 页，北京，社会科学文献出版社，2000。

唯物主义观点是无法分析语言、符号和表现的政治经济学的。由此人们自然会问，难道这不正是使马克思面临着局限性的前提，并禁止马克思进入科学言说的历史位置之生存情境吗？由此这也不正是说明了资本的政治经济学模式的缺陷，和历史唯物主义难以覆盖政治经济学的基础？难道历史唯物主义超越政治经济学的革命前景，还不是不言而喻地应该被描述成一种意识形态吗？由此看来，在现代主义和后现代主义的圈子里讨论马克思主义的话题，对历史唯物主义偏向一端（"真理—科学"与"革命—批判"）的误读，就必然是难以避免的。

当然，就这些问题来指责马克思是没有用的。运用这种二元概念，我们将永远处于必然与自由的问题式中。这是近代启蒙理性的问题式。尽管非常奇怪的是，现代主义和后现代主义者自身对此一无所知。在这里，他们没有意识到或者误解了，存在世界本身未曾克服的分裂和对立绝不是理论前提的局限，就好像人们之所以溺死，绝不是受重力思想的局限一样，这是人们实际生存条件的反映。这种分裂不可能在现代性的今天合为一个存在的总体。鉴于此，假如他们将马克思的理论做如此决断，着手对历史唯物主义质疑，那么他们就必然处于实际的不利位置。

如果这一点毋庸置疑，那么现代主义和后现代主义一定认为这样的解构依然没有冲破历史唯物主义的坚硬内核。这个内核常常指的是生产力作为真正的历史的革命力量的观点。有证据表明，现代主义和后现代主义往往以这样的方式解读生产力与生产关系的辩证法范式，这就是普遍的历史主义解读的设想，即生产力是不断增长的，生产意味着生产力的扩大再生产，生产的真理是生产率，这是一种数量增长的功能，通常化约为技术的发展，如简单地将社会形式理解为"手推磨"或"蒸汽磨"；

紧随这个"自发"增长之后，是生产关系的改变。虽然两者之间存在着延宕，它们之间的"协调"或"震荡"要等待一个惰性的、有依赖性的时刻的来临。但是一旦资本主义不能经济地和政治地将自己再生产出来，一种新的社会关系形式就必然会再生产出来。当然，我们说，这根本不是马克思主义的立场。马克思本人无意勾勒如此简化、如此抽象和如此固执的社会进化理论。因为，在这里，政治秩序处于赌博之中。生产力的发展能导致社会关系革命吗？人们之所以有此一问，在这里完全是由于把这些关系看成原理、范畴和抽象的思想及其理性的推论，所以他们只要把这些思想重新编一下次序，就可以赋予这一固执的解读完全相反的、出人意料的扭曲：它同样承认了资本主义制度是非常有生产能力的，是最有弹性、最具适应性的，在这方面没有其他制度能够跟它竞争。在这里问题不在于历史唯物主义是否也这样认为，而在于只有在这种描述的抽象性基础上，现代主义和后现代主义才能因为现代性状况乃是当下生产力发展的必要的社会形式，而根本不反对当下它对经济秩序的深层分裂。相反，它根本不把现实看作分裂的，现实在意识形态层面却令人赞叹地得到了统一。因此，这种抽象反而是这种分裂的补充，或仅仅是被市场经济形而上学所决定的生产模式和合理估价的完成形式。如果情形果真如此，在今天，马克思主义只是复制、放大和巩固了它的批判对象，或者只是被整合为资本主义意识形态的要素，就不奇怪了。此种误解的问题关键并不在于，在僵化的马克思主义那里，它试图坚持生产方式的决定论；问题的关键在于，正是由于这一"矜持"，它不许人们看到任何"多余的东西"。此外，由于批判的概念在西方与政治经济学同时产生，所以马克思哲学的"批判方面"往往被误解为启蒙抽象理性主义本质的某个方面，导致批判可能只是资本主义体系扩大再产生的隐蔽的表达；或者作为被变为从其基本主题中分离出来的东西，而将这些东西总是在本质的重新整合上视为同宗教观点或者同政治唯意志论一样的东西。当然，这是十分不恰当的。我认为，造成这种固执的解读的内在原因来自一种十足抽象化了的生产力被充当历史形而上学基础的强制。就像在资本发展生产力的同时，生产力的抽象的和普遍化的发展也被资本本身所强制一样。

在这个简明的陈述中，我们无论如何都应当质疑这一假设：只有我们仅仅着眼于可以以自然科学的精确性加以观察和认识经验对象，所谈论历史的"唯物主义"才有意义。和那些躲在人人皆知的并已僵化了的唯物主义背后，一听到人们谈论剥削或异化就惊呼唯心主义的人相反，和那些谈论政治经济学如何削弱、倒转和颠覆着革命前景的人相反，我们认为，如果"唯物主义"这个术语还有意义的话，那么我们就应该将它从受到经济学或者人类劳动的工艺学束缚的生产力及由隐蔽着的技术本质规定的维度中拯救出来，将它从对经济基础和政治—意识形态的上层建筑的关系的"反映论式"的理解中解放出来，将它从把社会存在与它的感性的基础对立起来的形而上学的禁锢中挣脱出来，以便回到马克思思想的关键点上，即认清人类经济生活的"自然规律"只是在资本主义政治经济学中才获得自己的明确的形式，它只是匮乏的哲学表达。我们可以注意一下这样一种对比：在古典分析中，贫困、匮乏归于"大自然或自发的物之序的一切"，劳动是同短缺概念相联系的。18世纪经济学家认为，土地和劳动能够克服匮乏。稍有不同，李嘉图则认为，劳动或经济活动只是当人口增加太多，以致土地的天然果实不能维持生命时才出现在世界历史中的。简要地说，物质匮乏与自然界的有限富饶相关。李嘉图试图通过人口的稳定来克服匮乏，以一种人为的财富分配方式使劳动适应需求。在马克思看来，匮乏是"一种历史的结果"，贫困是一种政治现象，是一个掌握暴力手段的"统治阶级"剥削带来的结果，是人作为自然的有限存在的异化，"大写的历史在剥夺人的劳动时，使人的限定性的实证形式凸显出来——人的具体真理最终得到了解放"，这必将导致现存发展历史的颠倒。① 正是在这一意义，历史唯物主义在本质上是革命的和批判的。

但是，只要我们把这种革命的和批判的本质误解为人们应该满足于他的解放的前景，反对"当下和立刻"的革命，马克思所宣布的"我们所称为共产主义的是那种消灭现存状况的**现实的**运动"②，就只能充当无关紧要的诺言，这类似一种千年福祉的意味。革命以不断更新的未来的名义，越来越要求当下的牺牲。后现代主义者笔下所呈现出来的生产力的革命性质，正是这样一种革命中的"禁欲主义"：马克思主义要根据历史规律来革命，它的激进要求越来越转向了对历史客观情境的研究，至于对资本的否定和破坏性后果的批判与革命，仅在生产力对它的突破发生的"那一刻"才是真实的。而且情况也往往是这样的，只要马克思将通过阶级斗争的方式来实现革命的"计划"奠基于政治经济学基础上，就注定了阶级斗争的革命观念随政治经济学批判基本完成而被扬弃。西方社会发展到今天，马克思、恩格斯所讲的那种资本主义已不复存在。随着

---

① ［法］米歇尔·福柯：《词与物——人文科学考古学》，莫伟民译，339～340 页，上海，上海三联书店，2001。

② 《马克思恩格斯选集》第 1 卷，87 页，北京，人民出版社，1995。

所谓消费社会的来临，全球市场的转型，远程交流媒介的汇聚，使得通向资本主义的路径更加复杂。沿着马克思革命活动的足迹，后现代主义主张走向根本不同的层面。于是，后现代主义的视野，凸显了"革命浪漫主义"的"政治"维度的缺陷：它只关注正式的政治制度和体制，没有把与生活政治有关的各种决策包括进来。对后现代主义来说，马克思主义只是在生产方式中理解社会与革命的合理性，终究不能将总体的社会实践理论化。在这个意义上，鲍德里亚写到，"说马克思客观地将资本主义社会关系、阶级斗争、历史运动等理论化时，人们对他要求得太多了。实际上，马克思只是将社会秩序的激变、社会秩序的现行颠覆、生与死的言说方式、运动的解放者'客观化了'"①，"历史唯物主义无法颠覆政治经济学的基础"②，并且因此，人们相信自由直接从必然性中产生，这就是后现代主义者的结论。

显然，后现代主义不仅贬低了马克思哲学中富有批判张力的东西，也消解了一种新的革命理论的可能性。在见解层面上，这种思想及其所有概念之根本过失在于对资本与人之间的敌对关系有令人难解的冷漠和无知。如果说资本的规律与某一特定阶级之非人的生存状况只是属于一个特殊历史阶段的话，就像马克思在他那个时代所做的分析一样；那么，在今天，作为商品的劳动力能生产比它所体现的更多的价值这一魔性，就变成了任何商品的魔性，资本与人的敌对关系皆人对人自己的敌对关系，这种关系不再是初始样态。但这并不是从根本上否认我们这个

---

① ［法］鲍德里亚：《生产之镜》，仰海峰译，150～151 页，北京，中央编译出版社，2005。

② 同上书，75 页。

社会仍然被商品逻辑所决定的观点。相反，伴随着现代信息技术而来的生产力的高度社会化，生产力的社会性质更加倒置为同具有感性生命相敌对的抽象力量。当然，按照马克思的思想，由于资本存在的历史性，资本主义社会秩序的非人性质，必然从其内部产生对自身的否定。至于从政治行动上看，马克思所说的并不含糊，马克思设想了一种使"自由个性"成为现实的政治行动方式。因此，我们更看不出有什么理由像20世纪末的人说的那样，历史终结于资本原则支配下"人性"的自由实现（福山只是经常被提到的一个例子）。我们仅仅知道的是，一切对作为人类的"人性"感兴趣的人都意欲将政治现实化。仿照施米特，我们说政治本身，政治性的政治存在，在其可能性上是随着人对人的敌对关系的出现而出现的。反之，人对人的敌对关系的消逝是本质政治的丧钟。毫无疑问，这位思想家的政治概念所发挥的积极影响以及与左派运动的亲和性还有待解释。我们现在暂时确定的是，倘若将这个政治概念中某种不可避免的含糊性限制在最低限度，我们就要从施米特的观点转向马克思的观点，因为政治本身是无法界定的，在最低限度的生存意义上，它需要从经济对立中获取动力。诚如阿伦特所说，马克思在早期著作中运用政治术语来谈论社会问题，而在《共产党宣言》之后的几乎所有著作中，马克思运用经济术语来重新定义他年轻时赤诚的革命热情。[①] 可以说，马克思的基本洞见依赖于那种透彻认识政治理念的经济学思维。马克思主义的生产方式的矛盾必然导向革命"政治"的维度。从我们当前的立场出发，革命仍然是为了此时此地的目的，也将成为历史的目的，这再度

---

① ［美］汉娜·阿伦特：《论革命》，陈周旺译，51页，南京，译林出版社，2007。

验证了我们前面关于历史唯物主义是"革命的科学"①这一马克思的结论。

二、需要理论：反贫困的政治哲学向度

政治经济学所关注的人类学意义上的需要理论，不可以充当历史唯物主义关于人的需要理论的基础。马克思的需要理论离开与之相应的经济领域，就将不同于经济学意义上的利益、目的的东西引入生产领域。马克思将资本主义社会中的生产，定义成物质财富的生产，也是无产阶级贫困的生产。其需要的理论批判具有明确的政治经济学批判和反贫困的指向。关涉无产阶级与资产阶级的基于利益分离的阶级斗争和反贫困的革命目的，也是在历史唯物主义的另一维度上追寻人类应该如何过美好生活。然而，我们不得不说，在马克思的作品中，我们并不能发现有什么地方对这个问题做过足够的分析，而这个问题在现代性以社会和经济取代政治和宗教背景下，却是马克思对批判资本主义的如此核心性的关怀。

依我看，学术界就关于唯物史观对需要问题的研究，仍然保持着一套经济学语言，至今还未曾与政治哲学联系起来。是马克思的著作缺乏这样的解释性内容吗？为了规范地表述这个问题，我们就从马克思的论述开始，即"人们为了能够'创造历史'，必须能够生活。但是为了生活，

---

① 《马克思恩格斯选集》第 1 卷，155 页，北京，人民出版社，1995。

首先就需要吃喝住穿以及其他一些东西"。而且，"已经得到满足的第一个需要本身、满足需要的活动和已经获得的为满足需要而用的工具又引起新的需要"①。这段文字的要点是，马克思把物质资料的生产看作"一切历史的一种基本条件"，把"第一个历史活动"与满足维持生活的需要以及由此而引起的新的需要联系起来。

与这些论述相关，有人这样来解读：马克思确立的仅仅是一个历史的事实，即生产和满足需要是同一个历史进程。哪怕在最低限度的生存意义上达到需要的满足，仍然要通过生产来保证。这是一个类似于自然支配的必然性，它意味着生产即生产力的扩大再生产。假如给予这个事实以恰当的理解，就应该遵循与从政治经济学批判中所得出的"肉体、需要、劳动"等概念相联系的规则，来论述历史的可能性。似乎没有人会怀疑，这就是马克思关于历史唯物主义的经典阐述。于是，对马克思的批评者来说，他们迫切要做的事情便是指出：已从多方面证明了马克思对需要的历史性持肯定态度，但这并不意味着马克思已完全"打破了自然的神话，以及这种神话支撑的唯心主义人类学"。"'产品的最终有用性在于满足需要'和'自然的最终有用性在于劳动对它的改造'"便是这些人期待归于马克思沾染了所谓自然主义观点的例证。② 换言之，这就是一种被理解为至关重要的作为人类最低要求的生存需要，假以自然主义之说，又悖谬地隐退在唯物史观的一种强烈的历史化方法后面。因此，这样的解读意味着把这样一种抱负归于马

---

① 《马克思恩格斯选集》第 1 卷，79 页，北京，人民出版社，1995。

② ［法］鲍德里亚：《生产之镜》，仰海峰译，39 页，北京，中央编译出版社，2005。

克思：对唯物主义历史观本身做政治经济学的还原。这样便使得那些把历史唯物主义假设为仅仅是政治经济学话语的普泛化的人得到结论："政治经济学的公理""从深层削弱、倒转和扭曲着革命前景"①。"如此说来，马克思最终比其他任何人，都更强化了现代在政治上最有害的信条，即生命是最高的善，社会的生命过程正是人力所能及的中心。因此，革命的角色不再是将人从其同胞的压迫下解放出来，更不用说以自由立国了，而是使社会的生命过程摆脱匮乏的锁链，从而可以不断高涨，达到极大丰富，取之不尽，用之不竭。不是自由，而是富足，现在成了革命的目的。"②

(一)需要的批判理论及其指向

但如果这就是上述马克思所论的历史事实的全部意义的话，我们今天就不需要讨论它了。对马克思所论的基本事实的错误读法，使人形成荒谬推理，于是，马克思的观点无非成了相似于亚当·斯密对经济生活的强调。其实，甚至很久以前在神话历史观中，生产就如此被按照人类再生产的方式来思考了。但从马克思的角度看，神话历史观所讲的生存、需要概念都是神秘的，而且具有道德哲学意味。通过这些概念，神话历史观才能把一种特定的社会形式解析成非历史的所谓人之原初处境及其堕落状态。我们现在知道，为了人类学的"事实"能够呈现出来，把

---

① [法]鲍德里亚：《生产之镜》，仰海峰译，154 页，北京，中央编译出版社，2005。

② [美]汉娜·阿伦特：《论革命》，陈周旺译，51～52 页，南京，译林出版社，2007。

人规定为生产者的"唯物主义"，在本质上与把劳动神圣化的"唯心主义"毫无二致。因此，在这个意义上，只要是从"需要概念"和"在财物世界满足需要的概念出发，就不能完全认识劳动的事实情况，这样的理论至多只能把劳动解释为'物质的'生产和再生产，——甚至连这种解释也做不到"①。

如果我们的论断是正确的，那么，我们只要指出下面的论据就够了。首先，这样的理论往往选取经济学杂带心理学的思路来解释需要，强调它的"自然的生物学"意义的解释，而把其他诸如"创造意识"或"自由与公正"之类的所谓"精神需要"排除在外，也就把社会有机体全面生产中的精神生产排除在外，使理论过于狭隘。其次，它茫然无视需要概念的古典范式向现代范式过渡的历史一波三折。众所周知，从马克思时代开始，历史概念成为一个普遍的解释原则，也就是从以空间作为规范的坐标（固定的自然生活和排斥社会流动性，因而认为变化即意味腐败）向以时间作为规范的坐标（对"新需要的满足"的倡导，因而认为生活在逐步改善）的转变，自柏拉图以来人们所一直维护的所谓纯粹与"肉体"相关的基本需要是固定不变的观念，因而它也就失去了优势地位。并且，由此开始，需要在概念上与欲望合而为一，需要的扩大或人的欲望的满足被作为一个社会进步的积极标志。与这种转变符合的是，生产力的发展成了历史发展的普遍令人信服的客观根据，政治秩序也变成促进而不是禁止欲望的满足的基础。最后，更重要的是，它没有注意到，需

①　《现代文明与人的困境——马尔库塞文集》，李小兵等译，230 页，上海，生活·读书·新知三联书店上海分店，1989。

要的主体或谁有需要（需要承受者）及需要的客体或需要的是什么（被需要的物品）之间存在的区分。忽视这种区分，便遮蔽了生产的社会关系。社会关系被悬搁之后，就排除了唯物史观所关注的问题，即资本主义生产的扩大使得需要及其满足具有二重性。可以这样说，历史唯物主义的基本精神在于，强调物质生产活动不仅生产出作为人的感性对象性存在的物质财富而满足人的需要，而且生产出现实的社会关系。因此，从一开始，马克思就是在社会关系的范畴内考察需要的。这一点在他把需要问题放在政治哲学思想的位置来省思就已经表现出来了。

如果我们更详细地考察这一点，就会发现，与斯密把历史作为需求物本身的不断扩展过程的经济学解读和黑格尔把历史作为需要承担者从"需要的自然必需"中解放的过程的哲学解读不同，深入现实的社会关系，回到浅近的经验事实层面，马克思不再像政治经济学固有的理论结构那样以人有需要来诠释经济现象。那是因为需要只是匮乏的哲学表达，可是，"马克思很少谈到匮乏"，"其原因是这是一个由亚当·斯密倡导而流行、由马尔萨斯及其后继者发展了的古典经济学中的普通问题。马克思信以为然，而且既然马克思主义也包含了这个问题，所以马克思正确地选取劳动产生工具和消费品，以及同时产生一定的人类关系这样的论题"①。换言之，"人有需要"以及通过劳动满足需要的观念来自政治经济学，马克思认可了它。然而，如果说使"人成为有需要的主体"可能把政治经济学中的各种现象宣布为"经济的"，那么政治经济学

---

① ［法］让-保罗·萨特：《辩证理性批判》上，林骧华等译，288 页，合肥，安徽文艺出版社，1998。

"在考虑主体的作用时就可以把这些主体的整体排除在外，因为这些主体的普遍性反映在主体的需要的作用规律的普遍性中"。正是"这一点很自然地驱使政治经济学要求把经济现象看作对一切社会形式来说都是绝对的东西"。依马克思的观点，从政治上说来，这正是政治经济学希望资产阶级生产方式永恒化的政治哲学表达。[①]

就此而言，我们必须注意一个重点，既然斯密等人的真诚一点问题也没有，那么结论就是："国民经济学"，亦即当时德国人对英国人和法国人称作政治经济学的资产阶级政治经济学，就不愿意"考察工人（劳动）同产品的直接关系而掩盖劳动本质的异化"。因而，"劳动为富人生产了奇迹般的东西，但是为工人生产了赤贫。劳动生产了宫殿，但是给工人生产了棚舍"[②]。就迄今为止的历史经验而言，最巨大的财富面对着最可怕的贫困；拥有一切的阶级对抗着一无所有的阶级。这项经验事实被"政治不正确"的国民经济学视为事物的自然秩序（斯密给资本主义找到的名号就叫"自然的自由制度"），黑格尔则把自己所说的"两极相连"规律"赞誉为自然界的基本奥秘之一"。这等于说，贫困问题无法也无须解决。或者说，如果按照国民经济学对私有财产运动的描述来运行，那么社会活动自身便蕴含着如此推论：没有贫困，也就没有财富，财富的生产以贫困的生产为前提。这一切使这门科学对"美好社会"有了符合私有财产这种财富的既与形式的从再生产的角度来承诺的解读。故此，从国民经济学这门所谓"关于财富的科学，同时又是关于克制、穷

---

① ［法］路易·阿尔都塞、艾蒂安·巴里巴尔：《读〈资本论〉》，李其庆等译，189页，北京，中央编译出版社，2001。

② 马克思：《1844年经济学哲学手稿》，54页，北京，人民出版社，2000。

困和节约的科学"中①，马克思看出了经济自由、经济交往行为公正就符合了这门科学的理想原则。

根据马克思的洞察，贫困的确是同资本主义的生产方式一起成长的。马克思把以前将私有财产当作一种既定事实的东西作为问题提出来：在私有制的条件下，为什么劳动作为生产物质生活的条件却变成了贫困的始源？或者说，为什么与"工业的进步"速度成正比的，是"现代的工人""越来越降到本阶级的生存条件以下。工人变成赤贫者，贫困比人口和财富增长得还要快"？② 正是在这里，马克思认定，"贫困"是"一种历史的结果"，是人的劳动的异化。依马克思的观点，这意味着革命。"只有资本的瓦解"，"只有反资本主义的无产阶级的政府，才能结束他们经济上的贫困和社会地位的低落"状态③，革命是迫切的问题。在这里，如果说语词有任何含义的话，不难发现，"贫困"一词就包含着某种道德紧迫性意味。对于我们来说，问题并不在于马克思有着怎样强烈的道德情怀，而在于它意味着必须对此采取社会政治行动。人们应该谈论问题所在，因为马克思从历史哲学的政治性上将贫困当作一种政治现象，而不是一种（残酷）自然现象。由于这个原因，阿伦特受到马克思的影响，把马克思看作一个革命理论家，在讨论她的所谓"社会问题"——贫困——在现代革命运动中的重要性时，她极其敏锐地将贫困的祸根归结于"暴力和侵犯的结果而不是匮乏的结果"④。如果阿伦特的说法是正

---

① 马克思：《1844 年经济学哲学手稿》，123 页，北京，人民出版社，2000。
② 《马克思恩格斯选集》第 1 卷，284 页，北京，人民出版社，1995。
③ 同上书，456 页。
④ ［美］汉娜·阿伦特：《论革命》，陈周旺译，51 页，南京，译林出版社，2007。

确的，那么照我看来，我们就把握住了马克思谈论贫困问题的政治哲学关切：致力于历史与现实的批判。

如此说来，需要的理论批判的反贫困指向，与社会秩序的性质和对美好社会的定义这些重大政治哲学问题，有着极其深刻的联系。马克思特别地指出，忽视穷人的粗陋的需要和富人的奢侈及精美需要的区分，令人无法真正理解经济事实。比如说，斯密的"新需要"的产生就以完全虚假的方式来解释现代社会的贫困。他将"富足和自由"看作"人能拥有的两大幸事"①，从中折射出他对自由的独特的现代理解，以及资产阶级需要的意识形态的一种世俗化的新方向。我们从斯密的例子可以看到，"社会的最富裕状态"的理想，"这个大致还是可以实现并且至少是国民经济学和市民社会的目的的理想"，对马克思来说则具有完全不同的意义，因为它"对工人来说却是**持续不变的贫困**"②。或者可以说，由资本主义生产关系引起的、在生产方式基础上界定的需要，从制度上将无产阶级排斥在充分消费之外，将充分消费保留给资产阶级。这样确定下来的"需要"岂会感染政治经济学"毒素"？

（二）如何理解马克思政治经济学批判的彻底性

但是，历史唯物主义果真从政治经济学解脱出来了吗？在马克思那个时代，政治经济学体系还没有充分展示出它的全部矛盾，它也还没有侵入社会和个人实践的所有领域而导致世界范围的经济与政治的帝国主义。说

---

①　[美]克里斯托佛·贝里：《奢侈的概念——概念及历史的探究》，150 页，上海，上海人民出版社，2005。

②　马克思：《1844 年经济学哲学手稿》，14 页，北京，人民出版社，2000。

到底，对资产阶级政治经济学的批判也才刚刚开始。此外，按照马克思自己的观点，他的研究的经济模型几乎完全局限于英国的工业条件，把它视为资本主义生产方式的"典型地点"。在这种情况下，依照一种颇为盛行的误解来说：马克思对资产阶级从本质上进行充分理解，以及对政治经济学体系从根本上进行彻底批判是不可能的。也正是在这点上，我们同这种观点发生了分歧。我认为，将上面所提出的具体事实，拿过来指责马克思是不恰当的，而且它也不能拿来质疑马克思对政治经济学的根本批判。相反，所有这些理解必须倒过来看，正是因为马克思的政治经济学批判是彻底的，使得这些具体事实显得大而无当。问题本身并不在于我们应该如何理解这些同样的事实。而在于马克思的政治经济学批判何以达到根本？

有一位思想极其深刻但又怪诞的研究"政治的概念"的政治哲学家，通常从黑格尔的历史辩证法与马克思政治学说入手，来考量这个问题。他认为，只有当政治经济学模式出现危机并对这种危机进行分析时，或者说，资产阶级政治经济学达到自己最极端的强度时，我们才能揭示出资本主义社会的真正矛盾，最终证明资产阶级属于历史，它代表着一个已经被历史克服了的发展阶段。假如资产阶级就要结束的证据并没有呈现出来，马克思要对资产阶级提出正确的理解也就不可能。反过来说，对资产阶级的正确理解，意味着马克思提供了资产阶级就要结束的证据。① 因而，这个人觉得，马克思被这种"黑格尔理性主义"概念的毒素所感染，甚至在他的政治激进主义中也无法幸免，比如，"马克思始终没有明白"

---

① ［德］卡尔·施米特：《政治的浪漫派》，冯克利、刘峰译，207～209 页，上海，上海人民出版社，2004。

"要用无产阶级暴力来代替资产阶级国家的机械集权制，""这纯粹是一种战争行为，而非法律和行政措施"，对这个人来说，这只能归咎于马克思将政治问题经济学化的结果，只要"有人尾随资产阶级进入经济地带，那么，他也只能让自己进入民主制和议会制"①。

可以看到，这个人的看法一方面肢解了马克思哲学的基础，却又在另一方面有着难以窥见的重要性。一方面，之所以说它肢解了马克思哲学的基础，是因为假如马克思的"批判政治经济学"确实就如《资本论》的副标题——"政治经济学批判"所标明的那样，他就必须洞穿黑格尔是"站在现代国民经济学家的立场上"的。黑格尔的哲学只是国民经济学家所探讨的经济规律及其理论出发点和前提的哲学表达。换句话说，把黑格尔主义把握为意识形态的自主发展的理性原则，能够以政治经济学的方式替代性地阅读为经济范畴的自主展开。在这里所说的正是早已由马克思在《1844年经济学哲学手稿》中指证过的。然而，这个人似乎对此还存有疑虑。因此，在他发起对"政治的浪漫派"的争端中，马克思所揭示了的上述秘密，对他来说是一个谜。另一方面，之所以说它对理解马克思哲学很重要，是因为在他错误地指责马克思的同时，这种指责却反过来指向了政治经济学，并崭露了超越政治经济学领域来理解历史唯物主义革命政治"维度"的要求。这个内涵并不是始终可见的，它可能是潜在的。但这个内涵对于维护和发展马克思的本来的意向——追寻"美好生活"——并不因此就不重要。另外，正如费尔巴哈对宗教内容进行激

---

① ［德］卡尔·施米特：《政治的浪漫派》，冯克利、刘峰译，217～218页，上海，上海人民出版社，2004。

进批判，只有超越宗教领域进入政治经济学领域才能彻底一样，马克思对资产阶级政治经济学的批判，也只有当它超越政治经济学的形式时才达到其根本及其全部视界。事实表明，马克思"批判"政治经济学并不止于"批判"生产、需要之类的抽象范畴，而是整体上的生产的资本主义制度安排。马克思设想以一种对历史发展的彻底改变来反对政治经济学，这等于把资产阶级的政治经济学推向深渊或推向它的可能性之最遥远的边界。故此，绝不能像福柯那样把此举贬低为只是小孩激起"涉水潭中的风暴"，并且错误地将19世纪的资产阶级政治经济学和马克思的"革命经济学"以相同的知识型论处。[①] 相反，我们现在也可以说，在西方知识的深层面上，马克思主义引入了真实的断裂。这就是为什么说，为了克服政治经济学的局限性，不需要在批判的名义下"纠正现有这门学科的某些不确切之处"或者"弥补空缺，填补空白，把内容已经十分广泛的研究继续下去"，而要"对政治经济学的存在本身进行批判"，亦即"对政治经济学本身提出问题，作为自己的批判对象"[②]。对于这种明见而言，问题不再是在政治经济学领域中，指证有些东西已发生了激烈的改变，有些东西马克思已不能够分析，这是些既纠缠不清又弗及根本的问题。从提出新的总问题的角度来看，这样一个论断所包含的意思可以被认为是无可争议的：即"沿着马克思革命活动的足迹，我们必须走向根

---

① ［法］米歇尔·福柯：《词与物——人文科学考古学》，莫伟民译，340～341页，上海，上海三联书店，2001。

② ［法］路易·阿尔都塞、艾蒂安·巴里巴尔：《读〈资本论〉》，李其庆等译，182页，北京，中央编译出版社，2001。

本不同的层面，超越政治经济学批判，使政治经济学的最终消解成为可能"①。

毫无疑义，如果情况确实如此，事情当然还不止于此。问题的关键点是：这个超越政治经济学的层面是什么？对此的回答是，有些人谈论符号政治经济学批判；有些人谈论交往行动理论；有些人谈论政治哲学批判等。不过我们无须展开表述、深入讨论，因为所有这些主题概括起来必将绽出某种论辩的观点：马克思并没有实现源自生产力的革命和充满激情的、直接注入社会关系中的革命这两者之间的辩证结合。这也必将述及马克思主义政治哲学的叩问：如何结合具体情况并根据现存条件来理解革命及其无产阶级的命运问题？

（三）革命的首要目标坐落在共同富裕里面

如果"革命"（revolution）是指那种旨在实现政治和社会根本变革的群众运动，那么马克思的共产主义理论肯定是革命性的。当然，"革命"这个词有时候用来意指星体有规律的运转，它延伸的含义是指，它是不以人的意志为转移的有规律的、不可抗拒的运动过程。因此，看上去这个词与我们通常用它来阐发的那种活动似乎具有令人不安的不协调性：在那原本是表现人的自由的现代政治行动与那像星体沿着预定的轨道运转一样的"革命"之间，存在着某种固有的认识论冲突。

然而，我们知道，对马克思来说，这样一种冲突的关键性含义与其说是源自认知意义上的，不如说是源于现实世界本身未曾克服的分裂。

①　[法]鲍德里亚：《生产之镜》，仰海峰译，34 页，北京，中央编译出版社，2005。

首先，人与他的生产能力和为了满足需要而创造的成果之间相分离，这种状况是以作为人造物的资本与人本身的活动的对立，同时也是以"把人类的大多数变成完全'没有财产的'人"与"现存的有钱有教养的"人的世界的对立为表征的。马克思写道，"许许多多人仅仅依靠自己劳动为生——大量的劳力与资本隔绝或甚至连有限地满足自己的需要的可能性都被剥夺，——从而由于竞争，他们不再是暂时失去作为有保障的生活来源的工作，他们陷于绝境，这种状况是以**世界市场**的存在为前提的"①。显然，对马克思来说，这个失业阶层存在的趋势不是资本主义社会的简单剩余，而是它的结构性特征。如果不是搞错的话，这里说的失业的趋势，绝不是后现代意识形态运作下的所谓"新自由"。

其次，共同利益与特殊利益相分离。这种状况首先与历史意识的崛起和社会的胜利相关。在马克思看来，历史有着不可抗拒的规律，"由需要和生产方式决定的"人们之间不断更新的物质联系，它本身"就表现为'历史'，它不需要有专门把人们联合起来的任何政治的或宗教的呓语"②。这一历史意识毋庸置疑对革命意识和革命行动产生了深刻的影响，历史意识以及处于进步和成功的辉煌之中的科学意识，激发了我们应该遵循规律来革命的抱负。与此同时，它摧毁了在古代世界中人类应该通过**政治的**和**宗教的**手段联合起来的信念，现代的世界已经使这种信念变得"不可理解"。现代政治哲学也只好奠基在民权之类的人义论的方面。一旦政治的义务和权利被置于世俗的经济基础上，现代世界则相应

① 《马克思恩格斯选集》第 1 卷，86～87 页，北京，人民出版社，1995。
② 同上书，81 页。

被宣布为应该通过利益即**社会的**手段联合起来。利益升格为普遍原则，同时就意味着它为社会的运动奠定了基础。但是，在马克思看来，只要私有制仍然存在，利益原则就充满了资本主义社会的利己主义逻辑，它意味着各个人所追求的利益必然是从单个利益出发，所以"共同利益才采取国家这种与实际的单个利益和全体利益相脱离的独立形式"，这使得各个人本身"必须在这种不一致的状况下活动，就像在民主制中一样。另外，这些始终**真正地**同共同利益和虚幻的共同利益相对抗的特殊利益所进行的**实际**斗争，使得通过国家这种虚幻的'普遍'利益来进行**实际的**干涉和约束成为必要"①。这样看来，对经济进行政治控制，或者说国家统治的历史必要性取决于各个行为者的利益取向，即经济的全部现实。

既然利益原则被深深地纳入唯物史观的视野，不同时造成或带来社会的和谐和统一。或者更确切地说，"只要利益仍然正好是主体的和纯粹利己的"，那么利益原则被历史提升为人类的纽带的同时无疑也把分裂和破坏团结的因素引入社会。唯物史观的这种理解方式和我们的习惯思维是吻合的。可是，这种理解方式一旦是从政治哲学角度着眼的，就会变得十分复杂。人们或许就会开始对人类团结的观念的前提产生怀疑，即集团利益，用西耶士的话来说，通过它，个人只能与某些他人结盟。这种利益是世界各个部分的展现，某些集团或者阶级，因为置身其中而具有了共同性。因而，比如说，施米特把共同体变成一种作为人类斗争的共同体、作为一个斗争的集体的政治概念，便意在表明一个把所

---

① 《马克思恩格斯选集》第 1 卷，84～85 页，北京，人民出版社，1995。

有政治活动都变成在经济领域里的活动的阶级是无法对抗社会冲突的。因为，在经济学领域，没有敌人，只有竞争对手。施米特甚至要证明，只要严肃地对待马克思所阐述的资产阶级与无产阶级的对立，它就充满特定的政治积极主义的内涵，否则必然从逻辑上产生对马克思主义的阶级斗争理论的否定。施米特曾得出这样的结论，"《共产党宣言》的新颖和奇特之处在于：把阶级斗争系统概括为人类历史上一场唯一的最后斗争、资产阶级与无产阶级对抗的辩证顶峰"。"由此出现了世界历史要素最严重的紧张。不仅真正的斗争而且理论矛盾的最后一次加剧，都取决于这种简化。必须把一切都逼向极端，这样才能够使辩证的必然性有一个开端。"①换言之，也就是说，如果没有把全人类划分成无产阶级和资产阶级的对立阵营或者敌—友阵营，就根本无法对资产阶级的最后时刻做出决断。甚至也无法肯定一个社会运动是"进步"的还是"反动"的。实际上，施米特主要就是根据这一点来诘难那种试图从纯粹经济学的无产阶级立场，来说明无产阶级作为彻底变革力量的看法的。对施米特来说，如果不将无产阶级变成剩余价值的唯一生产者，那么它凭什么成为自己要求世界合法支配权的根据？

当然，施米特的《政治的概念》并不是直接针对马克思的，但是他的人类冲突永久不可消除的政治哲学主题，有助于从马克思的角度去描绘人类联合或分裂的强度及其动力。毋庸置疑，在我们看来，构成马克思政治哲学的核心观点的是阶级斗争，以及随此而来的阶级消亡。恰恰由

---

① ［德］卡尔·施米特：《政治的浪漫派》，冯克利、刘峰译，206～207页，上海，上海人民出版社，2004。

于这一点，马克思虽然没有否定未来无产阶级社会里仍然存在冲突，但他也没有肯定其存在。或者毋宁说，人类的联合或分裂，乃是在受制于经济利益的历史的过程中产生出来的，而不是被发现的当作原先已经存在的人类学规定。只有这一点，而不是自由经济的乐观和谐，才能使我们理解，单个利益如何能在一定历史条件下变为群体或阶级利益。因此，就像斯密定要把自由商贸说成是社会性或相互合作那样，古典经济学认为能够确定共同利益，仿佛它也存在于一个群体的任何个体中，同时在这些个人看来却不知道这种共同利益本身是一种历史过程的结果。不仅如此，而且也应该指出，对于马克思来说，能够确定共同利益及其人类联合的首要前提是：贫困是必须根除的，否则，"在**极端贫困**的情况下，必须重新开始争取必需品的斗争，全部陈腐污浊的东西又要死灰复燃"①，这是历史的一个普通事实。所以，对人类普遍的分离状态的社会根源的探究，必须联系对贫困问题的政治哲学阐释。

当然，这并非意味着用政治手段来从根本上解决贫困。在反思这个问题时，我们发现了马克思对革命与贫困问题之间关系敏锐的解读。这种解读的中心主题就是：一种纯粹经济的正义理论，例如斯密的理论，其基点是共同利益来自生产的最大化，被证明是自相矛盾的。用"看不见的手"应许一个人人都得到富足的璀璨的未来，这种应许只能激发贫富悬殊的情况出现，穷人是需要被牺牲的，结果资本主义发展模式就"像古典古代的命运之神"那样神秘地"把一些王国创造出来，又把它们

---

① 《马克思恩格斯选集》第 1 卷，86 页，北京，人民出版社，1995。

毁掉，使一些民族产生，又使它们衰亡"①。马克思承认，迄今为止的不同的社会或政治制度都会牺牲某部分人，他特别关注的问题是，究竟那部分做出牺牲的人，最终是否能够分享到因牺牲带来的成果？这绝不是斯密所暗示的只是涉及分配秩序的基部所存在着的所谓"道德不规则"的表层问题。马克思认为，要找到该问题的彻底性答案就需要通过革命的方法对社会制度进行结构性的变化，而这些变化对于改变那些从根本上导致了穷人和受压迫者出现的社会规则来说是**必要的**。当然，马克思的政治哲学的基本目的不是要一种革命的神话，把自己的任务看成是"抢在革命的展开过程前去行事，结果人为地使革命陷入困境，使革命成为不具备革命条件的即兴冲动"②，而是要表明，通过何种方式，人的社会联结才能成为真正的共同体。马克思这一对他那个时代资本主义社会的经济关系做出的如此重要而富有责任的确认，就相应地成为他自己如何设想历史问题的规范基准，并成为其建构社会秩序正当性的基础的鉴戒。

接下来，如果我们现在提出这样的看法，即认为马克思在没有革命便不可能改善无产阶级命运的基本设想是有错误的，也许为时过早，这存在着各种各样的理由。但事实上，作为这一设想的理论基础，剩余价值理论虽然被正统的马克思主义者一再强调，却的确已经被其他马克思主义者弃置，被非马克思主义者完全否定。如果我们考察资本主义发达

---

① 《马克思恩格斯选集》第 1 卷，87 页，北京，人民出版社，1995。

② 马克思、恩格斯：《评谢努〈密谋家〉及德·拉·渥德：〈一八四八年二月共和国的诞生〉》，巴黎 1850 年版，转引自[德]瓦尔特·本雅明：《发达资本主义时代的抒情诗人》，10 页，南京，江苏人民出版社，2005。

国家中所谓工人阶级绝对贫困化趋势的消失，以及对现时代的复杂的社会阶级划分的分析（所谓无产阶级大多已变为资产者，可以说是中产阶级的多数），特别是就马克思对贫困的理解（所谓贫困就是无产阶级的贫困，贫困的出现皆因无产者除自己的劳动力以外没有任何其他财产，他的生存不再同社会相容）等情况，那么是否可以说，马克思主义完全有理由相信革命的首要目的已不再为无产阶级的贫困的生存状况辩护？我们还可以进一步追问，假如贫困只有按照相对穷困的概念来定义才算客观和持久，假如经济学也只是处理可辨认的事实，且有一种衡量贫困和其他形式的经济剥夺的更敏感的尺度，足以让人们懂得如下情形——"我们这些坐在桌子旁敲敲键盘的人的收入，要比在打扫我们洗手间时弄脏双手的人的收入高出 10 倍，比在第三世界装配我们键盘的人的收入高出 100 倍——是无法容忍的"①，那么革命的指向依然是解决贫困或贫困、福利和全球互竞之间的关系问题吗？

我们认为，对于我们一直诉诸的视域的解释而言，上述问题的答案当然是不言而喻的。我们在此之所以提出这些问题，这是因为经常的情况是，这些设问起源于一种贫困的经验主义或者同样贫困的逻辑实证主义的事实观，人们可能论辩说，"今天，关键的事实已不再是利润和剥削，也许，甚至在资本主义的黄金时代和黑铁时代也从来不是这个问题"②。我们往往经此会被诱惑并在所谓马克思的"建立自由的革命"和

---

① ［美］理查德·罗蒂：《后形而上学希望——新实用主义社会、政治和法律哲学》，张国清译，348 页，上海，上海译文出版社，2003。

② ［法］鲍德里亚：《生产之镜》，仰海峰译，129 页，北京，中央编译出版社，2005。

"按照必然性要求的革命"之间画一条界线，即在所谓"要反抗人在现代性中的抽象生存、争取自由的革命"与"要解放生产力，从匮乏的束缚中释放感性生命的革命"之间做出哲学二元论区分。而且这样的区分产生的消极意义，后果严重。它试图表达的是这样一种错误认识：既然马克思的历史理论，是在这样一个前提下推导出来的，这个前提是，人类肉体的、生物性的需要是人们所有活动中最为持久、最为迫切的，因而也是其他所有活动的先决条件，那么仅仅根据为了满足生命需要这一点来规定历史的前提，就迎合了以贫困所滋生的身体需要来促动革命，以及由之而来的劳动社会正不断强制自己无限制地去扩大物质生产的趋势。其实，这里对自由的理解讲述的是同一个神话：唯物史观的关于解放的革命公式＝生产力发展的公式＝政治经济学自身的公式。在这里，马克思的政治想象被诠解为拜倒在必然性的脚下，（老年）马克思对富裕和必然性的赞美超过了对自由的关心。

这是最最奇怪的观点！因为，在这里以归纳为前提是完全荒谬的。一旦如此这般思考，我们就不得不接受那种广为流传的看法的暗示："唯物史观只是教导人们，人类历史的真正动力来自获取食物和肉体生存的动机；所有文化建构均产生于经济状况和经济斗争"；"历史不过是一场众人争取饭碗的斗争"[1]。当然，这同时也就是说："马克思的'理想人物'是那种吃得好、穿得好然而'没有灵魂的'人"[2]，概言之，是那

---

① ［德］特洛尔奇：《基督教理论与现代》，朱雁冰等译，291页，北京，华夏出版社，2004。

② 陈学明主编：《二十世纪哲学经典文本：西方马克思主义卷》，319页，上海，复旦大学出版社，1999。

种"强制生产"以及隶属于生产的"强制消费"的人，即现代人。从所有这些咄咄怪论来看，难怪马克思的现代读者（譬如，海德格尔、科耶夫、施特劳斯）一起声明说，就形而上（"唯物主义"）的方面而言，俄国人、中国人与美国人其实是相同的，他们不过是仍然贫穷但想迅速致富的美国人。

不可否认，随着马克思主义由西欧的故乡向经济落后的不发达国家的转移，这些马克思的读者对种种社会发展的神话做出批判，实际上比任何当代解释者更为敏锐。其原因在于，社会主义与资本主义的对立仍然属于"现代性"范畴内部的对立，它们同样重视财产关系，同样重视积聚财富等。在某种意义上，这种批判可能是汉语语境为社会主义发展和改革作诠释所需要认真对待的。然而我们也不会看不到，这种解释完全超出了对马克思主义精神做有典可稽的把握的范围。实际上，只有那些"爱讲笑话的人"或者受政治思想的束缚而对历史之间的联系了解得非常片面的人才想："美国主义"在某种意义是马克思主义的共产主义。显而易见，我们上面的论述不可能受该成见的损害。同时，这种发现从未成为马克思主义总问题中的问题，知道这一点就够了。

三、政治经济学批判与阶级斗争的革命观念

在历史唯物主义理论的建构中，人们的物质生产活动和社会形态的变革，尤其是通过阶级斗争实现革命是两个重要的研究向度。分裂历史唯物主义理论之中的这两个向度的内在统一是错误的。而在某种对历史

唯物主义的批评中，明显存在着两种历史唯物主义概念，一种是以论证客观历史规律为诉求的历史唯物主义；另一种是以期待最佳社会形态的实现为诉求的历史唯物主义。与此相应，马克思创立历史唯物主义的计划就被一分为二了：一个是哲学计划，其指向是改造自然，建立一个用历史的自然和理性取代上帝的新世界观；另一个是政治计划，要在地球上创造一个没有剥削、压迫，政治、宗教、劳动会消灭自身，每个社会成员几乎都拥有无限的自由时间的非政治化社会。但是，这两个研究向度的紧密相连，揭示了历史唯物主义理论研究是经济学层面的历史理论研究的逻辑前提，而经济学层面的历史理论研究则是历史唯物主义理论研究的应用。马克思以阶级斗争的革命观为政治经济学批判的枢纽，其旨趣是批判和根除资本主义制度。但马克思主义由于逻辑的要求而随同自己的对手资产阶级进入了经济领域，这绝不是在它所批评的意识形态的意义上依旧是资产阶级的意识形态。虽然资本主义时代所创造的生产机制合乎理性主义的规律性，但马克思对于生产的批判性和历史性理解，摧毁了抽象的生产存在，凸显无产阶级革命对于改变生产力的作用和意义。从否定后现代理论意义上说，马克思看重经济却不会因为生产机制的优势而接受理性主义和机械的历史观。

（一）重构历史唯物主义的两个向度

在讨论唯物史观的主题和基本理论结构时，人们一般习惯地做这样的理论概括为生产力和生产关系——经济基础和上层建筑——阶级、国家、革命——领袖、政党、阶级、群众之间的关系，即分为四个层次。这一"四层次论"，是说马克思主义的生产方式分析不仅导向革命"政治"

的维度，而且唯物史观原本包含着一种关于国家、关于政党、关于阶级、关于革命和关于政治的唯物主义理论。这一理解和表述的基本旨趣是试图融合以生产力与生产关系的矛盾为主线的阐释和以阶级斗争为主线的阐释。因为，至少从表面的异常简化的描述特征上看，马克思主义有不同的两个方面：一是认定物质生产的方式及其运动乃是全部历史世界的基础，并以生产力与生产关系的矛盾来逻辑地刻画生产方式的运动；二是认定阶级斗争和被压迫阶级在革命中的决定性作用，并以人类创造历史的活动本身说明人类自身生存和发展的客观条件。对这两个向度的综合解读通常构成了上述"四层次论"。对于这种"四层次论"的逻辑做线性分析的人来说，不会有比如下如此简单的进化论观念——在生产力发展的某个时刻，生产力陷于停滞或与生产关系发生矛盾，阶级斗争是这种矛盾的必然结果。从资本主义的本质中产生出对资本主义的判决，无产阶级则以阶级斗争的方式执行这一判决——更符合马克思思想的本意了。

但同样明显的是，在这种表述的思想结构中，逻辑预设了，或更准确地说，必然遭遇到"最终的时刻"问题，即在资本主义生产方式中，我们何时才能判定生产力陷于瘫痪？或者，换一个提法：社会革命的时代何时到来？进而，马克思所说的"社会革命"所建立的那种历史断裂能否成为历史事实？或者它曾经在特定的历史中是不是历史事实？如果透过传统马克思主义（所谓"经济唯物主义""经济决定论""经济人类学"或"技术决定论"等）来分析这一问题，我们就不得不人为地、乃至于神秘地把某个时刻孤立出来，把它设想为所有其他时刻的"基础"，并且这一时刻显现为"被奠基者"出现的时刻。譬如，习惯上，人们对经济基础和上层建筑的区分的运用之所以过于简单，原因便是所谓"经济基础"是决定所有其他概念（政治的与意识形态的上层建筑）的时刻以及相关的经济之"最终决定性"的板结概念造成的。在后马克思思潮中可以找到另一重要的例子，如所谓 1848 年欧洲革命失败之后，马克思的理论虽没有放弃激进的要求，但它变成了按照规律革命的终极要求。这是从此时此刻向渐进实现的转变，是激进反抗和激进理论的衰退，革命从此就有着千年福祉的意味。从现在开始，马克思主义的革命观念进入了历史必然性的游戏：我们或许无法预期它何时发生，但它总有发生的一天。

从逻辑方面看，毫无疑问，这些观点满足于刻画作为逻辑存在的生产方式在理论层面展开自身的矛盾运动，并从这种逻辑的矛盾运动中推论出历史的现实矛盾冲突。它只看到接近于辩证的图式中的矛盾，它在这个图式的内部只是看到了断裂的征兆，而正是这一断裂奠定了这个结构的图式。这种以相当抽象的方式来进行的推论，隐含着用逻辑的预设替代人的活动在现实中的真实选择和决断的形而上学冲动。在此种逻辑的预成中，无产阶级或任何其他可能存在的阶级被封闭在历史客观性的概念中。人们因此甚至不能说，以"阶级意识"和"历史主体"为特征的无产阶级已经超越了资产阶级的模式，因为，按其定义，无产者仅仅是资产者在经济上的辩证对立面。马克思从经济学的研究或生产方式的规律（逻辑）研究的普遍化的后果中，必然引出描述整个人类历史的作为人类生成的一般模式。在此，我们立刻可以想象一种可能的后现代主义式的对马克思关于人类历史发展规律的批评，这种批评正是对上述阅读方法的解读。由此它认为，马克思没有注意到生产力完全解放的"不可能性的条件"。这种"不可能性的条件"或者"内在的障碍"同时也是其"可能性的条件"："如果我们清除这个障碍，克服这个资本主义内在的矛盾，那我们就不能获得完全解放生产力的动力，这种生产力最终是通过其阻力传送的，我们就正好失去了这个看起来似乎是由资本主义产生并同时被其阻挠的生产力——如果我们清除了这个障碍，则此障碍阻挠的真正潜能也就消散了。"①换言之，对生产力与生产关系所做的进化论式的解读，由于存在着发展的"某一时刻"问题，革命的需要成了资本主义发展的永动机，在这里人们应该满足于他解放的无限延宕。与这里描述的生产方式的逻辑同构，无产阶级的概念构成了这种逻辑蔓延的另一个例子，即无产阶级作为一个阶级产生出来的历史障碍被归咎于马克思所描绘的以消灭阶级为目的的革命理论与革命主体的二位一体。

应该说，那些后现代主义的批评家在合理反对传统马克思主义（机械主义的马克思主义、庸俗的马克思主义、实证主义的线性分析马克思主义等）将生产力的解放混同于人的解放的根据时，在某种程度上是正确的。在我看来，后现代主义的分析已经清楚地看到，仅仅揭示包含在生产概念中的人类学意义（这也是海德格尔指证的劳动形而上学概念）是不够的——这大抵只能局限在古典政治经济学思想的视野里。但是，他们所没有察觉到的是，在马克思那里，看得清楚的一点就是：直接以生产方式的逻辑（规律）运动为研究对象，以达到对历史现实的逻辑重构，这仅只是为历史制定了一个知识的架子，而知识的架子一旦搭好就潜在着试图决定历史现实运动的黑格尔式的隐秘的形而上学诉求的危险，它

---

① ［斯洛文尼亚］斯拉沃热·齐泽克：《易碎的绝对——基督教遗产为何值得奋斗?》，蒋桂琴等译，14 页，南京，江苏人民出版社，2004。

将把正常的人类理智形式变成神秘的思辨理性形式。因而马克思曾经要求历史学在原则上应当从作为经济学的逻辑学的地位中解放出来，但是在被误读了的历史唯物主义那里，从未达到那种解放。其根本原因在于，把马克思的生产力和生产关系之间的辩证关系问题转换成生产力和生产关系的概念分析问题，即把考察人的历史活动总体的问题转变成了孤立地考察人们的物质生产活动过程的问题。故此，他们在原则上把历史唯物主义的生产、生产力、生产方式、经济基础等范畴看作抽象的、具有无条件适用性的范畴体系，同时取消了现实的人的主体地位。事实上，这两个理论向度在本真的马克思那里始终是紧密联系在一起的。这也就是何以人们被迫去探讨的不仅是"阶级斗争"的暂时挫折问题，而且是它永久被遮蔽的前景问题。哲学中的范例当然是卢卡奇了。下面试图通过考察生产和经济作为历史唯物主义最重要的问题域的必然性的根源，明确历史唯物主义的理论研究是经济学层面的历史理论研究的逻辑前提，其目的是要表明马克思的政治经济学和历史理论是批判和根除资本主义制度。

(二)历史唯物主义为什么首先只能在经济学层面中展开

马克思主义的历史分析和社会建构与经济学体系保持着密切联系，乃至力图运用经济学的术语进行思想，大概是不证自明的。把马克思看作他那个时代的优秀经济历史学家的观点，也是几乎每个人都会同意的观点，甚至那些拒绝去理解其意义的人。卢卡奇指出，"根据马克思的考察，历史唯物主义的实质性真理和古典国民经济学的真理属于同一类型：它们在一定的社会制度和生产制度之内是真理。"①但是，若认为马克思由于强调经济规律，会有助于资本的诡计而无法提供替代资本主义的真实方案，或者，会倾向于走向把一切概念普遍经济学化的道路，并导致这样一种理论状况，即任何概念均是从经济学中获得其具体的历史内容的，它们也只能由此方能得以把握云云，则这无论如何是一种对马克思的抽象的和天真的误解，也是忽视了政治经济学始终是马克思主义哲学的一个内在部分的思想事实。对这种误解来说，基于经济学的思考在根本上乃是自由资产阶级的思维形式。或者说，受经济思维的支配乃是无产者与资产者的世界观的共同点。由于这个缘故，历史唯物主义对资本社会的批判以及与政治经济学体系结构上的接合，给人留下了这样的错误印象，即历史唯物主义作为客观的经济事实的思想表达，在原则上已经包含在马克思和恩格斯以前的科学发现之中，前马克思主义政治经济学奠定了历史唯物主义的基础。因此，在这种观点看来，只要立足于政治经济学的学科界限，并试图正确地分析资产阶级和理性地把握它，就会陷入过高估计资本主义的合理性和连贯性中，以至于认为除了被资本主义的政治经济学支配的生产方式之外，并不存在其他生产方式。很显然，我们可以把上述误解归结为这样一个主要误解，即归结为对历史唯物主义把经济和生产作为自己主要论域的初衷的误解，归结为对所谓马克思的经济和社会生活中的"自然规律"的误解。

　　这里且举一例。按照卡尔·施米特的分析，欧洲精神以及它所发现

---

　　①　[匈]卢卡奇：《历史与阶级意识——关于马克思主义辩证法的研究》，杜章智等译，159页，北京，商务印书馆，1992。

的作为人类直接生存之中心所在的思想领域，在近几个世纪经历了嬗
变，形成了几个不同的发展阶段，即从神学到形而上学，进而到人文—
道德，最终至于 19 世纪的经济领域。马克思主义属于以经济学为核心
的思想体系，也只能从上述几个不断转换的中心来理解。① 这里，施米
特的解释并非全无道理，正如中世纪天主教占统治地位，古代政治起决
定作用一样。但如果像施米特这样推至其极，就有可能忽略马克思主义
政治经济学与资产阶级政治经济学的根本差别：因为，施米特受制于自
己先行设定的立脚点和视域，认为中心领域的嬗变只有在生存论政治语
境中方能理解。从决定回应近代自由主义所造成的政治危机之初衷开
始，施米特就只能根据自由资产阶级的思维特征，即对政治的否定来说
明历史唯物主义的思想特征，而不能根据马克思的哲学革命来理解它，
或者就像我们在历史唯物主义那里所看到的那样，即根据马克思对奠定
在对劳动的形而上学抽象化的基础之上的资本社会原则的经济学和哲学
批判来理解它。因此，施米特的观点毫无疑问没有及于马克思的经济学
研究的"来由"之根本。之所以如此，原因良多，非一句话就能解释清
楚。但是，我们不妨把它看作施米特将马克思主义中立化的结果。因
为，施米特宣称 19 世纪的马克思主义从属于整个文化的中立化趋势。
施米特想表明马克思这个革命家似乎更像是个思想家，他称列宁为"职
业革命家"，马克思主义的历史性力量直到列宁才展现出来。

　　这就提醒人们不得不注意一个十分明显的问题：在马克思那里谈到

---

　　① ［德］卡尔·施米特：《政治的概念》，刘宗坤等译，229～231 页，上海，上海人
民出版社，2003。

的是哪一种革命呢？我们认为，谈到的是生产力中的历史因素引致生产关系的革命。至于上述对马克思的解释之性质究竟属于马克思本人的立场还是施米特强加给马克思的，并不重要。在这里真正重要的是，施米特对马克思的上述解释确实是有广泛代表性的。其代表性达到何等程度呢？可以这么说，只要施米特把马克思的"经济思维"（姑且这样称呼）混同于一般的"经济思维"，进而与法兰克福学派的"工具理性"、孔德的"实证主义"、经济学事实的计量化原则、人类学的需要满足和生产、最大化功利主义原则以及抽象的生产力概念等放在同一语境下来考虑，就能够看出它们的相似性。从马克思主义的立场上看，资本主义社会通过商品经济的和交往经济的组织赋予经济生活以一种极其独立的特性，资本主义的确是一个典型的经济社会。这样，政治经济学批判本身的本质存在于经济之中，迫使批判不得不采取同这一批判的对象的性质相应的领域，即马克思对资本主义的分析只能在经济中进行。这在马克思的历史理论中同时被认为是不可避免的，因为，每个时代所特有的概念虽然也是从相应的中心领域获得其意义的，但这决非意味着马克思将经济和生产进行抽象的"中心化"。正如马克思所说："很清楚，中世纪不能靠天主教生活，古代世界不能靠政治生活。相反，这两个时代谋生的方式和方法表明，为什么在古代世界政治起着主要作用，而在中世纪天主教起着主要作用。"[①]

这样，如果我们不是简单地对待马克思的思想，就必然能看到，构成政治经济学批判的关键前提在于，我们遇见了马克思思想的巨大悖

[①]　《马克思恩格斯全集》第 44 卷，100 页，北京，人民出版社，2001。

论，而马克思一方面通过历史唯物主义、生产方式、辩证法、劳动力等概念，打碎了资产阶级思想中抽象的普遍概念王国。也就是说，在对资本的激进的理论分析中，马克思主义颠覆了西方理性主义观点（政治经济学的形而上学）。另一方面他又以"批判的"方式将生产、劳动、历史等概念普遍化，这个过程从符号的逻辑着眼，便表现为各个层次以及各个层次概念之间运动的联系，这个联系过程表现为概念的相互构成：人是历史的；历史是辩证的；辩证法是物质生产过程；生产是人类存在的活动；历史是生产方式的历史；等等。就这样的普遍联系的陈述的性质而言，似乎无可避免地潜在着所谓"使所有可能存在的社会都被唤来回应这种解释"①的形而上学倾向，对于坚持这种看法的人而言，正是在这种概念之间的相互呼唤和相互还原过程里，政治经济学的模式才能辐射开来。这造成了最令人吃惊的理论偏离，即革命者马克思"被政治经济学概念的毒素所感染"而缺乏"革命想象力"，导致历史唯物主义无法超越政治经济学框架。

很显然，如果说，问题的这种提法本身，只是出于帮助我们正确地理解历史唯物主义的根本洞见——在要求概念的科学规范化的同时，也要求不断清洗"科学的和普遍化的概念"的形而上学倾向——那么，这种警告就是有来由的。但是，持此论者实际想说的是，马克思所说的生产方式、历史、辩证法等概念，由于处于相互还原的过程而相互中立化。客观的历史结果表明，它只适用于现代资本主义生产。他们认为，对此

---

① ［法］鲍德里亚：《生产之镜》，仰海峰译，29～31 页，北京，中央编译出版社，2005。

所需的唯一证据，就是马克思本人的观点，即"没有历史的"社会（原始社会）不同于"前"历史的社会（"前"共产主义社会）。故此，马克思在将适用于资本主义社会的"历史"等概念被征用来解释其他社会类型时，就无法根据其他社会自身的特殊性来理解它们，原因很简单，马克思思想自身的**批判**和**历史**在这种还原和普遍化的概念陈述中被抑制了。

当然，我们认为，马克思的理论同这种把话语恢复到最简单的表达形式的解释是完全对立的。从马克思抛掉生产和财富之狭隘的资产阶级形式的角度来解读，就会发现与此种描述不同的图景。按照马克思的方式，马克思的经济学与政治经济学的一般体系在实际上有重大差别。马克思说："如果说资产阶级经济的范畴适用于一切其他社会形式这种说法是对的，那么，这也只能在一定意义上来理解。这些范畴可以在发展了的、萎缩了的、漫画式的种种形式上，总是在有本质区别的形式上，包含着这些社会形式。所说的历史发展总是建立在这样的基础上的：最后的形式总是把过去的形式看成是向着自己发展的各个阶段，并且因为它很少而且只是在特定条件下才能够进行自我批判……所以总是对过去的形式作片面的理解……同样，资产阶级经济学只有在资产阶级社会的自我批判已经开始时，才能理解封建的、古代的和东方的经济。"[1]因此，在历史唯物主义的解释中，不是把经济理论与历史理论对立起来。相反，如阿尔都塞所见，在生产力和生产关系的统一这个经济学对象结构的概念"不能在生产方式的总结构概念范围之外来说明"的情况下，"经济理论和历史理论之间根本不存在矛盾。因为，经济理论从属于历

---

[1] 《马克思恩格斯全集》第 30 卷，47 页，北京，人民出版社，1995。

史理论的一个区域"①。或者说，经济学层面的历史理论研究乃是历史唯物主义理论研究的拓展和深化。所以，在这个意义上，的确如阿尔都塞所言，马克思《资本论》所建立的对象并不是"经济"，而是"历史"。或者说，历史唯物主义力求把国民经济学的"经济"语言转化为"历史"语言，马克思的政治经济学批判完全包括了我们理解经济现象的历史维度。对于马克思来说，我们作为现代人所面对的由历史意识所构成的问题，就是如何通过真正成为历史的（即使这意味着辩证法的反题：学会如何成为非历史的）而获得一种与过去和即将到来的未来的真正关联。

然而，到目前为止，马克思创立历史唯物主义的工作主要集中于经济领域的本意问题并没有完全得到解读。毫无疑问，我们仍然需要做出巨大的理论努力，才能克服"历史唯物主义的历史规律理论不过是对客观对象加以复制的逻辑"的错误观点。我们的意思是说，马克思怀着迫切的心情，一而再再而三地转向对资产阶级政治经济学批判，既与一种以经济理性主义的实质或精神为"主导"的理论无关，也与生产力的抽象的和普遍化的规律无关。相反，所有这种理解必须倒过来看，生产力的抽象的和普遍化的发展，正是资产阶级意识形态，它迎合了"经济人"的攫取冲动，把生产、消费、需要、欲求等加以绝对化，单纯地用经济事实来衡量一切。但是，这种误解又绝不止于理论自身的事情，它实际乃是资本主义存在世界本身所造成的"经济人"与引致人的抽象性的经济结构实在之间的联系的反映。实际上，同资产阶级经济理性主义的思维模

① [法]路易·阿尔都塞、艾蒂安·巴里巴尔：《读〈资本论〉》，李其庆等译，212～213页，北京，中央编译出版社，2001。

式相适应的资本主义经济实在表现在：经济规律一方面统治着整个社会，另一方面又能够作为"纯自然规律"根据整个社会的纯经济潜力，即在不借助超经济因素（例如，抢劫和掠夺）的情况下得以贯彻。这显然能让我们更好地理解资产阶级经济学何以把"经济人"看成是"理性的虚构"或"作业假说"，而遮蔽了"经济人"与在实践上把人实际地贬低为抽象的"经济人"的资本主义经济实在之间的关系。马克思正确地强调说，只要资本主义运用一种实际的抽象化操作，建立起一个以"冷冰冰的现金支付"为基础的关系域，只要在更为一般的情况下，资本主义促成一些相对自主的，亦即能够确立其固有的公理体系场来生产利益，只要资产阶级经济学仍作为经济学领域中经验事实的绝对客观性理论而持存，政治经济学就不能不是拜物教的。并且，这由此决定了不管人们愿意不愿意，都会陷于客观主义的意识形态中。

在这里，马克思深刻阐明了有关人类自发地适应资本主义社会的问题。他说，"在资本主义生产的进展中，工人阶级日益发展，他们由于教育、传统、习惯而承认这种生产方式的要求是理所当然的自然规律。发达的资本主义生产过程的组织粉碎一切反抗……在通常的情况下，可以让工人由'生产的自然规律'去支配，即由他对资本的从属性去支配，这种从属性由生产条件本身产生，得到这些条件的保证并由它们永久维持下去"[1]。任何试图改变这种自动机制的意愿与行动都显得反常。我们可以看到，自亚当·斯密基于普遍人性观念，提出"看不见的手"这一经济学的洞见以来，资本主义的观察者就希求创立一种精确程度堪与物

_____

[1] 马克思：《资本论》第 1 卷，805～806 页，北京，人民出版社，1975。

理学定律和化学定律相比拟的经济学了。经济学能够成为科学了！它的错误就在于它无法理解，那些看似自然的制度是一系列可能发生或者又没有发生的历史因素转变的结果。因而，资产阶级经济学日益把既有"固有的公理"作为不必质疑的前提，于是它日益缺乏制度批判之维。作为一种"分析的"对象的资本主义私有制，在经济学论域的话题清单中若有若无，其地位远不像"分工""交换""贸易"和"货币"等概念那么稳固，就是证明。斯密和李嘉图的经济学在实际上把资本主义的经济规律当作一种既定的事实，它只能当作理论的前提，而不能当作分析的对象。我们看到，凡能被当作分析对象的，均是具体的、现实的、有限适用的范畴，这正是分析的范畴的特点；反之，抽象的、无限的适用性的范畴，便是意识形态范畴的特征。如果不指出马克思从《1844 年经济学哲学手稿》到《资本论》对资产阶级政治经济学提出的根本批判，而是指出资产阶级经济学无视作为抽象社会劳动的劳动者在生产过程中将自己客观化的命运，那么，就会把马克思的"物质生活的历史"学说（历史唯物主义）降低到他的先驱者的水平，而我们将重新陷入马克思经济学和古典经济学研究对象和方法的连续性的错觉之中。

（三）超越阶级的理性主义：阶级斗争的革命的前景

今天某些后现代主义者，一方面，把马克思的生产、劳动等概念降低到传统政治经济学的水平；另一方面，他们宣称，政治经济学体系不再限制在"生产"领域，它已经渗透到语言、符号、意指、信息、知识和身体等领域中，反对资本主义斗争的场所被扩大，作为历史主体的"阶级"逐渐淡出历史地平线，工人阶级是资本社会反抗的典范标准已成为

明日黄花。经济领域及其矛盾已经颠倒过来，成为资本主义整合的意识
形态要素，经济和生产不再成为社会结构最重要的决定因素。所有根据
阶级斗争的理性主义观点建构起来的"上层建筑的"标准，都被历史克服
了。因此，在今天，按照鲍德里亚的分析，倘若"将经济理论化为最终
决定因素，都是'客观的'唯心主义者和反动分子"①。这概括了我们前
面所做的对马克思主义阶级性和历史分析的主要的反对意见，在这个反
对意见中，对马克思主义的一个更深的曲解浮现出来了，它是以对马克
思的阶级斗争理论的质疑和否定为基础的，尽管某些后现代论者并不否
认，后现代概念中批评的和激进的精神大约也可以包含马克思主义的批
判、反抗和社会改造之主题。

　　现在让我们细致一点地考察一下后现代理论对马克思主义的阶级斗
争概念感到忧心忡忡的原因。在我看来，它的具体设问首先完全是针对
黑格尔主义化的马克思主义思想模式。这与把马克思哲学理解为经济决
定论的论者的思路如出一辙。后现代理论显然是认为马克思主义与"资
产阶级"的经济学理论的对立，并不是重振整个大写的历史，反而是以
相同的模式规定了 19 世纪的资产阶级经济学和革命经济学。后现代理
论是从质疑 19 世纪马克思主义理论和工人运动的结合开始的。说马克
思的理论与无产阶级的客观社会实践的辩证结合只是"古典的"资本主义
阶段的真理，甚至说马克思的理论与实践的融合从未发生过。一般而
言，这种分析把马克思主义历史理论中的物质因素看作首要的，并将之

---

　　①　[法]鲍德里亚：《生产之镜》，仰海峰译，125 页，北京，中央编译出版社，
2005。

与强化马克思主义有关物质的生产过程的理论向度联系起来，同时削弱了马克思主义社会形态变革的理论向度。一句话，马克思的阶级斗争的革命观念被资产阶级经济的经济——技术理性主义笼络了。

不难发现，在后现代理论视野中，在今天阶级的界限比在社会主义理论领域的先驱者那里更加模糊，阶级的概念在历史地说明经济的对立能让人明确地感受到的方面似乎也更加乏善可陈。因此，后现代理论的全部理论论证和结论是一项针对马克思主义哲学形态的改造工作，它将马克思哲学的科学性看作遮蔽或消解其中的革命性的内容和政治的向度的原因。然而，马克思哲学的科学性在这里立足于一种完全特定的解释，即所谓科学性意味着以正确地分析资产阶级并理性地将它把握为标志的"正确的意识"。据说，这种正确的意识是衡量一个新旧历史发展阶段界限的标准。只要情况不是这样，只要无产阶级新阶段没有真正到来，对过去的旧阶段，即资产阶级阶段也不可有正确的认识，反之亦然：对资产阶级的正确理解，也提供了其阶段就要结束的证据。这两个方面恰恰相互支持。这里，无论是马克思主义理论的正确性和无产阶级社会实践的客观性，还是资产阶级阶段的结束和无产阶级时刻的来临，都被建构成黑格尔主义的"自打包票"①，换用鲍德里亚的话说，"每个都在他者身上发现自身，每个都在历史的线索中证明了自身——在辩证革命的符号下被普遍化为历史理性"②。"因此，使无产阶级成为一个阶

_____

① ［德］卡尔·施米特：《政治的浪漫派》，冯克利、刘峰译，209 页，上海，上海人民出版社，2004。

② ［法］鲍德里亚：《生产之镜》，仰海峰译，139 页，北京，中央编译出版社，2005。

级，就是将它封闭在定义秩序中（以'阶级意识'和'历史主体'为特征），这些模式仍然是资产阶级的"①。

很明显，后现代理论所建构的历史唯物主义理论，无非是以否定生产概念用于分析当代资本主义社会，以分析否定革命对于改变生产力的作用和意义。对于他们而言，所有马克思主义观点丧失了它们的原有含义。虽然阶级斗争仍然是重要的原则，但是它在必须服从一种生产过程的永恒性质或者生产的理性目的性中窒息了。马克思关于革命合理性的分析不再能够以阶级分析和生产方式分析来说明，这是因为马克思的历史理论与革命承诺都受到资本主义起源的制约或禁锢。他们相信，马克思颇费笔墨地对资本主义的演进过程进行了详细论述，但是，在无产阶级必须走那条道路的问题上，马克思只能满足于以相当抽象的方式来解释。他们认为，为了讨论无产阶级问题，利用从资产阶级历史上学习到的东西，是再自然不过的事情。如果说，阶级概念是普遍主义的和理性主义的概念，它产生于理性化生产和生产力积累的社会，如果说资产阶级是在生产资料所有权的角度上定义的，那么，在这个意义上，作为资产阶级在经济上的辩证对立面的无产阶级，要否定资产阶级，就不能在自己剥夺了生产资料的意义上否定自己。而对机器的尊重，对生产工具的保护等，必然承认事实上的财产（某种与法权相对立的人权），这更加决定了要使无产阶级成为一个阶级，就要将他封闭在资本主义社会的定义秩序中。这等于宣称，无产阶级不能根据"客观的"生产和政治经济学的视野来定义。

_____

① ［法］鲍德里亚：《生产之镜》，仰海峰译，143～144 页，北京，中央编译出版社，2005。

我并不否认这个论点的某些历史价值，但是，这可不是马克思的阶级斗争的理论逻辑。我们知道，在马克思哲学中，就无产阶级而言，其阶级本身并不仅仅是通常意义上的一个阶级，在马克思尚未认真研究经济现实以前，思考刚一开始，便赋予无产阶级以一个重要任务，即重新占有人的真正本质。然而，一个不可小视的事实是，在资产"阶级"和无产"阶级"这两个同样的术语之间，它们的性质不同，又往往各自被对方歪曲。在哲学上，资产阶级的意识形态的逻辑在这里表现为一种言说的或符号的形式。对话语的崇拜在后现代理论那里扮演着重要的角色。因此，完全偏离马克思思想的论者恰恰保留着马克思主义的语言，它造就了将马克思主义概念的"资产阶级"用法混同于"马克思主义的科学的"用法的文本困难，文本的困难又反过来把他（后现代主义者）造就成唯一能够克服困难的人。这意味着他们比马克思本人更理解马克思，以一种比马克思还马克思主义的"阅读"为名修正马克思身上的"前马克思主义"的残余，以扬弃政治经济学作为自主性领域为名扬弃阶级斗争的革命观念。在这个意义上，这些自认为是"马克思主义者"的人应该被视为走向了后马克思思潮，亦即意味着从经济—政治反抗走向符号—话语反抗。

我相信，在对后马克思思潮做研究之前，应该问一个这样的问题：对于马克思而言，究竟谁是无产阶级？究竟什么是革命观念？根据鲍德里亚的说法，"在马克思开始写作的时代，工人正在毁坏机器……在他的眼里，这些工人只能犯错误，工业资产阶级才是革命的"①。鲍德里

---

① ［法］鲍德里亚：《生产之镜》，仰海峰译，149 页，北京，中央编译出版社，2005。

亚由此刚愎自用地认为，马克思的阶级斗争理论无法自圆其说。显然，鲍德里亚否认，像工人毁坏机器这样的事情确实是两个阶级之间的一种斗争。但是，若因此认为马克思是从这样的意义上使用"阶级斗争"一词的，那无疑是片面的。但是，这个看法仍然引起了更多的问题：这是否意味着"马克思并不是为他们写作的，马克思也没有什么对他们可说"①呢？马克思的理论与工人运动的融合又将会是怎样的一种情景？马克思的著作对这些问题有没有明确的答案呢？我们应该回过头来问问马克思。在《〈黑格尔法哲学批判〉导言》中，无产阶级即"非市民社会阶级的市民社会阶级"究竟是什么意思？无产阶级既处于市民社会内部，又被市民社会秩序完全排除，这不正是说无产阶级既在资本的阴影中变得强大而能够跳出这个阴影吗？这里潜在着思辨的陷阱吗？在此最重要的是，不能像卢卡奇那样，把马克思的无产阶级理论与阶级意识的理性主义（在某种意义上这是阶级的"理想自我"）理论混同起来。卢卡奇自己深知，他对他所假定的无产阶级是社会历史发展过程的同一主客体的论断不是"真正具体总体化"的，他毫不含糊地承认，如果没有历史的"真正具体总体化"，他在《历史与阶级意识》中承担的任务就不能真正地被视为已经完成了。可以看到，卢卡奇的主体概念不仅是作为哲学，而且主要是作为政治哲学概念提出的。他同时也是政治唯心主义者。对他来说："只有阶级才能在行动中冲破社会现实，并在这种现实的总体中把它加以改变……无产阶级作为社会思想的主体，一下子打破了无所作为

---

① ［法］鲍德里亚：《生产之镜》，仰海峰译，149 页，北京，中央编译出版社，2005。

的困境，即由纯规律的宿命论和纯意向的伦理学造成的困境。"①历史主体的幻象促成卢卡奇将黑格尔的深奥哲学转换成政治的行动主义。加之，在卢卡奇对马克思所做的深刻的黑格尔式解读中得到强调的理论洞察力，一直受到当时的实证主义智性方法论盛行的迫害，那种实证主义生来就对人类存在的核心问题——历史性问题——和作为马克思辩证法的能动因素误解多多。结果，为了不被唯心主义的雨淋湿，卢卡奇索性跳进唯心主义的水里，想做比黑格尔更加黑格尔的尝试。要是真如卢卡奇所说，历史就是阶级意识，今天我们就有新的理由相信：不管我们可以给出多少事例来证明政治领域中的阶级反对阶级之方位迷失，资本与人的敌对关系仍然是现代性状况的一个基础性现象。一种新的革命理论如何可能仍然只能从马克思的生产方式理论之总问题中来界定自己。

---

① ［匈］卢卡奇：《历史与阶级意识——关于马克思主义辩证法的研究》，杜章智等译，91 页，北京，商务印书馆，1992。

第五章 ┃ 多数人、人民、个人

一、唯物史观对社会秩序的哲学透视

从社会现实的总体的视角来看，富人与穷人、强者与弱者等属于少数人和多数人之间的差异一直存在。少数人与多数人的区分和差别的观念，最初源于所谓可作事实描述的直接经验。这一观念似乎是自明的、普遍的而无须求证于历史。但当人们开始在这个基础上自我组织起来时，它是一个深远的、间断的转折的标志。从古至今，形形色色的理论将它视作出于自然，并倾向于用对立的两极来描述它。这一做出明确区分的进程，同时使少数人和多数人之间的差别固化为主从（奴）等级结构，并被视为可靠的政治—社会制度原则。对这一观念和原则的严厉批判，是马克思历史唯物主义的一个重要主题。马克思认为，凡是社会政治性的东西都是历史性的，与人的天性自然无涉。共产主义思想及其制度，成了挑战这一观念的强劲的对手。

自《共产党宣言》（后文简称为《宣言》）问世以来，一种旨在消除富人和穷人、主人和奴隶之分的注意力，就从宗教性的希望，转向了对一个美好未来的现实可能性的探索。按照《宣言》的著名说法，"至今一切社会的历史都是阶级斗争的历史。自由民和奴隶、贵族和平民、领主和农奴、行会师傅和帮工，一句话，压迫者和被压迫者，始终处于相互对立的地位，进行不断的、有时隐蔽有时公开的斗争"①。这个说法，如马克思自己所承认的那样，并没有提供新的东西。因为它在资产阶级历史编纂学、经济学的观念中，乃至从梭伦时代开始早已有所预示，这点是确定无疑的。当然，这番出于事实的评估不会降低这份《宣言》的重大价值，相反，要是我们没有忽略马克思与他的先行者之间有根本区别这一事实，也许会有助于更好地理解这份宣言。

在此，《宣言》的新颖和独特之处在于，将过去各个历史时代中的从"自由民和奴隶"直到现时代中的"资产阶级和无产阶级"，按照压迫者和被压迫者、统治者和被统治者的定义而对举，虽然显得粗糙简化。但如果不是用社会构成和法律的术语来理解，而是根据这种定义及历史唯物主义所奠定的基础来理解，那么许多关于马克思阶级理论的误解就可以消散了。这种将众多阶级之间异质的矛盾简化为人类唯一的、最后一场斗争：资产阶级和无产阶级斗争的做法，意味着紧张度的大幅提高，这

---

① 《马克思恩格斯选集》第 1 卷，272 页，北京，人民出版社，1995。

些呈现了人类深远历史发展的政治状况之两极化性质。这一做法的力量首先寓于下面的事实之中：至今一切社会里始终有一个多数和少数的划分，以及由少数人统治多数人的事实。这是一个突出的事实，即便同时诉诸支配现代政治的民主运动也没有改变这个事实。就像施米特所觉察的那样，当代民主制通过生产甚至选举过程来代表人民统治的观念，在术语上是矛盾的。民主制不过是各种名目（贵族制、寡头制、僭主制等政治形式）下的"代议制"，只要民主原则仍然是一种以分出多数与少数为基础的对抗性（即对原有君主制的否定）概念，那么我们就可以看出它能跟"形形色色的政治抱负联手协调行动"，它可以"侍奉不同的主人"，它与早先的君主制也"就有着重要的相似之处"①。这说明历史的发展尽管已经决定性地支持平等和民主了，但是，一方面，它肯定人民主权的观念；另一方面，它让私人资本对社会的全面控制，即资本对富有的自由民和贫穷的自由民的奴役毫发无损。也许这两个方面原本只是同一事情的两个不同方面。同样，恩格斯注意到，"人们从小就习惯于认为，全社会的公共事务和公共利益只能像迄今为止那样，由国家和国家的地位优越的官吏来处理和维护，"由此容易产生"对国家以及一切同国家有关的事物的盲目崇拜"，"人们以为，如果他们不再迷信世袭君主制而坚信民主共和制，那就已经是非常大胆地向前迈进了一步。实际上，国家无非是一个阶级镇压另一个阶级的机器，而且在这一点上民主共和国并不亚于君主国"②。

① ［德］卡尔·施米特：《政治的浪漫派》，冯克利、刘峰译，176～183 页，上海，上海人民出版社，2004。
② 《马克思恩格斯选集》第 3 卷，13 页，北京，人民出版社，1995。

这种强调意味着"至今一切社会的历史都是阶级斗争的历史"，说的就是这样一种领会：所有社会政治制度在实质上都是由少数人来统治的，少数人统治多数人的格局至今未改变。因此，这里所要关切的问题并不是理想的民主（"将要到来的民主"）是否具有实现的可能性。而毋宁是正确地提出这一从未改变的格局意味着什么，这才是问题所在。

（一）少数人与多数人之分的政治哲学特征

"一"和"多"，这个论题自开始时就支配着形而上学。当形而上学把"多"贬低为单纯的现象或影像，并相信它能够把一切归结为一时，我相信，在社会历史、政治方面同步发生了"少数人"和"多数人"这两种人的核心话题。按照这一最为古老的哲学论题，"多数人"或"大多数人"之人的天性自然，在通常的思想和行动中没有明察的能力。他们不是通过理智和意志，而是通过感官和身体来形成各自的生活形态和周遭经验世界的意见。少数人明察的内在开端就在于，它凌驾于普通人的思想方式和行为方式之上，因为他们总关注最重要的事情。这里，少数人和多数人似乎是数量上的区分，其实不然。所以，这两类人在人的目的上存在着分歧。一般来说，多数，即"充满成见的大众"，比那个少数更愿意把自己表现为一个主要对物质、安全、温饱，而非对精神、自由、德性感兴趣的人。或者更一般地说，富有的、出身高贵的人必定占少数，而贫困、出身低微的人必定占多数。按照古典思想家来说，这一区分开始于日常生活中自然而然形成的德性品质的区分，是他们自己关于"自然"境况的洞见，亦即对作为整体的自然的某些事实的洞见，从而人与人之间的不平等是以自明的方式显现了遍布于自然整体的不平等。并且，他们赋予这一区分以法律和政治秩序的意义。因为，他们认为，少数人统治多数人，依据的是思维和存在的知识学关系，即上（哲人和贤人）智与下（民众和奴隶）愚之统治与被统治、引导与被引导的自然权利、传统的权利。它与和谐的政治过程和政治伦理秩序是一致的。换用当代政治哲人施特劳斯的观点来讲，多数人卑贱与少数人高贵也与"自然的良知"是一致的。不仅如此，如果人类对自然做正确估价，那么回顾过去，展望遥远的将来，在所有的时代里，富人和穷人，主人和奴隶的区分还注定永远存在。这是所有社会都不得不服从的"永恒法则"。从古代世界到现代世界的文献，譬如从《新约》到《美国的民主》，有太多的文献接受了来自古希腊哲学家的这种核心信念：古代的永恒轮回以一个据说是"自然的"少数人和多数人的（贫穷、智愚）差别为基础。

　　然而，人们也许可以说，这里的论点模棱两可。因为单凭世界上过去发生的一切和现在还在发生的一切，怎能向我们说明**一切**关系在其中同时又互相依存的整个社会历史呢？因而它似乎没有什么充分理由足以说明，人类在历史上为什么可以被如此区分？人类中的多数人为什么不可能选择更好的生活而只能过物质欲望"享乐"的生活？倘若我们要坚持认为，多数人都宁可选择高贵而不是卑贱，选择善而不是恶，选择自由而不是服从，那也是可以得到辩护的。为什么不能这样从善如流，朝好的方面想？这在哲学上不是确定性的（况且，假设不同的人之间都是彼此自然而然同意或不同意，倒是奇怪的）。除非我们预先确立论者的传统主义立场。在此意义上，上述论点不具有现代哲学意义上的主体间性，不能用一种直接的公共可证明（伪）的方式给出，而只能配称为属于自我寻求的宗派倾向的观点，就像施特劳斯所承认的那样。在我看来，这里少数人或多数人的结构区分，源自不同社会形式所具有的差异性，即主要由特定社会经济关系的特殊性所决定了的、自我能力表现程度不同的差异性的观点，倒是更为可信。这种社会关系论的方法实际上正是马克思的观点的总特征。

但如果我们不管历史的事实究竟是什么，预先接受古典思想家由以主张这一论点的表述，就会探及它的论证方式的基础。根据此种基础，我们可以看到，少数人是通过直接的自然方式被尊为高贵的，而按照自然标准多数人就命运般地注定卑微。这实质上等于根据现实的人而非可能的人假定，人类生活的社会条件在任何一个重要方面都绝不会发生变化。从而，少数和多数之间的严格区分不可改变。看来，就如同我们能理智地抓住关乎人类命运的自然整体之永恒秩序一样，这是神秘的。换一种说法，古典哲学的政治等级秩序是以某种虚假（"人为"）的"自然"等级秩序为前提的。这里的意思用罗森的话来表达则是：永恒秩序并不是人能够发现的，意愿永恒秩序之存在的自然根基才是人所发现的。[1] 因此，就此而言，有关这一区分的问题所要求达到的结论也等于是，那些以为自己有辨别能力以及能够认清真理的政治哲人有关于永恒社会秩序（自然秩序）的谋划。但是对于众多的人来说，自然原本是一本"艰深的书"，只有少数人能获得"知识"。因而，在这种关于少数人或多数人的结构性区分的宣称中，我们大略也看出了古典哲学最本质的政治意识形态，即企图让多数人"习以为常"于少数人的"洞见"（"宣传"），以使一个

---

① 刘小枫主编：《施特劳斯与古典政治哲学》，张新樟等译，245 页，上海，上海三联书店，2002。

意愿的世界成为存在。马克思称这为"知识(了谁)意味权力(掌握了谁)"：与贵族阶级统治相适应的概念，是在贵族统治历史时期贵族阶级自己为自己编造出的幻想。唯有通过贵族阶级抽离了这些概念的历史环境，才能赋予这些概念以普遍性的形式。高贵和卑贱也是在这种历史状态中由统治阶级创造的。一个贵族阶级的政治上的优越地位在于将那些代表统治集团的性质指定为好的。所有统治阶级在价值创造背后的权力意志都是被他们隐瞒的东西。① 在这方面，其中的案例则是柏拉图的《理想国》和亚里士多德的《政治学》。

但实际上，柏拉图和亚里士多德绝不是"古代人"，而是相对于基督教牧师，相对于马基雅维里、霍布斯，相对于黑格尔、尼采，相对于如今的"帝国"缔造者而言的"同时代人"。我们之所以可以这样想象他们之间的联系，就在于这些伟大的哲人王——立法者都从自己要解决的问题出发，就像柏拉图的理念强调人的"自然差异""金银铜铁"说和亚里士多德的"现实性"强调"财富""自由"和"教育"作为统治者的理所当然的凭据一样，企图掌握"神意"，以使一个意愿的世界成为存在。后来者终究传承并愈益彰显"主奴哲学"。比如说，托克维尔观察到了一个比欧洲社会看起来在各个方面更为平等、民主的美国社会，实际上他认为人们已无可选择，必须接受社会将转变成一个平等或民主社会的根本事实。他使人们相信，看到一个几乎到处是等级的前现代社会是如何一下子变成平等的现代社会的。但是，托克维尔在其著作中讨论"美国的民主"，并不是因为它确实体现了最好的制度原则。要知道托克维尔本人的写作动

---

① 《马克思恩格斯选集》第 1 卷，99～100 页，北京，人民出版社，1995。

机是使出身良好并得到良好教育的人，适应民主制的原则和生活，并因为精英的参与而缓和民主的危机。人们容易看到，如果今天批判性力量的重要来源是指对平等的民主的诉求，或者说得更确切些，是指对主—从在形式上的根本转变的诉求，那么这样一种概念自古希腊以来根本无从谈起。因为主—从形式根本就没有这样一种转变发生；这即说，在历史发展进程中，总是老一套的东西。所谓"天不变"，迄今为止的历史"'主—从'形式"也不变。即便说迄今为止的历史发展中确实还存在着某种变化，那也只是"'主—从'内容**重复**演变"。因而，说"美国当今的所谓'民主制'更是心照不宣的'隐蔽的贵族等级制'（对内）和'单边的君主制'（对外）"①，还不足以解释托克维尔的隐忧，因为"他看不出有任何理由可以相信富人和穷人之间的传统冲突在民主条件下会停止，或人会放弃压迫他人的愿望和机会"②。我们因此认为，还应该质问哈特和奈格里，今天美国那一套单边主义遭遇了危机，为什么贵族政权就一定能为全球范围内的民主问题的解决提供战略性的机会？我们断定《帝国》一书只能是一本前《共产党宣言》的著作。他们旨在神秘兮兮地谈论美国这个"福地"是古希腊理性遗风之下相对来说较好的"自由政体"。而就这里所要表达的东西而言，既然找不到更好的，那就是最好的，所以，福山丢掉审慎和谦虚，说，"构成历史的最基本的原则和制度可能不再进步

---

① 《中国现象学与哲学评论·现象学与伦理》第七辑，41 页，上海，上海译文出版社，2005。

② ［美］列奥·施特劳斯、约瑟夫·克罗波西主编：《政治哲学史》下，李天然等译，892 页，石家庄，河北人民出版社，1998。

了，原因在于所有真正的大问题都已经得到了解决"①。

(二)政治和关于存在的问题

什么"真正的大的问题"得到了解决？是有关历史终结的法律制度与政治问题的解决吗？是资本主义能够永恒地诉诸某种"空间定位"而得以稳定了吗？如果是，那么这就毫无疑问意味着，我们在黑格尔、尼采、科耶夫那里发现的那种相同的脉动，即用主奴冲突的历史哲学原则，对人类社会整个进程做统摄性的政治理解，不过是为少数人剥夺多数人的生存和发展做必然性的论证而已。同样，确定无疑的是，这恰恰表明：福山没有理解发生在 20 世纪末的苏联解体，以及所谓资本主义自由民主制度"胜利"的形势得以出现的法权基础。那么，这一形势所从出的法权基础究竟是什么？根据霍斯和弗洛斯特的理解，它所指的就是相互承认的法权概念，即要求用化敌为友的法律去替代敌友划分的政治，这是全球性动态中的最新转变所预示的事情之一：它承认一个"非政治的"广阔的经济社会的存在。它决定了"所有的经济社会关系，甚至那些传统上被看作主权国家间的关系，均将由司法来规范"②。而所谓人类历史趋向终结，便是"指向"敌友政治的终结。现在我们就处于不同的政治和经济制度冲突的终结时期，充满其间的所谓个人自由也将是一种由法律驯服欲望的自由。然而，这样一种平等法权概念也许在解决财产分配的

---

① ［美］弗朗西斯·福山：《历史的终结及最后之人》，黄胜强等译，3 页，北京，中国社会科学出版社，2003。

② ［法］科耶夫等：《驯服欲望——施特劳斯笔下的色诺芬撰述》，贺志刚等译，92 页，北京，华夏出版社，2002。

正义上是有利的，但却不能为解决资本主义内在经济条件不平等提供任何方法。因为，即便是自由市场的运行，也需要大量的制度安排和规则，这些制度安排和规则不能不由类似于国家权力的东西加以左右；只要它是通过重新创造资本主义的私有财产关系，及占用他人劳动的相关权力来实现，只要它是不变的"主统治从"的形式，一句话，只要有奴役和统治，就必然如此。事实上，对于马克思主义来说，生产关系和法律之间的根本矛盾，决定了法律关系基本上是按照权势"等级"的需要来加以调整的。"平等原则又由于被限制为仅仅在'法律上的平等'而一笔勾销了，法律上的平等就是在富人和穷人不平等的前提下的平等，即限制在目前主要的不平等的范围内的平等，简括地说，就是简直把**不平等**叫做平等。"[①]"所以资本主义对多数人追求幸福的平等权利所给予的尊重，即使有，也未必比奴隶制或农奴制所给予的多一些"[②]。明了这个事实，我们才会明了福山是不是纯粹的虚张声势？一个能在深层感悟到悖论之不可解决的思想家，不会看不到人类在政治生活中的基本经验的边界，也就是说，"用'消除一切社会的和政治的不平等'来代替'消灭一切阶级差别'"[③]并不能解决问题。相反，如果迄今为止的历史被解释为一种统治和奴役的永恒的历史，那么问题的症结——自柏拉图以来充当少数人和多数人划界的所谓"自然法则"——从未改变。最终也会更多地"制造"可以证明这一主奴历史哲学的人。这正是福山先生所不能理解的。

如果有人以为，可以因没有或从未改变而断言永不改变，那么他就

---

① 《马克思恩格斯全集》第 2 卷，648 页，北京，人民出版社，1957。

② 《马克思恩格斯选集》第 4 卷，239 页，北京，人民出版社，1995。

③ 《马克思恩格斯选集》第 3 卷，325 页，北京，人民出版社，1995。

从根本上遗忘了"存在论差异"，即他总是把存在（Being，"原在"或"自然"）处理为一个对象性的存在者（beings，"是"或"所是"，即"秩序"）了。按照这种传统思想对存在的理解的自然倾向，存在意味着在最高普遍性意义上**永远**在。从表面上看，关于存在的基本看法只是形而上学的论辩，可事实上，希腊存在论在柏拉图那里已经显示出政治哲学本质。依循这种本质来看，存在的层级体系的思想——每一事物的存在都在确定的秩序中有确定的位置，是其中主要的一点。因此，就"存在问题"之政治哲学意涵而言，古典政治德性以及关于贵族政体对所有时代的人类来说都拥有某种典范地位的主张，的确就坐落在"存在问题"的上述眼界里。或者正因为如此，它求助于持续性或时间之久远，才被公认为保守主义和传统主义视域中的正义的终极基础。只有持续性才证明每一事物状态的正当性。对贵族制度推崇，是它们赋予了国家以持续性之顺理成章的结果，只有维护等级秩序的大厦的国家才得以存在。①

自柏拉图以降，在给存在问题打上这种政治哲学印记的哲学家中，在现代哲学之中，尼采就是一个突出的代表。尼采的"永恒轮回"表明了世界本身不过是"同一个东西"不断生成与毁灭的循环往复的过程。也许理解他的这种"永恒轮回"意味着接受这样的道理："任何存在物之所以存在是因为它存在过，因为它有一个过去。"②尼采就完全是用同样的根据把等级关系描述成永恒轮回的，"每一个高贵的典型的'人'迄今为止

---

① ［德］卡尔·施米特：《政治的浪漫派》，冯克利、刘峰译，176～183 页，上海，上海人民出版社，2004。

② ［美］凯斯·安塞尔-皮尔逊：《尼采反卢梭——尼采的道德—政治思想研究》，宗成河等译，15 页，北京，华夏出版社，2005。

一直是贵族社会的产品——而且它将始终是这样”①。对于尼采来说，倘若把人类迄今为止受制于荒谬和偶然的历史整合进“自然”，那么这就意味着对包括人在内的一切生命或存在者的“曾在与现在”的无限肯定。但是，这里的所谓肯定并不意味着尼采站在最大多数人一边。相反，尼采悬置了卢梭式的政治合法性问题，在理论上宣布：重要的问题在于，自由的牺牲甚至沦为奴隶，在多大程度上能够有助于一种高于人的种类的产生。当然，在这位未来哲学家那里，我们也会听到各种各样带有革命色彩的语句。甚至是他对无产阶级（“大多数人”）即尼采自己的粗话所指的“人类畜群”的咒骂，不管是多么恶毒，也可以解释为他是多么憎恶人类的贫困。但是我们已经看到，这只有根据他无法相信穷人或绝大多数弱者能够改善自身的处境才能理解。最后，“大资本家的哲学家”尼采写道：“我们由于是旁观者，对于下层人民的痛苦和贫困总是了解错误。因为我们不由自主地用我们自己的感觉尺度来衡量它们，想象着我们带着的极度多愁善感的头脑处于下层阶级的地位上。实际上，痛苦和贫困是随着个人的文化程度而增长的。下层阶级是最迟钝的：改善他们的处境，就等于是使他们更善于感到痛苦。”②尼采用“旁观”的办法把苦难看成是由意识决定之后，又把苦难视为一个道德训诫：一切不幸又是由于个人相信那个他们应当从头脑中挤出去的不幸的概念而发生的。用他自己的话来说：“地上的幸福不能靠改变制度来增加，而要靠消灭阴暗的、

---

① ［德］尼采：《论道德的谱系·善恶之彼岸》，谢地坤等译，323 页，桂林，漓江出版社，2000。

② 转引自［德］梅林：《保卫马克思主义》，吉洪译，245 页，北京，人民出版社，1982。引文有改动。后同。

软弱的、多思虑的、易怒的性情来增加。"①一句话，痛苦和不平等应该被意愿，如此等等。因此，尼采因将苦难和不平等等等而视为生命本来的样子，以及人类成就伟大的先决条件，而当然被视为配合德国病态时政的征兆。尼采的政治哲学由于屈从于现实政治秩序的利害时限的考虑，对文明时代的弱点的了解，并不是用全新的思想来克服的。相反，他只是简单地把它颠倒完事：要么是超人与人类畜群的永恒回归，要么是现代人自我设置的原子般的孤独。而且在这种情况下，说哲学的本性在于立法，似乎显得最终是为了借此保护哲人（即少数人——哲学始终是少数人的事业）。尼采就是这样又把从来没有改变硬说成永不改变。

(三)马克思对人类未来秩序之洞见

从来没有改变不等于永远不能改变。我相信这是一种后验必然的真理。这在古代社会未必就像今天这样是一种逻辑常识。当然，在什么程度上少数人和多数人的结构关系是可变的，在什么程度上它已经变化了？我们无须讨论，也并不重要。

虽然只能有比较少的富人和大量的穷人，只能有比较少的胜利者和大量的牺牲者，只能有少数人治人和多数人治于人，诸如此类，足以显示迄今为止社会的特征。但是，如果说这是源于所谓直接经验显现的自然观点，那么我们就不能把它与"如何消灭贫穷""如何以弱变强""如何不被统治"等这些可称为"自然的反面"的观点分开。福柯就曾敏锐地察

---

① 转引自［德］梅林：《保卫马克思主义》，吉洪译，246 页，北京，人民出版社，1982。

觉到，与那个关于统治人的艺术以及方法的话题，同时出现的还有"如何不被统治？"这个话题。它在本质上是一种"不从"，"不愿被统治——不愿被这样统治"，就是不接受自然法。① 可以看到，福柯显然并不认为，自然法是文艺复兴的发明。但它从 16 世纪开始有了启蒙的功能。在做这样的理解后，我的意思不是说，少数人富有起来与大多数人的贫困化是以某种互反的方式对立的。单从社会是"人们交互活动的产物"方面讲，确认某种倾向的存在，绝不意味着它在社会生活的发展过程中不会由于各种各样的合力而有所变化。因为，它或者不能完全地发挥作用，或者暂时或长久地为相反的倾向所抵消、所制约。比如，就像我们在马克思那里看到的那样，他认为，资本主义经济本质中存在着**一种**贫困化趋向，这不是说，这种趋向在社会发展中会自然而然地表现出来，因而无论如何不能把它同所谓贫困化理论混为一谈。

就这个历史事实而言，我们可以做进一步的理解：随着生产力的普遍发展，贫困的普遍化现象将会消失，在社会中穷人将占少数，而不是像以往那样构成一个国家的大多数，他们的地位将被新兴的中产阶级所取代。尤其是凭借科学技术的发展，近代以来确实打破了匮乏一直被认为是永恒不变的信条。但是，在一定限度内，这实际上不过表明，既然工人使人变富，那么工人越多，富人也就越多。资本主义积累的一般规律表明："在工人自己所生产的日益增加的并且越来越多地转化为追加

---

① ［美］詹姆斯·施密特编：《启蒙运动与现代性——18 世纪与 20 世纪的对话》，徐向东等译，389～390 页，上海，上海人民出版社，2005。

资本的剩余产品中，会有较大的部分以支付手段的形式流回到工人手中，使他们能够扩大自己的享受范围，有较多的衣服、家具等消费基金，并且积蓄一小笔货币准备金。但是，吃穿好一些，待遇高一些，特有财产多一些，不会消除奴隶的从属关系和对他们的剥削，同样，也不会消除雇佣工人的从属关系和对他们的剥削。"①显然，马克思认识到，在贫穷不被任何人视为一种善的情况下，在消除经济不平等或少数人与多数人的对抗并未解决，从而仍然没有从单个人的财富转变成社会财富之前，财富的最大化并不是毫无疑问的善，它甚至不过是"鄙俗的贪欲"和"残酷的剥削"的同义语。哪怕这样的剥削初看起来好像温和、舒服了一些，马克思还是马上纠正了这样的印象：在资本主义的限度内，有可能注入让劳动剥削程度、政治压迫程度降低的因素。在这一点上，托克维尔这个头脑清晰的人也不得不说出如下看法：在现在中产阶级构成多数人的情况下，多数的暴政是新专制主义所可能采取的一种形式。它以牺牲少数富人为代价。我们应当能明白，少数人和多数人的格局（内容）的变化，仍然改变不了颠倒的"主从格局"。托克维尔在这里表明的东西，马克思其实也想到了。不过，与托克维尔最终诉诸人性自利来解决民主社会的政治问题的思路不同，马克思否定在经济基础已经发生分化、存在着阶级的状况下，统治阶级能够以人们的普遍利益为出发点的观点。马克思转而看到了问题的第二个方面。他说："贫困、压迫、奴役、退化和剥削的程度不断加深，而日益壮大的、由资本主义生产过程

---

① 《马克思恩格斯全集》第 44 卷，713～714 页，北京，人民出版社，2001。

本身的机制所训练、联合和组织起来的工人阶级的反抗也不断增长。"①
我们通常把这里的这段话过度地限于贫困化的革命理论的理解，其实
该段文字的逻辑不允许我们做此解释，因为它实质上是马克思侧重于
对两种趋向的斗争的描述，即处于弱势的工人，如何在斗争中得以
加强。

　　我们强调，这种描述不是简单地呈现"强势者"与"弱势者"的二元对
立关系，相反，"强势者"与"弱势者"是超越二元对立的生成性关系。这
里，所谓"生成"按照形式的概念来说，是从非存在的东西向存在的东西
的过渡。这里的"非"不是认定生成中有一缺乏，而是指根据尚非实存的
东西，最终肯定地使实存成为可能。因此，问题也就在于，如果所谓少
数人或多数人区分的问题现在是以"强势者"与"弱势者"的双向相关性关
系来理解的，那么就不难看到，"强势者"生成（产）了"弱势者"，"弱势
者"反抗"强势者"，正是在这一反抗和危机的时刻，"强势者""显形（在
场）"了。无论是黑格尔、尼采的社会概念还是大多数后来者，都是从我
们熟悉的"显的"或"可见的"单向来理解这一社会现象学的。他们之所以
受到迷惑，是由于把"以强凌弱"之现实政治伦理秩序的从未改变，按其
"自然观点"中的"显"的定向固化成"自然正当（形式）"了。马克思则回到
了"显"即"隐"的历史辩证法自身的意境上来，他苦苦求索的问题是：社
会现象学的"现象"果真是"显"的，而非亦"显"亦"隐"的吗？以往的社会
现象学究竟在"强势者"的"显形"处有什么隐匿？迄今为止，以"智力"和
"强力"决定着社会的等级秩序这一社会形式，难道是"强势者"的某种对

---

① 《马克思恩格斯全集》第 44 卷，874 页，北京，人民出版社，2001。

永恒秩序的意欲本身？

当我们试图随马克思反思这些问题，同时试图明白它们的基本含义时，我们首先注意到的是：当人们以习惯的理解方式把"强者生存""匿名者的牺牲"看成是一切社会模型的唯一可能的样式时，他们就不能瞥见相反的理想：在那里人不再是"强势生存""剥夺者被剥夺"的永恒轮回。就马克思来说，一个自然的等级秩序的社会存在是悖论性的，因为某一社会制度具有什么样的特征取决于"人们所处的条件""先前已经获得的生产力"和"在他们以前已经存在、不是由他们创立而是由前一代人创立的社会形式"①。他由此强调"不自然"的现实性，并且得出结论说，"人们永远不会放弃他们已经获得的东西，然而这并不是说，他们永远不会放弃他们在其中获得一定生产力的那种社会形式。恰恰相反。为了不致丧失已经取得的成果，为了不致失掉文明的果实，人们在他们的交往方式不再适合于既得的生产力时，就不得不改变他们继承下来的一切社会形式"②。马克思表明，肯定新旧制度的更替、国家权力的变易直至未来国家的消亡，乃是生产力发展的一个逻辑后承。

同时，诚然，从历史唯物主义的观点来看，迄今为止所有阶级制度、等级制都不是某个统治阶级恣意妄为或意愿所致的，而是与历史发展相契合的。但是这种看法本身似乎既不能为未来每一个人向自由而平等的秩序转变提供充分的理据，也不能为推断一个金字塔序列的社会模型的"永不"改变做论证。因为这里的"永不"本身毕竟是"隐的"，它是

---

① 《马克思恩格斯选集》第 4 卷，532 页，北京，人民出版社，1995。
② 同上书，532～533 页。省略外文。

"缺失"。福山之妄断，充其量只是把"从未"偷换成"永不"。然而，重要的并不是谈及不能把"从未"简单或直接当成"永不"这一人所共知的真理，而是谈及后人，是未来将会有人生活着。因此，完全有必要为了我们自己的生存，也为了他们的生存，公正地假定，生活在未来的人们有通过继承或者独立而获得制度实践和观念的正当权利。这些权利就包括自主性的权利和对我们行为的请求权。尽管，它对我们而言仍然是陌生的、沉默的、隐的、不可见的，但它绝不是不存在的或虚无的。正是在这个意义上，我们绝不可能无所谓于这样一个问题：未来可能的秩序，是我们还有生活在未来的人们所意愿的，还是所厌恶的。实际上，只要关注改造世界的实践目的，就必然会通过对这一问题的实践的回答而影响到某一未来秩序是否会成为现实。

既然如此，马克思确定了未来的秩序将会是共产主义社会的秩序，同时这意味着应该根据其最高的可能性确定共产主义社会将是现代文明崩溃之后最好的秩序。马克思的论证以历史的基础为根据。他让我们清楚地看到，任何一种政治秩序都要有历史的基础，都要尊重在社会发展的过程中所展现的趋势。因此，如下看法是匪夷所思的：即便能够确定无疑地知道未来的秩序将会是共产主义社会，我们仍然不知道它究竟是我们所意欲的，还是令人厌恶的。因为，马克思只是告诉我们共产主义的必然性，他并没有告诉我们"何种选择将是更好的"。更深入地看，这种看法强加于马克思的社会发展学说并错误地得出：一切社会发展都是历史必然性的自动发生，由此足以打消对何谓最好的或正义的政治秩序之追问。对于我们而言，这种看法有某种奇怪的地方，以致马克思的学说在它的真正意图上不能恰当地得以估量，并容易陷于这样的荒唐中：

一切都会自动到来，因为那是历史的必然性。直到今天为止，我们对马克思的社会发展阶段的必然性学说还没有得到正确的理解，因为我们立即唯一地以符合自然的必然性，而不是以历史社会的必然性的历史科学来衡量。关键是，社会历史由以规定自己的那种必然性，是那种和人对某些条件的完成分不开的必然性。我们必须正视马克思提示的这样一个事实：由于科学技术和哲学卷入我们的生活愈益深刻，因此现在的世界有可能成为某种世界的解释方式的后果和它的见证。

不难看出，马克思的贡献在于他解决了最重要、最困难的问题，这就是现代人类所面对的所谓资本主义的自然性问题。马克思的《资本论》表明，历史摆到人们面前的自然已成为一个问题，因为现代经济学家把资本主义生产方式看作绝对的生产方式，对于他们来说，通过与进入"自然意识"的现象的直接参照，私有财产、竞争机制和市场、劳动和资本过程这些概念才得以被理解且其有效性获得了验证。这是说，他们离不开自然，赋予人性以自然化的神话，他们写的《资本论》是建立在所谓人的天性自然之上的。不用说，现代经济学家从对资本主义的这种理解中取得的视点与那些亲眼看见"奴隶制度的古代著作家"的视点如出一辙，"在理论上是和在实践上一样不可分地联系在一起的"①。马克思引用亚里士多德的观点，来证明美国现代奴隶制度的一个维护者关于人的天性自然的观点，因为他们都谈到了在经济领域内和在政治领域内不可改变的统治和奴役关系。在此，以一种绝大多数人和少数人的所谓自然等级差异的主题，再次使下述事实变得模糊：构成一个阶级和包括立法

① 《马克思恩格斯全集》第 46 卷，432 页，北京，人民出版社，2003。

行为所赋予的一个或所有财富、权力、尊严的特权，不是自然的意图或一种天意的性质，而是基于一种经济的原因而施加于其他人身上的强力或强制。那些庸俗经济学家，已在人性之上散布太多的烟雾："现在，雇佣工人也和奴隶一样，必须有一个主人叫他去劳动，并且统治他。既然这种统治和奴役的关系成为前提，那么，雇佣工人被迫生产他自己的工资，并且在这个工资之外再生产监督工资，作为对统治和监督他而花费的劳动的补偿，'并为他的主人提供正当的报酬，来报答他的主人为统治他，为使他成为一个对自己和对社会有用的人而花费的劳动和才能'，就是理所当然的了"①。这段话无疑是讽刺性的。然而，在庸俗经济学家的脑袋里却是必然产生的，他们认定，资产阶级的政治统治是被由他们宣布为永恒规律的生产关系决定了的。马克思发现，其实，庸俗经济学家对在资本主义生产方式内部发展起来的、各种对立的资本主义性质的历史前提，从一开始就是失察的。他们直觉到的是现代社会仿佛是一个恒定不变的"坚实的结晶体"。可是，只要某种劳动的形式不再具有资本对劳动的统治的对立性质，资本主义的外壳就必然会被炸毁。

这并不是说明天就会出现奇迹，但至少可以说，关于各种在资本主义生产方式内部发展起来的劳动形式，能够离开并且摆脱资本主义的对立性质，在马克思的时代已初露端倪。比如，合作工厂的实例表明，资本主义生产本身已经使资本家作为生产上执行职能的人——也常常被人们用作替资本对劳动的统治和剥削进行辩护的理由之一——成为多余，

---

① 《马克思恩格斯全集》第 46 卷，433～434 页，北京，人民出版社，2003。

"就像资本家自己发展到最成熟时，认为大地主是多余的一样"①。归根到底，对于马克思来说，这个文明世界的原则的解释力差不多已经被穷尽。而现在事实上存在的共产主义思想以及由这一思想支持的有活力的政体，虽说没有在更广大的地带居于优势，但是，它所倾心的"每个人的自由发展是一切人的自由发展的条件"的原则，毫无疑问令人振奋，更得人心。这是在历史过程中呈现的事实，即对自然的征服所致。其实，只要我们希望知道人的天性自然"本来"如何越多，那两种对人类类型的解释就越无所助益。如果现代人对自然的技术征服，是一个不可缺少的手段的话，那么它就应该完成现代社会从来没有做到的事情，即能够有利于被压迫阶级即大多数人的生活状况得到改善，有利于每个人在平等中获得自由个性。

现在，我们借马克思的共产主义观点的意境，做些自由发挥，并且将"从来没有"的"或然保留句"语气转换成"否定式"的反问句语气，提出唯物史观的当代性当以如下关切为其视野：为什么只有少数人应该获得发展？为什么为了少数人而不相称地牺牲大多数人不仅被合理地设想，而且被公正地要求？为什么人的自我能力表现程度的差异能够转而用来证明剥夺多数人的生存和发展的必然性？为什么等级差别因传统而被认为神圣不可侵犯？为什么本来平等的东西总是被放置在与高贵的东西相对立的位置？为什么普遍的优秀只能是悖谬？为什么单纯追求财富就不是（现代）人类的最终命运？

---

① 《马克思恩格斯全集》第 46 卷，435 页，北京，人民出版社，2003。

二、人民意志论及其神学批判

继传统形而上学中的最高和最确定的实在——上帝——被否弃，人与历史就成了两个新的造物主，这体现在近代社会契约论中由于原子式个人的同意而获得其政治合法性的公意原则上，其精神气质和血脉仍然和神义论语境相通。施米特洞察了卢梭的人民意志论"有着在形成一种意志的问题上的自我毁灭之虞"。但是，施米特过于强调事物的表象，没有意识到历史唯物主义决定性地超越了"人民的意志当然总与人民的意志同一"的卢梭主义的话语体系。

(一)两种替代上帝的新实在：人民和历史

随着基督教的历史理解出现后，传统形而上学将超验的上帝视为西方历史概念背后的中心力量。不过，现代西方社会的历史是一个世俗化的过程，超验的上帝退隐了。从此，人们似乎可以从一个与支配着古代世界的基督教根本相反的统一立场来解释现代精神的本质，然而，如果将现代精神视作现代社会特有的思想和价值体系，那么有人会说这种精神根本不存在，原因很简单，我们所说的这个东西是分离的，并非存在一种统一的原则，而是一系列互相迎合而又互相排斥的发展。所谓"现代性现象之本质是它根本就没有本质"（西美尔语）。即使有某种统一的原则，统一原则的印象也主要来自"现代世界并非从根本上拒绝启示与权威，而只是转变启示与权威观念"①。因此，换个角度理解，人们常

---

① ［德］特洛尔奇：《基督教理论与现代》，朱雁冰等译，67页，北京，华夏出版社，2004。

常将"世俗"与"神圣"对立起来，这种解释至少是不充分的。将现代社会与前现代社会做二元划分的世俗化概念是一个含混的、并因而不能够对现代社会做适切描述的概念。与其说我们可以谈论世俗化，不如说应当谈论社会结构变迁中宗教功能被替代的问题。

在这样的理论预设中，人们意识到这样一个需要究明的问题：在西方社会历史的世俗化因而宗教观念薄弱化的过程中，是谁接替了上帝的职能，担任最高和最确定的实在，因此也是历史现实的终极正当性之所在？不容任何分析得出的结论，便凸显了两种新的世俗实在：人（类）与历史。在这样的标识前提下，18 世纪以来的新人本主义提出的精神的总体生命理念带有很强的"俗化宗教"意味，是很显然的事情。正如特洛尔奇看到，现代性是"人的族类理性代替了上帝神性的位置，成为唯一有意义的现世原则，普遍的、无疲倦的进化中唯一可理解的要素"①。但仅仅看到这一点是不够的，因为，没等不容争议的理性站稳脚跟，历史思想的世界观就对普遍的超验理性构成新的挑战。这番图景完整地构成了所谓历史的道义由超世的上帝之义来负担，转而由现世的人之义来负担，即从历史神义论到历史人义论的转化。事实上，从对 18 世纪出现的历史主义的现象学批判来看，人类和历史虽然不仅仅进一步"体现"了神学的功能，还完全自觉地与神学尖锐对立②；但把现代历史哲学这个复合词分析还原成了其原始要素，人（类）和历史作为两个"没有创世

———————

① ［德］特洛尔奇：《基督教理论与现代》，朱雁冰等译，20 页，北京，华夏出版社，2004。

② 在此意义上，马克思曾反对"把世俗问题化为**神学**问题。"马克思的见解基于将世俗化问题（资本主义）限于"政治经济学"范围之下，以价值、交换、商品等为分析工具。

主"的新的"造物主"主宰着包括赫尔德的人类历史观、费尔巴哈的人本主义、黑格尔的精神历史观、马克思的唯物历史观和尼采、海德格尔的生存历史观在内的欧洲历史思想的嬗变。[①] 尤其是对于世俗和神学批判而言，我们看到以下这点非常有意义：神性行为曾经在彼岸世界做出种种决断，现在成了由人（类）主体来执行的道德、法律和政治行动。

然而，人类这个概念本身并不携带政治、伦理含义，如同人类本身并不发动战争，而只有某个具体国家以人类的名义反对其军事对手的战争。政治的前提就是一个分工协作的共同体的存在，这是一个人与人存在德性差异以及各种不同意志的共同体。正如施米特所见，因为现代世界上存在着不同国家、宗教、阶级以及其他不同的人类团体，世界并不是一个政治的统一体，而是政治的多样体。所以，"人类"这个概念只是某种意识形态的工具。比如，在 18 世纪人道主义这一理论形态中，人类这个概念成为对当时存在的贵族—封建制度及其特权的敌对性否定。按照施米特的说法，只有在某个组织的实际活动处于人道主义领域而非政治领域的时候，它才表现出真正的人类含义。因而，真正地说来，进

[①] 恩格斯在马克思的意义上说，"我们根本没有想到要怀疑或轻视'历史的启示'；历史就是我们的一切，我们比任何一个哲学学派，甚至比黑格尔，都更重视历史；……**我们**要求把历史的内容还给历史，但我们认为历史不是'神'的启示，而是人的启示，并且只能是人的启示。……为了相信人的事物的重要和伟大，没有必要给真正的人的事物打上'神'的烙印。相反地，任何一种事物，越是'神的'即非人的，我们就越不能称赞它。只是由于一切宗教的内容是以人为本源，所以这些宗教在某一点上还有某些理由受到人的尊重；……历来总是提出这样的问题：神是什么？德国哲学这样回答问题：神就是人。人只须要了解自己本身，使自己成为衡量一切生活关系的尺度，按照自己的本质去估价这些关系，真正依照人的方式，根据自己本性的需要，来安排世界，这样的话，他就会猜中现代的谜了"。《马克思恩格斯全集》第 1 卷，650～651 页，北京，人民出版社，1956。

入政治并由此进入历史的不是人类概念，而是"公民"概念。"公民"是进入历史担当着政治责任并由此获得生存意义的"民"。这不仅让我们想起亚里士多德的城邦主义：在政治和历史之外的"民"无法转化成"人"，因为能够在政治之外生存的不是神就是野兽。

可以说，参与政治、进入历史的"公民"就是从自然界中万千物种中的一种"民"转化为"人"的"人民"。"公民"是用来指称参与共同体政治生活的个体，"人民"就是对"公民"的总称，是对所有人身上的公民特性的抽象。这说明了"人民"（Volk）是在政治意义上与人类相应的概念。由于政治的存在，历史也就不再是自然的时间推移进程，而是人类在政治推动下有目的、有方向以及有意义的进程，同样，如果说人的生存有了政治或伦理目的，人也就不再是生物学意义上的，而成了政治伦理意义上的人，即实现了从"民"到"真正的人"的转化。那么，在历史唯物主义的视野里，人民也由长期以来所有政治上层建筑的异化了的存在，变成所有政治上层建筑的主人和创造者。

（二）对公意概念的浪漫化

需要着意指出的是："人民"这个概念显然并不是无须进一步解释便可以理解的。在所谓晚期技术社会之中，越来越难以将"人民"这个概念作为集体同一性模式加以理解和应用了。在马克思的历史观中，用"人们"替代"人民"便是基于谨慎使用"人民"这个概念的考虑。默茨（J. B. Metz）曾在政治神学的语境里讨论过教会与人民的"分裂"问题：教会虽然想成为"为人民的教会"，但少有可能是"人民的教会"。它使人们陷于惶惑。默茨洞察到一个单纯建立个体自由的教会难免陷于虚空。因此默茨的政治神学的"政治性"指的首先是社会的共同事务，他谈论教会与人民的"分裂"的本意，是弥合神学与人民的裂隙，并设想一个作为"新人民之教会的世界教会"，"在这里，人民已经走出其自然的群体身份模式，走出民族、种族和阶级；在这里，人民也从历史上成为'新人民'，并达到上帝面前的新身份；在这里，'教会是为一切人的'这句话不再令人想到，这似乎是对弱者和无言者之毫无内容的收纳，因为在这里一切人都已经成为主体"①。看起来，默茨的使命是维系"人民"的，而且永远是以《圣经》为基础的中心神学范畴。它是作为新马克思主义的社会批判理论在社会话语争夺战中出场的。

容易确定的是，默茨的立场处于克服危及同一性的社会威胁的政治神学的前提之中，在默茨那里，克服这种危险，便要求形成对群体身份模式的某种认同。这原本也一直是社会契约论传统政治哲学的命题。有人指出，中世纪晚期唯意志论神学论题在社会契约论传统中获得了此世的内在的政治论域的转换。毫无疑问，这里通过分析卢梭思想之激进性根源来说明这一点，就足够了。卢梭是所有启蒙运动思想家的写照，他为人民开讲，有史以来，社会历史与政治理论首次由下往上写，而非由上往下写。卢梭的政治哲学强调自然人与社会人之间存在着断裂，人之成为人，以丧失其直接的自在之在为前提，"社会契约"对于卢梭而言意味着真正人类的诞生。有人特别注意到，卢梭的《社会契约论》中的公意概念提示了由人走向神的政治路径。公意概念本身最初源自神学，公意

①　［德］J. B. 默茨：《历史与社会中的信仰——对一种实践的基本神学之研究》，朱雁冰译，162 页，北京，生活·读书·新知三联书店，1996。

的原始含义是上帝的普遍意志，可溯源至奥古斯丁。它是神义论的重要理念。在此种线索中，卢梭的社会契约论是一种神义论，还是一种人义论，尚待商榷。卢梭认为，"一切正义都来自上帝，唯有上帝才是正义的根源；但是我们当真能从这种高度上接受正义的话，我们就既不需要政府，也不需要法律了"①。换句话说，在卢梭眼里，我们并不能直接生活在上帝的正义中，而只能通过服从公意的法律和政府的媒介来获得正义。所以，卢梭对神义论的辩护，转换成一种以"人类作为革命派的造物主"的全知全能为基础的观点。卢梭在意的事情是在一个共和式社会中将每个人的愿望、每个人对其社会同类的要求转化为法律形式的必然性，强调真正的统治是政治意志一致的统治。而这种政治意志一致之所以可能，就在于卢梭试图弥合从一个生物学意义上的人到政治伦理意义上真正的人之间的裂隙。更确切地说，这激发了康德"善的意志"和德国观念论的卢梭主义，其道德理想和政治理想的确立已经无须考虑人的自然本性了，对行为准则之善性的审察乃是查考它们是否可能成为普遍立法的原则。譬如，当说"我不愿纳税"时，他也不能忽视这种转化的必然性；相反，当他建议一条法律来废除征税时，如果把他的愿望转化为一条可能的法律，他便意识到他原先的意志的荒唐。"荒唐"一词在这里，不禁使人想起尼采的一个观点，尼采曾警告说，在"末人"统治的世界里，"大家都想成为同样的人，大家也都是同样的"，而且"任何感到自己和别人不一样的人都得进疯人院"。"瞧他都在想些什么哟！多么不

---

① ［法］卢梭：《社会契约论——一名：政治权力的原理》，何兆武译，45 页，北京，商务印书馆，1980。

合情理、多么荒唐！"

　　的确，从一个层面上看，卢梭设想出了尼采最害怕的世界的方法。这世界，个人在其中体现着"最小的力量、最小的价值"。用卢梭的话来说，社会契约本身意味着"每一个合作者以及他的所有权利，都让渡给了整个共同体，每个人都完全放弃了自我"，卢梭意识到单纯个体主义的不足，他想将有意识的个体融入社会或政治机体中。我们也可以对黑格尔的国家学说讲同样的话（仅做必要变更），黑格尔笔下的有意识个体必须在国家身上看到最高的自我，在国家的统治中看到他本人的意志与自由。换言之，人民被理性化为国家，社会在国家的形式下间接出现，导致某种国家宗教，马克思称之为骗局。在福柯的更大的讨论范围内，事情会更严重，因为千百年来的国家都运用最可怕的手段来铸造它们的人民，强迫臣民们弃绝暴力，在"流血威胁"的基础上建立法律。这个看法也许还可以用施米特的眼力予以补充。施米特从卢梭的革命倾向中得出结论："在实践中，契约论中的个人主义因素被革命所抛弃，政治成了宗教事务。政治组织变成了共和国、法律和国家的教士。"①

　　毫无疑问，卢梭把个人服从公意视为获得自由的途径，个体在偶然的历史中觅取安身立命之本依寓于人民的普遍意志下的道德共同体国家的建立。他把个体与人类价值的实现设定在社会与国家层面。但是，从所有人的个人意志中炼金般地提炼出普遍意志，它在性质上已经有别于所有人的意志，并且具有了非凡的特点。由此引发的重大困难是：如何

---

　　① ［法］卢梭：《社会契约论——一名：政治权力的原理》，何兆武译，136～137页，北京，商务印书馆，1980。

克服个体私意的偏狭使个体积极献身于公意，同时又服从自己。为了将普遍意志从构成它的众多意志中提炼出来，卢梭走得很远。卢梭对公意概念的描述和阐发，使革命性的、颠覆性的政治原则获得了正当性。在这里，人民已经由历史发展的产物，转变成历史的原因以及自身的主人。

具体说来，真正的问题在于弄清人民的意志是如何形成的？只有在人民的意志是意图且有意义的时候，或者说只有在人民有共同利益的时候，人民才可能成为有机的整体。契约的前提是各种对立的利益、分歧和私心，如果全体一致和所有人的意志一致不是特殊利益、分歧和私心的消弭，又可能是什么？那种"不受限制""消除一切社会和政治藩篱，宣布天下一家"的共同体在本质上不是沦为一个"革命的上帝"，又可能是什么？

在此引述一下那段经常被引用的话也许会更清楚。卢梭说："当人们在人民大会上提议制定一项法律时，他们向人民所提问的，精确地说，并不是人民究竟是赞成这个提议还是反对这个提议，而是它是不是符合公意；而这个公意也就是他们自己的意志。……因此，与我相反的意见若是占了上风，那并不证明别的，只是证明我错了，只是证明我所估计是公意的并不是公意。"①卢梭接着强调，由于公意和真正的自由是内在一致的，所以，我投票失利，就意味着我的不自由。显然，卢梭从抽象的自然个体出发，将向政治状态的过渡描述成普遍意志的突然出

---

① ［法］卢梭：《社会契约论——一名：政治权力的原理》，何兆武译，136～137页，北京，商务印书馆，1980。

现，他说："敢于为一国人民进行创制的人——可以这样说——必须自己觉得有把握能够改变人性，能够把每个自身都是一个完整而孤立的整体的个人转化为一个更大整体的一部分，……必须抽掉人类本身固有的力量，才能赋予他们以他们本身之外的而且非靠别人帮助便无法运用的力量。"①在这里，鲜明地带有唯意志论的人为建构的语言具有狂热宗教的特点，它可以看作雅各宾主义以嗜血的热情消除一切政治异己和异见的预兆。人们也常常为此谴责卢梭，认为卢梭应为雅各宾主义和所谓"极权民主"负责。有些批评家甚至指明：卢梭一手引发了法国大革命。施米特借助信仰的眼睛敏锐地看到，"在人民意志论中，一种古老的辩证法仍未得到解决：少数可以表达人民的真实意志，人民有可能上当受骗，某个人可能长期熟谙宣传术并操纵舆论。这种辩证法就像民主本身一样古老，并不是从卢梭或雅各宾党人才开始有的"②。相反，它是人类历史上常有的事情。

在施米特眼中，今天的民主原则表明，它与早先的君主制原则有着重要的相似之处。绝对君主在说"朕即国家"时，与雅各宾党人说"我即祖国"仅仅有某种意识形态的不同：前者是以他的人格代表国家，后者是用他的人格取代国家。他本人越是想存在，他就越是必须竭力掩盖他个人的人格，他总是大声强调，他只是作为那个唯一的、权威的和超越个人的存在的代理人。即使他完全受私欲的驱策，他也只能让自己偶尔

<hr>

① ［法］卢梭：《社会契约论——一名：政治权力的原理》，何兆武译，50～51页，北京，商务印书馆，1980。

② ［德］卡尔·施米特：《政治的浪漫派》，冯克利、刘峰译，179～180页，上海，上海人民出版社，2004。

享受一下私人的好处、权力、荣誉和财富，只把它们作为次要的副产品，而且得采取偷偷摸摸的方式。对于他来说，他什么都不是，作为那个超个人的存在——人民——的代理人履行职务时，他就是一切。他深知，今天主流的正当性已从皇朝正当性转到民主正当性了，如果缺少某种基于民主基础的正当性概念是玩不转的。但是，在施米特看来，只是改变正当性这个概念的对象而不改变其结构和内容，是不可能的。从这个角度看，在有关马克思批判国家的讨论中，通常被忽略的一点是，它并不仅涉及阶级统治的特定形式的规定，而且还在根本上涉及基本问题，即社会个人的全面解放。为此，在对国家或政治的起源和本质进行考察时，马克思以一种前国家或前政治的历史、经济和社会学意义上的具体、特殊的存在状态为起点和前提，而不是把国家视为从种种自然性存在超拔而出的人为建构物。

我认为，我们已经确定地看到卢梭有多么危险地倾情于将普遍意志作为政治合法性的基础。无论从机制上还是从技术层面上看，这里还可以确定一件事：根本不可能存在人民的普遍意志，保证人民的普遍意志的仅仅是合理性的形式，没有诉诸任何实质的考虑。因此，施米特直指，公意"本来就没有具体内容"，所以"把多数的意志或少数意志等同于人民的意志，并没有什么区别"①。卢梭是否也因而得问一问自己：仅仅作为一种形式的公意本身究竟有何价值？其实，不论它有什么别的价值，其根本的缺陷就在于它是形式的而非实质的。公意，不论它是什

---

① ［德］卡尔·施米特：《政治的浪漫派》，冯克利、刘峰译，179 页，上海，上海人民出版社，2004。

么或不是什么，公意就是同质性，并且存在着"一种有关接受这种同一性为正确的先决条件的观点"。换言之，普遍意志必然是善的。卢梭强调"普遍意志"对公民的超验性，强调统治者与被统治者的认同，解决统治者与被统治者的同一性，主子与服从者的同一性、国家权威的主体与客体的同一性、国家与法律的同一性，还有在数量（在《社会契约论》中，卢梭用算术细心计算每个公民拥有的精确国家主权数量）与质量（实质的公正）的同一性，简便且政治上正确的方法就是到广场上走一遭，讲讲"如此如此同一"这类话，尽管这个明显累赘的短语也能使相关的陈述看起来像是真实的：卢梭似乎真实地发现了将群众变成一个人或者将多数人结合为一个人的高明的手段。在此情形中，我们必须问这里的同一究竟意味什么？回答只能是："人民"仅仅是抽象地同一主体。显然，由于所有的公意论证在逻辑上依靠一系列的同一性，而所有同一性都不是可以切实把握的现实。最终，只能取决于对同一性的承认。因此，按照施米特的理解，卢梭主义的公意观念的实质是"对历史任意行使权力的想法"①。缪勒也说："人民的呼声，即神的呼声。""也就是说，作为一个总体的人民总是渴望善的东西。但是这个总体的意志仍然离卢梭的一般意志很遥远，后者始终仅仅指共享同一时间同一空间的人民的同种一般性。"②

怪不得，卢梭政治哲学中的"人民"并不是指一个民族或者国民概念上的"人民"，它是在"革命"语境下来使用的。"那些不属于人民的人，

---

① ［德］卡尔·施米特：《政治的浪漫派》，冯克利、刘峰译，65 页，上海，上海人民出版社，2004。

② 同上书，97 页。

那些不平等的、外邦的或非公民的人"完全合乎逻辑地被卢梭建构的民主国家排斥在外。由此又从实践中产生了极端不民主的排他性，因为，只有真正民主的代表才被授予政治权利。依施米特看来，问题出在民主的某种同一性可以用许多手段来建立，不给一部分人平等的权利也可以叫民主，某种政治的常态恰恰是为实质的不平等所支配。

从以上对卢梭思想的疏解中，大体可以清楚地看到，"公意"从制造它所要求的一切并能创造自身中得到满足。而如何消除个体私意之偏狭使个体积极献身于公意同时又服从自己，便体现为一种落实国家与人民之间之同一性的困难。这一困难的消弭似乎与上帝仍然脱不了干系，它将"指引人在尘世中模仿神的永恒法律的原初启迪中获得解决"。正是在这一意义上，卢梭的"公意"政治可被视为对"天意"的仿效[①]，由此就引出了现代世俗性的神圣革命现象。当然，按照哈贝马斯的观察，在任何人类活动中都可以找到它。具有认知能力和道德判断能力的人类主体掌握了上帝的立场，而且主要是通过两种成功的理想化来实现的：其一，"他把外在自然客观化为一切合乎规律的状态和事件的总体性；其二，他把社会世界扩展成为包容一切有行为能力的主体的共同体"。哈贝马斯的这一论点想要说明，"自从有了上帝思想，终极精神就获得了一个超越一切内在事物的立场"[②]。

但任何采纳了现代历史观的人都难免得出这样的结论：历史的时间

---

① 崇明：《卢梭社会理论的宗教渊源初探》，见渠敬东编：《现代政治与自然》（思想与社会第三辑），121 页，上海，上海人民出版社，2003。

② 中国人民大学基督教文化研究所主编：《神学公共性——基督教文化学刊》，120页，北京，中国人民大学出版社，2004。

每时每刻都决定着人类，限制着最强大的人类意志。现代特有的历史思维削弱了那种以适用于每一个个体的普遍概念来把握现实的现代趋势。因此，历史时间本身已经作为一种创造性的力量，对普遍意志做出某种历史的规定。历史视野的扩大和历史多样性的无限促使人的观念发生深刻的变化，人民不再是负载着理性却没有任何特点的普遍性概念，人民本身是可能站在历史潮流的不同位置上的。历史"把普遍的人类共同体确定为历史中具体的人民，这个人民因这种限定性而成为社会学的和历史的实在，并具备创造特定法律和特定语言以表达其独特民族精神的能力。……此外，在这里人民不像卢梭所言，是自身的主人，而是历史发展的结果"[①]。

（三）马克思与卢梭主义

卢梭以后的政治哲学开始具有了一种历史的品格，对人类社会的认识开始包含某种历史的规定性。历史成了人类之上的造物主，成了纠正革命派胆大妄为的对立面。深入这一点，我们可以看到，和许多德国现代思想家一样，施米特对民主制和议会制的评论有着很强的历史意识，他站在政治神学的立场上，利用了一些有关政治民主弊病的现代批评和经验，认为民主"有着在形成一种意志的问题上的自我毁灭之虞"。这里涉及的既非"人民教育"的问题，即"教育培养人民正确认识并表达自己的意志"，亦非人民意志与人民代表之间的紧张问题，而是"专政与民主

---

① ［德］卡尔·施米特：《政治的浪漫派》，冯克利、刘峰译，65页，上海，上海人民出版社，2004。

并不抵牾。甚至在一个受专政者统治的过渡时期，仍然可以存在某种民主的同一性，人民的意志仍然能够是惟一标准。因此，特别值得留意的是，惟一的实践问题是确定同一性，尤其是谁控制着那些形成人民意志的工具的问题。"①这听起来很像福柯牌号的政治观点。施米特事实上根本不相信人民意志的某种同一性的普遍许诺，他的政治哲学处于独裁主义的政治模式的范围内。在他看来，所谓"人民"是根据同情和厌恶、友与敌来划分的。在这方面，施米特与福柯有一致的共识。

有趣的是，施米特根据谢林的言论（"在历史中行动的不是个人，而是人类"），指出马克思主义等同于卢梭主义。这一观点明显是统摄于施米特的政治神学立场。按照施米特的思路，为了理解马克思主义与卢梭主义的关系，必须考虑到"尽管在黑格尔那儿有反动的因素和基督教的用语，重返传统基督教的形而上学的上帝的道路已不复存在"。但黑格尔哲学的无神论具有一种非常特殊的性质，它的起点是谢林哲学，而在后者的历史哲学中，历史只是绝对的启示，是绝对展示自身的过程。谢林的晚期哲学重新承认了"人格化的上帝"。于是，人们可以发现，对于黑格尔哲学而言，基督教上帝概念之唯一的、独一无二的实在性就是人。在黑格尔所描画的历史终点，基督教神学中所蕴含的崇高的理念由人实现了。黑格尔主义否定个人，把个人视为偶然和非本质的存在，把整体提升为绝对。这若还不是施米特勾连马克思主义与黑格尔主义，那么也是他与卢梭主义有瓜葛的全部的论证。施米特认为，在卢梭那儿，人民

---

① ［德］卡尔·施米特：《政治的浪漫派》，冯克利、刘峰译，180～181页，上海，上海人民出版社，2004。

已经成为强烈情绪化的对象，这位反个人主义者把人民说成是一个"感情的共同体"。而"在马克思主义中，人民以无产阶级的形式，再次成为真正的革命运动的执行者，它把自身等同于人类，把自身理解为历史的主宰。不然马克思主义便变得跟其他历史哲学一样，没有革命性的力量和形成一个政党的能力"①。施米特还想说的是，在黑格尔那儿，"世界精神在其发展的所有阶段，只在少数头脑中展现自身。一个时代的精神并不把自身同时托付给每一个人的意识，也不会现身于主导民族或社会集团的每一个成员。总是有一支世界精神的先头部队、一个发展和自觉的顶端、一个先锋队，它有采取行动的法权，因为它拥有正确的知识和意识"。马克思的基于无产阶级专政的"形而上学确定性的那些证明，仍然完全处在黑格尔的历史结构框架内"②。施米特发觉，卢梭以来，与人民的浪漫化相随的是摆脱了基督教羁绊的神秘主义。社会主义阶级运动以及由此而来的浪漫表现为一种把无产阶级这个群体拣选出来"用作自己要求世界支配权的根据"③。为了达到这个目的，马克思勾画了两个群体——资产阶级与无产阶级——之间的战争状态，并把无产阶级视为一种强大的神话的创造者。

很显然，施米特不仅误解了马克思，而且也误解了黑格尔。他在非难马克思是"黑格尔主义者"的时候，一方面，在与卢梭的"公意"的绝对命令范式相比较的过程中，认为黑格尔围绕政治意志展开的理论研究，试图让自己的政治普遍意志范畴体现在实际的社会力量中，从而用自己

① ［德］卡尔·施米特：《政治的浪漫派》，冯克利、刘峰译，68 页，上海，上海人民出版社，2004。

② 同上书，206 页。

③ 同上书，25 页。

的方式反映客观的历史所挑战的功绩被遮蔽了；而且，他将黑格尔提出
解决特殊与一般之间的矛盾的逻辑毫无根据地引入与其话语迥然有别的
马克思的思想体系中，将无产阶级与社会革命的必要性依附于黑格尔理
论体系的可疑功能，拿无产阶级与资产阶级之间所存在的表面相似性说
事，因而，忽视无产阶级作为一个阶级的彻底性。毫无疑问，与过去历
史上通过排斥和压制其他阶级而从事统治活动的所有统治阶级相比，无
产阶级不会作为一个特殊阶级从事统治活动，特殊的统治总是依靠政治
加以维系，而政治以及决策总是唯意志论的。① 如果说马克思所倡导的
社会革命的实现因涉及客观条件，而超出了政治范围（这意味着，超越
"在政治框架内部思考"所强加的限制），它同样也超出了意志论的范围。
应该从这个角度理解马克思对黑格尔的政治哲学的批判，他援引卢梭的
看法为例，认为共同利益不存在，共同意志也不存在。马克思既拒绝黑
格尔希望在国家当中实现普遍意志的理念，同时也用了很大的篇幅来批
判施蒂纳的无政府主义对个人意志作用的吹捧。换言之，在马克思的历
史哲学中，真正的政治统治并不是一个意志问题，这里的这个观点可通
过马克思与沙佩尔的争论而更好地加以解释。马克思反对沙佩尔及其同
道的观点，即"不是把现实关系、而是把意志描绘成革命中的主要东
西"，这样，"正象民主党人使用的'人民'这个词是一句空话一样，他们
现在使用的'无产阶级'这个词也是一句空话。为了实现这句话，他们不

---

① 马克思在《评"普鲁士人"的"普鲁士国王和社会改革"一文》中说："**政治**的原则就
是意志。可见，政治理智越是片面，因而越是成熟，它就越相信意志是**万能的**，它就越
分不清意志的自然**界限**和精神**界限**。"《马克思恩格斯全集》第 1 卷，480～481 页，北京，
人民出版社，1956。

得不把一切小资产者说成是无产者……他们不得不用革命的词句代替实际的革命发展"①。因此，历史唯物主义决定性地超越了"人民的意志当然总与人民的意志同一"的卢梭主义的话语体系，凡此对人民意志如何形成的问题的解答，取决于对资本与劳动之间的社会对抗的世界历史特点进行深刻观察的结果。如果没有从一些客观条件与历史规定那里获得意义，无产阶级和人民的概念就是空洞的。

三、卢梭：人民概念及其政治哲学意义

现代国家秩序的正当性是根据公民个体的理性能力和他们之间的协议来考量的。卢梭不仅主张人民主权是正当统治的最后基础，而且假定人民意志的存在或者普遍的情绪和行动凌驾于个人的情绪和行动之上。在卢梭哲学中，再没有哪个方面，像他的人民主权概念框架这样，受到了如此不同的解释和持久的关注。卢梭理解力上的窘境源自其铁板钉钉的平等、齐一和和谐的"人民"概念。卢梭从人民作为政治（哲学）概念向文学（文字学）概念转换，将政治的关怀与文化的关怀联系起来，人民成了强烈情绪化的对象，它被说成是一个感情的共同体，用这种话语来抵挡政治现代性，其当代意义还需持久消化。

用"人民"这个字眼说话时，我们头脑中究竟有什么样的概念？根据那些对"人民"一词寻本溯源的学者所提供的知识，我们感到，"人民"这

① 《马克思恩格斯全集》第 7 卷，617～618 页，北京，人民出版社，1959。

个概念从未清晰而明确①，以至于那些口头上最常用这个词的人，往往对它知之甚少，甚至无视它因滥用所受到的深刻侵害和损害。迈克尔·哈特曾指出，当代许多对"人民"所做的分析都错了，而错误的原因正是分析者毫不迟疑地接受了概念的自然性和人民的同一性。不管人们是否同意，对"人民"这个概念应该谨慎使用和清理，也许是与这样一个断言相关的：由于纳粹主义和斯大林主义之间具有共同之处，人类20世纪历史中反复出现的某些直接以"人民"的名义进行的血腥的人的改造和社会改造的行动，造成了对此概念的严重扭曲。谈及这些行动计划，发动者开口或闭口总是说"这是人民的行动"。如果我们没有看错，这种扭曲不仅体现为将人民主权诺言掉弄成只是一个政治正当性的口号或象征符号，而且体现为人民理念只是被视为在道德与理性角度下的那种有机性概念，它依然沉溺于卢梭式的对人类共同体"有机"性的关切。在这种情况下，我们当然认为，如果我们今天"要求科学要为人民服务，这诚然是一个必要而且值得注意的要求，但仅此就还把本真的事情要求得太少甚至未要求"②。正是鉴于此种判断，我们认为应该在这个背景上再深入探讨卢梭的人民主权的概念框架，以及它所具有的时代意义。

（一）人民作为政治正当性的依据

何谓人民？要搞清楚这一点，显然有若干条线索，但是，并不是各

---

① 任剑涛：《中国现代思想脉络中的自由主义》，227页，北京，北京大学出版社，2004。

② ［德］海德格尔：《形而上学导论》，熊伟等译，108页，北京，商务印书馆，1996。

种不同的线索中随便哪一条都可以作为我们所拟定的主题的讨论基础。

在西方古典政治思想史视野中，"人民"这个概念仅仅具有被统治的大多数的数量意义，以及影响权力运作因素的意义。在这个意义上，"人民"就是"一群人"，就是一个自然状态下按照数学方法加总在一起构成的群体。随着君主立宪制的王朝正当性的丧失，现代世界应该由谁统治的问题重新被提了出来。无论以什么论点主张什么形式的政治权威，自从启蒙运动以来，各个论点都首先注意到了人民概念不宜太按字面意思看待，且人民概念与民众概念是有重大区别的。各个论点的差异首先表现在对"民"的界定上，是着眼于"个体"，还是"全体"？由此形成政治正当性的法理基础不同的两种民主制，即自由民主制和人民民主制。

不难看到，对人民概念的重新措置发轫于如下这个事实，现代政治活动的大型化和复杂化，掏空了那种基于某种"自然性"的或宗法血缘的政治共同体的正当性基础。在其中最为重要的是，随着父权—君权统一体转变成为民族统一体，并且封建臣民式的封建秩序被公民秩序所替代，人民的作用便从被动转向主动，而个人在道德和宗教领域中摆脱各种依附关系以实现自己的权利的要求和参与公共政治生活并承担公共责任的要求正是读取了这种作用转变的指数。它不仅推动着各个民族走向世界历史的大舞台，而且也给作为一种政治思想体系和原则的整个正当性学说提供了新的观念动力。"为伟大的、超越个人的、独立于一切个人的权力和意志的民族实体说话"的感人的声音，纷纷出现在那些具有"现代"意义的政治思想家的著述中。赋予人民某种特殊性格、某种民族精神（Volkgeist）的想法，也成了现代政治思想范式。因此，现代政治意义上的人民概念实际上是民族国家的一个产物。德文中"民族"的另一个含义是"人民"对这一点做出明晰的昭示。

　　然而，从民族国家的视角来定义人民，带有浓烈的意识形态化意味。那种认为每个人都从属于一个国家的观点，就像每个人都从属于一个年龄或性别等的观点一样，具有浓厚的自然色彩，缺乏对它的历史建构和政治效应的具体分析。但是凭借特定的意识形态背景，"人民"是怎样成了政治哲学的新的因素方得以理解。①

　　因而，现在的问题便是：当民族国家成为一切政治共同体的活动基础时，人民，究竟如何使其成为政治正当性的依据？最为直接的解释是：自法治国家登场和现代民主国家的发展以来，正当性与合法性成为人民与政权的根基紧密相连的理由，而社会契约论是它的形而上学前提。柏克曾指出："在**原始的**自然状态下，根本就不存在人民这样的概念。若干数量的人，他们自身并没有团体能力。人民的概念就是团体的概念。它完全是人为的，并且与任何其他法律拟定一样，是共同约定的产物。那个约定所具有的特殊性质是什么，取决于特定的社会采取什么样的形式，任何其他东西都不可能成为**他们的**契约。因此，一旦人们打破赋予国家以团体形式和团体能力的那个原始的协议或约定，他们就不再成其为人民了——他们不再是团体，——在内部，他们失去了法律上的联合行动的凝集力量，对外也不再能得到认可了。他们成了一定数量的、身份不明的、松散的个体盲流，而不再是别的什么东西，他们的一切都得从头再来。啊！他们哪里知道，要想把自己重新组织起来，形成

————————

　　① ［德］卡尔·施米特：《政治的浪漫派》，冯克利、刘峰译，67页，上海，上海人民出版社，2004。

具有真正国家特性的实体，得需要多少艰难的跋涉啊！"①

在这里，柏克实际上阐明了"无机的"民众概念与"有机的"人民概念的区别：民众处在一个未定的，尚在生成的关系之中，而人民则是业已形成的团体。柏克尽管将人民解释为契约意识和契约行为的政治团体，但是他已把人民推为国家的原生基础，或者更确切地说，他认为，每一个国家都必须把民众变为人民。今天，柏克被称作政治保守主义者，不仅取决于他的敏感的历史感和他对契约的"持续性"的本质的理解②，而且还取决于他赋予国家和人民的同一性，赋予人民某种特殊品性——人民不仅能够被统治，也没有统治他人的自然愿望，他们是与"国家中的活跃人物"相反的消极因素。

我们判定，柏克全部思想所阐明的不是否定主权是否最终来自人民，而是人民是否具有践行这些权力的智慧。当柏克论述持续性或民族共同体时，他总是坚持认为政治家负有巨大的责任：他要向人民讲明情况，并在他们面前维护它。柏克承认，公民社会的宗旨是要维护人权，但恰当地维护人权，意味着维护"真正的天然贵族"的统治。他好像说，挑几十个德高望重的士绅名流，把事情交给他们就行了。对于柏克来说，某种具有美德和智慧的"天然的贵族"领导阶层的重要性在于他们赋予了国家以持续性，社会的凝聚力、组织力是"自然之规诫"（the discipline of Nature）。柏克接着强调，"当广大民众在自然所颁布的规诫之

---

① [英]埃德蒙·柏克：《自由与传统——柏克政治论文选》，蒋庆等译，84页，北京，商务印书馆，2001。
② [美]列奥·施特劳斯：《自然权利与历史》，彭刚译，301～330页，北京，生活·读书·新知三联书店，2003。

下共同行动时，我就认可他们是'人民'"①。

　　显然，由于柏克太深地浸淫于"健全的古代"的精神之中，因而通过他的哲学反思活动构成的"人民"这个概念一仍旧贯地被整合到了一个古典思想家的框架之中，把人民作为君主制和贵族制的正当理由。毋庸置疑，柏克由此回避了先于任何契约而存在的原初契约——因"人民由以成为人民的行为"而订立的契约——这个问题。而在这个问题上，我们认为卢梭比从前及他身后的哲学家挖掘得更深。可以说，卢梭是所有启蒙运动思想家的写照，他为人民开讲，有史以来，社会历史与政治理论首次由下往上写，而非由上往下写。

　　在此，卢梭这个名字既不表示身份也不表示原因，而首先用来表示问题。支撑着整部《社会契约论》的是这样一个总问题："要寻找出一种结合的形式，使它能以全部共同的力量来卫护和保障每个结合者的人身和财富，并且由于这一结合而使得每一个与全体相联合的个人只不过是在服从其本人，并且仍然像以往一样自由。"②这就是社会契约所要解决的根本难题。倘若我们不想进入社会契约观念的细枝末节中，那么卢梭的困难就在于，契约是甲乙双方之间所有权的有偿让渡的交易行为。这里的甲方是谁？是被一个一个加以看待的个人，或叫结合者，"他们集体地就称为人民"。人民不是一个单纯的集合体，而是有机统一体。乙方又是谁？是共同体。但是，就卢梭的社会契约而言，乙方并不先于契

---

　　①　[美]列奥·施特劳斯：《自然权利与历史》，彭刚译，90 页，北京，生活·读书·新知三联书店，2003。

　　②　[法]卢梭：《社会契约论——一名：政治权力的原理》，何兆武译，19 页，北京，商务印书馆，1980。

约而存在，相反，它只是该契约的产物，或者说，人民既是契约的原因，又是契约的结果。卢梭指出，"每个个人在可以说是与自己缔约时，都被两重关系所制约着：即对于个人，他就是主权者的一个成员；而对于主权者，他就是国家的一个成员"①。简言之，人民和个人这两个术语经常是可交替使用的：卢梭"一边用乙方的名义（人民）指称甲方，一边用甲方的名义（个人）指称乙方"②，用卢梭自己的话说，这意味着"人民只是在同自己订立契约"，卢梭认为，人民只能有唯一的共同利益，只有一个单一的意志和行动，或者说，人民是一体的。这只有通过社会契约使人民和主权者同一，才能做到。

但是，许多杰出的研究表明，欧洲社会和人民从来就没有那么同一。人民的同一性只是借助于概念的自然性的一种集体性想象，仅抽象地用"民主"方式组织起同样的主体——"人民"。它同时也隐藏或消除差异而与种族压迫、社会清洗的现实面相相联系。或者说，它暗含了以暴力和恐怖来保障全体政治意愿一致性的题中之意。在现实性上，卢梭关于人民意志的某种同一性的许诺总无法正视人民群众的异质性的一面，而且，任何契约（交易）事实上总包含着冲突和依存两个方面，它永远不能真正弥补初始共识——正是卢梭的社会契约得以确立的基础——缺失所造成的缺陷，面对这种缺陷，哪怕哈贝马斯也从未有说服力地给出过在"沟通理性"的基础上如何转化出一套新的制度架构来的理论论证。

---

① ［法］卢梭：《社会契约论——一名：政治权力的原理》，何兆武译，22 页，北京，商务印书馆，1980。

② ［法］阿尔都塞：《哲学与政治——阿尔都塞读本》下，陈越编译，287～288 页，长春，吉林人民出版社，2003。

这里显示了，与社会契约相联系的主权原则基础——为了总体意愿放弃个人意愿——潜含着政治原则和伦理原则的根本冲突。马克思认为，卢梭的通过契约来建立天生独立的主体之间的相互关系的社会契约论，不是以在社会中进行生产的个人的一定社会性质的生产为出发点的，而是以自然主义为基础的。① 不能不说这与卢梭没有提出一个连贯的、统一的社会和经济学说联系在一起。马克思坚持，人们为了创造历史，必须能够生活，而为了生活就必须在既定的社会关系中进行生产，这样，用人类个体之间在物质生产基础上的交往活动说明社会的起源，是马克思的社会历史理论的一个基本观点和方法。由此，马克思的国家观和人民概念建立在经济关系上，而不是建立在有机的公众社团的共同体之上。马克思把共同的生活处境，尤其是把人所共享的对共同的压迫形式的经验，看作社会联合的基础。简言之，人民概念的历史性产生和形成是服从于经济规律的。马克思并不相信有一个卢梭式的"人民"总体。卢梭否定人民通过他们的社会实践生产自身的观点，乃是建立在外在的既定的个人概念之上的。恩格斯说，"卢梭的社会契约在实践中表现为，而且也只能表现为资产阶级的民主共和国"②。

如果我们回顾西方政治的历史，就会发现卢梭想用"公意"表明的东西，对于很多人来说，实际上并不存在。且不说列奥·施特劳斯学派最受垢议的观点：民众从来就是被精英引导的，他们的头脑就是精英炮制出来的。人民对行使权力的支持表现在大多数人投票赞成的宪法和法律

---

① 《马克思恩格斯全集》第 46 卷上，18 页，北京，人民出版社，1979。
② 《马克思恩格斯选集》第 3 卷，356 页，北京，人民出版社，1995。

上，而对行使权力的具体办法的支持又为定期举行的选举所体现出来，人民与权力的行使照样可能没有真正的联系，甚至人民也没有将权力委托给某些个人或者团体。这也是马克思把我们引入完全不同于自由民主世界的一个世界的用心，使马克思感到愤怒的是，民主仅仅是政治上的，平等仅仅限于选票。事实上，那些团体是通过"代替"人民，或者宣称替人民说话、代表人民而掌握权力的。西哀士从 19 世纪的国家概念中洞察到极权主义的雏形。福柯则把一种激进的政治和社会转变的紧迫感与人被语言代替的紧迫感结合了起来。他认为，在某种程度上，西方政治上的"人民"并不真正存在——政治家和其他团体不断制造出"人民"来支持、认可他们的事业和他们对权力的要求。人民作为一个有机群体不仅是被政治家之流"构造"出来的，他们自身也是生命权力的产物，并受其支配。人们认识世界和行动的方式，人们形成的价值观和意志，以及人们对事件的反应，这一切都是生命权力的各种设备和技术制造出来的。因此，人们并不全部具备独立的头脑和自由意志来选择他们的代表者，或者来确定自己的最佳利益。如今，这些观点时常为人所引用，越来越多的人加入反思和批评民主的行列，并已然成就了一个颇具规模的学术景观。

（二）人民作为一个文学和文字学概念

但是，我们要解读卢梭的理智世界，最核心的东西远不是上述的结论。如果把契约解读为对乙方（人民）——那个法律共同体——的"原真构造行为"，是一种不同凡响的胡塞尔式的现象学的阅读，那么"只是在同自己订立契约"的"人民"更多的便是一个先验目的论的虚构、一个康德式的"想象的焦点"。我们据此认为，卢梭以个体的自然权利为基础的社会协议成为新的国家制度设定原则的困难的地方，相似于胡塞尔的原则性困难：即"如何能够通过反思而将一个原初不曾是对象的东西变成为对象"。胡塞尔在此问题上始终处于无尽的哲学探索中。但卢梭却做了理论的转移，把理论上非常困难并且需要一再考虑的寻求解决的办法转换成理论的替代方式，即文学和文字学方式。按照鲍桑葵的看法，这个根本性的转移足以解释，卢梭想用"公意"表明的东西为什么"只能借助'就其本身而言'或'只要'之类说法来加以界定。我们可以说，它是整个社会'本身'的意志，或者说，它是所有个人的意志，'只要'他们都谋求共同利益。'只要'法律是应有的样子，它就体现在法律中；而主权，'就其本身而言'，即当它因公正地维护共同利益而真正是它本身时，它就是公共意志的体现。在它的观念中，作为解决整个自治和法定自由问题的关键，正是我个人的意志和这个国家里全体人民的意志之间的一致使得我们能够这样说：在一切社会的合作活动中，甚至在服从社会为了真正的共同利益而施加的强制性约束力时，我都只服从自己指挥，而且实际上是在获得我的自由"①。这个观点的一个进一步的必然结论是，卢梭的人民主权诺言是通过一个虚假的逻辑回溯才得以彰显的，而且每一步逻辑回溯的目的都神秘化地加固了主权的力量。

根据这种观点，阿尔都塞曾经对卢梭做过结构主义的阅读。他发现卢梭社会契约论中有四处"错位"，是靠概念游戏偷越过去的。人民只有

① ［英］鲍桑葵：《关于国家的哲学理论》，汪淑均译，128 页，北京，商务印书馆，1995。

借助一个文字游戏才能自己与自己订立契约。这个"文字游戏把甲方称为'人民'，而'人民'这个词严格说来只能适用于乙方，也就是共同体"，这种文字游戏对于卢梭的那个理论秩序而言是必要的，因为当卢梭在意识形态方面无法再逃遁时，他在文学上的影响力却是所向无敌的。我们在卢梭那里听到的不再是只有接受人的理性从而完善社会，生活和政治才可能变得更好；而是只有接受那源于仁慈的激情，生活和政治才可能变得更好。对于大多数人来说，仁慈消失于理性的个人福利计算中，和仁慈一起消失的还有人们彼此之间的公民之爱，而写《致达朗贝尔的信》的卢梭则将这些东西视为一个真正的共和国的本质所在。施米特认为，"在卢梭那儿，人民成为强烈情绪化的对象，它被说成是一个感情的共同体"①。根据这些分析，在卢梭的政治和启蒙政治之间，最值得圈点的不同也许就体现在情感的问题上。卢梭说得明白，由启蒙思想和现代科学照亮的现实世界没有可以满足人的具体需要、关注和感情的东西。而人在自然状态中的善良，则是不言自明的。

然而，有不少的充足理由让我们相信，卢梭反对启蒙的理性主义，意欲回归更为古老的理性主义。承认这个事实还需更仔细的考量。例如，卢梭总是将一个具有"晶状结构"并聚居于街坊的小型社会共和国当作自己给出的典范城邦。卢梭在《论语言的起源》中指出，社会距离、分散居住是压迫、专横和罪恶的条件。压迫人的政府都采取同样的方式：破坏在场，破坏公民共在，破坏"聚居民族"的团结，造成一盘散沙似的

---

① ［德］卡尔·施米特：《政治的浪漫派》，冯克利、刘峰译，72页，上海，上海人民出版社，2004。

局面，使居民分散居住而无法通过公共辩论在有关政治问题上达成共识。如果卢梭的这个看法，不被凝固为僵化的意识形态，那么卢梭对社会生活结构和现代政治结构中的信息结构保持警觉的忧心，完全值得重视。道理很简单，政府可以把行政信息化，却不能把政治信息化，因为公民是由活生生的人组成的。自我呈现，在面对面和近距离言说时明显贴近，以及浪漫派的"合群"，卢梭对社会稳靠性的这些典型的浪漫规定，是一种用来克服个人主义以及增加团结感的诉求。这些看法比起那些依傍的某种政治哲学理论要原本一些、合理一些。就如罗蒂观察到的那样，在团结被视为"我们"的表现，且"我们"指涉某种更具地方性意义的东西时，"我们"的团结感最为强烈。

今天，由于网络技术的出现，个人对网络系统大规模依赖，人与人之间感性的有机的社会联系越来越少。这是什么样的个人！这是什么样的社会！这是作为现代人的我们所担忧的，但这种担忧并不是现在才出现的，相反，它具有传统主义的特点，即卢梭主义的特点。在卢梭看来，人类的感情的扩散是有限的，互相关心需要彼此互相熟悉才能做到。一个大的民族，拥有强大的警力、有效的统治机器和物欲强烈的人群，这样的民族必然产生公民的冷漠。布鲁姆指出，对小范围内共同体的责任的关注是卢梭政治遗产的一部分，在法国大革命之后的年代，仍然存在诸多乌托邦社会主义思潮，受这些思想影响的人们向往着建立卢梭所描绘的那种小共同体。在卢梭的政治遗产中，小国寡民是健康的政治体的基本政治要求。但是，我们不得不面对是要"小国寡民"还是要现代性国家的两难。理论上，卢梭的这种关注与现代性中奠定在商业扩张基础上的共和国的所有主导倾向是相悖的。

今天，卢梭几乎使所有的生活现实变得不可接受：经济全球化的出现把社会大大地扩张了，原来的社会处于国家与个人之间，而现在，甚至国家也只是社会的基本单位。作为现代政治科学之标志的那种普遍的现实可能性和可操作性，卢梭置之一旁。对于卢梭而言，为了纯然正义的政治，我们可以把现代民主的代议制设计以及一套有效的社会管理方法，甚至文字都抵制了。文字不单单抹去了隐喻性，亦抹去了隐喻的起源——情感，而且不妨说与政治等级同时存在。德里达就是从这样一个文字学的角度——能指与所指的区分最终因能指的运动而趋于消亡——切入卢梭问题的。《论文字学》坚持认为，虽然卢梭从未完成或发表过文字理论，但我们不必对这样一个现象实情大惊小怪：我们不应该根据《社会契约论》所提供的模式来描述文明社会和拼音文字。卢梭的《语言起源论》本该作为《论人类不平等的起源和基础》的附录（文字是不平等的根源）。卢梭注意到，文字系统的结构与社会制度的结构存在着结构性的类比：文字起源于社会交往的距离扩大到变成缺席的程度。文字不过是言语的替补，由此却开始成为各种主体的构造的别名。堕落开始于文字时代，恰恰由于能指所代表的神圣化。所有用文字的社会生活和政治生活都激发起卢梭的不信任。卢梭将文字的普及、文字规则的传授、书写工具和物品的生产视为政治奴役活动。在这里，我们可以看到，卢梭将文化的关怀与政治的关怀联结起来。这是 19 世纪的文化观念所难以容纳的。

我们很容易想象，当社会的范围扩大到单单参与政治的人数增加本身就会带来一个新的和麻烦的政治问题，即扩大到缺席的程度无法看到、无法听到、无法记住的程度时，人民代表这种主体的构造的可能性也随之出现。如果我们用符号学来分析：一个称谓能指代另一个对象吗？德里达的回答是：不能，因为符号自身有一种"危险的替补性"，即一个名称代表另一名称，部分代表全体。卢梭以至于认为"只要是一个民族举出了自己的代表，他们就不再自由了；他们就不复存在了"。只有当代表的权力被悬置起来并被归还给代表者时，政治自由才能充分实现。卢梭明显存在着怀旧的倾向，把古代大会理想化，认为"统治权是在场和在场的快乐"①。当人民因合法地集会而成为主权者共同体的那个时刻，政府的一切权限便告终止；于是行政权也就中断，最渺小的公民的身份便和最高级行政官的身份是同样神圣不可侵犯的，因为在被代表的人已经出现的地方就不再有什么代表了。这样，卢梭主张的直接民主的浪漫概念就排除了合乎理性地对代表制进行辩护的可能性。塞缪尔·鲍尔斯等人提示说，这种对代议制政府的敌意源自这样一种特殊的社会观，按照这种社会观，政治与日常生活是整个儿整合在一起的，因此，在这种社会观里，公域与私域的二分就消失了。但是，我们能不能像塞缪尔·鲍尔斯等人那样将这个论点概括为这样一种简单的推论？按照这种推论，"在卢梭、马克思和列宁的传统那里，私人的—公共的分离是一种不完善性，它将在社会解放的过程中消失"②。问题在于，马克思主义对资产阶级代表制的批判，以及对生产资料所有权之区分为公共的和私人的，能不能被简化为"通过私人生活和社会生活的符合一致"

---

①　［法］雅克·德里达：《论文字学》，汪堂家译，430页，上海，上海译文出版社，1999。

②　［美］塞缪尔·鲍尔斯、赫伯特·金蒂斯：《民主和资本主义》，韩水法译，191页，北京，商务印书馆，2003。

而排除"私人的东西"？我们在这里感觉到，塞缪尔·鲍尔斯等人很难说是对这样一些问题做出了恰当的回应。

新实证主义的马克思主义者德拉-沃尔佩指出，卢梭的"人民主权"原则是以对"主权者"和"政府"原则上的区分为前提的。① 而这个原则上的区分意味着主权可以不是国家主义的，但是，使得卢梭深陷古典自由主义传统图圈的也正是其具有国家主义特征的个人概念。这样，正如政令——文字——不能代替法律，主权也是不能被代表的。因为，"主权本质上是由公意所构成的，而意志又是绝不可以代表的；它只能是同一个意志，或者是另一个意志，而绝不能有什么中间的东西。因此人民的议员就不是、也不可能是人民的代表，他们只不过是人民的办事员罢了"②。然而，社会契约制度以先于文字和代表权的历史阶段为基础，却无法免受文字的威胁而被迫求助于代表制。也就是说，当文字的可能性发挥作用之时，它便悄悄进占了社会团体。这就意味着政治团体和人民团体一诞生就不免求助于代表个别意志的政令，因此，"它本身之内就包含着使它自己灭亡的原因"③。卢梭还告诫我们，与自给自足的古代城邦相反，现代首都始终是文字的垄断者。对于行使人民主权来说，首都的存在总归是坏事。就 21 世纪的读者而言，这不仅是从一般意义上来理解的，即哪怕是最好的政令，如果在每个人的心中没有引起反

---

① ［意］加尔维诺·德拉-沃尔佩：《卢梭和马克思》，赵培杰译，重庆，41 页，重庆出版社，1993。

② ［法］卢梭：《社会契约论——一名：政治权力的原理》，何兆武译，121 页，北京，商务印书馆，1980。

③ 同上书，112 页。

响，那就不如写着政令的那张纸值钱；而且就代表而言，如果一定要求助于他们，至少原则上有必要通过经常交换代表来消除其篡夺人民主权的弊端，以防止任何个人或私人利益集团用国家权力与公器来谋获自己的私利。民主如果忘记了人民意志与人民代表之间的紧张，忘记了代表永远是不够的，那么民主也就露了马脚。避免这种忘却，就应该从整体上考虑人民，就是考虑人民的迫切需求，甚至在这些需求还没有在政治上表现出来时。从这种意义上说，卢梭的全部思想就人民主权而做的分析在某种程度上是在攻击政治（代表）弊端，这种弊端的实质就是人民主权被政治代表所篡夺。就如青年马克思从这样一个前提所观察到的那样，他认为，在现代国家中，国家利益成了一种装潢，成了人民生活的调味品，成了一种客套。①

四、历史唯物主义视野中的人民概念

关于普通人生活的新的社会史，无疑是马克思主义对新史学的贡献。无产阶级、人民、普通人这一序列的概念无疑是历史唯物主义理论最为重要的概念。然而马克思从不认为，这一序列概念可以直接被当作一个历史唯物主义的序列范畴。因为西方的政治传统已经深深地将这一序列概念和现代自由主义嵌合在一起。现代自由主义笃信缺乏不平等的可能性的平等是无价值的。这样的信条也以某种形式形塑出西方政治哲

---

① 《马克思恩格斯全集》第 1 卷，325～326 页，北京，人民出版社，1956。

学关于这一序列概念的预设特性，即从这一序列概念具有的革命性转变成保守性。大体上说，在历史唯物主义的概念体系中，虽然用的仍然是旧的术语，但是，人民以无产阶级的形式，变成实现根本社会变革的力量，以这个人民的名义实现自由人的联合，人民在历史唯物主义那里逻辑地展现而等同于人类。

（一）自由主义的观点：从否定方面予以界定的人民概念

自传统形而上学中的最高实在，即超验的上帝，被否弃之后，人与历史就接替了他的职能。现代意义上的人类社会开始迈向了"推崇"人民（民族、共同体、人类是它不同的形式体现）的这一步。然而，"谁是人民？"。我们发现，现代社会发生的对人民的"推崇"，其潜在的动因源自政治哲学家寻找大多数民众力量以实现社会理想之诉求。因此，加上引号的推崇，我们往往可以从相反的意义来理解。这就是说，在实质性的社会学和政治的含义上，近代以来欧洲对 volk（平民、人民）这个术语的使用，是与社会和政治上的低级地位相联系的，有时也与 gemeiner mann（普通人）这个术语混用。① 而且，也由于欧洲精神长期浸淫于唯理主义之中，这两个术语在非政治化的语境中来使用，能本质上则把有教养的阶级与其余的人区分开来。在这种区分的背后，不难洞悉到一种对权威和等级制的预设。

这种预设隐含着一种看法，即智能的自然分配在人类社会中是极不

---

① ［美］詹姆斯·施密特编：《启蒙运动与现代性——18 世纪与 20 世纪的对话》，徐向东等译，281 页，上海，上海人民出版社，2005。

平等的，且多数人缺乏达到理性的能力。统治与被统治的关系应当基于统治者的优秀的素质。在理性变成一个普泛的理想概念的情况下，这种反映着为不平等提供理性主义辩护的政治哲学观点，具有格外重要而广泛的影响。就连那些表面上强调平等的所谓普通人道德的维护者，也并不认为随便什么样的普遍平等都有意义，他们也因此都会担当起证明和分梳普通人的道德判断的角色，以使他们免受虚假理论的迷惑。在这个方面，据说，卢梭是这样的；即便是马克思、恩格斯也是这样的。马克思的"一个表明一切等级解体的等级"，即无产阶级概念被马克思主义者解读为基于反对不平等的诉求。可是，这个概念在本质上与不平等相关联的看法，却属于自由主义者的习见。按照卡尔·施米特、巴枯宁等人的说法，马克思和恩格斯赋予"无产阶级的优秀分子"以一种历史担当者的社会价值，被认为恰恰是因为存在着被当作教育对象的"广大群众"，即"亿万没有教养的、被剥夺了权利的、悲惨的、目不识丁的百姓"，马克思、恩格斯想必会把这一部分人"交给一个强有力的政府来实行家长式统治"①。巴枯宁一口咬定，马克思、恩格斯以所谓"教养"为尺度把广大人民群众二分为历史的先锋和普通民众。更多的自由主义者声称，接受以基本的不平等为前提的马克思历史哲学比接受平等的热情捍卫者的马克思容易得多。据说，一方面，马克思试图寻求多数人的支持以实现自己的社会理想；但另一方面，所谓"教养的马克思主义"却承袭了启蒙辩证法，也被不平等的信仰所染指，即在人民内部将一部分人置于另

---

① ［德］卡尔·施米特：《政治的概念》，刘宗坤等译，92页，上海，上海人民出版社，2003。

一部分人的权威之下。

被马克思批评为"根本不懂得什么是社会革命，只知道这方面的政治词句"①的巴枯宁等人的这些言论本不足为训，但是，我们通过它至少察觉到，整个政治思想史对马克思主义精神的流行把握实在含混不清。

在政治哲学史上，对人的不平等的理论宣称，除了通常表现在有时是隐藏起来的政治上的含义之外，还广泛地表现在关于教养和特殊的道德品质区分的话语上。我们看到，施加于"普通人"（"人民"）和"有教养者"之间的价值区分，呈现出不对称地偏向有教养的阶层的特点。② 举个例子来说吧，叔本华显然是在轻蔑的腔调中说："凡是对拉丁语一窍不通的人都属于人民"③；另一个人则极尽嘲讽地说：凡是什么都不是，但却只对呼吸感兴趣的人都属于普通人。在这里，持论者从否定的方面说到"普通人"或"人民"一词的含义时，可谓轻蔑之极。据他们看来，普通人或人民的所思所行之于社会生活意义，可谓微不足道。而作为一个潜在的政治实体，"人民"则显得有点神秘，它无以在理性共同意识的基点上致力于群体的联合。所以，一些自由主义者在对民主的"自由"提出疑问，说到苏格拉底之死、丹东之死的时候，举证的就是这一点：谁是人民？是否，以及在什么意义上，谁都可以说是，谁又不是？人民，是总体性的或共同体的人民公意，还是实实在在地聚集起来的人群活生生

---

① 《马克思恩格斯选集》第 3 卷，287～288 页，北京，人民出版社，1995。

② ［美］詹姆斯·施密特编：《启蒙运动与现代性——18 世纪与 20 世纪的对话》，徐向东等译，137～138 页，上海，上海人民出版社，2005。

③ ［德］卡尔·施米特：《宪法学说》，刘锋译，281 页，上海，上海人民出版社，2005。

地在场？这里不好断定。自由主义的批评者说，民主制的困局就在这里，而看不到这两者之间具有反题性质，以及传统历史唯物主义对自由人的联合的辩证难题的思考过于简单，这是一个严重的错误。

自由主义阵营内的批评者说，假如，从前，希腊民主政体下的人们可以谈论"人民"，那是因为人民的同一性看上去并未受到威胁；而在传统王朝政治转渡到现代民主政治的情况下，这个"人民"变成了具有利益分化的阶级，如何再来设想人民的同一性（哪怕只是人民的一个部分的同一性）？事实上，在从上往下看的自由主义的批评者的视角里，人民差不多就是乌合之众的代名词。这个大致可以标以精英主义者关于群众的颇为"实用"的污名，这实际上是支撑着施米特的那个著名论点的思想依据。这个论点是：民意可能会受到少数人手中的权力异化以及匿名的、不负责任的社会力量的操控。所谓真正的民意在本质上只能体现于民众对领袖的喝彩、欢呼上。容易看到，从这种民意的基本界定出发，人民这个概念该有多么晦暗。而且，当人们以这种方式，亦即从否定方式来界定人民时，这个"人民"只不过意味着盲目的、自发的力量。或者说，它没有能力获得一种真正的政治素质和集体意识支配之下的历史力量。那样的话，自由主义的批评者当然只能看到，让那么多没有政治素质的人做政治决断，民主制那该是多么匪夷所思啊！姑且不论人民主权原则难免陷入自己反对自己（许多人组成一个群体时陷入自己反对自己）的矛盾之中。而且，本身作为一个"无组织、无定形的实体而存在的"人民，岂能解决有关人类的政治形式和组织的根本问题？

在做这样的思忖时，自由主义的批评者很快意识到，所有民主论证在逻辑上只能基于对虚构的同质性的承认，都仅抽象地奠定在同样的主体——"人民"上。在这里，亦即在自由主义批评者对民主式平等批判的视野中，显然就不必详细讨论"人民"一词的更多含义了。用施米特的话说，"凡是**没有**突出之处、**没有**差别的人，凡是**不**享有特权的人，凡是**不**因财富、社会地位或教养而出类拔萃的人，都是人民"①。显而易见，此种人民之存在的特性必然只能保持在封闭的内在性之中，而与外在性了无关涉。只要内在性一瓦解，或者无论将什么样的超验性引入人民的政治生活，都会导致高与低、上与下、被挑选者与未被挑选者之间的实质性区分，人民的普遍平等随之化为乌有。所以，施米特确信，在 18 世纪的法国资产阶级革命中，资产阶级是人民，那是因为它还是属于第三等级，还是在西哀士看来什么也不属于，但正因如此，他才有权利成为一切的等级。"但是，一旦资产阶级本身成为一个因财富和教育而出类拔萃并统治着国家的阶级，这个否定就继续流转下去了。现在无产阶级成了人民，因为它成了这种否定性的载体：它是不占有财富、不分享剩余价值并且在现存秩序中没有地位的那一部分人口。"②这样，通过这番对"人民"概念的政治学的思考，自由主义的批评者，否认了现代社会具备使所有的人实现平等的可能性。

自由主义的批评者对人民同质性虚幻性的揭穿，本身并非毫无道理，因为，全然不顾实际条件的不成熟，把平等赋予所有的人注定会产生悖谬。但用这样的揭穿来界定人民性却不合适。它留给我们的问题仍然是，除了我们需要关注个人在组成一个群体时的异质性和复杂性这一

---

① ［德］卡尔·施米特：《宪法学说》，刘锋译，261～262 页，上海，上海人民出版社，2005。

② 同上书，261 页。

要点之外，人民性真的只能是普通百姓的人民性？难道说随着人民的政治素质的不断成熟和稳固而走到历史的前台，人民性就消失了吗？为什么现代社会根本没有可能使所有人实现平等？如此等等。这些论题不仅因为其中的政治学观念并非一个不可诘问的前提，而应当被诘问；而且，它作为哲学问题在有回答之前，本身的视角问题就已经成了问题。

(二)无产阶级：作为"实体性的"抑或"功能性的"存在?

在马克思那里同样标举着一个问题：谁是人民(普通人)？我们早已注意到，我们对人民(普通人)这个名称在上述行文中总是带有犹豫、模糊。一些人称为"人民"，有时也被翻译为"群众"或者"大众"。另一些人则叫它另一种名字：无产者。如果自由主义者在从上往下看的视角里，确立了对人民概念的政治前提批判，那么马克思则用恰恰相反的视角，确立了一种世界历史性的存在，即无产阶级的存在。在马克思主义中，人民以无产阶级的形式，携带革命任务而成为历史运动的推动者。

我们注意到，与自由主义者不同，马克思对涉及国体、政体民主这种本体论意义上民主制的核心概念，即"人民"概念谈得非常少。原因在于，迄今为止，民主政治依然是政治，并没有取消治理与被治理之间不可避免的实质性差异，此种差异潜在着转变成治理者个人与被治理者之间的具有不平等性质的差异和分离的可能。这等于说，只要民主没有奠基于真正的同一性，只要人民概念还是带着阶级性的概念。也就是说，只要人民群众的个体分离状态还不是自由人的联合状态，就潜在着任何其他的、外部的主管机关假借人民的名义将自己的意志强加给人民的危险。在这个意义上，马克思发现黑格尔辩证法之过分强调政治的缺陷而施以补救。马克思认识到，在保持社会良序的前提下，使个人有尽可能多的自由活动空间，就此点而言，黑格尔无论如何是保守的。问题的根本在于，无产阶级没有丝毫的理由视既存政治组织为自身利益的保护者。因此，马克思在接受黑格尔历史方法的同时，必须对它做"非政治性"的诠释。历史唯物主义便是马克思因应这个需要而创立的。人们鲜明地称历史唯物主义关于理想社会中的民主为"后政治民主"①。按照这种称谓，这意味着在那些不再有任何效力的社会政治制度被瓦解之后，人民、无产阶级和普通人在逻辑含义上真正一致起来。在这里，一个自由人的联合体是专门为了一切人的自由而建立起来的，一切人共享的人类平等变成了基础性的前提。

当然，事情绝不这么简单。对某种自由主义的立场而言，他们把共产主义置于自由主义同一种逻辑序列之中，认为平等绝不是自明的原则。据说，现在堕落成了一种近乎宗教般的信念的民主式平等，已使高贵的色调渐趋消失。而一个没有了特殊的界限，失去了特殊区分，从而也不能为一种特殊的法律的、政治的或经济的制度奠定坚实基础的社会是无法想象的。若非如此，即便这样的社会幸存下来，也并不是最好的社会，也将只能使虚无主义的洪流奔腾泛滥。在这种情况下，人自身的堕落将顺从自己的兽性："享乐共和国"里的人民唯一关心的便是自己生活的安逸与舒适。对于我们来说，所有这些观察看似合情合理，对于现代精神来说，它们确乎看到，如今，普通大众发现世界对他无限的欲求

---

① 单继刚等主编：《政治与伦理——应用政治哲学的视角》，84 页，北京，人民出版社，2006。

没有一点限制，所以此类解释也近乎切中了当代人类处境的根源。但是我们真正知道得越多，此类解释的论据就越乏力。因为，那一论据说到底不过就是，人们对吃饭、住房等需要是如此重要以至于消解了所有其他考虑。凡对共产主义提出来的"反对"意见，反复讲的不就是这些论据吗？

在此，值得指出的是，在这个批评共产主义的昏聩意见里，除了把共产主义看作虚无主义之外，还表露了一种对小共同体的生活方式的特殊偏好。而在谈到维系一个共同体的生活方式时，如果西方古典传统想到的是在本质上将其与"政府形式"联系在一起，那么现代思想必定会想到的与其说是"政府形式"，毋宁说是"宗教信仰"。在这里，现代思想为克服民主制困局和奠定"新"的共同体的基础着想，开的是一帖老方，即宗教处方。不过，即便在这里，不平等依然没有动摇。除非人们能够隐瞒各个宗教之间的不可比较性这个事实，虚构一个世界性宗教，并把共同体成员的平等的实质仅仅理解为宗教信仰的共同性。从更深的意义上说，如果这里对共同体规模的思考，实际上是自由主义者（如卢梭、托克维尔等人）在原有形态下，对现代政治问题提出的终极解决之道。那是因为人民的实质性平等能够达到极高的程度，只可能出现在少有或没有内在矛盾冲突的、简单的群体中，因而还有什么比规模的限制更为要紧的呢？而这种小群体在现实上更多地存在于前现代社会而不是现代社会。不难看出，民主式平等的真正困难在于，如何在共同体每个成员的内心加强团结感。这渴望表达在一切关于人的理想中，可所有先前那些理想已被证明与那些并非世界社会的社会相关。或者说，传统的共同体理想还不曾提出过一种真的联合了所有人的世界社会理想。在这方面，马克思提出了全世界的无产阶级联合起来。这个观点的说服力本该自明的，但是传统国际主义所遭遇到的困境，使有些人获得下列结论：在今天看来，马克思的阶级团结概念"非常绝对，因此无法设想——为了防止部分无产阶级压榨其他无产阶级，就必须建立政治保障问题"①。

按照我们的分析理解，在此，自由主义让马克思承诺了不该承诺的思想困局。其根本原因在于，依照自由主义立场来阐释无产阶级理论，就最终将其混同于"社会阶级终结论"：一方面，它力图让社会阶级不再成为根本的并具关键重要性的社会分类架构；另一方面，它还保留"上层阶级""中产阶级""劳工阶级"等词汇为一种社会分类的方式，不过，这些词汇的意义是有限的，牵涉的主要是所得、职业差异，而非社会生活的各个层面。社会阶级终结论实质是方法论意义上的个人主义化的社会分类的同义语。它处于资产阶级意识形态结构内部。但是，马克思的思想中不存在传统意义上的共同体论。因为，无产阶级本身并不仅仅是通常意义上的一个阶级，历史注定它还是一个负有实现无阶级社会使命的阶级。因而，这里涉及的是一种"预言性的或解释性的阶级概念"。

随之而来的问题是：马克思是通过何种方式表述一个消灭阶级的阶级？答：通过"解构"。也许有人一听到"解构"一词，便不以为然地以为，马克思只字未曾提过"解构"，提到它恰好表现着现代性形而上学的思考方式。然而这里的关键绝不是用词之争，而在乎对马克思所言说者之真切理解。从马克思在《〈黑格尔法哲学批判〉导言》中所说的有些话来看，无产阶级是既处于市民社会内部，又被市民社会秩序完全排除的。

---

① ［美］弗雷德里克·沃特金斯：《西方政治传统——近代自由主义之发展》，李丰斌译，180页，北京，新星出版社，2006。

"排除"一词有何旨意？答：它意味着"没有所有""没有秩序""没有阶级"
"没有等级"，但很明显"没有"并不是否定，更不是灭绝。简单来说，
"没有"只是意味着"没有对某个阶级的共属"，没有被体制内化。在这
里，一切似乎都归结为对"没有"这个小词的解释"逻辑"。

　　这里举出马尔库塞的例子就足够了：马尔库塞将无产阶级最终被体
制内化、被纳入平等社会结构，当作对真实历史命运的透视。最要命的
是，他把人道主义的马克思视为终结经济决定论的马克思的后果。后者
为了"物色历史推动者"而诉诸平等原则和"实体性的无产阶级"，这种无
产阶级概念的制度化形态源自工会的组织化的实践。一旦马尔库塞试图
用阶级概念代替黑格尔的个体所起的作用，而阶级又做不到充分保证总
能像个体那样行动，从而阶级本身存在着难以克服的内在联合的难题
时，他就不得不宣判这个意义上的马克思无效。这就为他肢解马克思找
到了借口。故而，1932 年特别适合马尔库塞用来考察一个人道主义的
马克思反对经济决定论的马克思。因为这一年，一个《巴黎手稿》的马克
思已登场，这是一个诉诸"个性"原则，而热情于对人的精神上的自由和
人的异化感的分析的马克思。但马尔库塞认为，这个马克思只对社会上
的少数精英才有吸引力。这样，马尔库塞的历史主体概念就一步步从群
体变成孤独的个体，最终又变成一个没有了任何质料性、有待添写的空
白，变成一个他在早年著作中以一种黑格尔式的乐观主义讥讽的"空洞
的我"。他注定带着一种悲凉，一次次地呼唤那尚不在场的"匿名的历史
主体"。

　　总而言之，马尔库塞意料不到，本来，无产阶级就不是"实体性的
存在"，而是（解释和预言的）"功能性的存在"，它在 19 世纪是作为贫穷

的劳动者贫困化的历史现实的总体趋势的方式存在。正是从这一历史趋向上，马克思才判定劳动者阶级抱有历史使命。然而，马克思意义上的无产者的革命至今也没有实现"自由人的联合"，这究竟意味着什么？随着人们对历史思辨的兴趣的丧失，人们似乎也从对贫穷劳动者的迷思中醒悟过来。但是，这并不是马克思的问题的重点！马克思自己早就证明，贫困化不是永恒的自然规律，而是一个完全可以消除的历史现象，而且这种现象将被产生它的同一种生产方式的后果所消灭。因此，当人们再度重温"无产者在这个革命中失去的只是锁链。他们获得的将是整个世界"①的理想时，感到的既不是马克思错了几千年，更不是无产阶级丧失了良机，而是无产阶级概念的"非实体化"理解再度获得确立。不论怎么说，断定一个社会群体是否抱有历史使命并抵达了它的历史时刻，其标准只能在历史发展自身中找到。无产阶级概念随历史提示着无产阶级之"出离"自身，从而提示着实现普遍平等、解构以特定群体为立足点的阶级学说。若非如此，"无产阶级"概念无以成为有价值有目的地批判资产阶级统治的理论武器而继续存活着。

(三)"历史合力论"的政治哲学省思：从"理性的狡计"而来

跟其他历史哲学不同，在马克思主义那里，人民以无产阶级的形式把自身理解为历史的创造者。然而，从知识史的角度看，马克思并不是群众史观的第一个倡导者：在他之前的复辟时代，法国历史学家的一个重要贡献，就是他们开始突破英雄史观，明确提出在历史研究中应当重

---

① 《马克思恩格斯选集》第 1 卷，307 页，北京，人民出版社，1995。

视人民群众的作用。但是，这里的"人民群众"概念同样需要在做逻辑和
历史区分的情况下加以使用。因为，复辟时代的历史学家所说的"人民
群众"，不是意指无产阶级和劳动群众，而主要是意指资产阶级，因而
即便从量的含义上说，它仍然属于少数人构成的特殊人群。这里最值得
注意的事实可能是：每一种历史观都按照时代精神将某种特定的人的类
型（或者是某种人的类型的混合）视为历史的能动性因素而尊为权威性
的。当思想家认为一个时代的精神并不能把自身同时托付给每一个人的
意识或社会集团的每一个成员时，历史权威性的类型总是被赋予作为世
界历史的个体的少数人，并赋予他们采取行动的法权和力量，因为他们
拥有正确的历史意识。所有事物都得在少数人的法庭上为自己辩护；凡
是不能在那个法庭上为自己辩护的东西，如果不是遭到蔑视或猜疑的
话，往最好处说，也只能被容忍而已。而且即使是那些不认可这个法庭
的人们，不管愿不愿意，都要受到那判词的影响。这就是黑格尔、尼采
等人的哲学所阐述出来的英雄史观。

与现代政治思想史相平行，现代历史哲学中的英雄史观被实践化为
一种所谓最有利于达到人类优异性社会的制度安排。如果说英雄史观是
以人类中间存在着一个金字塔型的有价值的等级和差别序列为预设的
话，那么与其相应的政治概念就是要接受普通人的牺牲，为了更高的
"人"的类型发展。因此，从这种哲学的角度看，如果现代人在民主政治
的统治下所导致的均一化是可欲的，那么它的可欲性必须建立在有利于
一个高等统治者类型的产生之上。这样，一些人以为英雄史观仅是一种
关于历史的宏大叙事，显然搞错了，英雄史观也是一种政治（哲）学。其
理论的实际指向，往往被政治上的等级制君主主义所利用。而作为以少

数人为权威性的类型的社会统治情形，出现在由祭司、富商、军阀、贵族、僧侣、资产阶级等所统治的社会中。多数人被视为没有明确的自我目标，不知道自己的真实意志是什么，只是跟随上述各类人行动的追随者。就此而言，如果说人民群众仅仅是指数目上的大多数人，那么他们至少在某个历史阶段存在着跟谁走的问题。但是，也许1806年黑格尔在耶拿看到的那个骑在马背上的世界精神是个军人，而不是黑格尔主义者。他是哲学与剑结盟的代理人，但他只是来自剑的一方，哲学没起什么作用。所以，黑格尔悲观地认为，在历史中行动的人并不理解历史，而理解历史的哲学家又对历史不发生影响。最后，黑格尔告诉我们，无论是普通人还是伟大人物，无论他们是胜利还是失败，不管他们怎样活动，都只作为世界精神（上帝）而非人类之所为。

长期以来，黑格尔主义的这个主题让人们感兴趣的，不是通常的论辩，而是其原则上用以解释社会合作结构的观点，即某种察觉不到的、根本性的和更高的必然性在左右、操控、玩弄所有个体参与者。历史发展的实际结果表现为历史和人的分离的观点。这里所需要的是认识到，坚持"理性狡计"历史观的人，在原则上会将一切能动性从个人转移给国家、阶级、民族、群体，进而从国家、阶级、民族、群体转移给一种隐蔽的力量。在18世纪末以后，这种对隐蔽的力量的探询，或者成为编廉价恐怖故事的人的幻想所必需的，或者成为某种论证自然法则秩序所必需的。我们看到，在德国古典哲学和资产阶级政治经济学中尚未清楚显露的东西，在马克思主义经典作家那里已经成为不证自明的东西：生产力是按照自然法则发挥作用的权威力量。马克思主义从社会存在决定社会意识出发，就每个人的自由发展着眼来看待历史发展，它奠定了对人民群众发挥历史作用的解释基础。而个人意志及其冲突则是自然法则发挥作用的表现。历史的最终结果无非是"各个人的意志","融合为一个总的平均数,一个总的合力"①。融世界历史剧作者和旁观者于一身的,是个人意志,而非上帝。个人意志变成了一个具备神话的力量的浪漫主体。恩格斯,他虽然是这些说法的来源,并认为这个命题澄清了历史唯物主义经济决定对单个人的意志的遮蔽,在这里,恩格斯对广大群众的历史地位做了提升,但人们今天对他那些"方法论个体主义"的说明也甚为不满。

恩格斯的观点有许多值得深入思考的地方。首先,其隐含着的方法论是"个体主义的"。故而,即使它不承认等级制而是给予所有人以相同的自由。它仍然是马克思曾经批判过的所谓"个人意志的冲突学说",其出发点是资产阶级意识形态的。它是"经济的人的神话"的翻版,这种"经济人的神话"建立在一种误解之上,那就是以为从人人自由的经济竞争中可以产生社会和谐和财富最大化。恩格斯只是转而用它来解释社会合作的历史规律。这也潜在着用经济术语来定义革命激情的可能性。它只能是一个极度简单和理想化的社会结合模型,那里占统治地位的只是自由、平等和无差别的普通人。在萨特看来,恩格斯所设想的平均数,事实上除去了作者,同时又除去了作品和它的"人情味"②。在阿尔都塞的眼里,恩格斯思考社会和历史的方法的"合力论",显然总以退回到低于马克思对一切哲学意识形态的批判的水平,退回到以 18 世纪的思想

---

①　《马克思恩格斯选集》第 4 卷,697 页,北京,人民出版社,1995。

②　[法]让-保罗·萨特:《辩证理性批判》上,林骧华等译,84 页,合肥,安徽文艺出版社,1998。

家们为起点的水平。

其次，恩格斯的研究目的是要深化对历史行动者的动机背后的动力的理解，而不去讨论作为细枝末节的杰出人物的动机。为此，他把"人"抽象成完全一样的单个人，或自由的个人意志，实际上就是设定了这些单个人之间的社会关系是完全平等的，对前共产主义社会在本质上人与人的不平等漠然视之。这意味着他在本来应当抛弃那种"把竞争看作自由个性的所谓绝对形式这种幻想"①的地方，却在重复和承诺那种资产阶级维系社会纽带的理想。在人们看来，恩格斯的"合力论"粉饰了思想生活的方方面面：商业，可以理解为"大家都有好处捞、有生意做"；生活，被理解为共同过日子，一个人和另一个人共同生活，彼此之间的不平等可被抹去；政治，则是许多不同的运动和趋势能够同时并存发挥作用。看起来，每个人都同意这些是好事。不仅如此，从长远看，一切政党都在为共产主义效力。显然，这种观点注定比资产阶级使自己永恒化的神话更不可思议了。

因此，人们必定要问：恩格斯怎么可能会这么天真地把这个神话作为自己的论据呢？阿尔都塞断定，"恩格斯为了向我们说明，单个意志的合力，即合力的合力，确实具有普遍的内容，并真正体现着经济归根到底的决定作用，他如果不用资产阶级经济学的这个乐观主义虚构，不用这个离洛克和卢梭较近而离马克思较远的虚构，又有什么别的办法呢？"②依我们看来，只要承认一个人数众多的整体组织协调为统一的社

---

① 《马克思恩格斯全集》第46卷下，161页，北京，人民出版社，1980。
② ［法］路易·阿尔都塞：《保卫马克思》，顾良译，116页，北京，商务印书馆，2006。

会整体（合力）恰恰是由于社会差异自然地造成的利益差异，或者承认遭受压制和盘剥的众多人并非难以自发整合成具有统一力量的统一整体，那么恩格斯就必然承认或假定现行制度框架能自动满足现行制度中生存的大多数人的基本需要，给大多数人带来好处，从而能够获得他们的认同。

这里，人们要说的是，恩格斯的合力论隐含着把社会冲突形式化、规则化、可控化的解释取向，必然要将广大群众改变现状的能动性拱手让给某种超验的力量。换句话说，假如人们相信通过个人在历史中的不确定性的活动能在最后的合力中产生出人们所预期的合力，即与经济因素归根到底是决定因素相吻合的那个合力，那么这无疑是说最后出现的包括了每个独特的个人意志的合力，也是符合资本主义时代所创造的生产机制的规律性的。所以，到了最后，普通民众除了会自觉不自觉地参与对压迫自己的资本制度的生产和再生产以外，还能何求？而且，人们肯定只能靠一种神话建立起摧毁它的勇气！显然，在过去的一个世纪里，恩格斯的"历史合力论"被大多数重要的西方马克思主义者错误地解读为社会学领域中"冲突论"视角下的"一致论"。在马克思主义的传统中，20世纪最杰出的马克思主义理论家——卢卡奇、葛兰西、阿多诺、马尔库塞、阿尔都塞和德拉沃普——都大量地借用了自由主义和保守主义的社会—哲学理论。他们从各个不同的出发点出发，力图阐明在资本主义的异化劳动过程中，工人阶级是否主动参与加强对他们自己的剥削？对这个问题的激进解释和保守解释的差异在于他们潜在的冲突或和谐的形而上学假设。他们对资本主义劳动过程的本质的分析受到这样一个问题的引领：为什么工人不更努力地工作？或者，与此相反，为什么工人这么努力地工作？其基本的结论是：工人自发的同意与资本主义微妙的强制二者的结合塑造了生产行为。① 这样，在资本主义社会控制成为焦点的时代，发展出关于冲突的理论，应当解读为激进理论。对于恩格斯来说，也同马克思一样，他面临同样的问题——为什么资本主义制度是基于剥削？为什么当资本主义在其存在的每时每刻都在维护剩余价值这一历史法则的合法性，同时，工人们却仿佛将其作为支配他们一生的法则呢？如果抛开马克思、恩格斯对其历史根源的分析，那么这些问题当然就容易陷入社会组织理论中的历史一般性与片面性的视角中，并陷入资本主义理所当然的形而上学框架中。因此，恩格斯在这里（即在"历史合力论"中）显得尤其像个"保守派"。因为，大多数西方马克思主义者理解恩格斯论述的方式和方法，完全接近恩格斯要求他们所应达到的理解——一种自发的同意的元素与资本主义的强制元素的结合，不需某种形而上学假设，而是对资本主义社会劳动过程的观察所得到的经验事实。可是，要求大多数人以这样一种特定的方式和方法来理解，从而达到公众性的政治效应，绝不是历史唯物主义视野中"历史合力论"的政治哲学意图。否则，这位共产主义者便面临着一个基本难题：如果在"历史合力"，即合乎历史发展的方向条件下为每个个体开辟一种与自己协调一致的生活，如果这种生活只可能在社会基本信念、传统习惯或法律所认可的东西中得以可能，那么，揭示历史合力的前提条件，以便以自己的方式（强制的方式）促成每个个人的意志实现的政治哲学便会使其

---

① ［美］迈克尔·布若威：《制造同意——垄断资本主义劳动过程的变迁》，李荣荣译，22～23 页，北京，商务印书馆，2008。

使命本身的实现陷入危险。这种进退维谷的困境，在形而上学上无法摆脱。但是，恩格斯与自由主义者的不同在于，前者认识到理论的困境只可能在实践中化解。关于这一点，恩格斯与马克思完全一致。在某种重要的意义上，马克思清醒地告诫我们："撇开其他一切情况不说，只要现状的基础即作为现状的基础的关系的不断再生产，随着时间的推移，取得了有规则的和有秩序的形式，这种情况就会自然产生。""这种规则和秩序，正好是一种生产方式的社会固定的形式，因而是它相对地摆脱了单纯偶然性和单纯任意性的形式。在生产过程以及与之相适应的社会关系的停滞状态中，一种生产方式所以能取得这个形式，只是由于它本身的反复的再生产。如果这种再生产持续一个时期，那么，它就会作为习惯和传统固定下来，最后被作为明文的法律加以神圣化。"[①]新社会的曙光也因此就沉入漫漫黑夜了！有鉴于此，马克思始终坚持从历史哲学的高度把社会主义视为**当代制度史的一种哲学**，即把制度发明和制度创新视为长远历史辩证发展的基本要素，赋予无产阶级以一种将来可能具备的素质，这就是，希望接受科学的理论并认识到共同的阶级利益的无产阶级以及广大群众，能自我打破这种对自己不利的社会规则和秩序的再生产，即由这个群体内的人们"自主地展现并求解他们所面对的各种冲突、矛盾，靠平等、自由、合理的论辩与交往，靠在此基础上产生的制度发明或其他发明来推进社会群体的发展，不断地面对、塑造甚或可能完成着辩证的过程，而不是由外在的力量外在地为他们塑造所谓'辩

---

① 《马克思恩格斯全集》第 46 卷，896～897 页，北京，人民出版社，2003。

证解决'"①。

五、政治哲学中的个人概念及其哲学基础

现代政治哲学中那些根本的二律背反集中反映在个体与社会的二律背反之中。从形而上学追问的方式上看，现代政治哲学中缺失一个普遍性的个人概念作为其哲学的基础，从个体的前提出发达到共同体，而个体又被设想为自由自主的个体，这都体现了现代性的困厄。黑格尔意识到的现代性问题不再针对现实性。就此而言，在如何诠证一个充分而周全的个人概念问题上，应该把历史唯物主义看作对现代政治哲学所面临的历史困境的回应。

（一）关于个人的哲学规定的两个不同的向度

所有的政治哲学均假定了某种人性。或者说，政治哲学及其核心主张——人在本性上是政治性的——确然奠基于一种关于人之自然的形而上学理论。因此，任何关注政治哲学的人，人的哲学自然而然便成为他首要关注的对象。这一点在存在主义那里表现得特别清楚。众所周知，可称为存在主义者的虽然是个松散的圈了，但这并不意味着它完全没有一个中心。存在主义者与众不同之处在于：强调在要成为什么样的人的选择方面，每个人应该力争成为真正的个体，并强调把选择的可能性作为人性的关键因素。很显然，存在主义者相信，在做出个人的选择时，

① 刘森林：《辩证法的社会空间》，291页，长春，吉林人民出版社，2005。

他也是在为人类进行选择。这样一套观点是具有政治意义的，正如萨特自己所认为，存在主义有时看来非常像政治哲学。

但是，严格说来，主张存在主义的信条同得出某种特定的政治哲学结论不一定比肩为伍。这一辨析是不可缺少的，它能够解释宽泛意义上的存在主义者各怀不同的信仰——纳粹主义（海德格尔）、自由主义（雅斯贝尔斯）和共产主义（萨特）等——的事实。[①] 正如我们所看到的，存在主义诉诸个体乃是与其所关切的打开"存在"这个问题之被理解的视野相关。或许，在这个意义上，存在主义的首要标志不在于强调个人概念，而在于坚持人是存在的揭示者，也几乎可以说，在于坚持人存在着，并没有固定的人性来指导他或最终保证他的选择是"正确的"。只要这个区别的根本重要性受到承认，存在主义的个人规定就不会"像一个对象那样成为一个做完了的、完整的、结束了的东西，而是永远向未来开放的、充满了各种可能性的东西"[②]。用海德格尔的话语来说，人在根本上就是"在世界中存在"的这么一个存在者。"在世界中存在"意味着人和世界的相互维持，人以一种完全投入的方式没入这个世界或源始地融身于世界。所以，海德格尔讲他主体和客体完全没有分开的 Dasein（可翻译为汉语语汇中的"祛价值的""生灵"），借此来探讨人的本性（如果海氏允许我们用这个词的话）和它的意义。他在悄悄地为此在的存在本身进行各种规范性的分门别类（即利用一种基督化的人类学，以有条

---

① ［美］詹姆斯·A. 古尔德、文森特·V. 瑟斯比编：《现代政治思想——关于领域、价值和趋向的问题》，杨淮生等译，123 页，北京，商务印书馆，1985。

② ［德］吕迪格尔·萨弗兰斯基：《海德格尔传——来自德国的大师》，靳希平译，204 页，北京，商务印书馆，1999。

理地表达出此在生存的结构）的同时，马上又将它们一一加以摧毁。以致后期海德格尔在思考人的境况时总是不说"人"（Menschen）而是偏爱把人称为"终有一死者"（die Sterblichen）。

进一步说，存在主义关于个人的视野，其目标从一开始就不是指向社会化起点上的社会公民，而是努力揭示一个生灵即此在生存结构的全部。因此，如果说政治哲学的个人规定通常在于揭示"一个生灵的政治层面的最为一般的特征"，那么存在主义的个人规定似乎就处在与它相反的方向上。① 因此，拿海德格尔来说，他在政治问题上所受的蒙蔽，被认为他的观点既不允许对政治进行独立的常识性理解，亦不允许存有一个"自然的"与其他领域分离的政治生活领域。他轻蔑哲学人类学、政治学、历史学等学科关于"此在的行止、才能、力量、可能性与盛衰"的研究，就像他轻蔑任何其他学科只就作为个体的个人的某一些属性来规定个人，其他的性质都被假设是存在的做法。针对这种假设，他认为，个人的规定在这些学科中是"以非源始的方法得出的东西"②，是由传统形而上学执着于存在者而不是存在本身的致思趣向决定的。

在这里有一点变得清楚了：政治上的以及政治哲学上的个人概念是建立在传统的形而上学基础上的，或是建立在传统哲学的实体主义基础上的。而对丁这种基础，按照一般传丌来的想法来说，已被包括存在主义在内的当代哲学和自然科学的成就证明是不可靠的。但在我们看来，

---

① 单继刚等主编：《政治与伦理——应用政治哲学的视角》，97～101 页，北京，人民出版社，2006。

② ［德］马丁·海德格尔：《存在与时间》，陈嘉映等译，19 页，北京，生活·读书·新知三联书店，1999。

从政治哲学的目标来看，这个一般传开来的关于拒斥形而上学实体的人的概念的想法需要揭明其限度和边界。对于 20 世纪的某些分析哲学家来说，对形而上学的苛责，最终流于肤浅。就此而言，分析哲学即便有种种不同的观点，但如果把它放到与存在主义的对立中加以界定，也是靠谱的。按照分析哲学的观点，一个作为实体的个人概念是政治理论上所必需的。因为，作为实体的个人，他们在社会中所具有的性质，也是使得他们需要做出决定以及承担责任，或者鉴于他们的状况需要有人为他们做出决定的必要前提。如果作为生灵的个人行为与他人以及其他的物质物体交织在一起，被世界迷惑，满脑子里全都是粘成一团的"世界"，不能确认和再确认任何事物，人在这个世界上的生存就是难以常识性地想象的。而物质物体对我们的确认系统来说虽然是基本的，在所有可行的主要范畴中，只有物质物体范畴才有能力构成确认殊相的时空框架。但是，光有物质物体这种基本殊相，还不足以用来对人进行确认和再确认。为此，有必要把人看作基本殊相。强调人是基本殊相，实际上就是强调人所经历的经验和意识活动可以独立于具体的人而存在或被谈论。这是斯特劳森意在用分析的方法梳理出我们日常思维活动中混杂的人的概念，重估形而上学历史地位的观点。按照斯特劳森的观点，"人的概念应当被理解为一种实体的概念，这样，无论是赋予了意识状态的谓词还是赋予了肉体特征、物理情景等的谓词，都同样可以应用于那样一种个别实体"[①]。这里，描述个体的实体概念所意味的就是对实

①　［英］彼得·F. 斯特劳森：《个体——论描述的形而上学》，江怡译，71 页，北京，中国人民大学出版社，2004。

体—属性这样一种存在结构的描述。作为实体的个体，在斯特劳森的分析之轭下，它的本质就承载各种性质，并且由于这些性质而与其他个体区别开来。于是，个体也就可以被哲学解释为一束性质，但是不能够**解析**为一束性质。因为，个别实体作为"这一个"，本身不可能再有任何言说，任何言说都只涉及它的性质，而不能触及它本身。而这一束性质都属于"这一个"实体并因此而成为人的性质。

分析哲学关于个体的这种规定当然是一种形而上学规定。尽管如此，鉴于政治哲学是哲学的一个分支，因此，政治哲学要以一种普遍正义为原则调解个体之间的冲突。就不能不首先借鉴分析哲学的这种个人规定。因为，"在政治哲学里，所要达到的目的乃是以一束政治性质来指称一般个体，这些个体之间的差别原本就是政治哲学需要做出如此一般规定的理由和根据"①。这至少包含这样一个重要意思：政治哲学在原则上只能在社会秩序与个人自由充满张力的社会中证成。为了在人类本性之中调解个体化与社会化的紧张关系，政治哲学对个人的规定不是采用个体实体所包括的所有性质，而是采用所有这些性质之中的能够普遍化并且必须普遍化的那一束性质。因此，所谓普遍化，就是指这些性质是属于每个特定的个体的。可是，它又必须是直接联系着其他许多性质(社会、经济、文化等)的。并且正是此处才使正义规则最大化它的涵盖。这就是说，当政治哲学提问什么是正义时，它其实是在寻找一种希求可能实现的东西，一种既是普遍适用又是充分考虑每个个人特殊性的

---

① 单继刚等主编：《政治与伦理——应用政治哲学的视角》，97~98页，北京，人民出版社，2006。

普遍的政治规范，亦即追求一个使其指称和语言表述环绕接近的个人概念，具有最大的概括性和充分的张力。所以，马克思认为，在理想的共同体中，每个人的自由发展是一切人的自由发展的条件。

诚然，要是我们发现一种政治哲学对个人的规定是普遍适用的，且它实际地包含于作为实体的每个个人的性质之中，那么它确实完全脱离了历史真实。事实的情况是，从所有的人都是人这个形而上学观点出发，并不能推断出任何在政治上具有特殊意义的东西。用另一种方式来说，没有一种既有的政治哲学能够"铁板一块"到在形而上学意义上的政治的自决自为者与覆载所有个体的一般个人的概念之间不存在半点缝隙。因为，如同人类生活和思想的一切领域——宗教、道德、法律、经济——一样，政治也有其特殊的区分。故此，既有政治的正义理念所反映的人及其平等首先是政治公民及其政治平等。正因为如此，政治哲学思考所有人的生而自由、生而平等的基础，显然不是基于普遍人性，相反，是把并不是为每个个体所具有的性质普遍化的必然结论（这一点可被理解为"一个推论"）：正如在林林总总的现代政治哲学里面，个人的规定往往以理性健全以及成人等性质为前提，这等于把未被赋予以及未被完全赋予与自为者兼容的政治性质的那些人排除或搁置起来。甚至法国《人权与公民权利宣言》所谈论的人的自由、平等的基础也不是所有人均无区分的状态，而是一种排他型的政治模型及其关系：某些人属于特定的民族。这就是说，一旦涉及国家和政治权利，上述宣言也不再谈人了，而是谈论国民，由此放逐了个人概念。而既有的政治哲学，比如，罗尔斯的公平正义的理想或理论设计，一般总是把"我们的本性"中的许多方面的性质单列出来，将其政治方面的性质"当作特别要紧的部分"来讨论，并将所关注的焦点"汇集于具有终生成为正常而充分参与合作之社会成员的个人身上"①。人们不难看出，罗尔斯的所谓正义规范，仅仅是"正常而充分参与合作之社会成员的个人"的规范，而对于此种原则本身构成的正当性要求来说，它们并不自动地对不具备心理上或生理上正常能力的一些个人有效。在这里，后者作为个人的个体的一部分性质，即在个人的政治性质被抽取之后的性质仍然存在，虽然一个个人之为个体依然实存的理由没有丧失，但是在其关涉权利的确定和享有的情况下这些原则没有将他们的实存条件考虑在内。

如果这一点被接受了，就不需要进一步思考为什么现代政治哲学以声称充分地考虑了每个个人实存的一般条件来制定规范，但是，现代政治哲学作为一种规范学说却又在原则方面避免和反对这一点，否则就会导致瓦解理论内在一致性的危险。② 这意味着谁不能纳入"正常的人"的权力范围之中，谁就不享有公平的正义。人们在大多数情况下视一个"不正常的人"为只是占统治地位的规则的一个合理的例外的人。简单地说，在政治哲学里，无论是权利的考虑，还是规范的制定，实际上并不是让所有个人的政治性质受到同样的重视和对待。这种实质平等的政治法则曾被亚里士多德做这样的描述，他说，"所有人都持有某种公正观念，然而他们全部中止于某一地方，并且未能完整地阐明公正一词的主要含义。例如，公正被认为是，而且事实上也是平等，但并不是对所有

---

① ［美］约翰·罗尔斯：《政治自由主义》，万俊人译，318～320 页，南京，译林出版社，2000。

② 单继刚等主编：《政治与伦理——应用政治哲学的视角》，98～101 页，北京，人民出版社，2006。

人而言，而是对于彼此平等的人而言；不平等被认为是，而且事实上也是公正的，不过也不是对所有人而是对彼此不平等的人而言"①。

可以清楚地看出，缺乏一个普遍的个人概念，被当作政治哲学的一般结论。

(二)达到理解普遍的个人概念的正确进路

当然，在政治哲学的论述中，能够提出一个真正的普遍性的个人概念是一回事，使它有效地成为活生生的政治现实则是另一回事。我们认为在一个个体中把本质的东西挑选出来是很困难的，因为我们在这样做的时候，是把理性作为划界的尺度，而且，又把理性假定为不言自明的东西，理性只是在自作主张地理解人，难免陷于自己不明真相而妄加裁夺的困境；无论如何，在我们看来，认为正义理念在某些个人实体中，比如在理性与合理性能力尚不健全或已经丧失的个人中不发挥作用就是不正当的，将他们挡在所制定的规范的门外来为理论自身消除疑虑，这自然是一个化圆为方的念头。从这里，我们可以领会到在政治哲学的论述中，个人的概念在不同的上下文中就具有不同的意义。即便是在同一理论或学说中，其所指称的个人也没有在个别和普遍之间的实质沟通。事实如此，当现代政治哲学关注如何使社会联结成为正当的问题，将个人权利或权力提到凌驾于一切其他价值的首要地位时，亦是如此；由此造成了政治哲学框架的裂痕及其内在原则的不周全。而且，更为重要的

---

① 颜一编：《亚里士多德选集——政治学卷》，91 页，北京，中国人民大学出版社，1999。

是，哲学或许可以设想一种永恒的、普遍的个人概念，这样的概念只是在如下两种情况下才能保持，即人类社会群体出现这样的情况：正如"我们"所说，他们的成员"像一个人一样"思考、感觉和行动。因此在某种意义上统一了人类。我认为，这正是普遍的个人概念存在的形而上学条件，但从德国哲学传统中看，这只是在遥远的未来正义，且是在罕见的情况下出现的。另一种情况是，作为实体的每个个人自己为自己制定的规范，是在任何时候都有效的规范。就像施蒂纳的"唯一者"学说所表明的。进而，在这里每个人仿佛如同堂吉诃德那样"为自己找求满足并由自己来执行刑罚。他相信堂吉诃德的话，他认为通过简单的道德戒条他就能把由于分工而产生的物质力量毫不费力地变为个人力量"①。在此境地下，既没有并未参与制定规范却施行在其个人身上的情况，也没有任何作为实体的个人处于从属于他人境况中的关系。在此简单地说，也就是没有自为者与他为者的区分所谓自为者是指完全独立的政治个体，即一个形而上学意义上具有能够自主地做出决定并且对此决定及其后果承担责任的个人（即正义"主体"的首要含义）。与此相对，所谓非自为者是指在一个共同体之中，个人未被赋予或未被完全赋予与他人（自为者）兼容的政治性质，他们只是历史关系的承载者，因而相应地，一些社会、经济和文化等性质对于他们来说也就成为付之阙如的他为者。

后一种情况当然更是错觉，因为个人被区分为自为者和非自为者，尤其是关注这样一种区分，对于政治哲学"理论的内在一致性，对于所

---

① 《马克思恩格斯全集》第 3 卷，395～396 页，北京，人民出版社，1960。

主张的原则的正当性证明，乃是一个必要的基础"①。正是在这一点上，真正的自为者首先不能是施蒂纳的"唯一者"，即作为个体人的完全的自我满足性，完全的自足自立性，自己凭借自己的内在所有而不借任何外物便足以自我规定、自我支撑、自我存在。人们很容易认为，像这样来谈论自为者是没有任何意义的。因为，这再一次说明，没有任何方法去确认这种纯粹的实体，而始终被排除在公共领域的光明之外。这样的自为者无论"走"到哪里，都置身于黑暗之中。他踽踽独行，默默游荡。当人们认定个人的规定需要在社会制度的结构之中时，在某种程度上，自主自为者把自己看作个体的实体概念就变得很虚弱了。居住在地球上的，并不是在孤独的对话中与自己交谈的"人"，而是相互谈话、沟通，思想和行动可以理解或者要达到给定目的的"人们"。这种将行动和沟通理解为紧密联系的观点，使思想变得具有实践性了，它成为人们之间的实践，而不再是个体在他自己选择的孤独中所进行的活动。从这一视角来看，亚里士多德很正确地把"合群"视为一种人的最根本的天性。"合群"，如果按其最完整的意义来理解的话，很可能就是体现了人的政治和社会的根本性质，或者说人类仅仅为了生存，就必须进入社会及其政治性的存在结构中。② 个人完全被置于公共领域的光明之外，并且知道自己完全被置于公共领域的光明之外，这是无法忍受的。因此，倘若我们从根源上来理解自为者和他为者的区分，此区分虽有作为实体的个人

① 单继刚等主编：《政治与伦理——应用政治哲学的视角》，100 页，北京，人民出版社，2006。

② 颜一编：《亚里士多德选集——政治学卷》，86 页，北京，中国人民大学出版社，1999。

形而上学的根源，它却主要是就人与社会的关系而言的。按此区分，这个自为者和非自为者的个体方面的差异就是从社会的畛域和视野来规定自身的。换句话说，自为者和非自为者的区分的朝向不是个人的自然性质，而是构成个人规定的社会性质，其个人的政治身份是由那个群体的社会习俗、惯例和法律来考虑的。这种态度就与在欧洲宏大的社会理论中要摆脱一种单纯的个人主体性宰制的理论脉络有着特殊的关联。在欧洲社会主流理论之中，即使他在想谈"个体的独立自尊"时也依然得诉诸把自己的准则的普遍化（康德），或"类的存在"（黑格尔），或分工、生产力及与其相关的社会关系（马克思）等社会性质。

这里正是谈论欧洲社会思想传统之中关于社会与个人关系的适当场合，因为近年来常常有人反复地说黑格尔是理解现代个人主义批判的恰当的传统背景，又因为做出这种主张的人妄以为现代个人主义批判的思想奥秘尽在于此。可是再没有一种主张比这一种更适宜于制造这么多的混乱，甚至把混乱延伸到马克思。首先，有一种说法看来是可疑的，说在关注作为普遍性的主体与作为个体的主体对立的调解模式时，无论是黑格尔的法哲学，还是马克思的社会理论，所提出的带有倾向性的解决方法就是忽视个体的主体。其次，如果认为黑格尔在功能上需要把社会与个人的冲突放到伦理领域当中，反对社会原子论而漠视自由主义为现实中的个体性所做的合理辩护，那么伦理总体性的观念看来不适宜被黑格尔看作"个别与一般的一体性"①。相反，它会把伦理总体性所潜在着

①　[德]于尔根·哈贝马斯：《现代性的哲学话语》，曹卫东等译，47页，南京，译林出版社，2004。

的主体间生活关系的交往理性说成无足轻重的某种实质性的伦理观念，该观念把国家看作扩大了的家庭关系；这可能是人们在想象中依然用古典国家理想来表述黑格尔提出的现代社会概念系统。

值得注意的是，黑格尔的伦理学说已为其哲学体系内相关部分所统摄，因其伦理领域遍及包括家庭、社会、政治意志的形式及国家机器等各个领域，实际上他的看法要复杂得多。按照黑格尔的看法，在考察伦理时永远只有两种可能的观点：一种是从普遍性的实体性出发的观点；另一种是相反地从"现实性的偶性"的单个人出发的观点。后一种观点"是没有精神的，因为它只能做到集合并列"，它把伦理的实体不是理解为"精神"，而是理解为个体的偶然堆积的东西。① 首先必须理解的是，黑格尔强调，"使人成其为人的"，是精神。② 这一命题处在黑格尔的《宗教哲学》绪论的第一页，这就已经直指本质的证明，他的精神概念并非人类学的，而是指基督教的逻各斯。这样，我们便容易理解："伦理性的东西就是自由，或自在自为地存在的意志，并且表现为客观的东西，必然性的圆圈。这个必然性的圆圈的各个环节就是调整个人生活的那些伦理力量。个人对这些力量的关系乃是偶性对实体的关系，正是在个人中，这些力量才被观念着，而具有显现的形态和现实性。"③这段话揭示了伦理性的东西具有"绝对的权威和力量"，与黑格尔认为应该依靠

① ［德］黑格尔：《法哲学原理》，范扬、张企泰译，173 页，北京，商务印书馆，1961。

② ［德］乔·威·弗·黑格尔：《宗教哲学》，魏庆征译，3 页，北京，中国社会出版社，1999。

③ ［德］黑格尔：《法哲学原理》，范扬、张企泰译，165 页，北京，商务印书馆，1961。

法治建立制度化的自由观点是一致的，同时也阐明了个人是必要的。但如果个人就其普遍本质而言"只是作为一种偶性的东西同它发生关系，"那么可以说，"个人存在与否，对客观伦理说来是无所谓的，唯有客观伦理才是永恒的，并且是调整个人生活的力量。因此，人类把伦理看作是永恒的正义，是自在自为地存在的神，在这些神面前，个人的忙忙碌碌不过是玩跷跷板的游戏罢了"①。因此，在黑格尔那里，"作为普遍性的主体"，始终优先于"作为个体的主体"或具体的个人。"在伦理领域中，这一逻辑的结果则是更高层次的国家主体性优先于个体的主观自由。"②这种对伦理的逻辑过于绝对的表述，似乎已使黑格尔的法哲学成为迪特·亨利希的所谓"绝对制度论"："被黑格尔称为主观意志的个体意志，完全依附于不同制度的秩序，而这些制度是论证它的惟一法则。"③诚然，由此看去，黑格尔的攻击者的主要疑虑有了充分的理由。

其实，黑格尔的说法讲出来的东西，就是调和城邦原则，即实体的普遍性，与基督宗教原则，即主体的个别性。在如何达到理解普遍的个人概念的正确进路方面，他提出了富有启发意义的观点。但是，黑格尔无意用哲学概念去改变破碎的现代社会生活和政治生活。由于这个原因，科耶夫曾说，黑格尔的唯一道德训诫是："个体必须按照他生活在其中的民族的风俗习惯生活（只要这个民族的风俗习惯符合时代精神，

---

① ［德］黑格尔：《法哲学原理》，范扬、张企泰译，165 页，北京，商务印书馆，1961。

② ［德］于尔根·哈贝马斯：《现代性的哲学话语》，曹卫东等译，47 页，南京，译林出版社，2004。

③ 同上书，47 页。

也就是说，只要这些风俗习惯是'稳固的'，能抵御革命的批判和攻击)。"①对于黑格尔来说：可被哲学家接受的历史现实的首要因素非因其理想而因其存在。因此，按"理"说，伦理领域应将自身在国家中，严格地说是在政府及其最高形式君主立宪制当中具体化和表现出来，但在黑格尔的建议当中，这一点并不明显。黑格尔仿佛如同"希腊人比较有节制"，他们都只是在追问宇宙的逻各斯，而不是去追问历史的主宰者。这个前提，最初造成了那些用来描绘我们社会历史的概念，如"世界历史""世界精神""人"等，几乎不带任何政治含义。这些概念一经产生，便立刻成为历史科学的非常恰当的引导性观念，但它们没有对政治科学产生显著影响。这就是为什么黑格尔哲学尽管关注行动和人类事务领域，但仍然在于沉思。在政治上，这种历史哲学是从旁观的局外人立场出发来描述和理解整个人类行动的领域。很明显，在黑格尔的客观唯心主义历史观中，由于世界精神在其发展的所有阶段，只有在少数头脑中展现自身，因此，个体最多也只是因为他所处的历史时刻的机缘而在正确的历史时刻，出生在正确的民族中，因而这个人的出生就应和着这一具体时期的世界精神的展现。

黑格尔的这个观点不论所持原则是怎样得片面，但理解个人与社会、历史关系的本质的这种意图本身总会关联到马克思的一个思想，这个思想是，按照必然规律发展的社会历史是一个颠倒过来的绝对精神自我发展的历史。这里要说的不是马克思坚决颠覆了黑格尔，也就是说，

① ［法］亚历山大·科耶夫：《黑格尔导读》，姜志辉译，71 页，南京，译林出版社，2005。

把对世界历史的"解释"变成对世界历史的"创造"，毋宁说，要理解马克思论证的核心及其特有的个人观，必须从黑格尔的历史辩证法与马克思的政治哲学关系入手。阿伦特说明了此种情况：正是在马克思那里，与黑格尔哲学最直接相关的概念"才显示出它们的政治意蕴，而这是一个完全不同的故事了"①。

那么，这是一个怎样完全不同的故事呢？

抽象地说，在我们的题旨内，马克思把普遍性的个人的形成看作个人的改变与社会制度的总体变革运动相互渗透的统一。具体地说，这里普遍性的个人按其内容是客观自由与主观自由两者的统一。因此，按其形式，普遍性的个人就是要根据普遍的社会历史规律、原则和个人的自主能动性这个自变量而规定自己的行动。在马克思的论述中，问题的关键是，他是根据行动者和当局者而不是旁观者的局外人的立场来描述和理解整个人类行动的领域的。比如在《路易·波拿巴的雾月十八日》中，个人的能动性作用也可以作为一个规范性问题而加以解释。当有自主能动性的人们清楚认识自身利益时，他们就会在理论上选择最好的社会政治秩序。这样一来，由人所创作和出演的一切故事，既是旁观者又是当局者，才有望理解以往一连串的行为和事件中实际发生了什么。从这些想来，现在我们就已先行领会了马克思对"每个人的自由发展是一切人的自由发展的条件"的解释，这种解释，马克思最初在诠证《共产党宣言》时就已提到过，在那里我们获悉了个人隶属于他的阶级。社会主体

---

① [美]汉娜·阿伦特：《黑暗时代的人们》，王凌云译，84 页，南京，江苏教育出版社，2006。

是个体主体的基础。但这仅仅是从阶级斗争的角度来看的。这就是说，现在就须知道，关于马克思让个人完全作为阶级成员便忽视了个人的看法，可以说是还根本未走到关键问题处。对马克思的走样解释是通过将客观规律误解为一成不变的、永恒的、从来就存在着的结果未达到的。为了避免可能的误解，要说明一下这里涉及的个人仅仅是那种社会集团的代表，即"阶级的个人"，在性质上与其相反的是"有个性的个人"，它相当于马克思的政治哲学之中的"普遍的个人"。这就是马克思如下论证的含义："阶级的个人"实质上是个人被剥夺了一切个性之后其生存条件完全受偶然性支配的个人，即"偶然的个人"。"偶然的个人"不是字面相连的"任意的""不确定的"个人之别名。它实际上反映的是作为实体的个体的特征，在数目上保持单一，而它的本质中却存在着相反的性质。或者说，个人之"悖论"式存在就是受"偶然性支配"的存在，亦即"阶级的个人"是按"悖论"或类本质异化来理解的个人。"这正是由于他们作为个人是分散的，是由于分工使他们有了一种必然的联合，而这种联合又因为他们的分散而成了一种对他们来说是异己的联系。过去的联合决不像《社会契约》中所描绘的那样是任意的，而只是关于这样一些条件的必然联合，在这些条件下，各个人有可能利用偶然性。这种在一定条件下不受阻碍地利用偶然性的权利，迄今一直称为个人自由。"①

这里的引证显然需要回归到对卢梭的批判。在马克思的历史唯物主义学说中，在引入人们的生存条件（现存的生产力和交往形式）概念时，马克思的观点的前提是，"在社会中进行生产的个人，——因而，这些

---

① 《马克思恩格斯选集》第 1 卷，121～122 页，北京，人民出版社，1995。

个人的一定社会性质的生产，当然是出发点"，因而，这个出发点，也就是个人不再能够在自然状态中靠自己生存，他们必须与他人联合，组成一个共同体的根据。在历史唯物主义看来，卢梭在探求人的社会联合这一概念中做出了他的贡献，他所描述的社会契约并非只是一个规范性理想，而是对资产阶级社会中个别与普遍对立这一历史问题的回应。然而卢梭从个人的前提出发达到共同体，而个人又被设想为自由自主的个体，这都体现了他的现代性困厄。其所理解的社会契约属于超越历史之外的纯粹规范性的范围，因此之故，任何超越原子化社会中个人生活的异化的问题，就其本身来说，永远不能想象了。卢梭在企图解决资产阶级社会的问题上所走到的死胡同，作为一个历史问题来看，是其自然主义的必然结果。所以，在卢梭那里，马克思看到的只是一位自然主义崇拜者，这位崇拜者"通过契约来建立天生独立的主体之间的关系和联系的'社会契约'"，仅仅只是"18 世纪大踏步走向成熟的'市民社会'的预感"①。换句话说，类本质的异化在马克思那里只是在社会发展的特定历史阶段中产生的，因为对于他来说，秩序不是一成不变的，也并不是独立于人的意志，它们体现的是社会历史的规定性。

因此，在这个意义上，我们最后可以说，重要的是在如何诠证一个充分而周全的个人概念问题上，应该把历史唯物主看作对现代政治哲学所面临的历史困境的回应。

---

① 《马克思恩格斯选集》第 2 卷，1 页，北京，人民出版社，1995。

第六章 | 自由、平等

一、自由观之当代视野

自由首先应当作存在论，而非认识论或价值论的理解和把握。属于自由的最内在本质诚然是以某种根本的必然性为前提的。但自由的获得是一个历史（时间）过程，而客观的物质条件（指有物质生产方面的，又有制度上的，以及来自空间因素等方面的概括）只是人们能够追求自由生活的前提，而不是自由生活本身的开始。针对高扬自由与物质生活、个性发展与生产力发展两者不可兼顾的论点，需要的是认真省思和批判。但现在，这种省思和批判所具有的政治哲学的含义还未得到应有的估价。

我们知道，在马克思主义哲学体系领域，自由概念的哲学探讨曾一般地由必然和自由领域的二分和它如何被统一这一问题所规定。必然与自由的区分被看作不言自明的。但只要问题是这样来理解的，从根子上讲，就处在黑格尔或带有某种魔术性质的唯物主义理智所规定的视界内。那么，应当如何来思考自由的本质？解决自由问题的难题是什么？如何理解诉诸"每个人的自由"？最为重要的是，围绕对这些问题的辨析，如何刻画出马克思的自由观的特征？

（一）恰当理解的自由要求存在论的理解

恰当理解的唯物史观要求确立人的自由，这一思想是怎样的呢？什么叫作恰当理解的唯物史观？这些问题，我们现在能从对"必然王国""自由王国"概念进行的原则讨论中有所揭示。我们认为，关于自由的学说，马克思并非以一种"必然王国"中"实在的自由"存在解释为出发点的。什么是"实在的自由"？或者说，究竟凭什么自由才成为"实在的"？在关于"实在的自由"概念的理解中，一直有一种看法，认为只在社会化的人通过合理调节他们和自然之间的物质变换中，在生产力的高度发展是一个可以预期的经济发展状态中，看到自由存在。这种自由存在能够通过对"经济学的实证研究"有最真切的感觉而被证明是"实在的"。就这种理解而言，"实在的自由"，是通过一种透明的方式对社会生活的所有方面用普遍智力（比如，因特网之类或者是未来未知的什么东西）进行调节，并在类似于恩格斯所谓"对人的管理"将由"对物的管理所取代"的图景中显现出来。简言之，"自由王国"只不过是"必然王国"中一个有赖于它的领域。

但是，在这里总还可以提出这样的问题：事情真有那么简单吗？所谓资本的全面社会控制与专制倾向不也出于这同一逻辑吗？还有，让人（譬如，阿伦特）警觉的是，自由和必然终将统一起来，这也许是这个现代思想体系（黑格尔式教义）中最可怕也最令人难以忍受的悖论。因此，如果事情并非如此简单，我们难道不可以说，人类心智日益增强的智力结构，不仅不足以担保一个自由的、美好的社会，相反，如果人的普遍本质仅仅还在于他是一个由经济学规定了的"需要的主体"，那么，使人成为人的，就只能纯粹是自身的生产，而不可能有真正的自由！马克思指明，真正的自由是在物质生活领域的"彼岸"。这就是说，讨论自由的可能性问题就意味着超越生产这一领域，以"人类能力的发挥"作为"目的本身"，这乃真正的自由的视野。①

需要指出的是，从历史上来说，这一自由概念常常被追溯到亚里士多德的至善生活理论。在亚里士多德的传统中，以自身为目的的活动比以外在于自身的目的为目的的活动具有更大的本体论价值。前一种活动方式是自由的，而后一种活动方式则是不自由的。但自由在这里只是在哲学领域和作为某种理论上被认作精神特权，尤其是目的论上可理解的东西得到讨论。康德曾简短地用一种说法划定哲学的本质：哲学是人类理性目的论。②康德哲学因此经常被认为是首次把自由引入形而上学，即自由被想作人的理性存在的形而上学的条件。在此康德哲学也被认为是创造和构成了从非真正的自由概念向真正的自由概念的过渡。这个看法之所以恰如其分，仅仅是因为在康德那里考虑处于自然和自由对立式

---

① 《马克思恩格斯全集》第 46 卷，929 页，北京，人民出版社，2003。
② ［德］伊·康德：《纯粹理性批判》，韦卓民译，690 页，武汉，华中师范大学出版社，2000。

的自由时，不必顾忌纯因果思考的障碍和疑虑。这是康德按照伦理（自由）形而上学的方式，把自由理解为"自发性"，理解为"从自身发端"才做到的。康德成功做的是一种对自由前提的划界和澄清，但是康德只是强调自由不能再由任何其他原因决定，所以对自由的划界和澄清还只停留在否定方面。在康德哲学中，人在根本上仍然陷于作为物理学时空与自由的冲突这种困境中。康德也还不曾成功地正面说明和论证自由概念的根据。看起来，只要自由概念具有实在性，它必定是某种比一种单纯的道德世界秩序更实在的东西，光说它是一切"道德"的根据也还不够。我们说，不管人们是不是如亚里士多德那样主张政治哲学是道德哲学的分支，"人应该做什么？"这一道德哲学问题和"为什么我应该服从你或别人？"这一政治哲学问题也是密切联系的。而且正如福斯特霍夫指明，道德这样的词和概念也许在专制君主的国家政治中还有一席之地，而在资产阶级法治国家的合法体系里，用道德这样的词和概念，就一筹莫展了。所有这一切视点首先从人们赞成权利应该优先于善的方面来定调，才是容易加以把握的。亦即，在现代民主时代里，自由是透过对权利的肯定来表达的。对自由的尊重体现为以人权的名义被宣布为政治世界的基本原则。在马克思看来，自由主义源于资产阶级的法律形式所产生的错觉，而他对全部有关权利的话语持深刻的怀疑态度，并将其看作资产阶级的陷阱，因为权利话语还都是相当抽象的论点，或者只是自由的逻辑形式，仅仅止于此是不够的。但是，人们通常忘了，除了作为资产阶级宣扬的人之初的基本权利以外，还存在着使无产者联合起来的使命和围绕着他们的权利。作为实践政治学的一个问题，某种自由的权利化看起来是必需的，而且这种"形式的自由"，是我们能够保护自己不受政治权力误用的已知的唯一手段，但权利拯救不了人类。假如人类的最终目标只是康德式"至善"，或者最"纯粹"的自由只是指单纯（道德和宗教）意志方面的状态，我们就有很好的根据认为，这种自由终究不可能进入感性世界成为人们实际生活世界中的必然，它无非是徒有自由的"纯粹形式"而已。

从这里对康德的处理进程中不难看出，依据必然和自由的对立范式来阐释马克思的哲学或共产主义及其论证，就存在着认识论上不可低估的困难。而这种困难实质上不仅源自对马克思自由观理解的一种"康德式的道德要求"，而且当然还源自将其作为价值（作为道德这个词的替代）形而上学的理解。作为例证，这在罗蒂式的悖论中表现得最为明显：对于罗蒂之流来说，在一个后形而上学的时代，虽然不能将"每个人的自由发展是一切人的自由发展的条件"的世界保持在一种存在之中，但是可以尝试将它保持在人们称为价值的效用之中。也就是说，人们读了《共产党宣言》以后，至少"在道德上将会有所提高"，因为激起弥漫于《共产党宣言》中的道德愤慨的那种物质状况并没有消失。但对于罗蒂来说，由于这个文本的政治哲学是错误的，它受不良的黑格尔学说的影响而具有"启示性"的缺陷。我们在阅读这个文本的时候，应该轻轻掠过马克思的革命预言，"集中关注希望的表达"，把它读作"鼓舞人心的文献"和"对林肯所称'我们本性的更好守护神'的诉求"，而不应该把它读作"对人类历史或人类命运的精确描述"[1]。由此，罗蒂相信用这种方式就

---

① ［美］理查德·罗蒂：《后形而上学希望——新实用主义社会、政治和法律哲学》，张国清译，350 页，上海，上海译文出版社，2003。

可以避开有争议的所谓历史必然规律之类的形而上学的东西，以其自由
的新实用主义的世界观替代马克思主义。请注意，罗蒂的这个立场不再
对真理问题的看法和存在问题发生关系。相反，按照罗蒂的说法，"自
由"之类的术语如果要避免过于抽象，无论如何不能从存在论以及真理
的性质上理解，而应该从它能够起的效用的角度上得以把握。

　　然而，即使依照罗蒂，并按照他的要求，自由也不是效用问题，而
是它的哲学基础问题。我们认为，作为自由，人的自由是某种无条件的
东西。不论"自由"的效用多么高，作为价值理解的"自由"毕竟总是适用
于某些人。难道有人竟然可以不要"自由"！这里的问题在于，任何人在
价值评价时，都不可能没有对某种价值的打压、抬高和利用。恰恰在言
说价值的争吵，以及势必欲求产生效用和实施价值的过程中，打开了通
向专制的通道：评定价值者以及价值打压者、抬高者和利用者的争斗，
必定导致因实现自由而摧毁了自由的情形。同样，假如把马克思的自由
观——"每个人的自由发展是一切人的自由发展的条件"——看作一种价
值，即便是最高价值，那么，我们也多半会把"少数拥有自由的人靠剥
夺绝大多数没有自由的人而获得自由"与"每个人的自由"，或者反过来，
把"全体人的自由"与"每个人的自由"等量齐观。如若这是对马克思的自
由观的本质错认的话，那么，实际上，不从人的存在论去理解自由就必
定是产生这种错认的根源。这就好像是误认，马克思对自由的珍视是出
于理智喜欢或心理偏好，或是在物质主义享乐的自然基础上产生出来
的，而不是从先于这一切的历史自身的基础当中产生出来的。由此可以
再重复说，只要我们自觉和不自觉地把马克思的所谓自由当作一种价值
看待，进而尝试以价值哲学的方式来对待马克思的共产主义学说及其论

证，那么马克思的自由观即刻失去了根基，以致全然不再留有什么支点，使人还能于某一意义上谈论自由，即谈论"每个人的自由"，乃至作为"一个深刻的理论隐喻"①或作为过时的错误或贬低为生发于自由主义之间一场口水战而被抛弃。

(二)必须把自由和时间当作相关概念来理解

自由必须被理解为人的存在论问题。这意味着自由就是人的存在本身，或者说自由和人的存在本身是可以互换规定的。一个人"放弃自己的自由，就是放弃自己做人的资格，就是放弃人类的权利，甚至就是放弃自己的义务"②。因此，对人的自由的"存在论的"(在这个术语的海德格尔哲学的意义上)断定，是把自由理解为一种让……存在或让……显现的能力。正像自由不是人所拥有的一种属性一样，这种让存在者存在的能力也不是人的诸多能力中的一种，而是人的诸多能力得以显现的前提。正是在这一意义上，自由是人的各种行动的可能性之总和。它使得人拥有与世界内其他存在者相区别的关系成为可能。因此，关于自由的观点，最好从存在论视野上去谈。不仅如此，只要自由不被误解为某种认识论或价值论范畴，就无须派生出某种"可取的自由"和"不可取的自由"、"'好的'自由"和"'坏的'自由"、"现实的自由"和"未来的自由"、"社会主义的自由"和"资本主义的自由"。道理很简单，"自由有多有少，

---

① 赵汀阳：《关于自由的一种存在论观点》，载《世界哲学》，2004(6)。
② ［法］卢梭：《社会契约论》(一名《政治权利的原理》)，何兆武译，12 页，北京，商务印书馆，1980。

但没有好坏。如果一种自由**显得**是坏的，那是因为它被用去实现坏的事情"①。

不过，知道这些事实，并不等于明白了关于自由理解的种种难题，以致人们以为追问自由的意义是多余之举。特别值得注意的是，人们几乎普遍承认，就其来历而言，人类在当代所面临的种种"自由的难题"，从存在论上可以归结为资本主义生产方式所导致的在人的生存方式上的"异化问题"。即在"经济统治生活"的现代社会，"个体现实直接依赖于社会力量并受社会力量的完全塑型。只有在个人现实不再事实上是真实时，个体才被允许显现自身"。② 所谓资本体系的运动无情地碾碎了个体，那就是说，个体实际上已被各种不同的社会关系所穿透。用马克思的口气说，就是人在与感性的外部世界（自然界）的对象性关系中所达成的社会，从其感性的直接的真实性那里外化为超感性（限制人们想象力的规范结构、物化组织形式、社会不平等、制度惯性等诸如此类东西的硬性层积）的、反过来规定和支配感性活动，并成为凌驾于个人之上的力量。

由此观之，马克思在《巴黎手稿》《资本论》及其手稿中对人类异化状况的讨论，表面上透出一种悲观主义的基调，它们描述了活跃的感性生命是如何被资本积累的外部力量所塑造的，例如，活劳动在机器体系里是如何被转化成为"有意识的器官"的。但我们如果不愿沉浸于阴郁的怀疑，就不可能抹去这些文本在字面上的显而易见的矛盾。换句话说，如

---

① 赵汀阳：《关于自由的一种存在论观点》，载《世界哲学》，2004(6)。

② ［法］居伊·德波：《景观社会》，王昭凤译，6 页，南京，南京大学出版社，2006。

果一方面，在资本主义控制劳动的过程中，劳动力的商品性质决定活力、生殖力、情感意识和创造性劳动能力等被动员到了资本循环所规定的目标之中；从而死的劳动（积累了的劳动）获得对活的劳动的霸权，那么另一方面，劳动过程的"塑型之火"所必需的创造性激情、自发的反应和活力同样被动员和被释放。这表明"工人尽可能多方面的发展是社会生产的普遍规律"[①]。这又只有我们在看清来自对存在论意义上自由的肯定时，才能成功地理解马克思表达的"异化问题"源自对劳动目的论的理解。倘若传统的终极目的论以宏大叙事形式把实践硬挤入一个唯一的行动目标中，它实际起的是降低自由的作用，那么对于马克思来说，劳动目的论探求的是历史解释的可能性条件。在这个意义上，提出所谓怎样摆脱劳动（或生产力）概念所内含的历史目的论，就是全然不可理解的。劳动目的论与自由两者理应彼此契合，或者一个在另一个之中得到预示。但彼此的蕴含只有在无限的历史（时间）这一极才得到充分的揭示。为此，马克思把一段丰富且矛盾的人类追求自由的历史看作发散的时间演变过程。它说明，人类总是在时间的演变中追寻自由，或者也相当于马克思所说，追寻增加使个人得到充分发展的时间。对于马克思来说，必要劳动时间的缩减和自由时间的增加是资本运动的一个趋势。这恰恰也是资本"违背自己的意志"[②]催生新的生产和劳动逻辑的建立的原因。

一般地说，只有唯物史观才把关于自由和时间事实上当作相关概念

---

① 《马克思恩格斯全集》第42卷，505页，北京，人民出版社，2016。

② 《马克思恩格斯全集》第12卷，627页，北京，人民出版社，1998。

来处理：人类总是在时间之箭，即"伟大的历史原则"指引下追寻自由理
想，这意味着对于这种"追寻"，时间的特性是最重要的。在马克思的政
治经济学分析里，对资本主义的批判首先是借助于时间而被概念化的，
他想论述的是"现实的历史，与时间次序相一致的历史"①，也是以时间
解放为主题的历史。如果资产阶级的胜利是一种伟大的历史时间的胜
利，那么资产阶级除非对社会的劳动时间，从而对生产关系不断地进行
变革，否则不能生存下去。这是何以"《资本论》以及其他具有普遍意义
的经济文本并不倾向于进行空间化分析，而是赋予时间因素以特权地
位"②的原因。我们在这里向福柯借取这个观点，但完全以不同的意义
应用于对马克思的理解上，只是因为存在论背景中的人的自由是"时间
性"的、"历史性"的，并且也是联合起来的世界或"消灭地域性的"③。
如此这般来理解自由（时间）意趣，就没有任何清晰可辨的欧几里得几何
空间所指，因而也无法被关锁于某个笛卡尔式的绝对主体包括资本中。
而且说到底，所谓"追寻"就不是按照任何一种简单的目的论解释的（这
类按图索骥式的解释总是反映在有关未来必然会是什么样的资本主义和
社会主义这两种观念之中），且绝不会把"追寻"社会自由理想过程束缚
于一个空间形式的最终固定地点（比如，福山眼中的美国）。相反，谁如
果仅仅将众多可能的社会秩序安排的空间因素模式化（比如，"美国生活
方式"），作为控制社会历史变革的可能性，他就想得过于短浅了。从某

---

① 《马克思恩格斯选集》第 1 卷，146 页，北京，人民出版社，1995。
② ［法］福柯：《权力的眼睛——福柯访谈录》，严锋译，211 页，上海，上海人民
出版社，1997。
③ 《马克思恩格斯选集》第 1 卷，86 页，北京，人民出版社，1995。

种意义上说，今天几乎被人遗忘，昔日却红极一时而貌似正确的福山的"历史终结论"，就预先取决于一切由知性所形成的排他行为。它与一切带有政治专制主义色彩，以及"以一国而统治世界"的传统欧洲帝国理念一样，都指向了根本的封闭。大概说来，这就像那些把自由的存在论理解，嵌于某种特定价值观的解释的人那样目光短浅。

但在这里同样也提出了一个难以解决的悖论：这就是自由的实现总是通过现在状态中我们所拥有的物质条件的转变来达成的。这些物质条件就是主要以生产方式为内容的既定的制度架构，而内含于这个架构的特殊性质则形塑了每个社会理想的特定空间形式。就是说，追寻自由的过程必然会在各种建制中，在各种组织、社会、文化和物质现实的历史运动中得到例证，这些现实寓含于物化的空间形式。在这一意义上，自由在它作为现实显身之处，在空间上总是有限的。这等于说，我们将纯粹以时间术语来表达作为社会过程的自由理想，作为无限总体化的时间，作为内在超越（自由）的时间化，不可避免地因为它植根于人的有限性，而被它的潜在的空间化方式所束缚，或不得不假定一种实现其目的性的目的地——封闭为一种在某个地方以某种制度化的方式存在的物质世界。与此相一致，从空间上来思考的东西也只能以终结的形式在时间中显现出来。这个意思也在下面的一段话中清晰显明，这个段落构成了马克思对自由之本质的又一个规定："自由王国只是在必要性和外在目的规定要做的劳动终止的地方才开始；因而按照事物的本性来说，它存在于真正物质生产领域的彼岸。"①正如这里所指明的，就空间是生产的

---

① 《马克思恩格斯全集》第 46 卷，928 页，北京，人民出版社，2003。

物质容器和框架而言，直接的物质生产肯定没能使人通往自由的彼岸，因为，自由的彼岸乃是时间之演历。这预示着一个根本的矛盾：自由理想的时间性与具体实现它所必要的空间框架是相互冲突的。这一着眼点使马克思推想："消灭奴隶制就等于从世界地图上抹掉美洲。"①这个判断无疑是正确的，如果它还实际地领悟着马克思拒绝莫尔式的空间形态的乌托邦理想之卵翼，那就尤其正确。而且恰恰因此，要想赋予自由理想以某种独特的空间形态的意图（比如，人们将城市生活与个人自由之间联系起来，这样的错觉是很久以前犯下的）始终是不可证明（伪）的。从马克思的观点来看，可以肯定的一点是：如果在历史发展的进程中，商业和工业资本主义的胜利"使城市最终战胜了乡村"②，如果城市的历史可以被设想成自由的历史，如果各个人可以被设想得要比先前更自由些，那么事实上，问题的另一面是，"城乡之间的对立只有在私有制的范围内才能存在。城乡之间的对立是个人屈从于分工、屈从于他被迫从事的某种活动的最鲜明的反映"③。事实上，今天城市以及各种设施也成了资本的一部分。广而言之，从有形的国土的边界到无形的城市国家的围墙，比如条约和国际担保，本质上标明自由即有限的空间，它必定是把个人力量（关系）转化为凌驾于个人之上的物的力量，各个人也必定更加屈从于物的力量，当然更不自由。因此从原则的高度上讲，消灭空间的隔绝和对立必须被视为真正的"共同体的首要条件之一"④。

---

① 《马克思恩格斯选集》第 1 卷，143～144 页，北京，人民出版社，1995。
② 同上书，114 页。
③ 同上书，104 页。
④ 同上书，104～105 页。

(三)两种人的类型：自由的政治哲学维度

如此看来，和人的自由的时间趋向之根本关联一样，历史与空间并非无关紧要。值得注意的是，马克思是从生产力和生产关系，以及在此基础上的阶级斗争的角度来谈论空间形态的变化和社会形态的变化，来谈论由时间开显出来的空间、人和自由的关系的。我们若顺着这一脉络追踪下去，便不难发现马克思与后来的福柯、大卫·哈维等人实际上分享着一条共同的论述线索，即在他们的著作中，马克思的"异化问题"和福柯的空间微观政治学、哈维的"希望的空间"等概念都是一些相互关联的概念。甚至可以说，正是传统马克思主义研究空间维度的不足一直都规定着后者的一般思想特点。例如，哈维的《希望的空间》这本书的标题，便直接关涉空间来筹划"每一个作为类成员的人完整地享有尊严和尊重"①的可能性。至于，这种关涉是不是具有合理性的基础，这恰恰还是个问题，只是现在不能加以阐发。这里更为重要的是去理解，当马克思谈论以"阶级"的消亡为突破来消除空间的隔绝；谈论"地域性的个人为世界历史性的、经验上普遍的个人所代替"；最后，谈论"联合起来的个人"的自主活动；"每个人的自由发展是一切人的自由发展的条件"（自然是以发达的生产力为前提）等观念时，马克思所说的共产主义超越了以某种形式的国家主权，以及某种类似于世界国家的理想为预设的世界主义，就是说，超越了仅仅在政治意义上来理解的自由，而更多地将自由与经济问题相联系。

如果自由，哪怕是很少一部分人的或很低程度的自由，都需要更原

---

① ［美］大卫·哈维：《希望的空间》，胡大平译，1页，南京，南京大学出版社，2006。

初地考虑经济维度，那么谁能想象一种连生存都没有保障的自由？古希腊的许多自由人不也是形如奴隶？他们不是仍然为了生存终日不得歇吗？本质重要的是，在马克思看来，一个人的自由是另一个人自由的必要条件，因为一个人的自由其实是不可能的。只有所有人都自由，每一个人才能获得自由。这些为数不多的话刻画出生产力高度发展是解决自由问题的前提，而所有人的自由必须视为关于自由、社会和生活的基本原则。然而有人会问：诉诸生产力的提高而获得各个人联合中的自由如何可能？在某些人看来，把自由观建立在对物质极大丰富和理性力量的预设之上，而不是建立在以经验为根据的原则之上，这是不可确信的；如果可确信，那也没有谁在场看到。因为，如果说"不是人们的意识决定人们的存在，相反，是人们的社会存在决定人们的意识"，可不就是说：人类的思想不足以"延伸到现有的物质和制度条件（例如，由资本主义所规定）之外从而甚至使社会主义替代方案可能是什么样子概念化"①。还有一些人本来有理由同情马克思的设想，却发现他对"自由"所做的辩护，是沿着准"自然主义的"（譬如，设想中的按需分配原则）路线，难免是自我挫败的。为什么会如此？因为，大多数人也许从本性上就不愿承受自由的重负，而更喜欢不断扩大财富以及自己所能占有的份额。可想而知，如果注意力集中于物质的极大丰富，所有人将永远不得自由。问题在于不是多少算够，而是总不会有够的时候。即所谓"人的需要和欲望总是水涨船高"，即使随着生产力的发展，"'经济学馅饼'虽然大了，但可怜的'心理学馅

---

① ［美］大卫·哈维：《希望的空间》，胡大平译，203页，南京，南京大学出版社，2006。

饼'却会抵消经济学馅饼增大的价值"①。如果情况的确如此，那所有人的实际满足最终是不可能的，那么国家和政府的强制就不可能消亡。

的确，人们可以提到这些。但是这些观点在自己的视界内也还有困难，看来它预先假定了正需要证明的东西。实际上，对于这里所提及的自由的难题的考虑，同时也使我们明了：单单指出如下这一点——由于世界资源（无论是物质的、心理的还是其他什么资源）的"永远稀缺"决定了不能真正地实现所有人的自由——是不够的；就如同生产力的提高以摆脱人们的经济之争夺是不够的一样。更清楚地说，只有当人们事先就把资源稀缺或者资源丰富设定为一个客观的标准或永恒的"事实"，并且从这个"事实"而来对自由做出绝对而又否定或肯定的决断时，即意味着在没有对其他东西的自由展望的情况下，自由当然不可避免地成为难题。针对所谓自由的难题，假如我们提出如此异议，那么，就不应该陷入事先挖掘的否定的深坑。如果我们在此再理解一下马克思朝什么方向思考，将是不错的。我们业已知道，我们通过马克思的设想而期望得到回答的问题，并不是揭示他当年的预言为何没有实现，而是意味着历史发展所显示的马克思的自由观和决定历史变化的一种物质力量之间有什么联系？抑或为什么它是从某种纯粹的想象气氛中捡来的，从而注定要失败？换句话说，也就是去提问马克思解决自由问题的那种问题提法或视野，而自由就在此视野中存在。

那么，马克思对人的自由之理解究竟以什么为其视野？回答是：这种自由的视野既不是指向"一般人"，也不是指向"偶然的个人"，而是指

---

① 赵汀阳：《关于自由的一种存在论观点》，载《世界哲学》，2004(6)。

向"有个性的个人"。如何刻画"有个性的个人"的人之特征？回答是：马克思的"有个性的个人"是在借助与"偶然的个人"的对比中得到刻画的。"有个性的个人"与"偶然的个人"的差别是由历史造成的："偶然的个人"是处在本阶级的生存条件控制下，是作为阶级成员而不是作为个人隶属于各个人所结成的共同关系。相应的是，个人的自由只是对那些在统治阶级范围内发展的个人而言的，其活动方式也是受限制的，即只是想不越出等级制度的范围，来自由地发展他们已有的生存条件。当然，这不应当理解为，似乎"偶然的个人"、像食利者和资本家等在自己的个人生活中已不再是有个性的人，而应当理解为他们的个性是由阶级关系决定的。因此，对于从"偶然的个人"发展到"有个性的个人"的活动方式中的"偶然的个人"的阶段来说，一般可以肯定，自己的利益占首位，而他人只是被用来作为获取自己利益的手段——正如迄今人类的历史经验所表明的。因此，对于"偶然的个人"来说，维护包括劳动（抽象的物质生产）在内的他们的生活条件，以及当代社会的全部生活条件是很自然的事情，但对于"有个性的个人"来说就是荒唐的了。为什么呢？一切都只取决于：作为历史发展的更高阶段的"有个性的个人"，他是在控制了自己的生存条件和社会全体成员的生存条件的共同体中，作为个人参加共同体的。如果人们清楚，劳动作为人类密切地生活在一个集体中的条件，在其中已经预示着对自由的肯定，那么作为矛盾统一，劳动（抽象的物质生产）不消灭自己以及它所采取的（同样抽象的）社会形式，也许就绝不可能实现自由。① 人作为一个"劳动者"的规定性由此不仅没有被扬

---

① 《马克思恩格斯选集》第 1 卷，119～122 页，北京，人民出版社，1995。

弃，而且还扩展到人身上。简单地说，当马克思以历史的方式追述从"偶然的个人"到"有个性的个人"的过渡的可能性时，他就是如上面所陈述的那样阐释了"偶然的个人"超越自己的创造，即他努力重新驾驭物的力量，并由此创造出自由人的自由联合。

也许用不着敏锐的眼力，这些在人们听起来似乎就是进化论。人们自然会问，存在着多少种不同的人类类型？人从"偶然的个人"发展到"有个性的个人"，从而人被分成两种人，在理论上的正当性是什么呢？现在应表明，这一问题终归不是想要误把人类进化发展史放到首要地位来讨论，而是以其中已经预示着"什么是美好生活"的政治哲学维度来追问自由。

我们知道，就人的种种差别而言，古代经典认为，如同存在于万物之中的归类系统一样，人们之中的分类一定是照着某种自然法则有条不紊进行的。在人们中存在的最相关的那些差别中间，存在着所谓不可能被历史发展所消除的道德德性上的自然差别。因而，有关人的差别和区分的古代经典往往把人分为普通的、卑微的和特别的、高贵的两种，从数量上则大致相应地分出严格区分不可改变的多数与少数。多数人和少数人的区分也往往是从人类的幻想的关系来理解。从所有人共有的欲望来看，所有人都希望"满足"。古代经典将满足与幸福等同。但是，一般来说，由于少数人的主导激情是对真理或者智慧之类的精神性欲望，亦即对于永恒秩序的知识和献身于理性教化的生活的欲望；多数人则只关心温饱和安全之类的物质性欲望，所能找到的明显只不过是微不足道和转瞬即逝的幸福。因此，就像有很高抱负的少数人看待多数人的一般追求中较低和较狭的目标或廉价的幸福一样，少数人的生活对多数人的生活所意味的是一种潜在的政治否定。两者之间的满足程度也是有差别的。这些古代经典的前提预先假定了人性的软弱，"真正满足的"只存在于很小的一个少数之中，所有人的幸福的目标实际上是不可能的。换种说法，就古典派典型的看法而言，一个人性在其中有最高可能的社会，这个社会有最好的制度，它只是人们所愿望和盼求的，"在其是可能的同时，其实现又绝非必然"。"因为人们无法控制它赖以实现的那些条件"①。然而，这正是现代性的维护者们所反对的。他们试图在有关最好的社会制度问题上提供不同于古典的答案：由于现代科学技术的发展无限地扩展了人的力量，现代性的一个根本立场就是借助于科学的应用，致力于对所有人都是自由和平等的承认来替代以卓越和不平等为标志的道德德性，或者以对个人的自由和平等普遍承认以及欲望获得满足来替代幸福。这样，古今之争，"最终（而且也许甚至是从一开始）关系到的是'个性'的地位问题"②。我们也可以说，它也意味着维护自由对德性的优先；或者说对个性的关切超过对于德性的关切。这个关于自由优先的根本假设，被马克思接受了。可是，马克思自由观的实际内容却拒绝把人性作为一个标准，这意味着拒绝把社会秩序的任何现成的条件当作一种外在于人的命运安排，并体现了对资本主义现实的根本否定：因为当时的资本主义现实已经以十分尖锐的方式呈现了自由与强制、平等与不平等的矛盾；因此，倘若说马克思并未采纳历来人们就被劝诫要完善自己的道德说教，以期望在训诫的意义上理解个性的学说的话，那

① ［美］列奥·施特劳斯：《自然权利与历史》，彭刚译，141 页，北京，生活·读书·新知三联书店，2003。

② 同上书，330 页。

是由于人对于人的压迫与贬损、抽象蚕食感性生命、实质的技术统治已经成为主要问题。马克思主张，"无产者，为了实现自己的个性，就应当消灭他们迄今面临的生存条件……即消灭劳动。因此，他们也就同社会的各个人迄今借以表现为一个整体的那种形式即同国家处于直接的对立中，他们应当推翻国家，使自己的个性得以实现"①。从这里所隐含的意味上讲，物质生活的问题今天不单纯是一个经济的问题，它也是一个政治问题，一个涉及如何实现自由和公正相统一的最好的社会秩序的问题。

我们注意到，这足以使当代保守主义者侧目：他们宣称现代性降低了人的目标和政治生活所服务的目标，且宣称马克思发展出一种对现代性的辩护。按照某个当代保守主义者的假设来说，马克思主义的自由观体现了一种对理想状态的追求，但是这种理想状态预设了生产力水平和富足的经济，富足的经济又预设了人们从道德和政治的控制中获得解放。这样一种真正的现代期望是很难理解的。这位反现代性的思想家的出发点是，政治的必然性植根于人类天性之个体性和社会性紧张。可是恰恰是在前现代的人们认为最重要的东西在现在却变得无关紧要了。因此，"如果说古代经典的解决方案是乌托邦的，就是在这个意义上说的：它的实现是未必可能的。而我们说现代的解决方案是乌托邦则是在这一意义上说的：它的实现是绝不可能的"②。

是的。如果我们如这个人所认为的那样，把马克思的自由理想状态

① 《马克思恩格斯选集》第 1 卷，121 页，北京，人民出版社，1995。
② ［美］施特劳斯、科耶夫：《论僭政——色诺芬〈希耶罗〉义疏》，何地译，211 页，北京，华夏出版社，2006。

以被曲解的方式理解为它完全依赖于一定的生产力水平和物质条件，尤其在一个多数意见占统治地位的现代，让现实社会对这种条件的追求以沉溺于有效性、功利性、快感、安逸等面相体现出来，那么恰恰是这些实事通常遮蔽了：理想而自由的生活是对物质生活条件的超越。不然，诚如马克思所指明的，"个人还处于创造自己的社会生活条件的过程中，而不是从这种条件出发去开始他们的社会生活"①。人们何以或何时才因此不再追求社会生活的条件，而是开始他们的社会生活？这不正是我们借马克思的睿智所看到的关于自由的整个学说中最深刻、最困难的地方吗？

二、辩证法的思想语法：思想的自由和思想的平等

马克思的历史唯物主义及其他政治哲学向度的奇特之处，不在于马克思得出人类历史的辩证发展观及其认识方法，而在于这种辩证法所具有的可靠地保障思想的自由和平等。

近年来，辩证法的研究呈现复兴的气象。促使许多马克思主义研究者回到辩证法上来的最突出的问题是：在新的时代状况下，辩证法的"合法性"何在？以何种思维方式才能通达马克思辩证法？毫无疑问，我们的时代虽把重新重视辩证法当作自己的原则，但马克思辩证法仍面临着一种危机，即人们认可那种将马克思辩证法及其与其思想语法相应的

---

① 《马克思恩格斯全集》第 30 卷，112 页，北京，人民出版社，1995。

世界观、自由和平等观嵌入启蒙辩证法的方向上去的阐释，亦即认可那种将其价值理性建立在思辨理性之上的观点，由此引致马克思辩证法教条化——在社会层面上被片面地描述为一种公共政治武器和工具；在学术层面上被狭隘地描述为一种方法和现成体系；在思想语法（逻辑）层面上被天真地断言为一种始于公理的所谓证明性的推理和给予某种逻辑规定的信念——的后果。当这种后果产生的时候，马克思的哲学革命及其他为自己提出的任务，以及为实现这些任务而制订的方法论的整个方式，便成为不可能了。

（一）马克思辩证法的合法性何以被教条主义窒息

我们通常认为辩证法无例外地适用于一切事物，并且所有人都承认它既是存在的原理也是思想的原理。不仅如此，倘若一种哲学的社会地位，不仅是由相信这种哲学的人数来考量的，而且是用它来证明的实践来衡量的话，那么马克思辩证法当然就是我国学术领域乃至各个领域最重要的哲学方法。对于形形色色的辩证论者来说，马克思辩证法不仅被作为马克思主义者的"资格"审查进入他们的"视野"，而且始终被视为一切正确性思维，甚至一切有效性思维的源泉。以至于马克思辩证法最终转变成了一种宏大的概念系统，在这种概念系统里好像可以把一切东西都放进去。加上，它在哲学之外（社会层面和行动层面）所强化了的作用，它已流入了日常生活，并成为真正意义上的"平民式思维"。在这个意义上，可以说，马克思辩证法在西方从来没有像在中国这样如此地公共化、大众化、通俗化。

可是，在今天，辩证法成为马克思主义研究和争论中最活跃的领域之余，通常未加界说或日用而不察的那种"辩证的"现象，往往也是在这种未加批判的意义上，沦为冠以"本质上看"或"长远地来看"是"辩证的"的一套说辞或观念公式。如果我们试图以辩证法的历史演进为线索给这个未经审查的观念公式稍作确定，那么就不能不感到一种有加无已的困惑。这里，若仅为了作一次粗略检阅，不如暂且搁置这种历史考察，那么我们便会发现有如此之多的奇怪现象一概被命名为"辩证的"现象。譬如，一粒大麦种子的成熟或一只蝴蝶的蜕变，最深的暗和最明亮的光使我们眼睛目眩的同一作用；治理大国如同烹小鲜的中国式的政治权谋，等等；凡此种种，人们毫不犹豫地认为都是"辩证的"现象，以致人们只要一联想到任何一种变化便谈起辩证法来，却不问辩证法是如何真正思考变化的。在我们看来，这一切恰恰足以引发辩证法的危机。实际上，这些近乎"变戏法"的例证在生活世界中足以说明稀奇古怪的教条辩证法如何会引起坏的形而上学。这里不可能描述将辩证法硬搬于某个现象，如何使之成为一种意识形态桎梏的细节，但有一点是明显的，即除了坚持黑格尔式的普遍理性概念外，谁还会将"花是叶的对立面，花'拒斥'叶"①之类的发明，再当作辩证法所珍视的发明？所以萨特说，今天我们应该到真的辩证法所在的地方去找它。

当然，我们不必急于批判，而是先看看国外的一些马克思辩证论者（例如，卢卡奇和柯尔施等人。为了叙述方便，我们将他们统称为"辩证论者"，因为尽管他们的理论各有不同，但是在看待辩证法方面有一致

---

① ［法］吉尔·德勒兹：《尼采与哲学》，周颖等译，22页，北京，社会科学文献出版社，2001。

之处)是怎样坚持和解读马克思辩证法的。首要的是，他们把马克思辩
证法改成"万能"的辩证法。其论旨所在无非强调运用"马克思辩证法"的
辩证论者如同真理永远在手的"不倒翁"，无论什么时候他们的想法或说
法总是"正确的"。毋庸讳言，在很多情形中，马克思辩证法借辩证论者
的如此宣称，不是显示了它具有揭示世界和对行动的指导力量，而是具
有了独断思想和社会法权的外表，而且辩证论者如果相信正确的思想可
以理智性地造就世界和语言本身就有创造性，它能够改变事物，创造事
物，加之，相信有足够多的占据有影响位置的人都用"同一性"思维思
考，就有更大塑造世界的力量的话，那么，辩证论者标举马克思辩证法
的正确性来推进它的绝对力量的动机，便是相当危险的。因为，一个社
会的(道德)理想凝聚力的大小与该社会的政治一体化程度往往是密切联
系的。在某种程度上，若迄今为止的世界曾经存在过从意识形态话语上
的凝聚性产生群体凝聚力，那么它本身就是按照意识形态话语上的凝聚
性的群体去思考政治的结果，也就是那种力图运用现今抽象普遍的正确
性的政治标准来重造"神圣感"，以及潜在地趋向消灭差异、外患和他者
的冲突型政治运作的结果。否则，如果仅仅是口头宣称马克思辩证法的
这种普遍可运用性和正确性，或实际上只不过是把它"贴"在现实上，那
么，它的正确性就始终具有一种神秘和空洞的性质。在更切近的研究
时，我们看到，这是"以使否定性的概念完全变得空洞为代价"[①]的。

　　这里应当指出的是，马克思主义经典作家，例如，列宁确实曾说

---

　　① 　[德]约纳斯等：《灵知主义与现代性》，刘小枫选编，张新樟等译，119 页，上
海，华东师范大学出版社，2005。

过，"马克思的学说所以万能，就是因为它正确"①。但在这里，成为问题的不是列宁的显白说辞，而是被辩证论者曲解得完全走样的列宁这一观点的隐微之辞。对此，可以借阿尔都塞来理解。我们知道，"马克思的辩证法在《资本论》中存在着，但它只是以实践的状态存在着"。"马克思没有给我们留下以理论状态出现的'辩证法'。"这对马克思来说，表面看起来似乎是个未了的心愿。而对阿尔都塞来说，则被视为"马克思主义辩证法的特殊性"，及其在马克思和黑格尔之间的相似性中去寻找差异时的难题。② 难题之难在于，马克思对黑格尔"思辨结构的秘密"的批评立场并没有充分在早年所写的著作中体现出来，因为他在这个问题上的大多论述是针对那些接受了最坏的黑格尔主义者而发的。照阿尔都塞说来，马克思辩证法摆脱了黑格尔辩证法观念的那种"自我生产的僭妄或幻想"。它不是被宣称为"正确的"准神圣的表达。与此相反，马克思辩证法的力量在于它的真理性，而它的力量应当在感性的、对象性活动中予以证明。

经过这样的阐述，在我看来，关于辩证法思想的社会法权问题本身就包含着它自己的答案。在这一意义上，人们口号式或轻易地大谈特谈每当他正确地思维的时候，也就是他辩证地思维的时候；每当他出自自己的意志成功地驾驭事物发展的时候，也就是他使自己匹配于那些包含在事物之中的辩证过程的时候；反之，每当他暂时遭遇挫折和失败的时候，也就是他屈从于非辩证思维的时候。我们总是一再地看到，对马克

① 《列宁全集》第19卷，1页，北京，人民出版社，1959。

② ［法］路易·阿尔都塞：《保卫马克思》，顾良译，166～167页，北京，商务印书馆，2006。

思辩证法的正确性之如此抽象的谈论，大致总是落入以其词汇改写已经发生的事情的神秘主义和辩证思想的合法性之被预先确立的独断主义的轨道。譬如，某些辩证论者能告诉我们的只是：马克思辩证法所揭示的总是"正确的"事情，符合历史规律的事情总会使自身实现。即使人们在没有学会辩证思维的时候，也已经在按照辩证法在思维了。可是，如果这算是辩证法的话，那它该是黑格尔辩证法。马克思本人从来没有否认过非辩证思维的人也有正确的时候。不理解这一点，人们就会深深地陷入"通神论思辨"中，而且正如我们知道的："在人类历史上存在着和古生物学中一样的情形。由于某种判断的盲目，甚至最杰出的人物也会根本看不到眼前的事物。后来，到了一定的时候，人们就惊奇地发现，从前没有看到的东西现在到处都露出自己的痕迹。"①——这一事实是马克思对历史规律的辩证性的说明以及对理性建构现实的消解。某些辩证论者却硬要马克思改口说，"历史具有某种将不可避免地实现的目标，而暂时的挫折和失败对一个人来说也就是指他自己的最高理想的最后胜利是必不可少的"②。如此一来，一切都倒置过来了，辩证法本身便总是预定着一大堆日后为自己所获得的正确性提供证实的证据。一直到今天，马克思辩证法总是被这种辩证思维概念所偷换。这里容我再重复一遍，就其承认辩证法是人类历史的一门逻辑（思想语法）而言，马克思对辩证法的运用与任何被冒充为绝对正确的法则来**证明**任何东西都是不相干的。

---

① 《马克思恩格斯选集》第 4 卷，579 页，北京，人民出版社，1995。

② ［美］悉尼·胡克：《理性、社会神话和民主》，金克等译，229 页，上海，上海人民出版社，2006。

　　还应该指出，辩证论者之所以有意或无意地要进入言说辩证法的绝对正确性的境地，恐怕也是诱惑于"历史必然性"概念来为某个错误实践开脱。在这个意义上，辩证法的敌人之所以对辩证法的评价不是很高，与他们很早就有的那种觉察不无关联。那就是：把前后相继的现实现象分成或者"纳入"正题、反题与合题，始终是可能的。"与此相应，任何人都可以把他拒绝或者反对的一切统统作为'否定性的'中间阶段嵌入辩证图式，如此建立起可爱的信念，即断定那种'否定性的东西'注定要通过一次'否定之否定'来克服。"①尽管，辩证法研究专家对这个公式有不同看法，但是，它的明显的弱点，恰恰在于它被给予将客观事物纳于黑格尔的逻辑图式之中这样一种要求。但马克思所抵制的正是辩证法的如此运用。在《资本论》中，他只使用了一次"否定之否定"这一术语，在《黑格尔法哲学批判》里，他所讽刺的正是黑格尔的三段论式，说其中的项，时而变为中项，时而变为极项。很多人接受马克思的这个看法，把黑格尔的三段论式讥讽为世界历史须按"狡猾的四分之三拍"的拍子跳舞。因此，只要"辩证图式"包罗着各种思辨的需要，就绝对避免不了加入空洞的公式的行列。由于它是空洞的，所以一个辩证论者无法指责另一个辩证论者颠倒事实。这被德勒兹讥讽为"辩证法本身的一个根本特征"②。

　　在做了以上这些陈述之后，我们就知道，谁要是将马克思辩证法教条化，将它当作用来证明和发现任何现有的或者可以被设想的事物的唯

　　① ［英］吉尔比：《经院辩证法》，王路译，120页，上海，上海三联书店，2000。
　　② ［法］吉尔·德勒兹：《尼采与哲学》，周颖等译，232页，北京，社会科学文献出版社，2001。

一正确的方法，那在他那里出现一些悖论式的不可理解的东西，倒是意料之中的。虽然某些辩证论者对此不是没有正确地保留，认为这既不等于说，马克思辩证法是对人们实际地进行思考的各种方式的描述；也不等于说，马克思辩证法只是与其他科学认识方法并列的科学方法；更不等于说，马克思辩证法是凌驾于自然科学之上并强制其服从的方法；毋宁说，他们相信，应该用依赖于许多非常确定的科学知识的模式来理解并考量马克思辩证法。正是在这个地方，是我们跟某些辩证论者分歧最大的地方。因为假如把马克思辩证法加以恰当理解的话，那么，它是马克思取自黑格尔并独创性地改造成为一门全新科学（马克思哲学）的**基础**的方法，它切近关联着马克思哲学对自身的存在基础的自我理解。或者换种方式说，从最根本的观点看，只有通过辩证法才能进入并领会马克思哲学的存在论基础。在这种意义上，我们不仅直接把辩证法理解为是马克思创立的全新科学的基础，而且也同样指证，马克思的辩证法根本不是一种工具性或策略性的"方法"，而是一种与其存在论基础息息相关的"真理"。在这种意义上，辩证论者（例如，卢卡奇）可以不错地断言，正统的马克思主义完全依赖于对马克思的方法的坚持。这就是说，辩证法如此不可避免地深入并且触动到马克思哲学存在论的根基，如果我们要拒绝辩证法的教条主义运用，那么就必须同样拒绝它的哲学基础。在此我们认为遗憾的是，对打算从"不偏不倚"的哲学认识中得出现实的政治的、经济的结论的人来说，却清楚地表明只能把马克思辩证法贬低成特定的存在领域的构成原则（例如，分析马克思主义所拟想的马克思辩证法，政治学一定构成了其运用的典范领域）。我们认为，这种情况，正是从历史唯物主义的方法中去掉了辩证法。然而

"无论知性如何常常竭力去反对辩证法……它是一种普遍存在于其他各级意识和普遍经验里的法则。举凡环绕着我们的一切事物，都可认作是辩证法的例证"①。因此，"辩证法是现实世界中一切运动、一切生命、一切事业的推动原则"②。依照这里所做的说明，可以知道：若要对辩证法做切近的理解，就要求从存在论上把其思想的方式解说清楚，当把正确地通达这种辩证法的思想方式清理出来时，就要求我们既不能脱离其存在论视域，也不能止于单纯方法论的兴趣。进而言之，辩证法对于马克思哲学的存在论基础，是本质重要的，不过，当某些辩证论者多半通过概念论或知识论来研究马克思辩证法本身的性质时，马克思辩证法所达到的存在论终究无可避免地回归于黑格尔哲学，或反过来说，黑格尔辩证法引致的存在论依然保持着它对马克思哲学阐释的支配和统摄作用。如此这般领会遮蔽或误导了什么？答：马克思和黑格尔各自在逻辑上得到保证的相应的自由观、世界观、知识观的方式看上去竟如出一辙。

如果返回到我们的主题，那么就此我们说：马克思辩证法理论面临着一种危机。这种危机所指无非是，马克思的哲学革命及他为自己提出的任务，以及为实现这些任务而制订的方法论的整个方式，成为不可能了。而在这种情况中，也就是在我们可称为教条化的马克思辩证法的公式中，辩证法为许多使人误解的和错误的概念所困扰着。马克思辩证法连同它的哲学基础被撕裂了：它要么被经验—实用主义者理解为科学方

① ［德］黑格尔：《小逻辑》，贺麟译，179 页，北京，商务印书馆，1980。
② 同上书，177 页。

法的同义语，要么被诺斯替主义者理解为对末世论的预言之工具，要么被正统的马克思主义者理解为纯粹形式的和中性的方法，要么被西方马克思主义者理解为作为一种革命的或思想斗争的武器。凡此种种确然已给反辩证法者指摘马克思辩证法为"一个方形的圆"提供了口实。他们首先会认为，教条辩证法不可避免"为'双重真理'的学说——一种是通常的、科学的和俗世的真理，另一种则是神秘的、'辩证的'和'更高的'真理——准备道路"（悉尼·胡克语）。另一方面，在这种指责中，即使想让人们相信这种"更高的真理"带有神圣道义性，由于，就对付价值的多元性的局限性而言，教条辩证法把"价值和准则都归结为一个被认为是基本意义的统一，而这个统一本身到最后又被归结为是与否、同和异、自我和非我（或自我和改扮为他的自我）、有和无的对立"①，因此，这已经崭露了只要辩证论者依循现代形而上学的指向，这种"辩证的""更高的真理"就被迫在言语与事实、思想与行动之间，从而归根到底在知识与信仰之间的对立当中，去进行神话式的概念建构。亦即把知识与信仰强行统一（粘黏）起来，以使它成为一种超越性的概念——所谓区别于假意识的真意识（信仰）。同时，因为理性的最常见的世俗实践形式就驻扎在经济活动中，所以，商品化社会几乎不可避免的"商品拜物教"和"物化意识"存在本身，显然就是这种假意识（信仰）和真意识（信仰）区分的理论来源。也正因如此，20世纪大多数以马克思主义理论家的名义，诉诸辩证法讨论的问题指向，不是整个近代哲学视野之外的马克思的实践纲领，而是意识，是围绕如何能够从这种"物化意识"以及隶属于它的

---

① ［法］R. 吕以埃：《辩证理性的无稽之谈》，载《哲学译丛》，1962(2)。

对立之两端中摆脱出来的问题旋转的。

（二）马克思辩证法如何可能涵养平等的自由精神

进一步的问题在于，随着被人们冠以"全球化"名号的资本主义最新阶段与苏联解体，马克思辩证法在今天正面临被怀疑论、非理性主义、实证主义和神秘主义所压倒的危险。即便认为一个事件要获得其真正的本质是需要时间的，即便我们仍然可以断定有许多证据表明这种危机是暂时的，但它的存在至少使我们有必要回溯欧洲思想史上辩证法的演化，以便来讨论这样一个问题：究竟需要什么样的**思想上的**先决条件，才能重新建立起马克思辩证法的信念？

我们之所以在这里来特别地讨论这个问题，乃是因为人们在对黑格尔、马克思辩证法的阐释定向中，逐渐形成了一个教条，它宣称：依存于"绝对理念"辩证法的黑格尔和依存于现实历史辩证法的马克思，他们宣告自己发现了用真正历史来代替以往虚假的历史的秘诀，因而他们的辩证法在其言说真理的位置上居于普遍真实的原理的优势地位，他们是用一种真正说来具有先知风格的哲学方式和立法者的身份来陈述这种真理的——好像他们对智慧的服膺使其拥有了发现规律的身位，其他人则轮到顺从这种规律。据信，仅凭这一点，便足以显出它的一种"不平等的自由"的思想语法。当如今普遍的哲学之理想本身成了可疑的东西之后，人们终究认识到，思想的公义性诉求只有从辩证推理的形式正当性着眼才有可能。对此，某些辩证论者毫不怀疑。他们说，辩证法的历史发展表明，对制造思想假象的亚里士多德辩证法的批判将辩证法引向了启蒙。康德是第一个显露自负的启蒙家，他批评"制造思想假象"的辩证法，并赋予"理性知识学"以揭露思想假象的使命，使之与"曾在论辩术的名下讲述"的辩证法背道而驰。但事实是，在康德系统中，被分别称为知性与理性的东西，在生存哲学或别的哲学那里，正对应着理性与非理性。套用一句行话说，构成近代哲学理性的东西是非理性的。在这里，康德是否可以真正相信自己逃脱了独断的命运？对于辩证论者而言，对马克思同样可以做此问。

也许我们在这里很容易受这些辩证论者的如此劝诱，他们劝诱我们保留马克思的启蒙家的身位，因为他们说："马克思不过把揭露思想假象的理性知识学转换成革命的知识社会学。"①辩证理性在马克思那里肯定不再是纯粹的信念，这一点固然重要。但20世纪的代表性证言表明，它毕竟被收编到现代形而上学的世界理解及其自由观念框框之中了！这一事实经由黑格尔思辨的历史总体变成卢卡奇抽象的政治的阶级意识或列宁的具体的政治的阶级意识而得到了充分呈现。对于这些辩证论者而言，只要革命的辩证法始终现成在手，信仰的自由就不再是通过平等的论辩来达到的，而是通过"更亮的""排他性的"先进意识达到。简言之，有了先进意识就有了与真理建立纽带的自由意识，就能有效地把控历史之轮，进而拥有对其他未达到此先进意识的人进行启蒙甚至革命的社会法权。因而，一种"平等的自由"的信仰理解对于启蒙辩证法来说是不可能的。

我们发现，这些辩证论者对思想自由及平等的内在条件的理解，是

---

① 刘小枫：《辩证法与平等的思想自由习性》，见［英］吉尔比：《经院辩证法》，王路译，1～52页，上海，上海三联书店，2000。

诉诸形式理性及其争论的品格的，并且暗中承诺的真理实际上只是理智及其逻辑形式。这只不过是把一种过时的批判观推到极端，这种观念认为辩证法的批判力量在于，它应该审视一切企图占有知识本身、真理本身和道德本身的要求。它应该由某种"提问辩难面前人人平等"之形式理性化的方法来张目，它的"合法性根据"也必须在"形式理性"上取得。或者毋宁说，它应该直接把形式理性或自在的理性形式辩证法视为思想自由和平等的"自然法"，并认信它们是可以互换的规定，从而通过用古代辩证法纯形式的有效性要求取代现代辩证法对真理提出的实质性要求。按照这些辩证论者的这一规定，作为思想自由条件的辩证法跟人的利益和价值需要的联系越少，这种思想就越没有专制独断性质，因而它就越有更高的公义性。与此相反，一切以适合自由和平等的富有内容性质的方式来实现自由和平等的思想语法，都是虚妄不实的。这正是这些辩证论者的阐释兴趣所以立足的基本逻辑，并且正是依循这个逻辑来贬抑马克思的所谓实质理性辩证法的。

辩证论者此言路显然意在将事态颠倒过来，这在他们对亚里士多德和马克思的比勘上都十分显著。因为，在亚里士多德那里，辩证法就是思维和求知的工具，然而，辩证论者想要将它当作思维之本己的原初样式来推崇，仿佛它是真理的前提甚至就是真理本身。与此相反，马克思辩证法截然背道于亚氏以形式为主宰的辩证法，则被视为与其他辩证法一样独断专行。这些辩证论者试图理解这种辩证法独断的缺陷的本质，以便从中能够排除意识形态的干扰以及可靠地为所有推论的知识提供方法。众所周知，对马克思来说，"意识形态"信念具有"伪科学性"（"把特殊的东西说成是普遍的东西"）和"权力性"（"把普遍的东西说成是统治的东西")特征，马克思的"社会历史科学"却没有在此意义上看作"意识形态的"，为什么？这一点我们马上谈到。而事实上，我们发现，这种宣称马克思的批判也构成独断者的思维或"意识形态"的观点，主要凭借的是一种尼采式的思想。根据尼采的观点，辩证法绕开了最初的问题："是谁在追寻真理？""谁必须承担批判的任务？谁是合适的人选？"尼采是借这些追问，反对知识存在假象，因为知识本身就是假象。[①] 如果辩证论者借尼采的原则来观察，某种概念的毒素当然也就附加到了马克思的头上。也就是说，马克思辩证法被坐定在知识论问题视野内，变成了一种知识虚构的技艺，并归根结底被归结为是相对于或然知识或科学知识的必然知识。但这种必然知识是由相关的信仰通过思辨推理转化而来的。如果不是因为这种印象，这些辩证论者就难以得到如下结论：严格意义上的辩证法，即作为一种辩证论者心目中的"科学的"辩证法，须复归于亚里士多德式的或然的知识推理辩证法。他们说道，辩证思维应该与进入社会化推论并以此促成不同程度的社会化行动的意识形态相区隔，辩证法只有与制度化的政治—经济秩序脱钩，以此被形式化和中立化，或使"知识"与"价值"剥离开，使规范和事实被分隔，将所有的对话化简为辩论，以及使所有论题辩论约化为形式辩论，因而，显现出对思想的公义性和主体间性变得愈益可能时，才能使信仰理解显得特别的"科学"，即真正成为自由和平等的科学。

也许，这些扣人心弦的使辩证法中性化的主张的确对于某些马克思

---

① ［法]吉尔·德勒兹：《尼采与哲学》，周颖等译，129～132 页，北京，社会科学文献出版社，2001。

主义理论家，譬如，"梅林—普列汉诺夫正统"的心灵有过惊人的吸引力，但是对于马克思本人来讲，上述断言纯属混乱的糊涂观念，因为如果说辩证论者在这里记住了经过康德的批判之后，卢卡奇写了《历史与阶级意识》或萨特写了《辩证理性批判》之类的著作，却忘记了马克思的《政治经济学批判》，才得以沉浸于马克思和康德、黑格尔乃至和萨特混为一谈的话，那么，在这种糊涂中有一点却是明显的：这种混淆远没有达到他们想调和康德、黑格尔与马克思的目的，反而使他们进一步分离。因为肇始于康德的启蒙辩证法，如果本身一开始就不是头足倒置的，那么马克思何须再纠正辩证法呢？更不必说创立《资本论》了！即便考虑一种最极端的可能性，即最终能够证明马克思就"颠倒"所做的"提示"可以构成称为"意识形态"的东西，那么这一证明也必定是属于存在论性质的，也就是说，那是因为现代性的发展本身倾向于产生出一种非常迎合意识形态看法的社会结构。因此我们看到，要么是彻底歪曲马克思辩证法，要么就不能使马克思承认，他通过对黑格尔哲学的"颠倒"确实已经给我们指出了认识历史的现成的方法论要求，就像哥白尼、伽利略在近代科学开端之际就已指出的科学的方法论要求一样。或者用阿尔都塞的话来说，马克思的辩证法"可以在意识形态领域中确定一般的方位和充当路标：它们确实表明了和实际上承认了解答（按，指阿尔都塞在前面提出的'难题'的解答）的存在，但绝不等于说对解答有了确切的认识"①。总而言之，马克思的辩证法绝不存在于某个地方的模式、方案

---

① ［法］路易·阿尔都塞：《保卫马克思》，顾良译，167 页，北京，商务印书馆，2006。

或范畴中。我们相信，马克思辩证法已经为我们提供了把握历史的正确方法是一回事，而像辩证论者那样将这种方法视为理性理解现实的方法之后，居然认为还能使其妥帖地栖身于马克思的"哲学"则完全是另一回事。

至于，辩证论者试图从亚里士多德推理学说取得思想资源的意图，在可能深化其最初的洞见时，却不能免于质疑或批判。因为，在辩证论者的论说中，表现出仅仅把辩证法强制地锁闭于认识论论域内，视辩证法仅仅为寻求知识形式的方法。就好像说，一旦方法到手，真理在握，就万事大吉。可见，这种看来非常科学的方法的不科学性，就在于它引致辩证法本身活力的丧失和遮蔽其范围的危险。对此卢卡奇等人已明确地提醒人们注意。产生这种危险来源的实质在于，在某些马克思哲学理论家那里，辩证法沦为"技艺"，并试图借助辩证法来成就对马克思哲学唯物主义基础的**补充**。但正是这种做法在历史上弱化了辩证法的革命性影响，其中的后果足以使人警觉和回味。[①] 值得注意的是，即便在黑格尔那种所谓"最完善的哲学艺术家"的"表达"中，也如费尔巴哈看见的那样同样凸显着"把形式当本质"以及"从理智的预存中抽引出一切"[②]的形式主义形而上学的缺陷。在这里，根本不必做更多的解释，我们便能清楚地了解到，方法论的形式化唯独对于辩证法来说是不能容忍的，而且只是作为知识论的偏见才是可以想象的。说它是偏见，是因为：人的理智为什么恰恰把这样一些形式逻辑及其相应的思想习性把握为客观自明和不言而喻的？思维从什么地方获得这些形式的原则？在马克思的实践

---

① 吴晓明：《形而上学的没落——马克思与费尔巴哈关系的当代解读》，41～94页，北京，人民出版社，2006。

② 《费尔巴哈哲学著作选集》上卷，荣震华等译，59页，北京，商务印书馆，1984。

辩证法出现以前，还没有人在触及存在论性质的意义上对这些问题做过批判。就像近代形而上学从根本处说乃是颠倒的一样，它的知识论路向处处通过将逻辑形式视为从思维"原本"本身引出，而实施着这种颠倒。但是，思维永远不能从思维自身的范围内引出这些形式，因此，对于近代哲学而言，形式逻辑这些不言而喻的东西实际上具有不可理解性的背景。大体上说，人们仅把它作为在知识问题上拒绝宗教和历史的权威之不言而喻的原则接受了。但即便如此，哲学思维倘若能够探索得足够深远，就会进入植根于感性活动的历史思维，而且抽象的概念（形式）的理解会自行瓦解，回归到那种思维内容赖以产生的历史环境中去。在此，既然方法与内容分不开，那么，纯粹抽象的理论推演之辩证法确实有理由被我们领会为"内容哲学"，否则它何以可能作为绝对或普遍方法。同时，现代辩证法历史地意识到的学科和方法毕竟不同于亚里士多德所面对和分析过的学科和方法，它们之间存在着真正的差别。对于现代辩证法来讲，"那种在非现实的思想里推论过来推论过去的形式思维"，"是件讨厌的事情"。"形式推理，乃以脱离内容为自由，并以超出内容而骄傲。""而在这里，真正值得骄傲的是努力放弃这种自由，不要成为任意调动内容的原则，而把这种自由沉入于内容，即按照它自己的自身而自行运动，并从而考察这种运动。"① 就此而言，尽管以黑格尔为代表的现代辩证法相对于马克思辩证法仍停留在"思想的内部自身的"自由中，自由还停留在抽象的概念和一种纯粹的信念中而没能以实践为中介连接之，但前者的思辨的启蒙毕竟正确地拒斥了"脱离内容"的自由。这一点

---

① ［德］黑格尔：《精神现象学》，贺麟等译，40 页，北京，商务印书馆，1979。

一经弄清，我们不必再花时间去谈论马克思与黑格尔的区别，并不在于对辩证法要不要深入内容这一点上。

与此同时，我们认识到，唯有在基于辩证推理的形式正当性承诺了思想的自由和平等的预先判断中，辩证论者才能继而断言：从工具性形式理性辩证法转变成现代的实质理性辩证法的运动，是"自由思想的平等蜕变为自由精神的专权的关键"。就其论证的战略意义而言，这个判断遮蔽了我们这个时代中辩证法的真正成为问题的究竟是什么。即便论者同样不无明辨地认为，黑格尔所理解的自由乃是"内在思想"的，而马克思辩证法则使"自由精神具有了历史社会的实在力量"。但是，这种明辨殊属空泛。因为，到了必须以更高的观点来深入其更深的性质差别和分歧点时，辩证论者的主导方面，就像我们提到过的那样，仍然把马克思和黑格尔直接衔接起来了。所谓"自由精神的专断性显得就是辩证法的运动本身"[①]的说法，其中的意思不外是说，因摆脱不了德国古典哲学具有的革命启蒙精神的束缚，马克思辩证法便无法真正包含一套思想平等的思想语法，除了为了证明自己是哲学世界甚至干脆就是现实世界的真理而需要一个"由'普遍的个体'所组成的团体"来支持它之外，没有什么东西是黑格尔未曾想过的。[②] 就基本立场而言，这种说法应了时代的挑战。因为，在这个时代中，与资本主义相比，社会主义确实更多的是与传统社会对应的。或许由此社会主义和资本主义的关系曾被强行嵌入"实质合理性"与"形式合理性"、"传统"与"现代"、"极权"与"自由"对

---

① 刘小枫：《辩证法与平等的思想自由习性》，见［英］吉尔比：《经院辩证法》，王路译，35～36页，上海，上海三联书店，2000。

② ［法］G. 费萨：《黑格尔对历史的骑墙态度》，载《哲学译丛》，1964(4)。

峙而予以拷问的陈词滥调中。当辩证论者通过引述辩证法的形式程序将自由、平等、统治、秩序这一序列范畴引入争论时，他们在这场关于思想的自由和平等的内在思想条件问题的争论中必须选择他们的立场。最终表明，他们的立场是明确的，他们选择了立足于个体平等的信仰辩证推理和平等的个体性思想的对话哲学，而不是立足于马克思关于社会或人类平等信仰的"历史科学"。如果离开这一点，那么他们对启蒙辩证法的批评着眼于它与控制、极权、政治斗争以及对社会生活的革命化等联系起来描述，便是无法理解的。如果说这种联系乍看起来真实的话，那是因为辩证论者感受到了自我营造神圣道义性的"启蒙辩证法的圈套"，也许还包括了对我们曾读到过或者曾见证过对集体（如，民族国家等）的过分拔高，而且受到过它的磨难的反思。但是，正因为这个缘故，我们需要用辩证法来戳穿极权主义根源，即"思想在本体论意义上的封闭"（齐泽克）或"思想的纯形式内在固有的"思维同一性（阿多诺）。关键的问题在于，辩证法如何能够躲过由某种毁灭性的和可怕的极权主义所导致的灾难，并可靠地保障思想的自由和思想的平等？在我们看来，当然，既无须否认亚里士多德辩证法已有的收获，更无须最终回归亚里士多德意义上的辩证法，即把平等弄成思想语法或观念形式的平等。平等被寄予这个要求终成虚假。事实上，亚氏辩证法本身也负荷着含混的效应史。因为，早在黑格尔之前，经院哲学家就"追随亚里士多德重复整体的善是比部分的善更神圣的，整体的善容忍并且甚至要求其成员作出牺牲"[1]。稍加思考就会明白，这不只是亚里士多德、黑格尔少数几个人

---

[1] ［英］吉尔比：《经院辩证法》，王路译，89页，上海，上海三联书店，2000。

的观点，它植根于社会和历史境况的本质之中，而且它通过西方形而上学的概念（范畴）论或知识论路向而被体制化。或者说，人们通过概念（范畴）所建立和把握的我们与现实的关系不可避免地要将"溢出"于概念（范畴）自身的部分排除掉，即所谓体制化。长久以来，在这样一种体制化之中，人们在运用概念从而把握现实的同时，反而被更深层面的概念所把握了。因而，概念被寄寓的穷尽那"被构思的现实"的要求，反映在社会历史理论领域，就是依据某些个人或群体高于另一些个人或群体之上和某些个人或群体排斥另一些个人或群体的思想语法进行思考。

　　这样，问题也就挑明了，即如果马克思辩证法不能摆脱概念论思维的窘境，如果马克思哲学经由辩证法已经丧失了创新的魅力，如果马克思没有对黑格尔进行充分批判，马克思何以会引来当时的现存秩序的辩护士和"社会主义者（特别是法国社会主义者）"如此深重的错愕？颇有点反讽意味的是，他们一定会说，马克思不知道人类的发展必定是要靠牺牲多数的个人，甚至要靠牺牲整个阶级的道理，就有点奇怪。这难道不就是，马克思不能对自己的批判对象——资本主义——拥有批判的思想法权的口实？这难道不就是，马克思还支持资本主义意识形态的主要信条——"社会进步"的证据？或者他们干脆对马克思启蒙说："历史迄今为止企图以适合自由和平等的**真实性质**的方式来实现自由和平等的一切尝试都失败了"，"而现在他们，例如蒲鲁东，发现了用这些关系的真正历史来代替它们的虚假历史的真正秘诀"①。对于这种秘诀，他们证明，譬如，"交换、交换价值等等**最初**（在时间上）或者按其**概念**（在其最适当

---

　　① 《马克思恩格斯全集》第 46 卷上，201 页，北京，人民出版社，1979。

的形式上）是普遍自由和平等的制度，但是被货币、资本等等歪曲了"①。也就是说，是资产阶级社会的特性决定了把人的自由、平等与金钱相联系的必然性，除非一个人与货币发生关系，否则他就不可能有自由和平等的权利。这种物化现象导致的颠倒是，并不是人占有了金钱而行使金钱赋予他的权力，恰恰相反，是金钱占有人在行使它的权力。因此，他们提出改造资本主义社会的设想是，只要排除被货币、资本歪曲的干扰，就可以恢复真正的平等和自由。就像找到某些思想上的内在条件，思想的自由和平等才有了可能。马克思认为，他们的设想即便是"虔诚"的，也是"愚蠢"的，因为，它并不是指向现实的，而是指向概念（"观念的表现本身"）的，即思想的形式本身的。进一步说，他们只能卫护资产阶级理想，是因为他们在自己所处的特定历史时刻，无法看清除了爆发恐怖以外无政府主义的任何形式的真正的社会革命。这里，马克思深知，在货币的概念上，理解货币是十分困难的，因为，在"平淡庸俗、装腔作势的辩证法、赤裸裸的高傲自大、幼稚的自满自足的"②经济学中，一切经济关系的差异只是名称的不同而已。"只要我把具体事物不同于它的抽象概念的一切方面抽掉，那么具体事物当然就成了抽象概念，丝毫没有不同于抽象概念的地方。**这样，一切经济范畴就总只是同一关系的各种不同的名称，从而这种无法理解现实差别的彻底无能就被认为是纯粹的常识本身。**"③而且，对于启蒙家的自负来说，资本主义社会难以理解的现实矛盾是一种刺激，他们的自负正是表现在"玩弄抽

---

① 《马克思恩格斯全集》第 46 卷上，201 页，北京，人民出版社，1979。

② 同上书，202 页。

③ 同上书，202 页。

象概念的儿戏"中感觉到自己的强大和满足。对于他们的自负，对于他们自以为既批判了政治经济学，也批判了共产主义的这种自负，马克思认为必须这样回答："货币制度，事实上是平等和自由的制度，而在这个制度更详尽的发展中对平等和自由起干扰作用的，是这个制度所固有的干扰，这正好是**平等和自由**的实现，这种平等和自由证明本身就是不平等和不自由。"①从这种观点看，从交换中生发出来的形式上的平等和自由，恰恰证明了资产阶级社会的现实的不平等和不自由。马克思的这个分析确实是针对资产阶级自由和平等的经济学发生的，但实际上也分明可以认为是针对自由和平等的思想的内在发生机制本身的。

---

① 《马克思恩格斯全集》第 46 卷上，201 页，北京，人民出版社，1979。

第七章 ┃ 革命之形而上学取径

一、专政：理性主义和历史唯物主义

施米特基于对黑格尔哲学的解释，和黑格尔哲学在实践方面可能导致的理性主义专政的历史效应，去论断马克思的专政观，试图证明作为一种政治理念、马克思主义的社会主义，其最终的形而上学证明是建立在黑格尔的历史逻辑基础上的。施米特以偏激立论，只取黑格尔辩证法的一个要素——敌对辩证法，且通过一个流俗的列宁形象，去审视所谓马克思主义历史观的真正力量。

今天的激进左派无疑会把这个论题置于冷宫，在"后工业"晚期资本主义条件下，无产阶级专政之类的概念，难道不是应该抛弃的"僵尸概念"吗？不过，这个表面上令人心悦诚服的论点却并不是无懈可击的。在我们可及的视野里，著名的新—新左派理论家查特尔·默菲（Chantal Mouffe）编的《施米特的挑战》这部文集显然就是试图重新展开这一论题的努力，且远不是孤立的一个例子。这部文集前言一开首就彰显了它的意图："为什么我们今天还要读施米特？其政治的敌友概念在我们当今的后政治时代还有某种相干性吗？"我们相信，这里提出的问题绝不是随随便便提出的。对于我们来说，如今的问题是：同样作为马克思的读者，追问施米特与马克思相遇的意义问题，是否能够成为从当代的问题出发重新阅读马克思主义理论的一部分？

(一)"专政"概念

"专政"（the dictatorship）一词，据说是与古罗马帝国政制的发明联系在一起的，它意指某执政官在出现政治的危急状态时，受法律委托采取暂时性的专政措施，终止日常状态中通行的一些法律。暂时性（有时间限制）是这种专政的重要特征。[①] 魏玛时代德国主要的法理哲学家施米特的《论专政：从现代主权思想的肇兴到无产者的阶级斗争》一书，对"专政"的研究正是从考察古罗马帝国时期的专政的"委托""受命"和时间限制等性质开始的，然后，将话锋转到马基雅维里这个思想家，马基雅维里视"专政"为"例外措施"，马基雅维里被施米特视为现代意义上之作为一个法学或国家学说的"专政"概念的始作俑者。在施米特看来，"专

---

① ［意］朱塞佩·格罗索：《罗马法史》，黄风译，160～161页，北京，中国政法大学出版社，1994。

政"概念变得流行起来，真正说来，缘起于法国大革命后的"雅各宾专政"以及马克思提出的无产阶级专政。马克思的无产阶级专政也具有过渡性、暂时性的特征，是为国家消亡（尽管这不是巴枯宁所要求的那种立即消亡）而采取的必要措施。马克思鉴于历史上没有哪个国家是真正为了实现每个人的生存和发展的权利（生命、财富和自由权利），而把自己的政治价值奠基于人民民主之上的，马克思认为，在政治上只有通过无产阶级的专政才能替换掉传统的政治价值观，这就体现为革命的要求。① 按施米特的说法，"专政"就是政治对手之间"不摆平衡""没有商量""不容争辩"②。不过，施米特认为，这种没有商量的专政虽然与将一切社会问题置于议会中通过理性的公开辩论加以解决的宪政议会制和浪漫主义的对话形成强烈对照，但是它绝不仅仅是"非理性主义的"，相反，它也可以是"理性主义的"。"理性主义专政"有其漫长的传统，它的可能性总是奠基于某种历史哲学。

在《政治的浪漫派》中，施米特对马克思主义思想中的专政研究，问题就涉及在法学上刻画历史—政治现实的概念结构与"形而上学概念之

---

① "无产阶级专政"是马克思政治思想中的一个重要概念，然而，马克思似乎没有准确地说明这个概念。在涉及这个概念的《法兰西阶级斗争》《哥达纲领批判》和《法兰西内战》这些文本中，马克思提及无产阶级专政的地方，都没有详细的解释。[英]汤姆·博托莫尔：《马克思主义思想辞典》，陈叔平等译，156～157 页，郑州，河南人民出版社，1994。人们根据这种情况，再加上恩格斯晚年运用无产阶级专政这个概念时，同德国社会民主党内的拉萨尔分子和改良主义者进行斗争的历史背景，而强调无产阶级专政概念只是派别联合或斗争的产物，并认为无产阶级专政将结束于 1793 年这样的时刻。西方有些"马克思学"学者主张用无产阶级统治取代无产阶级专政作为马克思主义国家学说的实质，以便消解无产阶级专政带有的暴力味道。

② [德]卡尔·施米特：《政治的浪漫派》，冯克利、刘峰译，201 页，上海，上海人民出版社，2004。

结构"之间的关联性。值得注意的是，施米特的《政治的浪漫派》对"马克思主义思想中的专政"研究，其所关注的问题已经远远超出了他的基本专业领域，他将黑格尔的历史辩证法与马克思政治学说联系起来，并从自身的具体论说中寻找到一种所谓"特殊类型的形而上学证据"，以定义马克思特有的专政观。

(二)"专政"概念：借助于辩证法的政治哲学取向

在施米特看来，马克思的专政观必须从黑格尔的历史辩证法中读出。应该说，这样一种判断并不是施米特特有的。因为青年卢卡奇以降，西方马克思主义者相信，马克思就是通过批判黑格尔的神秘主义思辨神学的辩证法，来揭示辩证法的革命力量的。马克思说，辩证法在黑格尔那里虽神秘化了，但这绝不妨碍他第一个全面地有意识地叙述了辩证法的一般运动形式。"在他那里，辩证法是倒立着的。必须把它倒过来，以便发现神秘外壳中的合理内核。……辩证法，在其合理形态上，引起资产阶级及其夸夸其谈的代言人的恼怒和恐怖，因为辩证法在对现存事物的肯定的理解中同时包含对现存事物的否定的理解，即对现存事物的必然灭亡的理解；辩证法对每一种既成的形式都是从不断的运动中，因而也是从它的暂时性方面去理解；辩证法不崇拜任何东西，按其本质来说，它是批判的和革命的。"①这里，马克思要说的似乎就是概括地阐明了"辩证法的合法性究竟意味着什么?"的问题。在我看来，对黑格尔的辩证法相对缺少理解的施米特也是这样来理解的。但是，施米特

---

① 《马克思恩格斯全集》第 23 卷，24 页，北京，人民出版社，1972。

对辩证法的合法性的理解就其所激发了的种种评论而言，欲将一个基本错误的辩证法含义加诸被正确概括了的唯物史观上。这一看法可由以下事实来挑明：在施米特的眼里，黑格尔的辩证法"在关键的方面处处保持着政治性"①，尤其是他那些关于当时现实问题的论述只能在政治思维的语境中方能把握。借助于辩证法的政治哲学取向，亦是它的合法性取向，"马克思主义的社会主义科学"的建构才有可能。这就是说，辩证法的合法性证成必须在与其最迫人的对手的政治革命的对峙中方可完成，那种对马克思主义的本质转移到经济领域的所谓历史唯物主义的解释，在施米特的眼里，只能是"浮浅的观察"②。

施米特的论述基本上是论战性的，在对"马克思主义思想中的专政"做透彻而深入的讨论的过程中，他阐明自己的政治学说不仅没有以某种精神生活的中心为基础，而且他自己对现代政治总体的历史建构无须一种明确的形而上学基础和真正的"论战主题"③，因而他不仅把批判矛头随机指向这里或那里，而且与这些论述相应的"校正"，完全建立在它们所针对的对立面上。他强烈意识到一切政治学的形而上学内核，声明马克思主义的社会主义科学是建立在一种"决断的形而上学"基础上的，相

---

① ［德］卡尔·施米特，《政治的概念》，刘宗坤等译，182页，上海，上海人民出版社，2003。

② ［德］卡尔·施米特：《政治的浪漫派》，冯克利、刘峰译，206页，上海，上海人民出版社，2004。

③ 洛维特在谈论施米特的政治决断论时，提到"施米特事实上无法说明政治的特点，除非说它的特点就是一个超出任何明确领域的整体"。见洛维特的《施米特的政治决断论》。参见刘小枫选编：《施米特与政治法学》增订本，刘锋等译，42页，上海，华东师范大学出版社，2008。施米特的政治观念中对于政治负载的内容的虚无观是他和20世纪喜欢思辨的德国人所特有的，他利用了韦伯的价值中立性来反对历史唯物主义。

信凭借这种形而上学能够做出正确的决断，是马克思社会主义信仰中的极端事例。与马克思不同，施米特自己提出的政治决断论本质上就是机缘至上论，因为它"强调契机"①，仅仅是"为了作出决断的决断"。

施米特认为："在这个实证主义时代，人们很容易指责自己的思想论敌沉湎于神学或形而上学，并以此来谴责他们。"②既然如此，为了不使人们对他批评马克思主义专政论留下纯粹是"污蔑"的印象，施米特自知必须回答这样一个问题，即马克思主义思想中的专政之形而上学的偏颇源自何处？

在施米特眼里，倘若要断定，专政作为一种政治理念内在于科学社会主义中，它的关键在于"正确理解'科学'一词"，倘若要做到这一点，就"不能仅仅把它局限于精确的自然科学技术"③。马克思主义的科学性并不打算赋予无产阶级的历史时刻以"机械的精确性"。不然，我们会重新回到早期启蒙运动的理性主义道路，误认社会主义的科学性意识，是18世纪以来时兴建立以数学和物理学之精确性为范例的政治学企图的又一事例。施米特的这种解释在不考虑它自身想达到的目的的情况下是可信的，因为，"为什么迄今没有可能建立一门科学的政治学"既是事实，而且也是近世以来的理论常谈：一方面，自然科学的哲学当然不能为专政提供根据，就像它不能为任何政治制度或权威提供根据一样；另

---

① ［德］卡尔·施米特：《政治的概念》，刘宗坤等译，4页，上海，上海人民出版社，2003。

② 同上书，33页。

③ ［德］卡尔·施米特：《政治的浪漫派》，冯克利、刘峰译，202页，上海，上海人民出版社，2004。

一方面，科学社会主义学说虽然并不违反自然科学规律，但它也并非完全是这样一种"科学"，这种"科学"在自然规律和严格决定论的帮助下寻找到一种使自然规律有益于人类的方法，譬如，跟自然科学方法联系在一起的技术，使革命行动的引发差不多成为技术操作。这个毋庸置疑的事实意味着：不能把马克思关于社会主义的宣告变成一种自然科学论证，比作把自然科学方法运用于社会哲学和政治问题的努力，就像伯恩斯坦那样把经济学的数字统计作为根据，去修正马克思恩格斯对资本主义社会发展的科学论断。伯恩斯坦眼中的无产阶级专政很可能成为一种交谈者和文人俱乐部的专政。施米特相信，如果能够像庸俗马克思主义者那样理解社会主义的"科学性"，那么向自由王国的飞跃想必就是向技术统治王国的飞跃。共产主义想必就是在发明新机器上做得更出色。然而，单纯的技术绝不可能成为共产主义社会的基础。倒是有很多理由使施米特为反技术进步和反启蒙理性的诗情所激动。①

当然，施米特也承认，"未来社会肯定会大力支持技术发展"的看法自有其道理。但他认为，技术统治既不是人类必须背负的命运，因而也没有触及科学社会主义理论的实质。所谓"'向自由王国飞跃'，只能辩证地加以理解"②。说到底，所谓辩证的理解，就是施米特要我们牢记他心目中惦记着的"崇高的政治"。不难判断，施米特最终是要阐明：马

---

① 按照施米特的理解，20 世纪不仅是技术的时代，而且也是"把技术作为宗教信仰的时代"。处于 19 世纪的历史唯物主义体系虽然明确承认技术的作用，不过，这个体系仍然属于经济学体系，承认技术因素的作用演变成为技术主义，只是后来的庸俗化过程中才出现的。

② ［德］卡尔·施米特：《政治的浪漫派》，冯克利、刘峰译，203 页，上海，上海人民出版社，2004。

克思主义作为一种科学理论结构，必须从政治意图上去理解同历史哲学的一致性。排除了政治意图，就会将马克思主义还原为"纯粹的"科学。对于我们的问题来说，施米特在这里锁定了自己的论点：施米特通过清算一种跟精确的自然科学方法联系在一起的政治观，而成为问题的，不是关于科学社会主义自身这个想法，而是社会主义的"科学性"应该如何来表述的问题。施米特认为，那种归结于经济理性的表现，从而归根到底不过是从"一个形而上学内核中派生出来"的马克思主义已经无力认识马克思主义自身的政治理念了。"只有作出科学的表述，社会主义才会认为自己掌握着一种从根本上不可动摇的真理，也只有在这时，它才会宣称使用暴力是正当的。""科学性"说白了就是"一种把意识当作进步标准的发展形而上学意识"，"正确的意识是衡量一个新发展阶段起步的标准"。在马克思主义的信念中，"人类将变成自觉的人类，为了做到这一点，需要对社会现实有正确的认识。所以，自觉意识便具有一种绝对的性质"[①]。这种正确的认识或自觉意识的关键内涵就是正确地分析资产阶级并理性地把握它。施米特由此断定了马克思主义专政观带有的"黑格尔理性主义的自打包票"，即，"如果能够在人类意识中把握某一个阶段，这就等于为历史的辩证法提供了证明，即这一阶段已经历史地完成了"，"只要情况不是这样，只要新阶段没有真正到来，对过去的阶段（即资产阶级阶段）也不可能有正确的认识，反之亦然：对资产阶级的正确理解，也提供了其阶段就要结束的证据。……因此，无产阶级的历史

---

① ［德］卡尔·施米特：《政治的浪漫派》，冯克利、刘峰译，202～204 页，上海，上海人民出版社，2004。

时刻已经到来的科学确定性，首先来自对发展过程的正确理解。资产阶级不能理解无产阶级，但无产阶级能够准确理解资产阶级"①。正是按照这样的疏解，施米特得出自己的逻辑结论：如果社会主义"科学"规律所导致的"铁的必然性"，不是建立在政治决断（所谓"正确的意识"）之上的，它又能建立在什么上面？这种政治决断从本质上讲为无产阶级专政提供了"真理担保"。至此，便可以看到，施米特这种论战最核心的是这样一种论断：马克思在其革命学说中投入了最强有力的政治因素，在其进化论的经济主义背后，有着激烈的能动的政治实践意志。这意味着马克思主义的社会主义信念必定来自"一种实足的形而上学强制"②。

这里，施米特硬扯马克思与形而上学家为伍，其目的是要贬低马克思主义以经济理由推翻人压迫人的制度。对于施米特而言，一切严重的社会对立都不可能通过经济手段来加以解决。因为，资产者与无产者的对立产生于一种不同的信念，这种信念关乎"什么是道德的、什么是合法的"③。这样一些问题在本质上涉及政治理论的人类学始基。因为，每一种政治观都建立在某种"人性"的假设上，政治虽然可以被化约为文化和历史哲学的无足轻重的议论，从而对"人性问题"含糊其辞，却不能逃避这个根本问题。批评马克思的社会主义观的施米特，指出马克思的困境出在其自相矛盾的人性信念上：它虽然"认为人性是一个偶然性浮

①　［德］卡尔·施米特：《政治的浪漫派》，冯克利、刘峰译，207～209页，上海，上海人民出版社，2004。

②　同上书，209页。

③　［德］卡尔·施米特：《政治的概念》，刘宗坤等译，73页，上海，上海人民出版社，2003。

浅问题，因为它相信经济和社会状况的变化会改变人性"，问题是，它不正是激烈揭露资本主义社会秩序的非人性质，把无产阶级看成是未来的担纲者，并据此要求革命的吗？还有，马克思、恩格斯"煞费苦心地"要赋予革命的无产阶级某种终极的社会价值，以便与"流氓无产阶级"区别开来，而这种区别的最终标准是"有教养者与无教养者"[1]。如果要让这一区分得以可能，只有诉诸道德概念才能办到，对于施米特来说，本来，人类生活中做出好、坏或对、错的区分，只是一种道德决断，根本没有形而上的真理这样一回事，既然在马克思那里仍然保留了"有教养者与无教养者之间的根本对立"，其"人性的复归"大概只能是理性主义教育专政的结果。

这表明，马克思和恩格斯跟启蒙理性主义的瓜葛表现为，"他们仍

---

[1] 在马克思就拿破仑三世政变而写的评论《路易·波拿巴的雾月十八日》中，马克思把"流氓无产阶级"（Lumpenproletariat）看作波拿巴上台的社会基础之一，这个德文词指无产阶级中愚昧粗鲁的最低阶层。在《法兰西阶级斗争》中，马克思也提到了这个词。事实上，马克思在不同的著作和不同的历史研究中，他所列举的社会阶级是不一样的。施米特在《政治的概念》和《政治的浪漫派》等著作中认为，马克思把无产阶级与资产阶级的对抗归结成"与人类最后敌人的最后一战"。这是19世纪下半叶人们抛弃黑格尔的三重结构论，转而赞同一种双重结构的最有影响的例证。然而，在《罗马天主教与政治形式》中，施米特认为，屈从于二元对立的马克思搞错了，资产阶级不是现代的政治代表，而无产阶级不过是资产阶级的对立面，他们都只是为企业服务，他们都是匿名的，如果说他们代表什么，他们仅仅代表自己。施米特由此认为，阶级专政不是真正的民主政治。值得注意的是，雷蒙·阿隆提出了一个与此相关的观察：他在分析了马克思著作中的阶级定义之后，概括地说："马克思从来没有说过只有两个阶级，即资产阶级和无产阶级，他甚至从来没有明确说过，社会集体的所有成员或者聚集在掌握生产资料的资产阶级周围，或者聚集在无产阶级周围，但是他相信经济—社会的发展确实会使社会集中为两个阶级，而且只有两个。"[法]雷蒙·阿隆：《阶级斗争——工业社会新讲》，周以光译，20页，南京，译林出版社，2003。

然受到关于教育和传统道德概念和西欧概念的强烈影响"①。施米特针对实证法学日益强调人性观的公理性论题的趋势指出："对于启蒙运动的理性主义来说，人虽然天性愚昧野蛮，却是可以教化的。所以，正是以教育学为根据，'法律专制主义'理想被正当化：混沌未开的人类要受立法的教化（按照卢梭的《社会契约论》，立法者能够'改变人的天性'；或者说，桀骜不驯的天性可以为费希特的'暴君'所征服）。"②施米特认为，从黑格尔的历史辩证法看来，马克思强烈的道德情怀，不过是对生活的主观把握，有损于他的"科学"论证和描述。不过，施米特又把话说回来，他认为，由于本质上马克思把资产阶级从贵族创造出来的、而后浪漫派艺术家和诗人发展了的可鄙形象中解放出来，并将其提升为世界历史的形象，使其获得了一种世界历史的维度，从此，资产阶级的形象成为人类最后敌人的形象，而有着一种形而上的背影，资产者因而必须被说成绝对非人性的（非道德意义上而是黑格尔历史哲学意义上的，并且资产阶级一词逐渐具有一种审美上丝毫不逊于政治上的怨恨之意），以便将善的和绝对人性的无产者作为其对立面凸显出来。相应地，"仍是人的"无产阶级的道德身份源自他们的经济地位和手中掌握的先进生产力。因此，只有社会主义保留黑格尔的否定之否定的辩证法结构，从否定的角度把无产者理解为资产者在经济上的辩证对立面，无产阶级人类的更高阶段的出现，才具有科学的确定性。

由此可见，从黑格尔的历史辩证法与马克思政治学说的关系入手，

---

① ［德］卡尔·施米特:《政治的概念》，刘宗坤等译，91~92页，上海，上海人民出版社，2003。

② 同上书，47页。

施米特去定义马克思的专政观，要说的不是马克思如何依赖黑格尔，毋宁说，要证明这里存在着一种特殊类型的形而上学的证据。这种形而上学证据就体现在马克思主义反对从伦理原则推出社会主义，转而基于黑格尔哲学演绎出价值论断。换言之，马克思模仿了黑格尔把世界历史融入建构的理性主义，共产主义社会最终"回归自我的人"的状态设定，与取自黑格尔的理性主义教育专政给人类设想的状态，本质没有什么不同，它们都是形而上设定出来的。

我们认为，"根据黑格尔的前提，去建构马克思所试图奠定的那种历史发展的理性架构，作为对道德问题的综合研究和伦理分析的立足点，是不成问题的"。黑格尔哲学中之所以没有包含能够为善恶的绝对区分提供基础的伦理学，原因在于黑格尔将伦理道德思考转化为历史—社会哲学的思考，把主体的实践纳入宇宙演化规律和绝对精神中去考虑，道德对立的绝对性和伦理学的基础已被消解。① 在黑格尔那里"世界历史就是世界法庭"，这就是说，世界的历史在成功的对象性中寻找成功的保证，这是人身上唯一可能有价值的东西。一方面，如果像黑格尔历史哲学所表明的那样，"世界历史就是终审法庭"，那么它就没有明确的终审判决过程，一些关于"不合时代的东西"或"恶"仅仅是人们"理性的抽象""想象"之类的东西，只要这种哲学依然是解释世界的，就根本不可能为专政留下余地，除非在一个狭小的理论领域内，我们才能够判定那"不合时代的东西"，专政也才是可能的；另一方面，就人的能动性而言，假如世界历史没有终结，这意味着"仍需不停地打败不真实的

---

① 张文喜：《自我的建构与解构》，373 页，上海，上海人民出版社，2002。

东西"，"自觉而正确认识到自己时代的黑格尔主义者"，在现实的政治和社会实践中，就会要求落实那种"客观必然性"而实现政治专政，他们"随时会向世界证明，他们的观点是确凿无疑的"，"这赋予他们专政的法权"，"强迫不自由的人变成自由"，"则专政必然会变成永久"①。所以，施米特以为，正如黑格尔哲学在一切事物中都发现了普遍的两面性一样，其辩证的历史发展观，既能够取消专政，也能宣布永久的专政。黑格尔哲学既可能被看作保守的，也的确保存了革命的星火。这里，施米特基于黑格尔哲学的解释，即它在实践方面可能导致理性主义专政的历史效应，去论断马克思的专政。在马克思那里，由于无产阶级是历史辩证运动中自觉层次更高的阶级，它可以且必须对较低层次的资产阶级施行统治，在具体的政治实践中，这是理性主义的教育专政，其专政观仍然遵循"启蒙运动天真的乐观主义"的路线，"专政将是附带现象和暂时现象，不是对本质的根本否定，而是消除那些陈腐的垃圾"②。这样一来，黑格尔历史哲学所可能为革命提供的思想武器虽落入马克思的手中，但他们却不能很快地从理性主义精神中产生"哲学与剑的结盟"的冲动。如果说，专政是历史发展的中断，那么无论是道德决断还是断然的决裂，在取自黑格尔主义建构的马克思哲学中都没有立足之地。简言之，马克思的专政只是作为一种使历史进一步前进的否定而为其服务的。

如果事情真的像这样的思路发展的话，在可预见的时期里可能出现

---

① ［德］卡尔·施米特：《政治的浪漫派》，冯克利、刘峰译，205～206 页，上海，上海人民出版社，2004。

② 同上书，205 页。

向社会主义的和平过渡，这并不是完全没有道理的。许多马克思的读者都曾指出，马克思的确同意革命无须一定是暴力的；在一个高度工业化了的社会里，政权的夺取可以在没有恐怖和暴力的情况下发生。"无产阶级专政"的确切含义，在19世纪50年代早期之后，在昙花一现的德国"共产主义联盟"的美梦和希望破灭之后，在那些它似乎不太可能被实现的环境里从来就没有得到过清楚的阐释。马克思无论在他的《哥达纲领批判》还是在之后的什么重要场合，都没有把巴黎公社描述成体现了任何这类专政。施米特鄙夷的就是这一点。

（三）政治伦理：敌友政治抑或友爱政治

施米特之所以从社会思想史角度鄙夷马克思的专政论，其原因在于，施米特的专政观取自柯特。柯特认为，人类实际上面临的只有两种专政的选择：自上而下的专政抑或自下而上的专政，亦即权威的专政抑或庸众的专政。施米特相信，马克思仍然是生活在图书馆里从事学术构想的思想家，而非"革命战争的积极分子"；或者说，马克思仍然生活于传统的政治观念中。归根到底，在施米特看来，划分敌友是政治的标准，没有专政就谈不上真正的政治。无产阶级必须相信，阶级斗争是一场真实的战役，把对立的阶级当作真正的敌人。当马克思意义上的"阶级"走到决定性的这一步时，阶级就不纯粹是一个经济范畴，而是变成一种政治因素。① 因此，在施米特看来，马克思本身有一个内在矛盾：

---

① ［德］卡尔·施米特：《政治的概念》，刘宗坤等译，153页，上海，上海人民出版社，2003。

至少从短期看，没有资产阶级经济的经济—技术理性主义，人们的经济活动是不可能的。所以，马克思"着魔般勤奋""尾随"资产阶级进入经济领域，这意味着在政治上他也只能进入民主制和议会制。于是，一种伯恩斯坦式的修正主义也"完全可能以马克思和恩格斯为依据"①。如果这就是马克思的真实面目，马克思的革命学说就并非注定要在马克思当作革命剧院的工业化国家里实现。这里显示了理论的吊诡："如果只有在效率不断增长的生产力扩张的基础上才可以建立理性的社会主义体系的话，就像每个社会民主党人理由十足地不断强调的那样，该体系的建立既不需要革命，也不必要源自革命；这不是革命力量繁荣的气候条件。马克思相信阶级斗争在工业社会有可能达到最激烈的程度，因为正是在那里，相互斗争的经济阶级真正面对面，而在发展程度差一些的国家里它们不会这样。他坚持认为，在垄断和生产、交换、分配方式的集中日益发展的情况下最终会发生大爆炸，在这种形势下越来越少的资本家控制着越来越广大的帝国，他们的数目由于不断的自相残杀而减少，直到他们无意识地但不可避免地锻造出具有严格的社会和技术效率与统一性的无产阶级，其不费吹灰之力地铲除资本家并取而代之。我们知道这并没有发生。集中和垄断迅速地增长，但是无论带来了什么恶果，它们都没有逐渐把无产阶级异化为高度纪律化的革命力量。"②如果站在非理性主义立场上，施米特认为，马克思比资产阶级更看重经济和理性主义，

① ［德］卡尔·施米特：《政治的概念》，刘宗坤等译，393页，上海，上海人民出版社，2003。

② ［英］以赛亚·伯林：《现实感》，潘荣荣等译，173～174页，南京，译林出版社，2004。

简直就是对社会主义的背叛。施米特断定，在马克思那种明确拒绝神
学、否定政治的理性主义解释的地方存在政治神学的踪迹。施米特的
《政治神学》的核心信条之一是：所有的现代政治概念都仅仅是世俗化了
的神学概念。马克思的教养和思维方式决定了其毁灭资本主义的勇气靠
的是一种神话，而社会主义的神话远不如处在其"总体"形式中的国家神
话强而有力。

平心而论，施米特对马克思主义思想中的专政研究，起码澄清了思
想史中的一些关系，其专政论的视角虽然是社会思想史的，针对的却是
现实的政治问题。然而，就我们的观察视域来讲，施米特对马克思的挑
战大概没有超出阿多诺所描述的哲学的现状和命运的论题。《否定的辩
证法》一开头，阿多诺就提出了"哲学的可能性"问题，人们都把过去的
哲学只是解释世界，而问题在于改变世界看作马克思对哲学的律令。自
此以后，马克思之后的历史唯物主义者发誓要在理论联系实际中接近哲
学的现实化，他们变成了街垒战或游击战的革命家，目的在于要在哲学
家自己的生活以外的场所——沉思生活以外的场所实现哲学，即改变世
界。但是，人们发现，这一律令成了"理性在没有从事改变世界的尝试
前就提出的失败主义。哲学没有提供任何场所，从中可以具体地判定它
犯有哪种不合时代的理论错误，尽管现在像以前一样都怀疑它犯有这种
错误"。也许正是有一种对马克思这一律令的意义不充分的解释，且西
方的哲学主流从来不会费心去理解马克思的这一律令，才许诺把哲学付
诸实践。这样，哲学的现实化运动在阿多诺看来便只能变成"内向的思
想设计师躲在被外向的技术专家掌握的月亮背后"，并成为当今世界拒
斥任何批判思想所使用的借口，那些传统的抽象思辨的哲学可悲地化约

为"工业资本主义后期阶段上的一种简单的易货贸易的遗物"。最明显的哲学的媚俗化则表现在"各具体科学迫使它重新变成一门具体科学"①。从此，哲学在改变世界的尝试中变成了一种理性的失败主义。言其失败，与其说是由于它被转入形而下者的领域，毋宁说是由于"用哲学的概念去结合所有与哲学概念相异质的东西的尝试"，或者换句话说，黑格尔辩证法的失败就在于它强制的"同一性"逻辑，即将一切事物、现象强行包罗于同一个概念体系中去理解。这样一种"同构"关系便是施米特在阿多诺提出的这一相近论题中所看到的黑格尔的理性主义的"自打包票"。对于阿多诺来讲，同一性意味着死亡，通过非同一性，才能跳出同一性的逻辑；至于施米特，要解构黑格尔的理性主义建构，关键在于，将"例外"或"非常状态""从外部"引入辩证的发展的内部。"非常状态打乱了理性方案的统一和秩序"，即"那种无法以概念规定的状态；它打破了一般的法律条文"，所以存在的都是"绝对纯粹的决断"②。这里，克尔凯郭尔的决断激情在施米特身上找到了丰厚的土壤，使后者有意识地放弃了关于政治生活之意义的所有更为根本的问题，他把关于最好的政治秩序、公正的统治以及更一般的美好生活这些西方政治哲学得以诞生的一整套政治问题都弃之不顾了。施米特的政治理想只是捍卫自己的实在权利，因为"人类的整个生活就是一场'斗争'，每个人在象征意义

---

① ［德］阿多尔诺：《否定的辩证法》，张峰译，1～2 页，重庆，重庆出版社，1993。
② ［德］卡尔·施米特：《政治的概念》，刘宗坤等译，12～13 页，上海，上海人民出版社，2003。

上均是一名战士"①。

值得注意的是，施米特强烈的敌友划分观所起的作用是有潜在的启示式的意向。譬如，在《游击队理论》中，他谈到"绝对敌人"概念，清楚地带有启示录特征。施米特吹嘘他的"敌—友"划分可以解决一切社会生活问题。他断想，马克思主义的真正的历史性力量，只是通过一位"职业革命家列宁"才得以展示。他说："如果人们设想一下，马克思主义的职业革命家有意促成的黑格尔历史哲学与爆发出来的群众力量的结盟，天才迈斯特的描述便立即变成了旧政权王室内或王室客厅里的一场微不足道的对话效应。"②施米特进一步区分了"实际的敌对性"和"绝对的敌对性"，并解释说，"绝对的敌对性"不同于"实际的敌对性"，它预示的敌对性是战胜绝对敌人之后终结所有敌对的那种敌对性，"作为世界内战的职业革命家"，"列宁将实际的敌人变成了绝对的敌人"③。

这里，施米特把列宁当作"绝对的敌对性"的主要证人，但显然没有把列宁当作哲学的代表。对于他来说，列宁写下的所有著作都表明"黑格尔主义的建构已经变成了单纯的理智工具，被运用其实已经不再是理性主义的动机"④。换言之，在施米特的眼中，正如1806年黑格尔在耶拿看到的那个骑在马背上的世界精神是个军人，而非黑格尔主义者，列宁作为"哲学与剑的结盟"的代理人，哲学在他的现实斗争中只起着次要的作用。

---

① ［德］卡尔·施米特：《政治的概念》，刘宗坤等译，145页，上海，上海人民出版社，2003。

② 同上书，396页。

③ 同上书，434页。

④ 同上书，210页。

施米特的这些说法，在我看来至少可以归结为一个流俗的列宁形象：一位职业的革命领袖，曾在《怎么办？》中概括出自己的思想与实践的基本坐标，然后以一以贯之，残酷无情地实践之。这里，我既不关心如何全面评价列宁和哲学之间关系的问题，也不想讨论是否还有另外版本的列宁形象问题。至少在施米特不把列宁当作哲学的代表看时，德里达却不作如是观。对我们的论题来说，重要的问题是：施米特从"绝对的敌对性"来评价哲学，在何种意义上这一无法脱离当时的社会历史背景——那个把欧洲大陆一分为二的军事冲突的年代的命题还会是正确的？我们的回答是：在辩证法的意义上，战争、杀人、种族灭绝都是友爱政治的反面。只是施米特以偏激立论，不相信黑格尔那种从低层次上升到高层次的最高的善的综合，只取黑格尔辩证法的一个要素——敌对辩证法。换句话说，他认为，只有在那种极端状态才能真正显示政治的本质。如是观之，今天我们正在进入一个充满不安定的时代，我们无须惊讶地看到，"一方面谴责战争就是屠杀，另一方面却要求人们去发动战争，不是杀人就是被杀，以便从此'永远消除战争'，这是明目张胆的欺骗。战争、战士之随时准备赴死，以及从肉体上消灭属于那些敌人阵营的人——所有这一切均没有什么合乎规范的意义，只有生存的意义而已……这里决不存在什么理性的目的和规范，遑论真假，决不存在什么纲领，更遑论可否值得效法，也根本没有什么社会理想，更遑论其是否美好，这里既没有什么正当性也没有什么合法性能够证明人类相互杀戮是出于某种正当的理由"①。

———————————

① ［德］卡尔·施米特：《政治的概念》，刘宗坤等译，166 页，上海，上海人民出版社，2003。

1932 年教训"正义战争"论而说这番话的施米特，俨然是后"9·11"时代的历史见证人。这差不多就像德里达把幽灵与友爱联系起来所解释的那样如出一辙：友爱并不是单纯的，民主还没有真正存在；因为它总是一个努力争取但从定义上永远不会完全实现的模式。[①] 德里达清楚地知道，西方的"博爱"观念还包含着基督教神学的意识，他认为，解构"博爱"的思想是解构那种本体神学政治架构之必要。但是德里达并非试图以施米特为榜样，他对作为基督教遗产之"博爱"思想的质疑，也是对男性特权、某种意义上的民族主义谱系特权的质疑。至于在施米特的视野里，德里达所思考并召唤的超越民族国家之公民性的新国际也许在根本上是以取消"政治的总体性和绝对性"为前提的。就其自身来看，他的政治的根据来自与哲学的开端所具有的同等意义的一些问题。[②] 这注定了德里达的友爱的政治最终想得到的是：一个"对话的城邦"，"对话城邦的成员所规划的城邦让人晓得正义和共同体的局限；相形之下，对话城邦的生成则显示了实际的哲学活动，显示了这种活动在参与对话的朋友中间引致的发展。前一个城邦证明，自然的可能在政治上不可能，这个证明在哲学家必须为王的预设中达到顶点；对话城邦则显示为真实的

---

① Jacques Derrida，*Politics of Friendship*，trans. George Collins，London，Verso，1997.

② 德里达说，友爱的可能性就在"我思的逻辑"中，"正因为思想应该思及他人——因为思想总是为了人，思想没有爱不成"。哲学的意义对于苏格拉底和柏拉图来说就是一门与"爱"相联系的玄秘学问，作为哲学开端的"爱"的经验，"正如与此密切相关的友爱经验一样，在城邦中有自己的一席之地"。刘小枫选编：《施米特与政治法学》增订本，刘锋等译，288 页，上海，华东师范大学出版社，2008。

哲学城邦，苏格拉底在这城邦中是王，而且要当唯一的王"①。在我们看来，换用施米特的永恒的议会闲谈的概念更易于理解德里达解构式的"对话的城邦"。显然，解构主义的"政治伦理"终成了哲学的奴仆。

比较起来，施米特的"政治伦理"却是"太男性的"，"太露骨"了，他给人类生活提供了一种无罪的暴力领域。如阿伦特揭示，施米特所理解的政治不过是鲁莽与庸俗的托词。试想如果消除了产生敌人的重要条件的对话的政治，那么如何在经济竞争、自由市场领域内打开边界？经济全球化不就是指打开边界吗？在全球市场自由敞开的过程之中，最艰巨的任务似乎就是：一方面，谨慎地对主权的神学政治观念进行解构；另一方面，在具体情况下，坚持民族国家在某种范围内抗拒野蛮的经济全球化过程。这正是当代马克思主义者在分析政治问题时，不是用哲学理论来套现实政治，而是非常实在地分析政治现实的应有态度。

二、法国大革命以及马克思主义的后续形式的阐释定向

法国大革命产生的"革命"概念规范着现代政治叙事已达两个世纪。而大革命的遗产在各种密织如布料般错综复杂的联系和阐释中呈现了不同的面向。就所凸显的问题而言，无论是将它与历史学相关联，还是与政治的神学相并论，抑或与历史唯物主义相结合，对大革命起源和遗产

---

① 刘小枫选编：《施米特与政治法学》增订本，刘锋等译，289 页，上海，华东师范大学出版社，2008。

的花样繁多的篡改总被归咎为一种简单化的马克思主义。而在这个确定了的阐释路向上，我们清楚地看到了卡尔·施米特、弗朗索瓦·傅勒等人明确勾连法国大革命与专制主义的当代形式的理路：除传统的资源以外，他们利用马克思来反对马克思主义。其核心的理解方案是：将世俗的宗教崇拜信仰或雅各宾主义的革命史学的方式归并到马克思主义身上，并由此导致革命政治解释中的人民主权的正当性危机，导致民主理论走到逻辑的尽头。可以看到，法国大革命和 20 世纪的马克思主义在作为现代性的某种深刻的政治激情方面被领会为同一性质的论证是由此发源的。

在近 200 多年的人类历史中，法国大革命无疑是关于现代性和政治的现代性最重要的话题，而世界历史的理念本身在阿伦特看来源于第一次世界政治的尝试。自 19 世纪以来特别是 20 世纪以来，关于此话题形成了共和主义或雅各宾主义——马克思主义的左派大革命两种史学解读模式。然而，从保守自由主义和左翼知识界对法国大革命的历史阐释所产生的两种截然相反的政治想象来看，它们之间存在着某种对法国大革命历史阐释之逻辑图式的相似性，它们都从作为事件（而非作为历史进程）的大革命中洞见到了那种延伸入 20 世纪极权主义性质的东西。如今，这个特征已经被越来越多的人辨认出来了。在法国大革命的研究者中间，尤其是弗朗索瓦·傅勒等人认为，从 20 世纪 70 年代起，批评苏联极权主义，或者更宽泛地说，批评马克思主义的政权，已经不再是右翼思想界的专利（或准专利），它也成了左派思考的主题了。① 而 1789 年

① ［法］弗朗索瓦·傅勒：《思考法国大革命》，孟明译，19 页，北京，生活·读书·新知三联书店，2005。

的主要后果被判读为不是法国大革命以及俄国革命重要性的降低，而是对美国革命关注的增加——这正是汉娜·阿伦特的《论革命》的定调。他们构造了一部相应于法国大革命最显著的方面即政治性维度与马克思主义的彼此指涉的革命史。在他们看来，重要的是，"正是在左派的身上建立起了历史与大革命之间的距离，因为它曾经相信全部历史就在大革命承诺的希望里"[1]。

这里，他们所触及的大革命的政治的、意识形态的或文化的动力的那种实质上被纳入和调定为某种历史"必然性"的解释**机制**，在当代政治哲学和政治法学的辩论中已然成为一个辩难的主题。而当飘荡在 20 世纪历史之上的政治浮尘消散时，反倒敞开了它自身解释的多种可能性。在大革命以及 20 世纪的历史已经以各种不同的合理观点被描述和解释，并且哲学家意识到法国大革命事件是现代人生活中的决定性的历事之后，他们却看到"已知的历史事实"并没有共同的基础，也没有连续性和一致性，除非哲学家借助一种简单的线性图式，让法国大革命扮演"革命母体"的角色或"硬是赋予法国大革命以奠基意义"，以期使"革命母体"在 20 世纪重新找到"其行动者当年赋予它的奠基性意义"[2]。为了从这样一种线性图式的大革命阐释定向中解脱出来，他们取消了雅各宾主义在大革命意义阐释上的优先地位，以此来提示大革命及其马克思主义的后续形式的经验和教训。

我们在这里要讨论的主旨，在于对法国大革命及其马克思主义的后

---

① ［法］弗朗索瓦·傅勒：《思考法国大革命》，孟明译，20 页，北京，生活·读书·新知三联书店，2005。

② 同上书，127 页。

续形式的含义有所阐释，而这一阐释试图将弗朗索瓦·傅勒对大革命的历史学阐释定向推进到政治哲学和政治法学层面，以期使一种被"历史学"掩盖的东西置于思考的中心。当我们以这种方式入思时，它意味着法国大革命与马克思主义以及二者之间关联的本质问题还没有真正得到更加深入的揭示。

(一)法国大革命和马克思主义的后续形式之间的历史学联系

弗朗索瓦·傅勒在《思考法国大革命》中认为，马克思主义史学对法国大革命起源的社会的而非政治的解释成为法国大革命研究的主流，乃是一件可悲的事情。但这与马克思和恩格斯无关，始作俑者是饶勒斯。一方面，这不仅因为，只是跟随上至饶勒斯下至列斐伏尔以及 1917 年苏俄革命一起闯进大革命史的马克思主义，误用现在时态来谈论 1793 年，把产生于历史阐释的大革命话语用来作为当下时代的解释机制，此种历史话语的普泛化，促使了政治场域的扩大化。另一方面，也是因为，马克思、恩格斯的著作里并不包含对法国大革命的系统论说，而且马、恩在他们生活的不同时期，根据触动他们的现实，同时也依照他们在知识上主要关心的事情，对大革命最本质特征的分析也相应地有很大变化。而马、恩的这些分析在傅勒看来还往往存在着被后人简单化了的社会决定论与政治自主性的二歧逻辑。因此，傅勒提出人们恢复思考法国大革命学理秩序的吁请之一就是：回到对大革命的政治解读。勿将马克思主义大革命的解释简化成某种可塑的历史起源说，并用它来概说未来的历史形态而误作社会决定论之简单理解。因为，正是通过对马克思的简化并借助某种身份认同及还原论的退行性理解，马克思主义史学家，或者更准确地说，新雅各宾派史学家"把苏俄革命传达的马克思主义图式拼贴在一种更加强大的政治—情感投资上，而此种政治—情感投资就是让法国大革命现身说法，把自己说成既是一个'伟大民族'的缔造者，又是普天下社会的解放者"①。这样一来，这种意识形态的内在逻辑便认可了法国大革命以及"'革命'的所有现代表述在空间上暗示着一场**世界革命**，在时间上则暗示，革命是**永恒的**，直到达到其目标"②。

为了解除这种不断还原论的抽象束缚，傅勒对大革命史学的解读的主旨是以一个共和派或左派的思想来消解雅各宾主义史学制造的雅各宾神话的。按照傅勒的看法，如果源于意识形态逻辑的因素，从而法国大革命是被造成的话，那么，在法国大革命的诸多起源中，政治起源的解释是最根本的，各种社会学的或经济学的解释顶多模糊了这个解释，却不能逃避这个解释。而政治起源中的核心又是宪政起源。也就是说，法国大革命的宪政革命的意义远远超过"雅各宾主义"的意义。证据表明，1789 年以后，保守自由主义政治哲学的一个共同指向是结束革命话语，或者说以一种平静的革命来完成业已起草的宪政方案。19 世纪的欧洲致力于建构现代民主代议制，实质上是"代议制的合法性战胜了革命的合法性，就是说战胜了用权力本身去控制权力的革命意识形态"。在傅勒看来，这就是马克思所说的"真实社会对政治幻想的报复"的历史结

---

① ［法］弗朗索瓦·傅勒：《思考法国大革命》，孟明译，132 页，北京，生活·读书·新知三联书店，2005。

② 转引自［英］弗·哈利迪：《革命与世界政治》，张帆译，56 页，北京，世界知识出版社，2006。

果。① 依照傅勒，假如法国大革命不是单纯的人所亲历的一个历史事件（事实），而是超越了事件亲历者的一个创制性事实（事件），那么要不是严肃地对待这个看法，就会导致政治上的创制可能被设想为一种经济的必然结果或附加物。谈到法国大革命，历史学的写作就极可能由政治性偏向社会性，从而剥夺政治的自主性。历史一元论的诱惑就是这样来的：法国大革命是从封建社会向资本主义社会过渡中资产阶级获得胜利的跨时代事件，革命因此是生产力、生产方式变革引致的社会变化的后果。然而，若要把历史唯物主义变成一种证据来证明一种特定的，即那种认为在马克思 100 年前留下的政治经济学批判和苏俄的政策以及斯大林主义之间有着天衣无缝的连续性的马克思主义，那就需要首先将马克思主义的革命理论从属于一种贫乏的历史学理论，并将革命的内容无条件地看作始终决定革命的起源。真正说来，是革命意识有关历史真实的这种"观念哄抬"，促成了 20 世纪的共产主义革命与 18 世纪的法国大革命的政治的或宗教的认同机制：所谓马克思主义史学，实质上只是一味朝人们所要解释的事件当时的意识形态看齐。傅勒坚决认为，"大革命发明了一种政治话语和一种政治实践，从此我们不断地生活于其中"②。

不难看出，傅勒的思考保证了对大革命政治逻辑的解蔽。他的眼光所注视的是那种导致 20 世纪的革命观念何以绕过 19 世纪，并转移了 19世纪的宪政方案的逻辑机制。遵循傅勒的问答逻辑，在有关法国大革命本身阐释的左倾化缘起问题上的迷雾其实并不完全像它的历史叙述本身

---

① ［法］弗朗索瓦·傅勒：《思考法国大革命》，孟明译，87 页，北京，生活·读书·新知三联书店，2005。

② 同上书，69 页。

那样迷乱不清，在此傅勒较明确断言的是：在法国大革命史学中长期存在着"资产阶级革命"这个独一无二的概念，这个概念为大革命的历史阐释提供了一个近乎"天意的系泊点"——它把现实的经济、社会和政治意识形态各个不同的阐释层面，乃至浩如烟海的纯经验的感知材料统统系缚于此。正是由于这种荒谬的理论制订，发生了以"生产方式"为基础的马克思主义过渡到简化为阶级斗争的马克思主义，即"马克思主义"被简化成一种与事件同时代的思想意识的论证机制。这种论证机制，傅勒看得清楚，它是同把革命政治变成一种独一无二的历史动力之形而上学本质的绝对要求相一致的，其本质是一种神而又神的宇宙主观化，每一事件在其中都带有某种意志的痕迹。这就是傅勒看得挺准的地方：与马克思洞悉了雅各宾政治乃至现代政治的幻想色彩一样，傅勒至少瞥见了法国大革命以来混乱的革命和民主传统与20世纪的苏俄共产主义理念在政治思想史上的深刻关联，功不可没——因而是充分认识大革命作为政治事件之丰富政治内涵的第一步。但是，就傅勒自己表白的"第一职责是去除捆绑着大事件及其行动者和继承者的奠基式目的论幻象"①来说，傅勒的工作可以说只限于历史学家的角色和职业识见，其分析过于直接而缺少一个论证的中介。按照黑格尔的辩证法，"没有中介我们就无法定义事物，差不多等于是说，思考某物就是思考"②。

————————

① ［法］弗朗索瓦·傅勒：《思考法国大革命》，孟明译，174页，北京，生活·读书·新知三联书店，2005。
② ［德］阿多尔诺：《否定的辩证法》，张峰译，169页，重庆，重庆出版社，1993。

(二)法国大革命和马克思主义的后续形式之间的政治法学和神学类比

那么，按照这里的判断，什么才是把法国大革命与当代的极权主义中介起来的更深层的东西呢？首先我想在此提供一位著名的德国法哲学家和政治哲学家的回答，但这并不等同于我的观点。这个回答与德国颇富洞见力的卡尔·施米特有关，这个人在一本叫作《政治的神学》的论著里表达了这一观点。施米特的观点之所以引起我的兴趣，不仅由于傅勒的历史学支持所绘制的马克思主义的大革命图景，同样可以在施米特当初从其政治的神学立场观察得到。他的论著对"法国大革命的激进精神"及其马克思主义的后续形式(马克思主义的社会主义等形式)有深刻的解说，而且也是因为他的论著的书名用"政治的神学"来凸显作者打算揭示的现代革命理论与政治神学的平行性的思想意图。基于此，施米特将自己归属到19世纪上半叶一些法国和西班牙反(法国)革命理论传统的思想家之中。

施米特讲得很清楚，若从法理思想史的角度来看，革命的意志形成有"法权"的依据。当然，这里所说的"法"是正当性而非合法(既存的法律秩序)性。借用恩格斯的话更为清楚地说："合法革命的思想。这种思想本身就是矛盾，事实上不可能实现的。"[1]对于马克思主义者来说，只有当我们越出原有的政治制度范围，将人类和进步的相关概念纳入人间事务进行哲学思考，从而进入更大的范围，即进入整个人类历史的范围，进入社会进步和社会发展的范围时，革命才是合法(历史进步的客

---

[1]　《马克思恩格斯全集》第1卷，550页，北京，人民出版社，1956。

观法则)的。但是，施米特不能从马克思主义的"历史唯物主义真理"那里找到认同，施米特关怀的首先是欧洲的一种精神制度和政治秩序的传统。因此，面对革命"开端"之开制宪之端时，对于施米特来说，"在革命性的立宪变革中存在着一种法律的断裂，这种法律连续性的断裂从伦理学上讲可以说是必需的，从历史学上讲则可以说是合理的；不过，从法律上讲，它仍然是一种断裂"①。很明显，在施米特那里，法和法律秩序之间的裂隙是依靠法理学而区分"法"和"法律秩序"得以彰显的，并且依靠在它们之间"介入权威"得以敉平。② 这意味着，法律秩序的恢复首先需要确立统治的正当性(法)，而权威机关才能提供正当性。像霍布斯一样，施米特断言，是权威而非真理制定法律，但是施米特认为，现代国家并不必然具备正确地创设政治制度的威权。因为，从"法"(正当)的依据的角度看，宗教的式微给现代工业国家几乎没有留下多少正当性资源，或者说，若以不再对传统怀有信仰的眼光看，没有一个更高的权威能够对法律规范给予法权正当性。法律秩序的基础是自我维持或靠虚无来维持的漂泊无依的决断，以及人民制宪权的暴力行动。这个世界的彻底虚无主义则成了施米特关于现代性的最后诊断。这样的世界将充斥着极度的侵略性。施米特明确认为，暴力、专制以及不正当性居于每个现代国家及其法律之根基的核心位置。典型的例子就是法国大革命，彼时人民"凭借有意识的决断自己决定自己的政治存在的类型和形式"③。

①　[德]卡尔·施米特：《政治的概念》，刘宗坤等译，21页，上海，上海人民出版社，2003。
②　同上书，25~26页。
③　同上书，87页。

然而，施米特没有考虑到另一个事实是：当他的政治决断论以尊重人民的制宪权为当然前提时，人民主权问题既不能等同于仅仅在"绝对的起点"的政治状态中论述创制国家的问题，也不能将它仅囿于制宪正当性这个问题域而如同西哀士那样凸显一个不为任何法律形式约束的制宪权问题。"在立法权就其特殊性来说作为统治要素出现的地方"，马克思认为，法国大革命"完成了伟大的根本的普遍的革命"。因此，马克思就制宪权问题的回答非常直白，他对"人民是否有权为自己制定新的国家制度"做了绝对肯定的回答。① 这不需要如黑格尔的法哲学那样让作为上帝的绝对理性来担保。也正是在这一意义上，马克思对于人民主权的正当性所进行的政治哲学批判与施米特的政治神学可谓针锋相对。马克思还特别论证说："在民主制中，任何一个环节都不具有与它本身的意义不同的意义。每一个环节实际上都只是整体人民的环节。""**国家制度本身**只表现为**一种**规定，即人民的自我规定。"② 显然，在马克思的早期，他也相信民主制度是我们时代的真理，甚至是确定的真理。

在这里，我们之所以特别地谈论并且指证马克思，乃是因为施米特始终追究的是现代政治（人民民主政治）的正当性问题，这对于本质上革命的马克思主义来说本来是不成问题的。对于反击法国大革命激进精神的施米特却将之作为问题提了出来，将之纳入政治神学的理论范围，这本身就是一个问题。施米特认为，在现代条件下，那些主张正当性的人

① 《马克思恩格斯全集》第 3 卷，73 页，北京，人民出版社，2002。

② 同上书，39 页。

总是一心自我授权。然而，依施米特判断，"现代国家理论中的所有重要概念"实质上"都是世俗化了的神学概念"①。为了证实他的判断，施米特给出了他的洞见：他认为，即便是美国的实用主义政治信念中仍然可以看到上帝观念的作用。施米特这样的说法无视在世俗领域摆脱教会之后，信仰就不可能继续存在这一情况，他不顾一切地试图坚持这种信仰的动机纯粹是实用主义的和注重实效的。简言之，这差不多也是说，传统王权政治的正当性与现代民主政治的正当性对于施米特来说同样是权力神授论，只不过传统的君王置换为"人民"而化身成了上帝。因而，那些看起来似乎是现代政治学的理论其实只是神学的一种世俗化，是为非宗教的目的而对神学的概念和态度所进行的一种袭取。那种认为启蒙运动以后，传统的宗教信仰及其政治法权的失效，说穿了不过只是革命胜利者的说法，对于那些反对（法国）大革命的人来说，上帝的神圣秩序是此世的法律秩序的基础，传统的宗教信仰及其政治法权并没有失效，至多算是在有的历史动乱中失效了而已。施米特在预设了所谓革命与反革命之争实质乃新旧两种宗教之争后，说，"现代的法治国家观与自然神论一起获得胜利"②。"神学作为一种政治意识形态"所发挥的威权主义功能在施米特那里不仅仍然是可能的，而且是必需的。所以，布鲁门伯格看见，施米特是从政治神学那里挪来正当性为已丧失正当性的东西一用。

施米特还将其对大革命的批评与其理论根源，即卢梭的"公意"理论

---

① ［德］卡尔·施米特：《政治的概念》，刘宗坤等译，31 页，上海，上海人民出版社，2003。

② 同上书，31 页。

结合起来，进一步阐发他的准神学甚或伪神学的政治。他认为，从泛神论的世界图像看，那位处在世界之外的主权者毕竟还是世界"这架巨大机器的工程师的统治者"；而当革命终于使"主权者"（人民）变成"立宪权"之后，卢梭的"公意"变得"等同于统治者的意志"，也就在一神论的外观下具有了唯一的合法性。假如没有"上帝的道成肉身发生在每一个人身上"这一预设，"人民"主权的正当性就变得难以理解了。施米特接着在分析柯特的政治浪漫主义时指出，当统治的正当性不再以前现代的"私法和世袭制"或以"感情和虔诚的依附性"为基础之后，公法理论提出了"一切权力均在于人民的立宪权力"的观点。在施米特看来，人们千万不要以为反对贵族等级制度就是反对专制。因为，自由主义的资产阶级"废除了血缘和家庭的贵族制，却允许金钱贵族厚颜无耻的统治"①。"这是一种最无知、最平淡的贵族制形式。""似乎教育和财产赋予这个阶级压迫穷人的权利"，就此而言，现代革命是"由富人并且为了富人以反对国家和穷人而造成的"。资产阶级的统治形式——现代民主只不过是蛊惑人心的富豪政体。这个阶级的政治形而上学决定了："对王权和贵族制的痛恨促使自由派资产阶级向左转；而害怕在激进民主派和社会主义的威胁下失去财产又促使他们向右转，倒向一个强有力的王权。"②然而，这两种姿态如何在根本上取得和谐？依据对柯特的解读，施米特认为，资产阶级自由主义本质性错误在于"期望那种生死攸关的纷争和决定性的殊死搏斗能够转化成议会辩论"，这种理论体系和形而上学的妥

① ［德］卡尔·施米特：《政治的概念》，刘宗坤等译，50页，上海，上海人民出版社，2003。
② 同上书，51页。

协简直不可思议。因为，它不过让一切维持现状。一旦柯特的激进头脑认识到君主制已成明日黄花，因为不再有国王，而且"除非借助人民的意志，没有任何人有勇气做国王"时，他就强烈意识到了"公权"理论进步的背后必开启了极权主义的政治通道。换句话说，无论如何，民主政治仍然要求统治而非治理，只是这种统治是人民授权的统治。但凡统治就会将自身的统治神圣化和权威化。"在民主思想中，人民居于整个国家的政治生活之上，就像上帝居于世界之上一样，成为万物的原因和目的，万物生于兹又归于兹。"①

然而，人民毕竟不同于上帝，上帝是超越世界的人身，人民则现实存在于历史之中。而超越的上帝被抛弃，也同时引致了人和历史接替了他的职能。历史也转向浪漫主义的用途。一旦历史哲学与法国大革命作为一个整体进入欧洲的智识生活，历史便无所不在了，因为当下的也变成了完全历史的。即使反革命的政治哲学家也试图借助隐藏于历史之中的更为深刻的模型或意涵来解释所发生的事件②，并赋予人民某种特殊的分际。如果这个人民因这种限定性而成为社会学和历史的实在，并具备创造特定法律和特定语言以表达其独特民族精神的能力，那么这个人民必然是一个分化的人群，谁是"人民"的问题，对于施米特来说也就是谁是"上帝"的问题，接踵而来。在这里特别值得强调的是：在施米特的眼里，在马克思主义体系的表述中，人民以无产阶级的形式，成为革命

---

① ［德］卡尔·施米特：《政治的概念》，刘宗坤等译，41 页，上海，上海人民出版社，2003。

② ［德］扬-维尔纳·米勒：《危险的心灵——战后欧洲思潮中的卡尔·施米特》，张龚等译，152 页，北京，新星出版社，2006。

运动的执行者。它总是在历史中寻求正当性，它把自身等同于全人类，而视资产阶级不过是大企业的奴仆，其政治代表性是空洞的。马克思主义在分化的阶级中加上"先进"与"落后"、"新"与"旧"、"解放性"与"压迫性"等绝对区分。如果要使这一区分成为可能，就不得不诉诸一种超历史的道德价值观念。然而，按照施米特坚持的看法，凡是价值思考的逻辑，必否定其对立面——如革命者否定旧事物，且是以一种极具毁灭性的方式。因此，马克思主义"发动了'一场人的终极战争'，以确立普遍的和平与安全"①。在马克思主义中，分化了的人民之阶级对立之所以不能从迄今为止的历史中抹去，归根到底，它是马克思主义具有伦理所激发的革命的政治神学力量和形成一个政党的能力的理论前提。在施米特长期的政治思考中，真正的正当性必然意味着有意义的敌对关系的完全可能性。民主政治的正当性论证，无异于只要谁宣称拥有"人民"，谁就获得"革命"法权的正当性。施米特由此揭示出启蒙运动茫然无视任何政治中固有的"敌对"和暴力。但是，施米特在准备展示马克思主义的历史性力量时，一再把批判矛头忽而指向马克思忽而指向自由主义，他毕竟瞧不起马克思主义的阶级斗争政治论，因为，施米特感觉到黑格尔哲学的敌对意识"保存了革命星火，并通过其历史哲学为继续前进的革命提供了危险的思想武器——比雅各宾党人手中的卢梭哲学更危险。这种历史哲学武器落入了马克思和恩格斯手中。然而，这两个德国革命家

---

① [德]迈尔：《隐匿的对话——施米特与施特劳斯》，朱雁冰等译，60 页，北京，华夏出版社，2002。

更是思想家，而非革命战争的积极分子"①。

最后说来，施米特之所以强调法理学和神学的类比，强调国家法权观念与神学观念的类比，完全是因为他最终倾向于将法国大革命及其马克思主义的后续形式看作新教改革的非神学化版本。因此，就施米特极力在宗教的和政治的观念之间做出导致误解的类比而言，他试图终结一直处于马克思主义中心地位的经济和历史范畴，而将政治决断放在革命理论的中心位置，将马克思的"经济的剩余价值"翻转成为"一个纯粹政治上的剩余价值"②。

（三）社会决定论：洞穿并瓦解大革命政治之现代性幻景

为了研究马克思主义而举证施米特，并非绕道或舍本逐末，倒恰恰是重拾被当代学人搁置的一些基本难题：历史究竟是如何与政治本身扯上关联的？它们是同一的吗？历史仅仅是从政治开始的吗？历史是否应该被理解为主要是一部冲突的历史？重新将"冲突"永恒化入马克思主义当中，真能填补"马克思主义国家理论的不足"吗？如此等等。我相信，傅勒和施米特所揭示的问题以及在政治和哲学上采用的特定视角，都没有超越揭示现代民主的主导观念的缺陷这个焦点。如此的努力便是一再地尝试解蔽马克思主义意义上的政治——法国大革命的意义被首先误读为雅各宾专政，一场对政治发动的攻击战被定调为大革命意义最深刻的

① ［德］卡尔·施米特：《政治的概念》，刘宗坤等译，392页，上海，上海人民出版社，2003。

② ［德］扬-维尔纳·米勒：《危险的心灵——战后欧洲思潮中的卡尔·施米特》，张龚等译，240页，北京，新星出版社，2006。

地方。然而，在这样一种理解中，"随之而来的不是政治的完结，而是更为残酷以及难以预测的结局，其中，革命者中的'他者'成为以他者身份出现的侵略者。革命者在欧洲的进攻愈是猛烈，'政治的完结'愈是变得扑朔迷离。这便反过来引发暴力致命性地螺旋式上升，在这里空想主义者希望通过飞跃进入最后决战"①，以求获得善与恶之间决断的历史清晰度和确定性。雅各宾主义制造了恐怖和暴力，加剧了资产者和人民之间的仇恨，把法国人抛入了无休止的革命传统中。到了 20 世纪，这幅战争图景尤具历史意义，因为雅各宾主义看上去比自由主义更动人，甚至被误认为社会主义之前身，恐怖、暴力行为因为被认为是构造一个社会主义国家所必要的而达到了一个全新程度。与博勒坚持暴力、恐怖在根本上是革命内在逻辑的结果的观点如出一辙，施米特认为，法国大革命全然是在制造一个恒久的危机，政治生活背后的正当性问题因为宗教的退隐而被抽空了。施米特似乎表明，革命的失败是革命政治的失败，是用人民取代国王作为主权者这一政治努力的失败。这一失败既是没有以宗教变革为先导的政治革命不可避免的结局，又是放纵人的自然权利没能实现真正的人民民主专政的结果。以施米特在 1923 年的预见，"即使布尔什维克主义被镇压，法西斯主义被逼上死路"，不等于民主代议制的危机得到克服。因为这个危机的出现并不是因这两个对手的出现而导致的；在他们之前它就存在于那里了，而且，在他们之后还会存留。归根到底，这个危机源起于现代大众民主，源自自由个人主义的某

---

① ［德］扬-维尔纳·米勒：《危险的心灵——战后欧洲思潮中的卡尔·施米特》，张龚等译，156 页，北京，新星出版社，2006。

种矛盾——"充满道德情怀的自由个人主义"与"受政治理想支配的民主制的国家感情"之间的矛盾。在这里，问题的核心在于：历时百多年的民主历史和反对皇权专制主义的斗争，"模糊了人们对这种矛盾的认识"①。

这里，施米特在自己的立场上虽然与马克思一样正确地洞悉了民主和代议制的内在矛盾：马克思曾间接地预感到为克服自由民主制度特有的劳动者和公民之间、社会和国家之间、私人领域和公共领域之间的两重性所做的努力潜在着奴役的可能性。但是施米特没有要求用马克思的观点来补充自己的基础。他对法国大革命的谴责不是由于它所显示出来的历史行动者的历史认识与历史的实际之间的错位，以及雅各宾政治乃至人类自我授权的现代性幻景，他反对大革命不过是因为它打开了所谓邪恶人性的潘多拉盒子而已。他反对大革命就是反对世俗的"宗教信仰"——相信"社会和人性的无限可完善性"。对于施米特的感受来说，人类学的神学人性理论是用来划分和厘定纷繁复杂政治运动"最本己的标准"，尤其当它与"原罪观念联系在一起时，情况更是如此"②。正是在这一意义上，施米特因此总是不断地指出，任何政治理论无法同形而上学分离，说到底就是因为无法跟神学分离。传统管制人性的宗教和政治手段是不可能被消除的，"政治的神学"尽可以依自己的信仰理由支持革命，也尽可以依其信仰理由在一个具体的历史处境中拒绝做任何狭义上的政治抉择。透过"卢梭晚期的小说""善感的无政府主义者"和"马克

---

① ［德］卡尔·施米特：《政治的浪漫派》，冯克利、刘峰译，171 页，上海，上海人民出版社，2004。

② 同上书，4～5 页。

思的社会主义"，施米特瞥见了人性本善这种所谓异教信条立场。然而，无论是古代思想家，还是马克思以前的现代思想家，都如此这般地设定"政治生活存在的根据就是人的不完善，而且政治生活还将继续存在，因为人的本性排除了将所有的人都提高到最优秀水平的可能性"[①]。在施米特看来，由于马克思相信"经济和社会状况的变化会改变人性"[②]，真正说来，马克思所理解的"政治"只能归属于现代技术理性范畴。但技术理性岂能解决生活世界的冲突？

诚然，施米特从自己的立场正确地看到了马克思坚持历史的进步和社会的和谐取决于在社会经济的基础上的改变，而非取决于政治在市民社会中锻生政治的人的努力，以促成人性的构成的改变。但施米特的错误恰恰在于既想避免陷入人性善或人性恶的纷争，又企图借助人性恶的说法鼓吹统治与被统治关系的永恒性以及统治意志的优位性。与施米特势必将政治"总体化"不同，马克思关注历史中的阶级关系的变更及其统治的历史正当性。依照马克思的方式解读，统治与臣服或者施米特所谓更高的人决定较低存在等级上的人的生活方式的论题，不过是历史处境性的和政治性的；施米特的错误归根到底在于将其转换成政治本体论论题，并且因而陷入了政治幻想当中。显然，施米特的神学基础往往被人们看作导致他把政治总体化的根源。

不难看出，马克思对革命政治的总体化和唯意志论幻想的批判，是

---

① ［美］列奥·施特劳斯、约瑟夫·克罗波西主编：《政治哲学史》下，李天然等译，949页，石家庄，河北人民出版社，1998。

② ［德］卡尔·施米特：《政治的概念》，刘宗坤等译，48页，上海，上海人民出版社，2003。

奠定在自己的社会理论之上的，并颠覆和终结了全部革命神学。马克思指出，"社会——不管其形式如何——是什么呢？是人们交互活动的产物。人们能否自由选择某一社会形式呢？决不能。在人们的生产力发展的一定状况下，就会有一定的交换和消费形式。在生产、交换和消费发展的一定阶段上，就会有相应的社会制度、相应的家庭、等级或阶级组织，一句话，就会有相应的市民社会。有一定的市民社会，就会有不过是市民社会的正式表现的相应的政治国家"①。在此，只要消除了还原论的和退行性的抽象，这一观点仍然可以方便地称为马克思的社会决定论。依此，马克思主义作为一种社会哲学，特别是作为一种革命批判理论，在其作为一种历史哲学方面，与革命政治的神学毫无瓜葛。对于马克思来说，革命的必要性既不是一种经济决定论，也不是独裁政治意志的决断行动。那些只是根据这些论断辨认马克思的人，仅仅证明他们在缺乏这种错误二元选择的预设构想的情况下就无法思想了。在这里，我们的意思并不是说，他们对问题的某些方面毫无领会，抑或是他们要为历史形成的遮蔽承担所有的责任。我们的意思恰恰是要表明：只要"一切真正的革命，即完全成功的革命必然导致无神论。反过来说，只有从人不再把理想投射在彼世的时候起，人才能在世界中通过行动实现理想，也就是进行一场革命"②。

　　而这不过精确地表达了马克思对由意识形态的暗箱所产生的革命政治的基本批判：革命使所有人怀疑法国哲学家的信念，对于这一点，我

---

　　① 《马克思恩格斯选集》第 4 卷，532 页，北京，人民出版社，1995。
　　② ［法］亚历山大·科耶夫：《黑格尔导读》，姜志辉译，251 页，南京，译林出版社，2005。

们还没有足够的了解。在谈到罗伯斯比尔所表现出来的政治偏见时，马克思指出："**政治**理智之所以为**政治**理智，就因为它是**在政治范围以内**思索的。""**典型**的政治理智时代就是**法国革命**。法国革命的英雄们根本没有在国家的原理中去寻找社会缺陷的根源，相反地，他们却认为社会缺陷是政治上混乱的原因。例如，**罗伯斯比尔**把大贫和大富仅仅看做**纯粹民主**的障碍，因此他想建立一种普遍的斯巴达式的朴素生活。政治的原则就是**意志**。可见，**政治**理智越是片面，因而越是成熟，它就越相信意志是**万能的**，就越分不清意志的自然**界限**和精神**界限**，因而也就越不能发现社会疾苦的根源。"①因为他们不能理解解决社会问题这项任务的重要经济维度。很明显，对于马克思来说，任何物质因素都不能按照法令而被消灭，国家也不例外。因此，法国大革命企图按照法令解决社会问题(摆脱贫困)，结果只是："世界上多了一个决议，仅仅一年以后，国民公会就被饥饿的妇女包围了。"②依此，革命政治暴露出它的限度：对于罗伯斯比尔来说，意志作为唯一的实在，是一种革命力量。这样一种观点，只有在非常狭隘的意义上才可能是正确的，哪怕是在革命鼓动方面，它的意义也当有所规定。马克思看到，根本说来，作为市民社会的人是追逐私利的"**非政治的**人，必然表现为**自然人**"，而公民则必须是卢梭所试图塑造的"**抽象的**"道德完善的"人为的人"，"**法人**"③。市民社会与政治社会的矛盾是不可能通过自私的、利益分裂和对立、实质上不平等的个体构建一个共同体的方式予以调停的。雅各宾主义不能发现走

① 《马克思恩格斯全集》第 1 卷，480～481 页，北京，人民出版社，1956。
② 同上书，478 页。
③ 《马克思恩格斯全集》第 3 卷，188 页，北京，人民出版社，2002。

出矛盾的出路，就幻想通过公民宗教使个体成为公民，使人成为人自身，实际上隐含着对古典政治的崇拜，并由此"混淆了以**真正的奴隶制**为基础的古代**实在论民主共和国**和以**被解放了的奴隶制**即**资产阶级社会**为基础的**现代唯灵论民主代议制国家**。一方面，不得不**以人权的形式**承认和批准现代资产阶级社会，即工业的、笼罩着普遍竞争的、以自由追求私人利益为目的的、无政府的、塞满了自我异化的自然的和精神的个性的社会，另一方面又想在事后通过单个的人来取缔这个社会的各种**生命表现，**同时还想仿照**古代的**形式来建立这个社会的**政治首脑，**这是多么巨大的错误"！①

马克思所说的是，雅各宾主义的做法是国家和政治锻造社会，不仅要锻造法国社会，还要锻造普天下的社会的典型幻想。雅各宾主义的本质在于人的抽象意志在政治当中成为决定性的原则和力量，雅各宾党人毫无拘束的空想是"非历史的"思维，同时也歪曲了政治问题的维度成为政治唯意志论的根源。法国大革命不仅被看成一种"社会"的根本性结构变化，即一场"革命"，而且它还使关于可以对社会秩序进行有意识的、人为操纵的建构和重构的思想合法化了，这是前所未闻的。毫无疑问，马克思的问题绝不仅仅看到恐怖只是复活古典美德政治的后果，相反，它指向了对法国大革命本身的反思，指向了社会革命与政治革命的区分：革命以社会变革为起源。青年马克思虽然一度承认法国大革命作为政治事件的自主性，并且对恐怖进行了一种政治解释，但是马克思强调，"彻底的社会革命是同经济发展的一定历史条件联系着的；这些条

---

① 《马克思恩格斯全集》第 2 卷，156 页，北京，人民出版社，1957。

件是社会革命的前提"①。诚然，这句话的内在精神与 19 世纪的信条所强调的颇为一致，这个 19 世纪的信条由赫伯特·斯宾塞、布克尔等哲学家表达出来，他们区分了国家和社会，并把自由归于社会。在他们眼里，国家和政治乃是邪恶的东西，且意味着战争和黩武主义，而社会则等同于工业主义、私营经济，因此意味着进步与和平。由此，所有的东西都汇入自由的也就是与国家无涉的世界贸易和世界市场中。也正是在此一视野里，马克思欢呼工业革命并把它看作社会革命的现代形式。但是，马克思坚决批评了内在于 19 世纪信条的世界自由资本主义的历史建构之永恒化理解定向，在马克思的眼里，如果社会没有谁统治谁的问题或者国家最终成了社会，那么也就是国家消亡了。这就是说，社会和人的自由问题的最终解决不能依赖政治的方式，而只能通过社会自身的彻底转换实现社会的彻底变化。因此，如果用一句话来概括马克思的大革命研究的要义，那就是革命的理由说到底是社会和经济的而非神学和政治的。

---

① 《马克思恩格斯全集》第 18 卷，695 页，北京，人民出版社，1964。

第八章 | 我们时代的政治哲学反思

一、德里达：幽灵政治哲学

在通常的政治概念分类学意义上，德里达的《马克思的幽灵》一书虽然没有提出一种政治哲学理论，但是，我们可以正当地揭示德里达阐释的幽灵性的逻辑所蕴含的政治意味。《马克思的幽灵》说明了"幽灵政治学"一直就在我们的身边。难以名状、在与不在、可能与不可能的"幽灵"意象及其不再涉及共同体本质和结构的"新国际"，试图抵抗的就是知识化、对象化、观念化的政治概念，即某种政治和理论形式上的"教条主义的"马克思主义和"志得意满的"自由主义。其攻击的要害是它的政治形而上学霸权。可以肯定地说，德里达的批判为马克思主义者提供了认识自己的一种线索。

韦伯在其很值得注意的"以政治为业"的演说中，写道——"所有历史经验都证明了一条真理：可能之事即不可得，除非你执著地寻觅这个世界上的不可能之事……一个人得确信，即使这个世界在他看来愚陋不堪，根本不值得他为之献身，他仍能无悔无怨；尽管面对这样的局面，他仍能够说：'等着瞧吧！'只有做到了这一步，才能说他听到了政治的'召唤'"①。

只要我们不是完全掉以轻心，哪怕粗浅地品味这番话的微言大义，在转而阅读德里达的"幽灵政治学"时，就会发现它们之间有相互发明之效。它们都对政治思考中的二元对立、理性的乖张做了敏锐的解读。从韦伯这里我们很容易地看出，由"现代性的困境"所引起的痛苦，虽然还没有赋予当时的思想家们以勇气去建立既往价值秩序的消解体系，或者说，作为一种理论形态的"解构主义"在 20 个世纪初尚未产生，但它的问题早就已经开始被预示了而且早就开始运作了。从而也总是给一些心智敏感的人（如韦伯之流）带来麻烦。韦伯充分意识到，区分经验事实的陈述和价值判断的困难使得政治变成一种不可能获得理想支持的事业——"这个世界上没有哪种伦理能回避一个事实：在无数的情况下，获得'善的'结果，是同一个人付出代价的决心联系在一起的——他为此不得不采用道德上令人怀疑的、或至少是有风险的手段，还要面对可能出现、甚至是极可能出现的罪恶的副效应。当什么时候、在多大程度上，道德上为善的目的可以使道德上有害的手段和副产品圣洁化，对于

① ［德］马克斯·韦伯：《学术与政治——韦伯的两篇演说》，冯克利译，117 页，北京，生活·读书·新知三联书店，1998。

这个问题，世界上的任何伦理都无法得出结论"①。在韦伯这里，必须自己为一切负责这一伦理意识，因失去信仰的悲剧而被提升为最真诚、最具宗教性的自我要求。因此，对韦伯来说，"在某种意义上，成功的政治行为总是那种'可能的艺术'。然而这种可能往往只有通过努力获得存在于可能之外的不可能才能达到……在任何情况下，失之于对这一事实的认识妨碍了我们对现实的理解"②。

我认为，韦伯的这些观点已经提供了足以切入德里达的幽灵政治学的概念范畴之可能，这种联系的可能性即使是在今天也仍然最有必要做出应答，然而却被普遍忽视了。当然，为了防止可能由此招致的误解，我必须马上补充说，我在这里不是要讨论德里达是不是有直接或间接地对韦伯发言。我所要指出的是，德里达的"幽灵政治学"就那种缺少直接现实存在的前提的价值判断，即后马克思思潮普遍引证的某种理想式的决断的问题加以论述绝非偶然。我在这里将初步地和主要地把焦点集中在德里达的《马克思的幽灵》这一著作之上，虽然始终会以一种补充的方式援引他的其他著作。讨论分两步进行：第一部分概述德里达重视"马克思的幽灵"的原因，第二部分通过"新国际"复述幽灵性的逻辑。

（一）德里达重视"马克思的幽灵"的原因

《马克思的幽灵》的标题无可辩驳地表明："幽灵"（spectres）这个范

---

① ［德］马克斯·韦伯：《学术与政治——韦伯的两篇演说》，冯克利译，108页，北京，生活·读书·新知三联书店，1998。

② ［德］马克斯·韦伯：《社会科学方法论》，杨富斌译，122页，北京，华夏出版社，1999。

畴是这部论著的主要线索。对德里达的"幽灵"一词所具有的可能意义的多面性，不同的评论者以不同的方式做了解释。在我看来，回溯到汉民族语言的天然词义上去理解，德里达已经从自己的角度有所关联地描述了"幽灵"与"鬼"（fantôme）、"鬼魂"（revenant）的概念之间的关系，我们可以在德里达关于解构"历史的终结"这个著名的说法中听到这种概念联系。

大家知道，按照德里达自己的解释，《马克思的幽灵》这本书是在自由资本主义、市场社会宣告马克思主义的终结占压倒性优势的教条意识下出笼的。因此，德里达选择了马克思的遗产"继承"这个角度作为其理论的优先关注的问题，并称他在此采取的是一种"政治姿态以优先性"①，但是，德里达绝不是出于"应景"或回应政治需求而提出这个问题，他既不想应对我们传统上的所谓政治提出某种主张，也不想在传统旧框架内提出新的政治内容。要给德里达在现有政治性诸法典当中作一定位是困难的。我们不妨说，德里达在《马克思的幽灵》等著作中要做的是，尝试着在文本政治的范围内重新定义，或从不同的角度"重新思考什么是政治，在政治领域的播撒中到底涉及什么"②。也可以这么说，德里达所拥有的政治概念既是政治性的又不是政治性的。出于同样的考虑，马克思遗产"继承"这个问题是那个从德里达的根本问题必然产生出来的前导问题"一个称谓能指代另一个对象吗？"迫使他不得不提出的。

---

① ［法］雅克·德里达：《马克思的幽灵》，何一译，46 页，北京，中国人民大学出版社，1999。

② ［法］雅克·德里达等：《政治与友谊：与雅克·德里达的座谈》，见汪民安主编：《生产》第二辑，52 页，桂林，广西师范大学出版社，2005。

在《马克思的幽灵》的开篇，德里达就指出了存在着"危险的替补"，即"一个名字取代另一个名字，部分取代整体"①，以此来超越整体；用结果取代原因，从而使它转化成为原因的原因，如此等等。例如，在苏联解体后、在中国改革开放后，仅还只有极少数人有能力看穿当今资本主义的无所不在，并不就是资本主义的普遍性。相反，绝大多数人将具有特殊的批判意义的世界历史的"普遍同一性"观念，肤浅化为形而上学命题。因此，在这一形而上学中，实质性的反思找不到存身的地盘。甚至如下错误看法——就形而上学方面来看，苏联人、中国人与美国人三者其实是相同的，即相同的有发了狂一般的经济主义、技术主义进步观或社会进化论的思想。美国人的生活成了"后历史时期"所固有的生活类型；美国在世界上的存在显示了整个人类的"永恒在场"的将来。谁会看不到，美国人的集体无意识就是"我即我们，我们是历史的'新边疆'，我们代表未来"——已经成为西方的看法。

但凭什么这么说？我们知道，在西方知识谱系内部，超越民族国家的普遍历史理念有着非常确切的所指，那就是由资本主义市场和代议制民主构成的"普遍的市民社会"。但目前的世界距离这个西方自身理想的实现还差得很远，这不仅因为，即使资本主义是非常有生产能力的，但在财富分配方面，资本主义制度还有难以克服的困难，而一个富裕社会在道德上和政治上不能承受严重的贫富两极分化之重；而且，不是没有有识之士正视这些问题，才出现如此之大的贫富差距，而是因为维持社

---

① ［法］雅克·德里达：《马克思的幽灵》，何一译，8页，北京，中国人民大学出版社，1999。

会公正根本不是一个单纯的经济—技术问题。严格意义上讲，它是一个政治—价值问题。归根到底是，今天也还存在有效的韦伯所谓"我们是谁?"的问题。所以，根据德里达，以政治—经济自由主义来标榜一个社会，实质是自由民主国家在想象中的实现。他断言，自由民主的现实恰恰是其理想的对立面。它的实现需要存在于凭推测能够现实地发生的事件（尤其是在 20 世纪末所发生的事件——从柏林墙的倒塌，到西方资本主义世界的议会民主制发现它们自己少了一个根本的敌人）之中的福音这样的事件。但是，即便是在 20 世纪 90 年代经济—政治自由主义也没有变得更好，今天我们无疑正置身于不安全的威胁加剧之中。为了分析这些对抗的逻辑，由马克思的传统而来的某种置疑在很长时间内仍然是必需的。

这样，德里达大可否认"历史的终结"论的可疑性质及其特殊困难，即大大小小的福山们，一方面总是将自由民主国家归入"一种实际存在的现实事物"，另一方面则又将它规定为"一种调整性的和超历史的理想"①。由于福山们不使用迷惑人的事实与理想之间的混淆就不可能有效地实现他的真理，故而，在此只是看法算数，即从此一看法引入另一看法引来引去。于是，与诸位福山把完善的自由民主制度降临的荣耀，一会儿归于"现实"，一会儿归于"现实的预兆"相对抗，德里达明确挑明，历史终结论中的完善的自由民主理念让许许多多的人对我们周围事件的真实状态视而不见。它实际上只不过是一种对"他者"的"发明"或相当于"公理结构"的"设定"。既然"他者"是"设定"和"发明"，当然就是原

① ［法］雅克·德里达：《马克思的幽灵》，何一译，90 页，北京，中国人民大学出版社，1999。

先所没有的、陌生和神秘的，或者说它已经超出了知识、理论、原理对象的范围，就像"幽灵"和"鬼"。"幽灵"和"鬼"是显现的东西，但在通常情况下，"幽灵"和"鬼"我们"看不见"。我们没法像福山那样方便地从它那里转进去或转出来，故只能诉诸"描述"（直觉、想象、回忆、联想）。借其之助是为了让"所有的存在，所有的经验都被对这种他者不可预见的到来的参照所结构化。如果没有这种向着事件、也就是向着他者不可预见的到来的张力，在时间与空间中就没有经验可言"①。这里显得重要的是，注意德里达为什么重视"幽灵"问题。

德里达实际要强调这一事实：有效性或现实性范畴似乎具有某种有限的恰当性，即针对现实中的对象性目标和当下在场的东西，它也许是有些道理的，这些道理归在唯物主义对唯心主义的批判的教益标题之下。但囿于现实性和理想性之二元逻辑之顽固性和有害特征（也意味着确信一个幽灵与一个实际存在的现实之间有着确定的分界线）来衡量自由民主制度之建立的成功或宣告马克思主义和马克思主义的社会制度的终结，将永远都是一个方向性的错误，而且越来越成为一个逻各斯中心主义的错误。逻各斯中心主义从根本上说也是一种唯心主义。在此之前，原本给它们起个对原义进行划分的所谓专名本身就已经使我们误入相反的方向了。众所周知，给某人取名，实际上就是将该人植入社会的姓名系统中，借与其他姓名的差异而获得同一性，它丝毫不能表现出该姓名的个人的唯一性和固有性。原因很简单，即使认为该人的姓名事实

---

① 杜小真、张宁编译：《德里达中国讲演录》，79 页，北京，中央编译出版社，2003。

上除了他以外再没有同名的人，但作为命名的可能性来讲，该人获得的姓名总是已经完全以能成为他人的姓名为前提的。用马克思的话说："人来到世间，既没有带着镜子，也不象费希特派的哲学家那样，说什么我就是我，所以人起初是以别人来反映自己的。名叫彼得的人把自己当作人，只是由于他把名叫保罗的人看作是和自己相同的。因此，对彼得说来，这整个保罗以他保罗的肉体成为人这个物种的表现形式。"①所以，关于"命名"，德里达写道，"取那些可能禁止说出的名字，这便是语言的原始暴力"②。换种方式说，采取分类的方法处理名字的问题，便必然冒了名字被肢解，并以面具和相似性无限繁殖的危险。反过来说，一个名字的独一无二性，决定西方形而上学聚集起来的统一性。这不就是或多或少把独一无二的文本，最终把为存在、为存在的经验的独一无二的命名统一起来的欲望吗？

上述对专名是根源性暴力的强调，宣告的是德里达对多元性和暴力的发现。有鉴于此，在《马克思的幽灵》等文本中，德里达少有含糊地提出一个论题。这就是：以"马克思"的名字命名的马克思主义不仅不是古典意义上的体系，它并不具有统一性和独一无二性（这种统一性，这种独一无二性，以马克思这个名字的价值，相互保护，防范播撒的危险）。因为情况恰恰是，"它只存在于各种各样的不同解释中。不只是理论解

---

① 马克思：《资本论》第1卷，67页，北京，人民出版社，1975。
② ［法］雅克·德里达：《论文字学》，汪堂家译，162～163页，上海，上海译文出版社，1999。

释，同样还有改造世界，改造文本"①。当然，德里达这一釜底抽薪削
去了想获得对马克思的一致性理解之尝试的根基。他的确看到了形而上
学的逻各斯中心主义的偏见。但是，谁曾说过马克思的名字成了马克思
的思想的原因呢？当然不是马克思，而是德里达本人。同样，谁曾说过
或决定过有一种马克思"主义"这样的东西呢？它能够聚集而且只能聚集
在这个名字之下的一种东西呢？如今有谁能够说一个马克思主义者的论
述有什么显著特征？当然仍然不是马克思。这一点我们也早已从"效果
历史意识"中知道。有人，例如，汤姆·洛克莫尔表明，马克思正是通
过马克思主义的途径被滥用和扭曲了。② 如果可以这样说的话（尽管这
里假设性很强），我们的确不是非得要由德里达来宣告马克思与马克思
本人的意见是一致的观点所具有的假设性（马克思不是对恩格斯也说过
这个吗？）。在此，我要指出，德里达似乎没有说出什么新东西（在这方
面，相较于他的"论文字学"和他所涉足的意指实践，马克思对于实践与
理论关系的分析、对商品和货币拜物教的分析以及对形而上学一般范畴
形式的批判仍旧可以说是深入而丰富的），在这一点上，如果说，德里
达充其量只不过是和"马克思主义之后的马克思"某种反教条主义的观点
发生深刻的共鸣，那么他与大批类似的反斯大林主义者也就没有什么区
别了。

但是，德里达从暴力与形而上学的观点出发真的没有什么新的断

---

① 杜小真、张宁编译：《德里达中国讲演录》，80 页，北京，中央编译出版社，
2003。

② 聂锦芳：《清理与超越——重读马克思文本的意旨、基础与方法》，231 页，北
京，北京大学出版社，2005。

言？不是的。他提出来自语言、记号主体（和符号相比，德里达似乎更喜欢"记号"这一说法）和指示对象的断裂，与来自原文、语境的断裂形成一体，形成瓦解关于对象的哲学，同时也瓦解了关于价值观念的同一性的理念。后者才是进而从根本上由他推进了的论点。根据德里达的见解，此中的情况是，"记号时常是自我本身抱有价值改观可能性的，潜在性地通过无限数的语境变化，不变的价值之类时常是不存在的"①。正是出于这一理由，德里达说，在价值和解构意义上看，马克思主义精神不止一种，而这个精神往往永远也不可能被重演复制，而且它们都是异质的。"要想继续从马克思主义的精神中汲取灵感，就必须忠实于总是在原则上构成马克思主义而且首要地是构成马克思主义的一种激进的批判的东西，那就是一种随时准备进行自我批判的步骤。这种批判在原则上显然是自愿接受它自身的变革、价值重估和自我阐释的。"②这种批判在被激进化之后，便与解构活动的主旨——"不单纯是一种批判，而且向一切批判发问，向一切问题发问"——毫无二致。事实上，批判，其本来的或基础的含义无非是澄清前提和划定界限。而对于德里达的解构理论来说，这样的批判工作当然意味着只是走得更远且不会停歇的运动，德里达无疑以为，我们"保留了这种批判和解构的无限权利"，这种权利"原则上是一切民主中都被担保的"③。

---

① ［日］高桥哲哉：《德里达——解构》，王欣译，133 页，石家庄，河北教育出版社，2001。

② ［法］雅克·德里达：《马克思的幽灵》，何一译，124 页，北京，中国人民大学出版社，1999。

③ ［法］雅克·德里达等：《幻影朋友之回归：以民主的名义》，见汪民安主编：《生产》第二辑，42 页，桂林，广西师范大学出版社，2005。

因此，要想呼吁一种无止境的自我批判，就要力求抵制任何教义、任何形而上学的宗教规定性和任何弥赛亚主义的禁锢。在我看来，对于解构思维的这个诉求，显然是针对在两种主导倾向上是对立的马克思而提出来的，即阿尔都塞式的哲学中那个直接在场的马克思和本雅明式的用存在—神—目的论的语码来说话的马克思的对立。由于这种关怀，德里达希望把任何一种目的论、任何一种本原论或任何一种弥赛亚式的末世学从马克思主义中区分出来；就我们所能够辨认出来的存在于德里达思想中的"他者到来"的体验而言，在此，最重要的是区分"弥赛亚主义"和"弥赛亚性"。依照德里达，弥赛亚主义是一种思想体系，是主观的构造，且是可以解构的。大致上，它意指等待某个特定的人物到来，他将为大地带来和平与公正；而弥赛亚性，则是经验构成的普遍形式，它是人的体验的普遍性结构，它是一种敞开，面向未来，面向即将来临的人，它是一种不确定的允诺，我们看不见他必然来，他不必然是可见的。他的到来是不可预见的、不可见的，就像"鬼魂"。特别是，弥赛亚性是无法解构的，因为，它超越了某一确定的宗教教义，也超越了黑格尔主义的特定目标（目的、终极）而排斥"偶然""可能"的"历史"概念。

与此同时，就德里达众所周知的立场来看，德里达对待马克思主义的方法是把**存在**的或**存在过**的马克思主义同可以被理解为可能的或不可能的目标的马克思主义区别开来。《马克思的幽灵》论证不只有一个马克思的幽灵，并企图超越当前对马克思的否定而探索仍需我们再确认的他的其他遗产。我们在这里置身其中的问题维度，与德里达界说那共产主义的幽灵发生关联。在德里达的阐释中，倘若要避免对"共产主义"之流俗理解（决定论式的理解），那么，"共产主义"既不是当下情境中的直接可能性，也不是在更后的阶段才具有真正的可能性，即在已经被创造出来的历史必然性结束之后的阶段才实现的可能性。毋宁说，"共产主义"存在于所有用来消解凝固化了的体制及其解构实体性"历史"存在假象的能量中。这里没有什么可能和不可能的。按照德里达的说法，"'可能'的经验就是'事件'的经验……这是没有计划、遇见和先知的'可能来到'的经验，换句话说，事件不应该是可预见的，而是不能计划，没有方向的。如果我能够计划、预见将要发生的事情，那就不会有'事件'……没有事件就没有历史和未来，所以'可能'这个范畴是非常重要的，它制造不可预见的无理由的事件"①。这么说也是因为共产主义普遍解放的命运，自一开始就以幽灵而出现，即使在今天此种历史状况也仍然与此相似，因此，共产主义的幽灵曾是从未来呼唤而来，"本质上，那幽灵就是将来"，或者它"将要到来的"。这一"将要到来的"是对一种在我们所谓理想之内从未包含的真正理想的承诺。这一点绝不能与当今资本主义无所不在的时代境况是从过去呼唤而来，形成对照。马克思本人在谈到未来时，把它当作一个超越的阶段。但从什么样的观点出发能**预先**断定马克思是正确的？毫无疑问，在马克思的历史辩证法中，某种客观的结果并不能说明某种特定社会话语（譬如，在马克思开始写作的时代，整个工人运动的失败，或认为苏联、东欧社会主义国家崩溃）的特殊性（时效性），因为，这种话语会被未来维度所解构。正是在这里，德里达认为，马克思明确谈到的"那幽灵乃是一种自相矛盾的结合体，是正在形

---

① 杜小真、张宁编译：《德里达中国讲演录》，68～69 页，北京，中央编译出版社，2003。

成的肉体"，是"某个难以命名的'东西'"①。德里达也正是本着这样一种方式来谈论马克思思想在当代的边缘位置的吸引力的。

(二)以"新国际"抵抗自由民主制的理想

上面对德里达"幽灵政治学"的描述在很多方面无疑是粗略的和简化的，这一描述的总的方向并没有得到充分的展开。虽然这个方向的一些侧面被我们很好地突出了：德里达如此这般地重视幽灵的逻辑源于它所处的当代社会语境和政治语境——所谓"意识形态的终结"和古典的解放理想的完全过时。此外，从苏联解体以来，或许还可以追溯到 20 世纪 60 年代的激进主义运动的副产品，西方所有重要的知识走向都有助于共同促成一个结果：揭露一切社会共同性或"共同体"（它们大致上是与社会主义和共产主义有共鸣的词语）的虚幻性，以支持和维护个体分离或者没有关系的单一性。与市场秩序共谋的自由主义个人主义的高涨，不允许我们无视这样一个事实，即在我们的时代可能再没有任何办法去领会一种在政治或伦理层面上被认为是含有坚实的一致性的共同性或"共同的善"的概念（麦金太尔的不安即由此发生）。但德里达欲对这种论点施以解构，明确地"以另一种政治的名义"提出自己的批判。

那么，德里达用什么东西来抗衡自由主义的个人主义意识形态无可争议地在全球的扩张？德里达的法宝是一种"新国际"。它"要求我们去思考分离之物本身的'结合为一'。这不是要坚持让分离之物合在一起，

---

① ［法］雅克·德里达：《马克思的幽灵》，何一译，11 页，北京，中国人民大学出版社，1999。

而是要我们自己进到分离之物本身'结合为一'的地方，不要损害裂隙、分散或差异，不要抹除他者的异质性。这要求（也许是命令）我们得让自己朝向未来，使自己加入这个我们之中，在那里，分离之物也会投身于这一独特的加入行为，且不需任何概念或确然的决定性因素，不需任何知识，也不需连接和断裂的综合接头……这是一个重新组合的联盟……"①当然，我们还可以在《马克思的幽灵》的别的地方看出，它也"没有身份，没有头衔，也没有姓名；即使不是偷偷摸摸的，也几乎是不公开的；没有盟约，完全'脱节'，没有协作……没有共享的公民资格，没有共同归属的阶级"②。

　　显然，德里达觉得需要在当前通过新国际，重新阐明解放的概念。只是因为该概念具有德里达本人的苦心孤诣的私人性而与其他人的不同。这反映在该书词语方面的艺术技巧除了假设了一种"没有共同体的共同体"之外，也提出了这样一些概念，如"没有决定（或决定论）的决定"，"没有期望或不再期望的期待"，"没有机构的组织"，"没有待客之物的殷勤好客"以及所有的仪式化地重复"没有×的×"。对于这种煞费苦心地把马克思主义的那种精神从与正统的国家机器密切相关的马克思主义教条中区隔开来而明显带有"化学分析"性质的语言而言，首先解构的是一种对共产主义社会制度和社会形态的"实体"的见解。这当然是一个自相矛盾、令人生疑但不能不掂量的想法。众所周知，历史上欧洲三大空想社会主义者曾经精心地筹划过以妇女解放、早期的教育与劳动生

---

　　①　［法］雅克·德里达：《马克思的幽灵》，何一译，42～43页，北京，中国人民大学出版社，1999。

　　②　同上书，121页。

产相结合等为尺度的共产主义平台，而在现代，建立共产主义思想体系和进行共产主义实验的愿望，也迫使人们对共产主义本身做教义化的理解。这种理解虽不乏诚意，但也难以避免犯共产主义的急性病和幼稚病。德里达相信，以悖论、疑惑和不可能的方式来讨论共同体（不，更确切地说，"由于几乎称不上是共同体，新国际故而仅仅是一个匿名"）将消解对共产主义的实体性理解所产生的错觉，并且排除由这个"专名"所唤起的马克思主义教条化的特质规定。在人们思考它时不再搞形而上学。这里，我们感兴趣的不是这种推进共产主义的努力本身的历史（它的失败导致德里达再一次正视原初意义上的共产主义不应当是简单化的、实体化的），而是为了消除实体化的约束所付出的代价——人们可以看到，德里达仅仅用词语（更准确地说，是他企图创造他自己的语言游戏）来表达共产主义的诉求，与每一次唤起的马克思主义教条化的特质规定反过来是连在一起的。这里的关键问题在于，德里达没有对任何形式的斯大林主义做历史唯物主义的分析，他只是满足于让马克思主义进入历史客观性的游戏中，直到马克思主义的前景不再是唯一的前景。事实上，德里达根本不想清楚地表达自己的（潜在的）政治观点。他也并不真的认为与"政党形式"或某种国家或国际形势决裂，就能放弃所有实际的或有效的组织形式。① 德里达谈到的"马克思的幽灵"的另一个意义说的就是对马克思而言的幽灵，即马克思本身所体验、进而甚至想驱逐的幽灵。马克思不仅仅唤起了共产主义的幽灵，而且也想以"普遍的共

---

① ［法］雅克·德里达：《马克思的幽灵》，何一译，126 页，北京，中国人民大学出版社，1999。

产党和共产国际成为幽灵的最终托身"让幽灵之物成为显现的现实。也就是说，德里达的马克思最终说来也想在唤起幽灵的同时又驱逐幽灵。换句话说，从德里达的恣意狂想来看，马克思也与柏拉图主义难以脱钩。因此，解构的进程不能算完。新国际总要求与"旧欧洲的一切势力"了断，跨越政治的陈旧限制，并"必须被某种超出世界性和公民权的东西所引导"或者"形式合法地表达'他者'的力量"。对于德里达来说，与作为党派、国家或工人国际的机器部分的马克思主义区别开来，新国际不太涉及它的肯定性内容，也无须相信甚至说"从未相信过社会主义的马克思主义的国际……从未相信过全世界无产者联合起来的弥赛亚末世学的作用"①，它意味着可能与不可能之间以及生与死之间。

严格地说，德里达在《马克思的幽灵》中提出的"新国际"超出了世界主义的视野，"新国际"概念应该不仅在民族国家之外而且在世界性本身之外来重新定义。这里的关键问题并不是德里达对世界主义究竟是不是可捍卫的政治观点心存疑虑，而是世界主义是什么？这本身是个恼人的问题。德里达的问题同样变成在思考一个解构主义的事实，即根本没有任何专有名词。按照德里达的理解，世界主义至少仍然受制于伟大事物的诱惑，受制于政治、国家等的严格控制。我们认为，返回到古典思想上来，对世界主义的"指控"当然是无可否认的，但也可以根据众多理由来证明其正确或为其辩护。历史表明，世界主义的命运并不好。在黑格尔那里，它成了绝对精神在历史中被歪曲了的化身。对教条主义的马克

---

① ［法］雅克·德里达：《马克思的幽灵》，何一译，121 页，北京，中国人民大学出版社，1999。

思主义来说，国家的式微意味着无产阶级在全世界的专政。在资本主义的实践中，世界主义蜕变为资本利益的全球市场，这种利益将大多数人置于它的桎梏之下，以一种新的奴役形式制约着我们。在德里达看来，这种事总是以一种组织的国家或国家间的管理形式发生和产生作用。这意味着政治在其中扮演的角色仅仅是提供商业便利。"若是没有至少一种马克思主义的批判精神，没有对市场、对资本的多样逻辑和对连接国家、国际法和这种市场的东西的批判"，就无法想象一种解构活动。对这些立场的解构揭露了黑格尔主义、教条马克思主义和资本主义都无法解释的某种东西。很清楚，"世界主义"和"爱国主义"这样一些词语指望着形而上学的二分，要不然德里达"把鬼魂的维度重新引入政治"的努力就是匪夷所思的。但是，对于德里达的努力来说，它的立足点在哪里？德里达所做的分析是，寻找传统政治的基础性概念，如统治、民族、国家、权力、代表等概念的条件，以便对传统政治理论进行解构，以及以一种德里达自认为更加有效的方式说出与政治有关的东西———一种具体的个人承担。没有政党、没有阶级、没有身份和民主的解构，正是为解构的政治中的一种个人在某一时刻以某种形式在个体形态中的承担服务的。

正是在这一意义之下，德里达试图从政治视角发现西方文化所具有的持久特征。他在"友谊的政治"文章的开头引述了据传是蒙田所作却不提亚里士多德名字的不足为信的反论："啊，我的朋友，朋友是不存在的。"这一陈述悖论式的特点（它召唤朋友，却同时断言没有朋友）在多个方面提供了被称为对传统政治理论进行解构的主旨。他针对西方文化中从古希腊到现在的关于友谊的流行的标准模式的质疑，同时这成为西方拥有的政治概念之文化和历史的前提分析。德里达透过古典政治和古典的友谊概念，告诉我们说，"在我们所继承的传统的友谊概念中存在着不平等和压迫"。友谊是男性中心的和同性博爱的。正是在更加民主的名义下，德里达想我们"必须解除、打开、取替这一普遍存在的概念"①。

返回到《马克思的幽灵》，我们看到，比起那些更加显而易见的传统马克思主义概念，比如无产者、阶级、政党、群众等，德里达召唤"一种没有机构组织的联盟友谊"来表述新国际，似乎是奇特的。因为，友谊这一概念在通常的政治和政治哲学的分类学里，一直是边缘性的。友谊与政治要么无关，要么相悖。这一点是众所周知的。但是，分类学的秩序尽管具有简便之效用，同时也变得任意和不可能。德里达遵循友谊与政治的悖论线索指出，在起始于柏拉图或亚里士多德的标准的政治理论文本中，友谊在正义、民主甚至是所有基础性的政治概念的定义中起着一种组织和标示的作用，"在那里，友谊被定义为基本的善"。古典思想的"善意的友谊"倾向于有利于一种"政治论的和谐"。德里达同亚里士多德的古典遗产拉开了距离或与之决裂。他的"友谊的政治"一文接受尼采的教诲，把重点放在了人类之间的分离和分裂之上，强调人类之间的距离。如果沿着这种语境建立起来的"政治"应当指引对于共同体的思考的话，那么它只可能意味着一种"他者"的政治和"孤寂的朋友的共同体"或"隐士共同体"。如前面已经陈明的，德里达一旦解构了古典的政治与

----

① ［法］雅克·德里达等：《政治与友谊：与雅克·德里达的座谈》，见汪民安主编：《生产》第二辑，57页，桂林，广西师范大学出版社，2005。

和谐和共同体的联系，那么"没有共同体的共同体"的立场似乎也站住了脚。因为很明显，在我们面对一个把整个世界都解释为有计划的、无限占有因而总是与奴役自行联系在一起的（个体或集体的）主体"规划"的现代性状况时，德里达有很好的理由来称赞人类之间的疏远和无限距离的彻底"不占有"。当然，这里所言毫不意味着是在暗示，德里达在某种意义上是在反对共同体。从德里达公开承认不愿意谈论共同体的语境和他试图与自己的精神先驱们区隔开来的语境中，我们知道，"没有共同体的共同体"和"没有友谊的友谊"本身，可能就是德里达用于为抛开私人自律的追求，或公共利益和谐的追求，或更可能是将两者结合在一起的努力寻找托词。如果我们可以这么来理解的话，那么可以设想的是："所有关于民主的问题，所有论及人权、人类的将来等等的普遍性话语的问题，都只会引起一些形式上的、具有正统思想的和虚伪的托词"①，只要正义和平等的社会从未存在过，那种新资本主义和新自由主义急于安置自己的关于民主的话语、关于人权的话语就仍将是不合适的、虚伪的托词。即便是断然的否认，它们也无法摆脱马克思的所有各种幽灵的纠缠。还有，尽管有些人有时候没有认同马克思主义的话语，即关于国家和它的统治阶级的非法占有、关于国家消亡等的话语，但是，这并不是由于他们不再从马克思主义的"精神"，尤其是马克思主义的政治哲学中汲取灵感。

如果这就是德里达的结论，那么我们的耳朵从中听见了什么？德里

---

① ［法］雅克·德里达：《马克思的幽灵》，何一译，131～132 页，北京，中国人民大学出版社，1999。

达对我们说，被解构的（或可以解构的）又永远在我们视野之外如此坚定
地引导着我们的就是马克思的幽灵。不过，在我们看来，这不可能正
确。按照这种解释，人们感到不解的是，德里达本人既然声称"我不是
一个马克思主义者"，那还用得着引证马克思作为权威吗？即便是只给
权威以恰到好处的权重，也不见得有什么好的理由。虽然德里达认同马
克思主义仍然具有现实的政治意义，心仪于"新国际"，除了以幽灵这样
的意象之外该实际地做些什么以改变现状，但这是困难的，理由是当一
种言论不能让自己互相翻译或者进而漠视人与人相互交往的普遍形式的
时候，我们究竟该如何理解和接受它？

二、施米特：政治存在主义的技术化批判

作为现代性的技术统治呈现出多重面相，而将其植入一种政治理论
和政治实践的理解，人们首先会想到施米特。作为马克思读者的施米
特，应对经济—技术思维、经济决定论之漠视意义问题，揭露马克思主
义与关于秩序的实证主义学说在结构上的差异，以及提升辩证法的政
治—实践哲学取向等都值得我们细心体会。尽管施米特以模棱两可的方
式对待技术，他片面地蜷曲在"整个政治的历史即敌人严格定义的历史"
这一中心点上，从他的理论只能浮惑地和主观地理解马克思主义的历史
推动者——无产阶级理论。但是，无论马克思主义揭示的是生产规律，
还是施米特思虑的是权力政治秩序，都不能抛开既定的"现实性"，要为
必须建立秩序的社会的人的各种可能性开辟道路。

值得注意的是，在最近的 10 年间，各式各样的前马克思主义者、后马克思主义者和新马克思主义者对作为马克思的读者的政治哲学家、法哲学家卡尔·施米特备感兴趣。这一学术热潮注意到了一些重要论题，比如施米特著名的"敌/友"区分在我们当今时代有何种相干性？他主要的或者唯一的知识的—政治的劲敌是自由主义，还是他所谓作为自由主义极致的社会主义？他和卢卡奇具有怎样的特殊的相似性关系？等等。我们想了解的是，诸多对施米特的批判性解读所潜在的问题：马克思主义需要什么样的理论资源，并因此证明对理解马克思是有所助益的？只要认真处理 20 世纪德国语境影响下的"技术统治论"的研究文献，就会发现忽视了施米特对技术统治的批判这一论题之言辩背后的捍卫政治免受技术性遮蔽这一理论主旨。因而，技术为什么成为施米特文化—政治哲学争论的焦点，以及对技术的批判和对特定历史观的批判的结合之专门课题，就被普遍遮蔽了。

(一)施米特勾连于实践—政治论题的对技术的理论批判

众所周知，韦伯的理性化命题彰显出纯粹技术—理性和伦理—理性之两极对立：一方面，科学不能够发现任何政治规范；另一方面，人们无可逃避地会持有某些价值立场并据此来行动，其结果是世界"在伦理上的非理性"，以及无法在科学的基础上来解决伦理问题。韦伯最终所能想象的未来的社会秩序是：没有自由的秩序(即"只有秩序")。在韦伯的学生施米特和某种程度上也在卢卡奇那里，韦伯遗留的尚未解决的问题——在不断被资本主义向前驱动的理性化历史过程，而使得个人自由似乎变得不再可能的情形中，如何提供有意义的和有效的行动——出现了理论重点的重新调校，即从韦伯的带有个人主义色彩的政治的和方法论的立场转向在哲学上和政治上超越了主客二元论的集体立场，并旨在展现世界之内的质的变化的可能性。为此，有必要首先努力结合而非克服在韦伯的理论中出现的现代理性化的非理性的矛盾。也就是克服负责任的意志行动与匿名结构的无责任之间的矛盾。施米特基于对现代科学技术的本质追问，就是为了应对韦伯所面对的政治、伦理困境。

按照施米特的历史哲学，为了认清行动与历史认识的联系的必要性，首先搞清楚我们自己的文化和历史现状将受益匪浅。在施米特看来，为了回应宗教性的内战冲突，欧洲的知识精英自 16 世纪以来一直在各个相继的世纪寻求可以用作和平协约的、不同的根本性组织（机构）的动力和原则，即对中立化和非政治化领域的追求。但是，从神学领域发展到形而上学领域，进而又发展到人文—道德领域，最终到经济领域，中立领域的频仍更换，实质只是人与人之间以及各种政治价值之间冲突领域的不断更换。这里显得重要的是，施米特把在当代的对技术的膜拜看成欧洲人追求中立化历史进程的终点，即在"技术"这个点上，归属于中立化追求的本质特点达到了极致。这无非是说，无论如何努力追求中立领域，最终的结果总是跳不出某些集团（国家、民族等）以打动人心的普遍主义方式希图藏匿某些特殊的集群政治利益诉求。正是这种意识形态允诺能获得悦耳的普遍自由之虚名，形成了施米特怨恨的基础。

我们清楚，技术在政治上可以是中立的，因为，它既不囿于也不排斥任何特定的政府形式。不过，就施米特而言，"技术"被假定为一种中立的力量而"成为普遍协调的基础"，实质取消了作为冲突的可能性。像舍勒——一个被施米特意指有点不开窍的他的同伴精英——那样就曾经鼓吹过这一点。^① 倘若欧洲人过于轻率地确信"技术成为一个和平、理解与和解的领域"这一点，而丝毫也不担心会把"技术（technology）本身"和"对技术性（technicity）的宗教信仰"混为一谈，那么，的确再没有比技术更中立的东西了。今天，正像本雅明将我们的时代定位于"技术时代"的分析所显示的那样，技术——不单单是本雅明，而且还有施米特以及他的学生施特劳斯等人在他们的著作中都显然将技术联系于现代性的政治——已经使诸如"战争"和"和平"、"敌人"和"朋友"这样一些约定俗成的概念模糊了。但是，一旦我们讨论技术进步首先是速度方面的直线式的进步，那么各种技术政治化引致的"滥用"就能以迅雷不及掩耳之势快速出现。这个看法显然不是专属施米特的。事实上，马克思谴责源于"机器的资本主义应用"的普遍滥用，以及海德格尔哲学对技术统治与国家社会主义关系的哲学理解都有相当的深刻性。施米特的特殊性位置在于，他对技术统治首先作一种政治理论和政治实践的理解。麦考米克由此认为，这成了检审海德格尔思想的必要前提。另外，与海德格尔不同，施米特尽管对新技术会不会落入苏俄这样的政治对手手中而忐忑不安，却从来没有把技术统治看作现代人必须背负的命运。这里的关键问题在于，对于回答现代"技术"所具有的令人惊恐的权力会落在谁的手中，以及以怎样不同的方式利用的问题所潜在的政治冲突及其技术的客观政治效果，舍勒之流可以睡眼蒙眬地一掠而过，而施米特不可能这样

---

① ［德］卡尔·施米特：《政治的概念》，刘宗坤等译，238页，上海，上海人民出版社，2003。

去面对"技术"，相反，在他看来，技术或技术性与其他所有的概念一样，都不是"规范性的，而是生存性的"。它们"只能在具体的政治语境中方能理解"。

有鉴于此，处身于欧洲社会结构剧烈转型中的施米特，竭力欲使技术存在的政治表现形式在对技术统治的批判中呈现出首要性。施米特在其论述中，把具有形式的特点，且保持着极具活力同时又极富理性的具体存在的罗马天主教理性主义视为朋友，把形式上理性的经济国家、技术统治以及与"对本能和直觉的新信任"①串通一气的苏联视为敌人，并在多处大段绘声绘色地渲染现代世界中潜在的技术威胁以及竭力把技术性描述成一个新的冲突根源。简言之，从对技术统治批判中发展出政治行动的目的，显然是施米特试图超越韦伯路径时所倾向的更为激进的途径。

因此，我们至少可以在施米特对现代技术及其主要驱动力的诸般焦虑中，揣度"冷战"后的马克思主义者为什么还要读施米特。这就是，当今世界又面临与施米特所处时代相类似的结构性转型。当福山的"历史终结"这一戏剧性描述风靡的时候，施米特的政治的概念使得与"冷战"紧紧相随的核军备竞赛，以及我们的技术进步已经达到了无法对杀伤手段加以控制，且由此引起的长达几十年波及世界大部分民众的普遍不安全感的消除的前景变得暗淡不清。相反，经过"冷战"之后，西方自由民主以一种准自杀的方式武装和培训了他们将来的敌人。无论是核反应堆

---

① ［德］卡尔·施米特：《政治的浪漫派》，冯克利、刘峰译，212 页，上海，上海人民出版社，2004。

的四处撒播，还是细菌武器和化学武器的四处开花，都表明"冷战"中所展示的平衡力量已经为一种非对称性的冲突所替代。施米特也一定在面对政治—理论困境时有了较为充分的预感，并可能为我们正在面对的第二次世界历史性结构性转型提供可能的考察方式。不过，施米特的危险大概也恰恰在于，由技术引起的认识论的不确定性和由敌基督唤起的不确定性，而且，显然是从这种危险的不确定性内部，这位欧洲传统主义和大公主义的政治法学家被激怒了。他说，"从技术本身无法产生出任何决断"，"无论文化进步的概念、教士或精神领袖，还是特定的政治制度，统统无法从纯粹技术论本身当中推导出来"①。遑论对这个表面上带来如此多的善的实体，实际上是善的，还是恶的化身的决断。施米特因此坦言，由敌基督似的技术唤起的恐惧，最终使自己屈服于这种恐惧。

我们可以清楚地看出，使施米特走向政治至上论和把敌/友划分本体论化的，是一种对文化冲突和精神之虚无的恐惧。最终迫使这位显然自命的后中立化欧洲的教士走向政治的粗俗：政治，对一个敌人的假定，一个不是自己的人民的人民的假定，被用来排解因无法确知现代性处境中"压倒一切的技术性的意义"而引起的焦虑。在这番情形下，施米特的旨趣就只能仅仅关乎定义一种神话般的"政治"（the political）——一个集体同一性反对其他集体同一性时的自我决断。施米特的这种需要就体现在，他只是不断地强调，只要作为一个斗争的集体是可能的，它就

---

① ［德］卡尔·施米特：《政治的概念》，刘宗坤等译，239页，上海，上海人民出版社，2003。

是现实的。"政治"不能被还原到任何其他因素，似乎像自由主义那样转换一下视角，那也无助于逃向无冲突的地方。敌/友区分之如此根本，以至于在这种地平线之外，就不存在政治。因此，在施米特对敌/友划分本体化的背后，有着最激烈的能动主义的政治实践意志。他既无意于将可能性的准超验的历史模态和现实的历史事实模态区分开来，也不曾意欲抑制：把人人的冲突（或具体而言，欧洲出现的两大反对西欧传统的"主义"之间的冲突）这样的历史现象最终审美进行提升所具有的极大的随意性。从此，施米特的这个敌/友划分概念便具有了纯化一切其他维度的功能。相较于这个政治概念，所有其他政治概念的理解不是一种"闲扯"①，就是自欺欺人。

　　我们业已看到，如果说自由主义制造了掩盖现实政治的烟幕，如果说在这一点上施米特相信苏联共产主义是自由主义的同谋，那么，在任何情况下，反对"支持政治的消亡并用技术取而代之"的非政治化立场之首要目标就必须是政治的立场。值得注意的是，施米特在把一些外在的而又不属于马克思主义的观点强加给它的同时，正确地察觉到，技术决定论只是马克思唯物史观效应史中的一个重要插曲。他一方面批评马克思主义的经济思维只适用于 19 世纪的思维模式，另一方面又认为马克思主义早已经在经济的内核中预见到技术的决定作用。对施米特来说，"马克思在社会学方面有一个重大发现：技术是真正的革命原则；与之相比，基于自然权利的一切革命都不过是些老套的游戏，因此，如果把

---

　　① ［德］卡尔·施米特：《政治的概念》，刘宗坤等译，173 页，上海，上海人民出版社，2003。

一个社会纯粹建立在不断进步的技术基础上，它就仅仅具有革命性。然而，过不了多长时间，它就会自我毁灭，同时毁灭自己的技术"①。所以，就施米特的立场而言，人们"要求马克思主义的社会主义不是在政治行为上，而是在发明新机器上做得更出色"②，是令人费解的。在这个意义上，施米特认为，作为"教养的马克思主义"只有通过职业革命家列宁，才"形成了它今天展示出的历史性力量"。但是现代"技术"膜拜很显然已成为麻痹人的宗教。与"技术性"的宗教联系在一起，技术性因素在马克思主义后来的发展中被庸俗化几乎势所难免。③ "信念坚定的"马克思主义者认为，他们自己已经找到了对历史的真正解释，"技术"应当被假定为一种中立的力量，因为历史唯物主义认为技术是一种生产力，是一种超历史性地有效的、客观上坚固的基础。这种看法从传统马克思主义内部看，不能说没有道理。传统马克思主义明确确认，人类各个经济时代的发展取决于特定的技术手段。但是，施米特以为，它没有触及马克思历史理论的实质。由此看去，我们不禁认识到，马克思关于历史发展的动力绝不能简化为生产技术的推动力。不然的话，"自由"便仅仅表现为赢得按下控制开关的自由。所以，就此而言，把施米特关于技术和政治的联系加以对观，当然为马克思主义对技术的价值批判提供可以吸取的养分。

---

① ［德］卡尔·施米特：《政治的概念》，刘宗坤等译，82页，上海，上海人民出版社，2003。

② ［德］卡尔·施米特：《政治的浪漫派》，冯克利、刘峰译，203页，上海，上海人民出版社，2004。

③ ［德］卡尔·施米特：《政治的概念》，刘宗坤等译，232页，上海，上海人民出版社，2003。

　　显然，在施米特的理论视界内，我们将看到，令他感兴趣的是从技术统治批判的角度出发，将阶级冲突的理论重新植入马克思历史理论的语境。事实上，施米特也正是如此用他的超历史的政治概念来"纯化"马克思主义的。他认为，马克思对历史的真正的建构只有等到将阶级斗争这一关键概念嵌入历史哲学和社会学体系方告完成。在马克思这里，历史观虽然转移到经济和技术领域，一改传统哲学只是提供观念的历史并停留于精神领域的情况，但施米特毫不迟疑地将这种重点的转变归因为心理学意义上"对经济因素之政治含义的直觉"，或者从理论体系意义上说是"把在技术中表达出来的人的能动性变成历史事件的自由之主、变成支配人类命运之非理性因素的主人"①。也许，受韦伯的观念类型理论的影响，施米特对马克思的"阶级"这个范畴作如此解说："用黑格尔辩证方法形成的资产阶级建构，其作用是创造一个敌人形象，以便能够强化一切憎恨和蔑视的感情"，"俄国人和无产阶级如今都在资产阶级身上看到了一切试图以致命的机械方式奴役生命的事物之化身"②。这一解说表明，施米特把马克思主义的历史观淹没在自己的政治决断论的强制之中，他偏离了历史唯物主义的总体性方法。

　　我们为此必须向施米特追问这样一些问题：无产阶级概念能否仅仅还原成生存政治论的建构？无产阶级是否不再具有马克思赋予它的强有力的特性？在这些焦点上，马克思与施米特的看法，其中既有惊人的相似点，又有重要的差异。在我们看来，马克思主义转向经济领

---

　　① ［德］卡尔·施米特：《政治的浪漫派》，冯克利、刘峰译，203 页，上海，上海人民出版社，2004。
　　② 同上书，218 页。

域，杀掉的不是政治，而只是针对夸大政治可能性，以及将政治置于社会本体论地位所导致的对政治现实的扭曲。不然的话，人们便真的可以像后马克思主义那样，尊崇并接受施米特对马克思主义的如下批判，即马克思主义"代表了现代政治朝向全然不受约束的政治行动的历史趋势"①。

根据我们这里提出的对施米特的阐释，施米特似乎只是擅长于揭露别人表现出来的理由不足的审美的、主观的归因。否则，他怎么可能不曾认识到，他的政治超历史论的基础并不扎实。他不像马克思那样把人朝向冲突看作受制于生产机制，把政治仅仅当作存在于不同社会领域里的一种因素看待。相反，他以极大的狂热剥夺了经济观点的所有正当性，并将其限制在他的政治决定论中。在他看来，马克思主义既然力图运用经济学的术语进行思考，追随技术之中立化抽离掉意义，那么漠视政治必然无疑。原因非常简单，它"在经济学领域，没有敌人，只有竞争对手"②。经济学的考量"只有有利可图与无利可图"之别。对经济思维来说，一种神奇的理性机制使所有物质实在是可公度的，生产丝绸衬衣可以毫无疑问地与生产毒气等量齐观。③ "资本家与产业无产者如同孪生兄弟，他们的世界观完全相同。他们为经济思维并肩战斗，此时此刻，他们完全一致。社会主义变成了产业无产者的宗教；就此而言，它

---

① ［美］约翰·麦考米克：《施米特对自由主义的批判》，徐志跃译，116 页，北京，华夏出版社，2005。

② ［德］卡尔·施米特：《政治的概念》，刘宗坤等译，82 页，上海，上海人民出版社，2003。

③ 同上书，70 页。

提供了一台不同于资本主义世界的奇妙无比的机器。具有阶级意识的无产者自视为这台机器的合法主人——尽管在逻辑上也要受到某种限制。资本家的私有财产则被视为逻辑上的反面，是一个技术落后时代的残余物。大工业家没有别的理想，只有列宁的理想——'电气化的土地'。他们之间也会有不同看法，但基本上仅限于什么是电气化的正确方法。美国金融家和俄国布尔什维克不知不觉地为经济思维而共同奋斗。"①由于按照这种看待事物的靡菲斯特的观点，经济思维理应受施米特的谴责。在这里，其实是施米特而不是马克思，将无产阶级封闭在资本主义社会的辩证游戏中了，即无产阶级从其在生产过程中所处的地位中出现，而且是作为生产合理化的终极目的见证者而出现。不过，由此看去，假如施米特攻击经济—技术思维是富有成果的，那么，他的矛头所向应该是经济—技术思维或经济决定论对阶级的界定。后者把一切事件——人的—历史的事件看作有规律进程的必然发生，只有在把矛盾达到绝对的阶级冲突的关键时刻才能从其中进入自由。施米特当然是嘲笑经济—技术思维或经济决定论如此这般的"客观性"。因为，一方面，在施米特看来，经济—技术理性主义是资产阶级的价值概念；另一方面，要是没有资产阶级经济的经济—技术理性主义，人们就不可能在经济领域活动。然而，对施米特来说，经济—技术思维或经济决定论比资产阶级更看重经济并与绝对技术主义结合，则是一种对无产阶级世界观的背叛。对于受"政治生存的紧要事情"驱迫的施米

①　[德]卡尔·施米特：《政治的概念》，刘宗坤等译，69页，上海，上海人民出版社，2003。

特来说，经济—技术思维或经济决定论必定窒息世界中的行动的力量。或者，换另一种说法，马克思主义作为无产阶级世界观理应比别的主义更是能动主义，经济—技术思维或经济决定论绝不是历史唯物主义意义上的"唯物主义"。

（二）马克思主义哲学"溢出部分"：不能还原为实证科学

众所周知，之所以说马克思的哲学或共产主义是科学的历史观，是因为它为自己的政治目标提供了具体的、实际的或现实的基础。任何关于对马克思主义学说的理性主义性质做当代理解，都与决定论所主张的具有客观的决定性作用的规律有关。而一谈到"规律"或者"科学"，首先似乎牵涉到技术，技术则被等同于经济和实证科学或知性科学。有些人因此把无产阶级的革命行动还原为最终类似于按一下电钮那样的技术操作，因为在此之前的社会关系的革命变化已由经济发展的自发过程完成了。但难以理解的是，假如"科学"概念牵涉的仅仅是实证科学或知性科学，也许马克思的哲学以及作为其根本"纲领"的共产主义，根本并不与"科学"发生瓜葛或不值得冠以"科学"之名。对于这一点正如施米特所做的说明。他认为，任凭大量归属于马克思主义理论的种种刻板印象，它绝不单单是在决定论意义上科学的，也非受制于"绝对技术统治"，更非旨在复苏或者更新一种所谓18世纪以来"有数学和物理学之精确性的政治学"。与曾经由第二国际理论家主宰解释权的马克思主义不同，乃至与一切启蒙以来的理性主义不同，施米特认为，"马克思主义的科学性不打算赋予临近的事变以机械的精确性，使之成为一种机械计算和机械建构的胜利，而是把它留给时间的流逝和历史事件的具体现实，这些事变是从自身发展而来的"①。确实如此，按照我们的理解，就马克思哲学的当代性理解而言，一切理解必须辐辏于它的真正的历史性，而所谓历史性则是在马克思的著作中如此突出的"时间性"理论的基本变化形态。简言之，理解具体的历史性是马克思主义的一个特点和优点。

就现代思想被理性之纯粹技术的和越来越厉害的"实证化"所渗透，马克思主义作为克服立足于这种意识形态之上的那个思想危机等观念而言，施米特的上述理解显得尤为真实。毕竟如果说关于社会秩序的实证主义学说忽略了它所假定关心的东西，比方说，"事实"，那么，它如何可能是"实证的"？就此处而言，"事实"意指那种始终是、必然是知性科学和实证科学的"溢出部分"。所谓"溢出部分"，这里首先要说的不是它如何一再被各式各样的马克思主义诠释者误解为神学因素或者被误解为作为理念目标式的理想或信仰（而这种误解本身是以幼稚粗陋的物质/精神之二分的抽象理性主义为基调或底色）；而是说这样的"溢出部分"在我们看来是不能被安置进一个理论化或知识论体系，就好像它可以现成地存在于某个地方（比如说，现成地居住在囊括"德意志人民两个伟大儿子的全部著作遗产"的历史考证版中）似的。我们相信，那些很乐于声称，凭借"自己的理论所具有自然科学的精确性和历史唯物主义规律所导致的'铁的必然性'"演绎出共产主义信念的最终证据的人，那些将马克思主义的科学性"比作把自然科

---

① ［德］卡尔·施米特：《政治的浪漫派》，冯克利、刘峰译，204 页，上海，上海人民出版社，2004。

学方法和精确性运用于社会哲学和政治问题的努力"的人，不仅由此表明他们在政治上是不成熟的、不负责任的，而且也表明他们对应当如何理解和说明我们所意指的"溢出部分"是无知的。因为事实明摆着，精确的自然科学技术并不能为任何政治问题的解决提供底据（庸俗马克思主义者无法理解这一点）。施米特不愿与坚持经济决定论之抽象原则的人讨论政治问题的道理想必也在这里。问题也同样在于，假如马克思主义学说具有科学性，而科学性无非就是施米特的所谓抽象理性主义，那么，这一假定也绝不是不言自明的。因为不论谁想把马克思的哲学规定为科学而理性的，他都是把非理性当作划界尺度，而且，他又把非理性假定为不言自明的东西了。借此，施米特才能大致不错地说出：激进马克思主义的社会主义"大大超出了自然科学可能涉及的范围，甚至已经大大胜过启蒙运动的理性主义信仰，完成了一次几乎不可思议的飞跃"①。

我们注意到，施米特的主要关切点是启蒙运动的理性解放政治如何退化性地走向了神话。据施米特，科学已经不再是与他同时代这代人之社会和政治实践的基础。对懂得该怎样读马克思主义的人来说，这不只是表明了远不仅仅作为"应用科学"的技术将世界某些特殊方面非理性地和主观地提升到神话的地位，"溢出部分"被自然科学的方法和技术思维忽略了；而且这和"溢出部分"在根本上不能融合于不合适的黑格尔理性主义的历史观念联系在一起了。因为，在施米特的行动主义精英论——

---

① ［德］卡尔·施米特：《政治的浪漫派》，冯克利、刘峰译，202页，上海，上海人民出版社，2004。

站在历史之外的头脑——视域里，这个绝对理性主义历史观念旨在合理地行动，合理地安排一切。它逃避非常状态，不能容忍个人的主动性、怪癖或者异类发挥作用。对黑格尔来说，"机缘"或者"外在的激发"在历史上只是常见的"笑话"而已，事件的内在精神中产生的形式统一性并不需要"机缘"。① 一言以蔽之，政治"例外"只是"从外部"进入历史的辩证发展。施米特将此理解为启蒙运动的后果。并从社会学角度表明，理智和理性主义本身并不具有革命性。布鲁门贝格在讨论"施米特与近代正当性"问题时也阐明，"对启蒙运动来说，屏弃例外状态首先涉及自然法则；自然法则不再被看成是施加于自然的立法，而是被设想为源于物之自然的必然性。因此，任何例外、全能的干预都不允许继续存在"②。既然政治"例外"根本无法阻挡自然必然性统治自然世界，那么，自然必然性也必然会去规范社会历史和政治世界，最终在其社会—政治实践中便剥夺了"决断"精神，"无论道德决断还是断然的决裂，在这种体系中都无立足之地"。"黑格尔哲学中没有包含能够为善恶的绝对区分提供基础的伦理学"，"如果世界历史就是世界法庭，那么它就是一个拿不出最后证据、没有明确的终审判决的过程"③。因此，道德被历史化，即被思想为在历史过程中实现自身。对施米特来说，黑格尔以历史逻辑取代主体意志，对历史上的道德价值合理性的兴趣远高于对伦理主体构成的

① ［德］黑格尔：《逻辑学》下卷，杨一之译，221 页，北京，商务印书馆，1981。

② 刘小枫选编：《施米特与政治法学》增订本，刘锋等译，131 页，上海，华东师范大学出版社，2008。引文有改动。

③ ［德］卡尔·施米特：《政治的浪漫派》，冯克利、刘峰译，204～205 页，上海，上海人民出版社，2004。

兴趣，这意味着与罗马天主教的理性不同，黑格尔世界观本身的"狭隘性"，无力为规范地指导人类生活提供使生活有意义的规则，因而使得重显知识精英和潜在的历史创造者的理论成为不可能，也使得在韦伯思想中已经徘徊在非理性边缘而最终被遮蔽的政治立场（这种政治立场潜在地具备有效掌控"历史的舵盘"的可能性）成为不可能。显然，这里对黑格尔哲学解说的前提是，黑格尔哲学仍然是启蒙理性主义的逻辑强化。

对于施米特而言，实际上，马克思主义在这个方面并没有多少可以跟黑格尔争论的。因为，马克思主义的一个主要方面同样包含着黑格尔理性主义的"自打包票"[①]。这表现在这样的观念中，即无产者通过整合有关其历史的角色的知识，才成了真正的革命主体。无产阶级的历史时刻已经到来的科学判断，首先来自对历史发展必然性——资本主义历史性——的正确理解。我们知道，这一被施米特过于轻易地归于马克思的观点，它的全部分量其实是从卢卡奇的那部容纳了理性政治学的著作，即《历史与阶级意识》中详细阐释出来的。卢卡奇为了克服历史在韦伯的理论中所显示出伦理和社会实在间的两难困境，以不同于施米特的方式，将政治"意志"抬到首位，在整体上把革命的愿景落脚在主体性从而也是唯意志论（布鲁门贝格说，唯意志论必然依赖于某个主体，哪怕它只是一个虚构的主体）的立场上，并利用了通常被视为吸收了黑格尔主义的进化论之最高证据的"自在/自为"这对范畴。卢卡奇认为，一旦获

---

① ［德］卡尔·施米特：《政治的浪漫派》，冯克利、刘峰译，209 页，上海，上海人民出版社，2004。

得了自己的"阶级意识",无产者就会从"自在之阶级"成为"自为之阶级",历史发展意味着意识的不断上升。阶级意识的真实意义是什么,对卢卡奇来说,也许并不重要,重要的是使无产阶级与之联系在一起的信念。不过,更缜密的审视却由于主体性困境而驱散了这个阶级意识进化幻影。因为,在这里发挥作用的辩证法,正是在理论范围里兜圈子——从概念中推出相应事物的存在——中为自己的真理提供担保的辩证法。施米特描述了这一理论窘境:"对意识上升本身的确信被用来证明这意识自身——意味着它是正确的","正确的意识是衡量一个新发展阶段起步的标准。只要情况不是这样,只要新阶段没有真正到来,对过去的阶段(即资产阶级阶段)也不可有正确的认识,反之亦然:对资产阶级的正确理解,也提供了其阶段就要结束的证据"①。由于有了这种印象,施米特错认,马克思接受了黑格尔的理性主义"历史—政治"观和机械世界观。

但是,对黑格尔的理性主义,马克思自己早已说过话。我们认为,马克思已经充分意识到黑格尔哲学拘因于理性主义或内在性之主体性的困境。他说,黑格尔的理性主义"必须有一个承担者、主体;但主体只作为结果出现;因此,这个结果,即知道自己是绝对自我意识的主体,就是**神,绝对精神**,就是**知道自己并且实现自己的观念**"。"这就是**神秘的主体—客体**,或**笼罩在客体上的主体性**,作为**过程的绝对主体**,作为使自身外化并且从这种外化返回到自身的,但同时又把外化收回到自身

---

① [德]卡尔·施米特:《政治的浪漫派》,冯克利、刘峰译,209 页,上海,上海人民出版社,2004。

的**主体**，以及作为这一过程的主体；这就是在自身内部的纯粹的、**不停息的**圆圈。"①在如此普遍主义和理性主义的主体概念中，无产阶级成为一个阶级，就等于将它封闭在定义秩序或认识论中。倘若有人想用这种"兜圈子"来论证历史和阶级意识的同一，尽管论证通过意志概念来进行，他却完全植根于理性主义。对于社会和政治现实而言，理性思想的产物充其量只能导致改良，其结果与官僚主义的形式合理性处于同样的运动中。

从这种前理解出发来看，当施米特肯定巴枯宁所提供的对马克思和恩格斯的描绘——"他们有太多的'观念'、太多的'脑浆'"②——时，他将马克思的思想禁锢于黑格尔哲学的本质之中并不怪异。但是，同样明显的是，施米特由以遮蔽了以马克思瓦解作为内在性之主体性为枢轴的黑格尔哲学所思考的东西。对于马克思令启蒙运动的理性解放政治由以瓦解的"出离"，他不置一词。这意味着，如果我们在施米特对马克思主义特有的科学性的误解中，开启一道在黑格尔理性主义哲学基础上永远无能观瞻的崭新地平线，也许才能如实地说明马克思主义哲学难以还原为实证科学，并展露那个"溢出部分"。

因此，我们需要进一步切入施米特对马克思主义的误解。当施米特把苏俄看作共产主义中经济—技术理性对任何种类秩序的非理性反抗力的那片领地时，在他推崇的辩证法中，更加清楚地认识到，资本主义时代科学技术所建立的生产机制有理性主义的规律性，至少从短期看，人们毁灭它的勇气肯定只能靠一种反科学理性的神话才能建立起来。在这

---

① 马克思：《1844 年经济学哲学手稿》，113～114 页，北京，人民出版社，2000。
② ［德］卡尔·施米特：《政治的概念》，刘宗坤等译，91 页，上海，上海人民出版社，2003。

方面，有趣的是要注意到施米特如何谈黑格尔哲学所表现出来的两面性："就没有商量的专政是从其不通融的理性主义中诞生而言。"黑格尔的哲学视界同样显示出存在着走向哲学的和政治的暴行的风险。用施米特的话说，"马克思主义的职业革命家有意促成的黑格尔历史哲学与爆发出来的群众力量的结盟，天才迈斯特的描述便立即变成了旧政权王室内或王室客厅里的一场微不足道的对话效应"①。这分明是说，"黑格尔哲学在其关键方面处处保持着政治性"，而马克思主义在其革命学说中也投入了强有力的政治因素。施米特进一步解释说，苏俄共产主义者在拥抱技术上是如此极端，乃至经济—技术思维已被推举为一个标准。但是，这种思维方式实际上只有被"一帮狂热分子"从而根本不相信这一标准的那些人采用的情况下，才显示出"真正的革命本能"②。这一具有悖谬性质的现象无疑给人留下深刻印象。然而，对施米特而言，这种结合并非世界历史的偶然事件。换句话说，马克思本人的思想尽管终究保持在理性或观念的框架内，马克思和恩格斯尽管仍然站在"观念和西欧文明一边"，因而与俄国无政府主义者和无神论社会主义者相去甚远，但马克思主义的理性主义毕竟为苏联共产党人直接运用暴力的政治铺平了道路。至此，我们就完全清楚了，施米特就是如此说明马克思主义哲学"溢出"于实证主义的那个"部分"的！

显然，施米特如此评价苏俄是要将其贬为自由主义多元论的一种。如果说自由主义者完全忘记了非常状态，那么，苏俄即便对此概念还有理

---

① ［德］卡尔·施米特：《政治的概念》，刘宗坤等译，396 页，上海，上海人民出版社，2003。

② 同上书，82 页。

解，却也是根本误解了这个概念。这就是说，当他们受驱于某种未来的善的、公正的终极状态的狂热，即把后面的、以后的当作最初的、前面的，把实际顺序颠倒过来，否认事物具体的、历史的发展时，他们已经颠覆了非常状态(那是专政适合的场合)和正常状态之间的辩证关系。历史被理解为资产阶级统治阶级的同质时间，而共产主义被定义为不是对过去或者现在的暂时否定，而是对将要来临的东西的否定：现在——绝对国家主义；未来——国家的消亡。无论过去还是现在，被压迫和被剥削阶级都具备统治阶级所不具有的常识，即非常状态并非例外，而是普遍规律。由此导致对专政概念的不同于古典罗马专政制度的理解和使用①，苏俄共产主义者的政治制度利用技术手段是要创建一种新的格局，整个资产阶级的现存秩序被称为专政。在施米特的眼光中，这种划时代的专政概念只不过以一种自己并不理解的方式袭取了神学。它将导致目的和手段完全等同起来，以致目的的实现成为对其不受约束的手段的证明。对我们来说，这足以警示马克思主义无产阶级专政学说不能回避如何克服现代政治之技术化的危险。

(三)需要再次重读施米特

我们认为，在施米特批评经济决定论的机械因果解释模式的言论中，有相当的真理成分。不过，我们同样注意到，施米特对这种批评的

---

① 古典罗马的专政制度是一种用来处理非常状态的暂时性的技术的措施(即所谓专政者在实施他的特定职责时不讲对错，只求得当)，它受制于限定的时间、具体的任务和它必须恢复先前已经存在的宪政秩序，这是说，专政仅具有合法性，而非正当性；依照经典历史唯物主义，合法性不等同于正当性，前者只是服从历史必然性的工具，后者来自无产阶级革命的最终目标。

借重方式因为直接投射到对当时的政治现状的关注，只给出了他对马克思主义哲学片面的、非总体的解释。即便如此，如果说马克思主义哲学或共产主义毕竟不可能还原为经济—技术思维，那么，施米特至少使我们去注意，马克思主义的政治哲学批判需要什么样的理论资源的问题。我们对无产阶级专政纯然技术的、过渡的特征的看法，对无产阶级斗争的合法性和非法性的看法，对现代历史的驱动者精英和人民大众的看法，对被包含在阶级斗争概念中关于随机性或机缘性的看法，对现代性之特殊的知识—政治格局的看法，对实现共产主义的目的和手段、传统与未来之间关系的看法，对工业主义的批判和治愈其顽疾的看法，对理性政治学与非理性政治学、技术与神话在现代的紧密纠缠的看法，对所有被称为进步、理性、开放的那些东西的看法，从而我们对政治—历史本身的看法，都能从正、反两面受惠于他的洞察的指引。在更一般的意义上，人们借鉴施米特可以学习韦伯对现代社会中现实的理性化和官僚主义化所做的分析，而不一定非得成为韦伯式的悲观主义者；同样，人们借助施米特可以知道，仅仅是技术的兴起，我们就可摆脱那种认为只有暴力和统治他人才可以使人自由的古老的政治理念。再有，人们可以学习马克思对所有历史和文化中物质现实所做的分析，而不一定非得要屈服于资产阶级经济的经济—技术理性主义。人们可以懂得历史已受到多么深刻的技术变革的影响，而不一定屈从于技术主义。由于施米特扩大了我们对马克思主义思想流变中的神话政治现象的广度和深度的勘察。我们强调，今天的马克思主义哲学之所以应摆脱用各种经济—技术上的假设来解释历史政治事件，乃是为了提升马克思主义的政治哲学视域，需要再次重读施米特。

三、卢卡奇：黑格尔的精神圣地之政治性

卢卡奇一生中影响最大的著作《历史与阶级意识》，被广为知晓的知识努力是：从黑格尔哲学立场出发重建马克思主义哲学的存在论。但我们同时还看到，卢卡奇对马克思哲学的描述还有价值的—政治的枝杈。事实上可以认为，这最初关乎着以何种方式回应韦伯对责任伦理的呼唤与其所描述的不可抵挡的形式理性脱钩的困境，即便不是以必然有效的方式予以回应。在一定意义上，这也联系着卢卡奇对经由康德主义立场来主导并审视这个问题的早期社会文学研究。卢卡奇确立的问题意识是，在韦伯的形式理性的世界中，如何通过历史的辩证法，在寻求将社会的客观形式结构和能动者的两个对立的极端结合中，提供有效的行动，并且本身就是在哲学上和政治上超越了形而上学的二元论。无论卢卡奇错在什么地方，他正确的地方是颇有说服力的。

（一）偏执于黑格尔哲学性质的马克思主义哲学阐释

在马克思和恩格斯身后，对马克思哲学阐释有两个一般性的定向，这是直到今天依然保有的现象。首先，这种定向是由黑格尔和黑格尔主义的多种因素决定的。不管人们如何对待黑格尔哲学，如何面对黑格尔是马克思主义哲学阐释定向的一个决定性因素。其次，对马克思哲学的黑格尔主义阐释定向，若是极普通地说，乃是用以反驳把马克思的哲学唯物主义的本质导回到某种费尔巴哈因素甚或归附于"斯宾诺莎的类"的阐释定向之产物。也就是说，人们把恢复马克思哲学的"革命性质"及其辩证法的"能动方面""主观方面"的基本关切极为接近地表述为：把马克

思哲学的基础从某种费尔巴哈因素或斯宾诺莎主义的阐释取径中解救出来，转而附加到黑格尔的宏大的历史叙述结构中。在这里，由于论主的问题主要是从一定程度上经由卢卡奇开山的西方马克思主义对第二国际领袖们的所谓正统马克思主义观点的讨伐，亦即主要是从强化黑格尔的意志主义因素对屈从于经验实证主义的抽象唯物主义的讨伐来加以概括和发挥的，所以他们特别指证了"革命意志"在马克思哲学阐释中的主导地位，并以此抨击正统马克思主义关于历史意义被客观地给定的主张。就存在论基础而言，辩证法的实现在卢卡奇等人那儿实质上就表现为如何促进无产阶级的革命行动的取向。①

固然，这种取向不是只表现在一个一般的形而上学的立足点上，而是套在一种现代性理论（意识形态）之中，并在这里展露了一个重要的讯息，即对马克思哲学在现代性质的理解和阐释中被现代性两个极端——一极是经济动机，即与经济学、技术和实证主义联系在一起的抽象形式理性在历史解释中的首要地位；另一极是偏执于激进批判所潜在包含着的浪漫主义的各种路线，即表现出"浓厚的主观主义色彩"并接近"革命

---

① 在《形而上学的没落——马克思与费尔巴哈关系的当代解读》中，吴晓明认为，自马克思和恩格斯逝世以后，西方马克思主义哲学阐释的大致脉络是：它从对第二国际阐释定向的费尔巴哈主义和科学实证主义倾向的批判发端，从方法论的角度而不是从存在论基础上强调辩证法是"革命的方法"。辩证法在此阐释定向的基本格局中被"形式化"和"中立化"因而也对马克思哲学基础来说纯全是"外在的"，而这意味着"马克思哲学的科学性与革命性、作为实证知识的方面与作为批判诉求的方面、唯物主义与辩证法、黑格尔因素与费尔巴哈因素，以及作为知性科学的样式和作为价值理想（或宗教关怀）的样式等等，总是以其或者公开、或者隐蔽的对立方式重新产生出来"。吴晓明：《形而上学的没落——马克思与费尔巴哈关系的当代解读》，189 页，北京，人民出版社，2006。

救世主义的唯心主义"——关联着①，而浪漫主义极为主观的姿态与实际上受客观环境本身的奴役有着内在关联。诚然，几乎每一个马克思主义理论家或研究者看到了并尝试说明这样的二元对立，并力图超越之。然而，事实上这种情况并没有发生。这可归于他们一直是根据知识论、范畴论（是沉思行动，而不是实践）的思路来阅读马克思的缘故。他们所不能逾越的总是"思维与存在的如何可能统一"的屏障：他们用那在意识自身内部绕圈的抽象行动（意味着意识表面上从其内在性中走出来，去创造一个统一的对象世界）来代替感性的、对象性的实践活动。他们视上述两极对立为纯粹思维内部的对立。他们为了消除这样的对立而把它归结为这样一个任务：在马克思哲学理论内部"合理地"调弄某种费尔巴哈因素和某种黑格尔因素，这种调弄的因由可以用不同方式加以解释：比如，从体系上说，当马克思哲学的费尔巴哈因素占理解定向的优先地位时，这是为了从策略上利用它来反驳体系内某种过高估计的"黑格尔因素"；反过来说，当马克思哲学的黑格尔因素占理解定向的优先地位时，其体系内部看重的某种"费尔巴哈因素"又被用来抵消某种"黑格尔因素"。它们仿佛是可以互相调和的混合物。② 从理论范畴的样式角度说，他们一方面要求把意志（行动意志和实践意志）作为马克思哲学的基础来补足对不可抗拒的必然性之历史机械描述的缺陷，另一方面又要求意志成为"合理的"（即以客观的历史必然性为限），亦即认为意志（行动

---

① ［匈］卢卡奇：《历史与阶级意识——关于马克思主义辩证法的研究》，杜章智等译，12页，北京，商务印书馆，1992。

② 吴晓明：《形而上学的没落——马克思与费尔巴哈关系的当代解读》，3页，北京，人民出版社，2006。

意志和实践意志)需要另一种东西作为马克思哲学的基础来平衡对意志的粗暴夸张。与每种理论范式相对应，它们都有一些守林护园的理论家。对于实践(感性的活动)缺乏感觉的西方变异的马克思主义者来说，由于不懂得意志在马克思哲学那里的基本性质不能滞留在黑格尔主义的理解方式中，于是，当他们着手解除对立时，他们仅仅只是使上述的对立发生某种位置的变化或仅仅是极端化了对立，却未曾使其思想结构发生任何变化，干脆说只是让它原封不动。并且这样的二元对立倒是因为诸如"真的""真实的"和"真正的"这些形容词通常相系于相互对置的两个实体中的一个而变得难以克服，比如，一个重要的例子，是围绕着"意识在历史上的作用"问题旋转的，这个问题用卢卡奇的话来讲，就是意识是"成为事物有规律运动的完全被动的旁观者(意识决不能干涉这种事物的运动)"，抑或是"把自己看作是一种根据自己的——主观——愿望能驾驭自在地无意义的事物运动的力量"?[①] 照卢卡奇的说法，在马克思那里，意识已经摆脱了黑格尔的不彻底性，即摆脱了"相对于现实历史进程的彼岸性"，"'实践批判活动'、'改造世界'看作是意识的任务"，因而达到"意识的此岸性"成为超越空想主义和"实践批判活动"的前提。就此说来，他认为马克思主义理论的指导原则都是直接以意识的作用为中心的。我们不能否定卢卡奇的说法，而且他也合理地看到了，黑格尔所强调的意识对世界的构成作用向第二国际理论家们的机械唯物主义提出了有力挑战，尤其是他与对自发性、主体性的强调及其赋予能动主义

---

　　① [匈]卢卡奇:《历史与阶级意识——关于马克思主义辩证法的研究》，杜章智等译，137~138 页，北京，商务印书馆，1992。

以"热情"的 G. 索列尔的哲学建立关系，也对瓦解第二国际的教条发挥了作用。但卢卡奇对马克思的意识学说的解释能否站得住，总体上要看他是如何判定马克思的意识学说的哲学性质的。值得注意的是，卢卡奇似乎该受赞扬的是，他发现辩证法不仅允许而且要求他将多数人孤立看待的东西结合起来。故此，紧跟于《历史与阶级意识》之后，马克思和黑格尔传统之间的本质联系几乎是无须强调了。不过，就上述关于两种极端思维的描述来说，卢卡奇本人在正确地提出问题之后，却错误地将阶级意识和集体意志以理想化的形式进行实体化的理解。这种意识观以抹去"主体与客体之间的差异""理论与实践的差异"，为其政治行动主义张目。按照他自己后来的反省，这种"被赋予的"（即"从经济斗争范围外面灌输到工人群众中去"）意识在他的表述中"竟变为革命的实践，从客观上来说，只能使人感到不可思议"。

在这个意义上，卢卡奇以及他的同道对上述对立的消解的目标，最终坐落于主观的努力上，恰恰复制了他们所反对的二元论，并"以两个'实体'、两种'形象'被嵌入马克思的哲学中了"[1]。他们没有或不能够提出一种不同于黑格尔性质的对马克思哲学基础的理解，或者说，从最终的格局上看，他们使马克思哲学的存在论基础的理解从一种表面上反形而上学、反"思想的宗教"重又归并到黑格尔哲学—形而上学上了，使其结合成为矛盾重重的学说。虽然他们有时也有自知之明地反对自己的理论，也还一般地针砭了黑格尔的"精神"的作用乃"纯粹的概念神话"，

---

[1]　吴晓明：《形而上学的没落——马克思与费尔巴哈关系的当代解读》，189 页，北京，人民出版社，2006。

而且由于黑格尔哲学"变得抽象的、直观的方法歪曲和糟蹋了历史",因而它"不可能在历史本身之中发现和指出同一的主体—客体"。① 但最终他们只提供了其所反对的这些东西的补足结构。当然,不管从哪个角度看,我们必须严肃看待这一思想结构,不是把它们视为抽象论题的个案,而是视为与某一历史过程有关联的具体历史现实。

(二)对康德—韦伯式自由主义的限度之基于文学和美学之上的考察

如果说第二国际的理论家在其对马克思主义的历史理论的诠释中,处处表现出实证主义倾向,那么没有卢卡奇的《历史与阶级意识》的问世,西方异于马克思主义的许多反对庸俗马克思主义的著作就不会统一起来,无论是今天我们认识到它的局限性已没有什么困难,还是卢卡奇本人后来如何对它进行自我批判,但对西方变异的马克思主义者而言,这是一本开山之作,如本雅明所承认的那样。阿多诺也明快地读出了卢卡奇的普遍意义,"即第一个认真研究异化这一重要问题,这是马克思主义或新马克思主义文化分析的关键"②。只是,对卢卡奇的《历史与阶级意识》主题所进行的讨论,总是太过经常地只被视为服务于某一目的,即清算恩格斯、考茨基及第二国际的追随者们把马克思主义简约成实证主义并阉割马克思哲学的"革命本质"的图谋。如果说关于该书主旨的这

---

① [匈]卢卡奇:《历史与阶级意识——关于马克思主义辩证法的研究》,杜章智等译,225~227 页,北京,商务印书馆,1992。

② [美]马丁·杰伊:《法兰克福学派史》,单世联译,201 页,广州,广东人民出版社,1996。

种理解和说法可以归结到卢卡奇自己的表述上①，那么，仅仅引述这样的表达并不是完全的。因为，卢卡奇的《历史与阶级意识》不仅仅是对现代性的简单批判。按照卢卡奇自己的说法，他大约在1908年开始研究马克思。当时，引起他兴趣的是作为"社会学家"的马克思，他对马克思的接受和解释在很大程度上是以西美尔和韦伯对现代社会的有力分析为基础的。但到了1923年，他再次着手研究马克思时，已经看到了西美尔和韦伯的路径可能因其极度形式主义连同潜在的非理性主义，而不能恰当地说明社会现实之具体的、质的现象的存在，以及相关联的是，不能解释现代社会持续存在的非理性的、浪漫主义和神秘主义现象。卢卡奇调整西美尔和韦伯的方向，就是把西美尔分析的普遍文化问题和韦伯所持的方法论的中立性和非时间性加上阶级意识和历史维度，力图克服具体政治实践和历史现实的分离。因此，不言而喻，在1923年的卢卡奇的自觉批判清算庸俗马克思主义这一目的中，还存在着另一个重要目的，即对早期著作中形成的视野的重新评判。如果没有看到卢卡奇思想发展中的间断性中的连续，我们大概也不能很好地理解《历史与阶级意识》的主题。或者说，如果我们把这一论著当作摆脱了早期研究的关切加以考察，那么，我们就还没能说出它的主题的本质。

在一个关键问题上（该问题涉及韦伯"合理化"的观念在和物化的观念结合起来后获得了一个伟大的批判视界），卢卡奇重估了形式—内容、个体主体—集体主体、生产—消费关系来支持《历史与阶级意识》所追求

---

① ［匈］卢卡奇：《历史与阶级意识——关于马克思主义辩证法的研究》，杜章智等译，16页，北京，商务印书馆，1992。

的实践的(不是被动的)新取向。他最初从理论上面对现代性的努力较为完整地体现在他的文学和美学研究中，特别是他的《心灵与形式》和《小说理论》中。众所周知，使卢卡奇成为20世纪马克思主义的一位主将人物的一个重要原因，是他毕生致力于强调文学和文化在革命政治中的干预作用。卢卡奇是通过社会文学的研究走进1923年的批判的。在《历史与阶级意识》将主体与客体、主观与客观的对立表达为"资产阶级思想的二律背反"之前，卢卡奇的早期文学和美学研究，最初也把现代性的这些理论对立并置而论了，而这些对立恰恰是他最初想借生命哲学加以综合的，并产生了不少相关术语：心灵与形式、客观实在和主观体验、内心和外部等。但在早期研究中，我们看到了他对这些矛盾的处理中的一个最为撩人的矛盾，这个矛盾被他的博士论文《悲剧的形而上学》做这样的强调："历史，它通过其非理性的实在，把纯粹的普遍性强加于人的身上。它不允许人表达自己的思想，这从其他层次上说正像非理性：它们之间的接触产生出异化于它们二者的东西，即普遍性。历史的必然在一切必然性中与生命毕竟最为接近。但也离生命最远。"①在这里，对于由理性化的现代性带来的异化，卢卡奇暴露出了韦伯式的怨尤，并试图予以超越。但是，"与生命最为接近的也是离生命最远的"，这个悖论如何解决？答曰：是和韦伯一样局限在新康德主义的路线取向上。这是在卢卡奇的早期著作缺乏历史的维度的概念图谱、尚没有脱离实证主义的窠臼，并进而取代康德的形式理性范式之前，他观察到，此乃逃避当代

---

① ［匈］卢卡奇：《悲剧的形而上学》，转引自［英］I. 梅扎罗斯：《超越资本——关于一种过渡理论》，郑一明等译，334页，北京，中国人民大学出版社，2003。

过于理性的现在的唯一可能取向。这也决定了他不得不以两分法和悖论来处置个人对生命完整的渴望与客观世界的矛盾。

我们发现，很像韦伯心仪的那个不偏不倚、中立的著名社会科学观察家，卢卡奇的文学批评家也是"那种在形式中瞥见命运的人：他们最深刻的体验也就是形式间接地、不自觉地隐藏在自身中的心灵的内容"。"批评家的命运时刻，是事物变为形式的时刻——在这样的时刻，形式之或远或近的所有感情和体验都接收了形式，被融化、压缩为形式。这是内部和外部、心灵和形式联合的神秘时刻。"①因此，在早期，卢卡奇虽然追求"成对"关系——内部和外部、心灵和形式——的结合，但客观抽象的形式与具体实质的内容之间的对立，相当程度上被他处理成形式优先于内容，或者更准确地说，在卢卡奇那里，与形式构成成对概念的不是被认识的作品这个对象（或其"内容"），而是"心灵"或"生命"。对于持反实证主义的卢卡奇来说，从生命哲学转向新康德主义，确实是处于一种思想发展的同一延长线上，这就暗合和延续了韦伯运用的另一种二分法，即匿名的社会结构与能动者的对立；不可阻挡、不可改变和深不可测的现实与负责任的个人的立场的对立。正如韦伯的《社会科学方法论》将通常是超历史的"形式的纯粹理想类型"范畴给予经验实在意义，卢卡奇想把文学体裁视为使得文学实体出现的构架："形式也在一个实体的周围设置了限制，否则该实体就会在万物中化为乌有。"②以此把合适的形式上抽象的先验范畴应用于社会生活，其前提首先是"文学中真

---

① [匈]卢卡奇：《卢卡奇早期文选》，张亮等译，129页，南京，南京大学出版社，2004。

② 同上书，128页。

正具有社会性的东西是形式"这一系泊点。卢卡奇沾染的"形式主义",在今天虽然可能需要进行更加广泛的研究,但是,它的确与形式主义相勾连,与康德的先验的直观形式勾连。而且最为重要的是"形式"范畴被赋予了某种"名正言顺"的神秘的色彩,因为在卢卡奇那里与形式不可分的、表里一体的是"心灵"或"生命"。在这个限度内,他所说的形式与康德在《纯粹理性批判》中讲的形式具有不同的内质。一般认为,在思入《心灵与形式》整部随笔的深处,便可以看见"真正的生命"和"现实的生命"的对立图式。他以这样一种方式强化了他在哲学和政治上的反资本主义立场:他渴望从把"形式"与"伦理"结合起来的方式中看到:"人应该具有的自然生活"能够从资本主义的解体中产生,也能从与这种解体相一致的、无生命和敌视生命的社会和经济范畴的瓦解中"一下子产生出来"[①]。可见,卢卡奇是把文学当作道德论题的一个分支。当然,人们有理由怀疑:"'现实的生命'和'真正的生命'之间的两极对立毕竟是卢卡奇纯粹的个人推想。"[②]因此,卢卡奇的早期理论本质上是用形而上学话语的形式来凸显一些主要的生存问题:价值与事实之间不可调和的对立能被克服吗?那些获得自我实现并实现了"其最为深切的个人渴望"的人"在大全面前"将被"砸得粉碎",这是人性不可避免的困境吗?如何从被理性的普遍性的统治下,从被贬低为"异己的监工手中的盲目工具"的状态下拯救那些为生命的完整性而奋斗的人?如此等等。

---

① [匈]卢卡奇:《卢卡奇早期文选》,张亮等译,XII页,南京,南京大学出版社,2004。

② [日]初见基:《卢卡奇:物象化》,范景武译,87页,石家庄,河北教育出版社,2001。

　　然而，严格说来，卢卡奇在他早期的社会文学的研究中，是不可能提出这些问题并做出回答的。如果他不能根据现实的历史变化而批判资产阶级的"超验的历史哲学"，他就不能克服韦伯描绘的捆绑既定的社会历史方向的惰性。在韦伯的现代性描述中，新教主义曾经通过能动性产生了社会变化过程，其结果已不再能够被它控制。有史以来形式最具主宰地位的社会结构（西方资本主义、官僚制、科学和技术主导的文化）被韦伯认为是新教教徒焦虑的产物，是以悲剧反讽的方式将其一体化为内心产生的又最不为内心所知的东西。对于卢卡奇来说，韦伯这种使"人的内心独立于他的具体的、历史的存在"的内在视界，"意味着是把资产阶级物化意识的自在之物结构神话化了"①。它无视"作为社会构造的普遍形式的商品"只是短暂地出现在现代资本主义社会，亦即忽视"历史"继续孕育着质的社会变迁的可能性，以及无产阶级之生产性劳动所具有的能动性力量。因此，卢卡奇解释了特定社会组织形式与历史上合理性的具体形式之间预先设定的和谐，并且试图根据一种有中介的总体性辩证法将韦伯那里仍然分离的社会事实统一到相同的概念中。对于卢卡奇而言，因为不能认识物自体，现代启蒙理性同样也转向内在，以找到知识赖以存在的主体。换句话说，对于古典哲学来说，如果思维不想放弃对整体的把握，那就必须转向内心的形式（康德的道德律令）发展的道路，就必须找到那个脱离理性化世界的伦理主体。从结构上看，这个驻留在纯粹理性和实践理性之僵硬对立之上的主体，与理性化的关于自然

---

　　① ［匈］卢卡奇：《历史与阶级意识——关于马克思主义辩证法的研究》，杜章智等译，282～283页，北京，商务印书馆，1992。

的意识形态概念是相互对立的。这一自然概念反映了资本主义社会的人面对由他自己的劳动"创造"的理性的机械的世界,即和他根本对立的"自然"世界,而自然状态则被赋予浪漫而纯粹的品质:他听凭它的"规律"的摆布,他的活动只是为了自私的利益而利用个别规律的必然进程。但即使在这种"活动"中,他也仍旧是事件的客体,而不是主体。"他的主动性的活动范围因而将完全是向内的:它一方面是关于人利用的规律的意识,另一方面是关于他内心对事件进程所做的反应的意识。"但是,卢卡奇认为,这种自然概念本质源自资本主义的经济结构,它原本与其他自然概念不可分离地联结在一起,并与浪漫派直觉的自然概念同构。因为从 18 世纪理性主义哲学的逻辑来看,非理性本身是由理性体系之放逐非理性的图谋开启的。一方面,资产阶级在与封建主义和极权主义的斗争中,把即将到来的,发展着的资产阶级社会视作"合规律的""能预计的、形式上抽象的"自然之秩序;另一方面,资本主义既被生产之抽象理性所驱动,同时也受驱于对于具体的、质的因素的倾慕,即受驱于对具体客体的感性消费,也因此受驱于让质的实在(尤其是社会现实)呈现出来的美学关注。例如,卢梭、席勒等早期的思想家被"驱赶着走向客观的矛盾",他们从前现代的有机论的立场出发,自然的形式被视为"我们过去是的东西"以及"我们应该重新成为的那种东西",所有反对社会形式(物化)和非人化日益增长的声音,则被视为人内心保有的**自然**倾向和渴望。这种渴望意味着"人作为自身完美的总体,他内在地克服了或正在克服着理论和实践、理性和感性、形式和内容的分裂",而当这种渴望不仅表现为"心灵的事实"或"意识中的渴求",而且通过具体而现实的艺术领域得到表达时,古典哲学仿佛是意外地发现了"作为总体

的现实的主体"。对卢卡奇而言，古典哲学只有靠"总体"的帮忙，才能
持续地看到生活，并才能将生活视为整体。由此导致艺术理论和美学的
问题关切"对十八世纪以来的全部世界观越来越大的历史性作用"①。这
意味着生活世界的全部内容不仅只有移植到审美领域，然后在审美的基
础上理解所有其他领域的时候，才能免于被扼杀，而且也只有在一个把
主体撕裂成碎片的个人化社会，审美地产生的主体才能把精神中心转回
到自己身上。卢卡奇认为，这就意味着回避真正的问题，审美化与理性
化、经济化并非构成真正的对立，相反倒是构成补足结构，并用另一种
方法把主体重又变为纯直观的。植根于此种主体直观中，暗中仍然承诺
意识的内在性，亦即承诺主体和客体之间僵硬对立的基本建制，并由此
引起异化、被动性以及把行动一笔勾销。这样看来，随着对客体越来越
抽离质的合理化和机械化，美学也越来越重要，并构成现代生产方式的
不同部分。然而，如同工人的活动越来越是被动的一样，美学的提升的
能动性本质上也是被动性。因为它们都仅仅是符合已经存在的形式，由
资本主义引入的形式中介没有受到触动。在物化的意识看来，不论我们
是否能通过非理性—神秘的体验找到一条从分裂通向总体性生活的道
路，都不会改变这种实际情况。② 这样的看法似乎只是肯定了现存秩序
的不可避免性。于是，我们看到，理性的康德式困境，即最终让"道德"
脱离那个可预测的理性化的世界，在韦伯式实践中，被理解为现代社会
之合理化过程与对责任个体的呼唤之不可能实质性地阻遏该过程的冲

---

① ［匈］卢卡奇：《历史与阶级意识——关于马克思主义辩证法的研究》，杜章智等
译，210～212页，北京，商务印书馆，1992。
② 同上书，176页。

突。因为"负责任"的伦理行动依然只是主观的个人立场。因此，必须指出，任何矫正内在于古典思想体系的合理化的手段都不能成为实质的矫正手段。这些手段因其天生在形式上带有的非理性，最终只会落入道德改良主义。

(三)政治实践取向：主动干预历史能够实现何种期待

卢卡奇把马克思对商品所做的形式分析定为对现代理性化的分析的支点，他把资产阶级思想的二律背反的两极关系归因于社会历史的来源。就卢卡奇来说，"历史是从方法论上解决所有这一切问题的场所"[①]。这就暗示出，韦伯式的问题的解决需要转向历史，历史实际上是由某种变化构成的，而这种变化要比韦伯的理性化中描述的变化更具有质的动态性。显然，卢卡奇采用的是介入和控制历史的概念，这里所说的介入具有理论和实践的双重功能，但这种相当动态的历史概念在方法论上显然需要中介范畴。因为在卢卡奇看来，资产阶级思想恰恰缺乏这个中介，由此"任何真正的变化都必然相应地表现为某种不可把握的东西"，或表现为"灾难"，或表现为"外来的""突然而意外的变化"。[②]它所导致的结果是，对那些通过科学理性手段不能把握的东西的恐惧，被哄抬为对那些手段的进一步物化。为了从根本上把握住变化，卢卡奇强调：借助中介范畴可以使那些资产阶级社会的客体必然具有的，但在资产阶级社会中必然没有得到直接表现的，又在资产阶级思想中必然被

①　[匈]卢卡奇：《历史与阶级意识——关于马克思主义辩证法的研究》，杜章智等译，223～224 页，北京，商务印书馆，1992。

②　同上书，234 页。

遮蔽的内在意义，在客观上发挥作用，并应当提到更为重要的一点，即无产阶级意识。在卢卡奇看来，历史显示了马克思对维科观点的正确引用：历史是由人创造的，只要认识的对象是由我们创造的，那么它就是能够被我们认识的。历史当下的现实中的人不是作为康德—韦伯的个别主体而出现的，而是作为出自集体立场的阶级而出现的，他们是生产关系的载体。与马克思一样，卢卡奇知道无产阶级是资本主义社会唯一革命的阶级。马克思说，如果"无产阶级宣告迄今为止的世界制度"解体，那么它"只不过是揭示自己本身的存在的秘密"①。对卢卡奇来说，问题仅仅在于我们能否觉察到这一点。根据卢卡奇，人的理智为什么恰恰把形式的和数学的、理性的认识把握为认识世界的标准（并将这些形式的内容的、异域的、看作不可认识的特点与之对立起来）？这样的把握有多大正确性？此类问题还未曾有人提出来。② 历史告诉卢卡奇的是，形式理性的时代，并非韦伯的分析所认为的那样是普遍的、恒久的。历史的本质恰恰在于那些结构形式的变化。单是从对这种思想类型的纯粹形式的规定中就可看出，它的基础在于特定的历史实践。这就意味着正如非理性可以通过历史实践的改变加以克服一样，理性化过程的可预测性也不能把人类的能动性预先决定了。因此，假如我们对照《新教伦理与资本主义精神》和《历史与阶级意识》两本著作的标题，那么一种赋予创造性和有意义的行动可能性的新的理论—政治视野和对韦伯的新界说即被标了出来。这一标题突出了克服我们先前刻画的韦伯对现代生产一极

---

① 《马克思恩格斯选集》第 1 卷，15 页，北京，人民出版社，1995。
② ［匈］卢卡奇：《历史与阶级意识——关于马克思主义辩证法的研究》，杜章智等译，178～179 页，北京，商务印书馆，1992。

的错认时所碰到的矛盾（即匿名结构和负责任的意志行动的对立）的出路，即突出了政治实践的出路。①

我们发现，在评价卢卡奇的哲学和政治参与的关系时，有关卢卡奇根据一种有中介的总体性的辩证概念来抨击资本主义的分裂，已有广为人知的评议。但是，在这种分析过程中，我们不能忘记的问题是，卢卡奇自己何以最终诉诸 20 世纪苏联共产主义的政治神话？吕西安·戈尔德曼、理查德·沃林、彼得·奥斯本等人提醒我们注意，比较一下海德格尔和卢卡奇所选择的相似而又对立的政治道路对此问题的解答是有所助益的。② 米夏埃尔·勒维令人信服地展示了卢卡奇与斯大林主义忧伤的联盟的内在逻辑。当然，对这个问题的深入考察，远远超出了我们拟定的范围。在这儿重要的是指出，理解海德格尔和卢卡奇的政治见解的关键不应当在法西斯概念和布尔什维克概念本身中去寻找，而应当到更为广阔的但又相关的（保守的或革命的）历史概念的规定性中去寻找。值得指出的是，施米特在《政治的概念》中曾提到从卢卡奇往回追溯的最左的一派，同时又把书中最长的和最具实质性内容的一条注释判给了黑格尔和卢卡奇，如此理解已经暗示卢卡奇朝向黑格尔的精神圣地。他深谙

---

① "《历史与阶级意识》是一部多层次的哲学著作，或者说政治哲学著作。"[匈]卢卡奇：《历史与阶级意识——关于马克思主义辩证法的研究》，杜章智等译，3 页，北京，商务印书馆，1992。

② 例如，沃林在《存在的政治》中认为，海德格尔的《存在与时间》所确立的存在论结构（诸如呼声、本真性和决心等范畴），足以使人做出"对资产阶级规范状态的批判是如此的彻底，以至于只有一种激进的历史越轨的政治态度才能满足其要求"。而卢卡奇把自己选择布尔什维克描述成"一种克尔凯郭尔式的'伦理学目的论的悬搁'，这与《存在与时间》所暗示的对伦理规范状态的批判方式相似"。[美]理查德·沃林：《存在的政治——海德格尔的政治思想》，周宪等译，98～99、233 页，北京，商务印书馆，2000。

黑格尔那种"不允许以'非政治的'纯粹性或纯粹的非政治性为借口设立精神陷阱的哲学真诚"。黑格尔的具体思维的辩证法也被他解读和转译成"充满特定的政治性"。比如，经常为人们提及的量变质变规律就"具有彻底的政治含义"。"它表达了这样一种认识，即无论哪一个'领域'一旦达到政治的顶点，人类就会随之出现一种在质上崭新而剧烈的分化。""黑格尔思想的这种实现在卢卡奇那儿获得最强大的生命。"①必须承认，在施米特等人确认的这个黑格尔的理论视界里，卢卡奇的"阶级意识"确实潜在着走向哲学的和政治的暴行之倾向，评论者也由此试图将卢卡奇对那些中断日常生活秩序的迷恋的政治观点归到他的克尔凯郭尔式的黑格尔主义。此外，对于卢卡奇早在《小说理论》中描述现代性十分重要的堂吉诃德的能动性意象，在康德—韦伯的架构内原本是无望的悲剧，因为主观立场是不能改变客观世界的。而在卢卡奇的颠覆性的新范式中这种改变是可能的。伴随卢卡奇对 20 世纪 20 年代初欧洲社会的剧烈的结构（国家与社会关系）转型认识（对此，韦伯等绝大多数自由主义者都加以忽视），文化和哲学中的"主观"和"客观"两极之间的张力再次凸显，需要加以调停。卢卡奇认为，历史使得人的能动性看清楚这一事实：形式理性主义把人类的能动性预先局限在历史决定论的领地，它其实能够主动地改变过程本身，而这种改变是整个社会自下而上地"真正地"（超越了形式和内容的对立）交给无产阶级来实现的。因为面对资本主义这一同样的社会存在，无产阶级之被量化的生产压迫和在价值规律的支配

———————

① ［德］卡尔·施米特：《政治的概念》，刘宗坤等译，183～184 页，上海，上海人民出版社，2003。

下生存，能够促其认识到自己存在的辩证本质，并能够打破思想和行为的资本主义形式；对无产阶级来说，也对卢卡奇这样的精英来说，其时曾经被19世纪自由放任和自我治理的意识形态封闭起来的现实，突然开始向知识和政治精英敞开，现实被视为潜在地落入人的主动性控制的轨道。无产阶级要临近这一**质**上卓著的能动性，并要由一个先锋党点拨他们的意识而视自己为这种变化的正当代理人。但反过来对资产阶级来说，因其"用抽象的反思范畴，如数量化、无限进展等来掩盖日常生活中的历史过程的辩证结构，结果在发生突变时就面临着直接的灾难"①。

似乎清楚的是，卢卡奇谋求用"历史的现实"的强力政治来匡正意识形态之谬误。卢卡奇的深刻之处在于，他试图由此构成对韦伯命题及其他所基于的康德哲学的全部形而上学之二元对立论的批判。在这种现代形而上学的二元对立中，无论是唯心主义，还是唯物主义都决意表明"无论如何也要通过公开的或隐蔽的神话学的中介而把思维和存在统一起来"②。在卢卡奇看来，神话显然不是柏拉图主义（回忆说的特征）孤立的事例，而实际上是全部形而上学的本质，凡是采取"直观的态度"或"只想认识世界，而并不想改造世界"的人，他对"思维和存在的这种最终实质的同一性怎样才能得到证明"的分析，都是一种神话式的分析，只是相应地要说明思维和存在的"不变本质怎样才能作为不变的东西被

---

① ［匈］卢卡奇：《历史与阶级意识——关于马克思主义辩证法的研究》，杜章智等译，248页，北京，商务印书馆，1992。
② 同上书，295页。

拼凑在一起和怎样才能被解释为就是这种不变的东西"①。这样一来，
形而上学及其所连带的现代性的基本格局或体制并不因此片刻受到威
胁。正是在这一意义上，我们看到，卢卡奇吁求"一种已溶化在血液中
的认识"及其"实践批判活动"②。从卢卡奇的立场看，他越是将他对现
代形而上学的理性—非理性这种基本的二元态势的批判予以激进化，就
越是要在由决断界定的政治行动领域寻求化解与"理性的形式主义的认
识方式"成问题的联结，由此他的理论就越像他批判的具有封闭体系特
征的现代形而上学。眼下在某些阵营里流行着对卢卡奇的否定，显然是
因为他在试图超越韦伯取径时所倾向的接合了公然的审美化和历史神话
化的更为激进的途径，并将他视为错把无产阶级当作"救世主"的现代堂
吉诃德。而对于他诉诸某个特殊社会或政治运动来克服现代思想的理
性—非理性困境这一做法，几乎所有人都会认为过于危险，不可辩护。
毋庸置疑，这种历史的批评引起一些不同的问题。有点让人不平静，也
有点让人失望：卢卡奇显然还无法走出那个激进的黑格尔主义形而上学
的围场。佩里·安德森注意到了"西方马克思主义"是如何突然退回到哺
育它的唯心主义源泉的。这种回退表现最明显的也许莫过于西方马克思
主义的主导支脉，即其种艺术理论。这一论断正确的程度如何，暂且不
予置评。但我们认为，无论卢卡奇错在什么地方，他毕竟正确地提出了
问题。

---

① ［匈］卢卡奇：《历史与阶级意识——关于马克思主义辩证法的研究》，杜章智等
译，297 页，北京，商务印书馆，1992。

② 同上书，350 页。

四、浪漫主义政治哲学的形而上学原则

与卢卡奇追求的是实践的（即能动的）取径相关，"政治"如何在浪漫派的工作中发挥作用，尤其联系早就提到的那些问题，是我们接着需要处理的问题。施米特对浪漫主义政治哲学的关注颇具理论深刻性，其观点也是对现代资产阶级政治痼疾的诊断：这种政治是一个反政治或"政治不成熟"的政治，道德、理智和政治上的衰败，以及由此而来缺乏决断和机缘论是其关键所在。而真正的政治与浪漫主义的审美本质相冲突。卡尔·施米特作品中的"好战"标志，是他否认政治的浪漫主义、形而上学、道德或经济能够成为真正政治的标准。因此，在施米特与马克思之间的一致性仅仅在于涉及他们共同否定的东西方面，如何通过读施米特走向马克思显然是个重要且繁难的问题。

在施米特看来，诸多关于浪漫主义的著述表明，条分缕析的研究往往是出于文学、艺术的兴趣，而不是为了政治，因此，产生了对浪漫主义政治特质的种种遮蔽和误解。不过，与对浪漫主义的文学的趣味的评议不同，现代德国政治哲学家施米特关注的却是浪漫主义的政治趣味。这倒不是因为他意识到社会政治运动跟文学艺术运动关系密切，相反，施米特要说明浪漫主义是一种政治哲学。① 下面的阐述以施米特的《政

---

① 关于浪漫主义的文献太多了。曼海姆认为，浪漫主义作为一种显学并不长命，它作为学术史上一种活的影响力在海涅的批判出现过之后于19世纪销声匿迹。显然，这些说法并不合乎施米特对浪漫主义的"政治趣味"的评议。关于德意志浪漫主义的重要文献如海涅的《论浪漫派》，勃兰兑斯的《德意志浪漫派》等都于《政治的浪漫派》之前出版，可施米特并没有提到这些书。[德]卡尔·曼海姆：《保守主义》，李朝晖等译，133、179页，南京，译林出版社，2002。

治的浪漫派》一书为基础，它可以使人清楚地看到政治的浪漫主义形而上学原则以及思想的历史关系。

（一）浪漫主义的思想结构

在施米特看来，"浪漫主义"一词一直被当作一个含义不明的词语误用着。据说，浪漫主义的诉求大概是，"它自称是不可理解，不是人类语言所能参悟的"。浪漫主义之不可定义的原因在于："定义是科学的毒药"——用浪漫主义的典型代表缪勒的话来说。但是，这种不可定义本身只是浪漫主义营造思想史迷宫的伎俩，它具有的逻辑性是最少的，径直无异于在"践踏人性"①，即使傻瓜都会对一定的事物形成一定的看法。况且，对于浪漫主义者而言，活着就是要有所为，而有所为就是表达自己的天性。从思想史的发展线索来看，法国人基于"人的天性之善"对浪漫主义的解释，要比从民族特性角度或者从论战性政治评价的角度来说明浪漫主义更好一些，它至少表达了要从混乱中寻找清晰性的意图，不过，对于作为德国人施米特的感受来说，如此定义肯定不能算浪漫主义的定论——不管浪漫主义与"人的天性之善"的观念多么接近，它必定因疏忽了浪漫主义运动的历史本质，而无法凸显其思想状况的独特性。

在探讨浪漫主义自身的诉求为何在客观上不明确，并为何对其核心必须有一个清楚而确切的定义时，施米特指出，如果能够摆脱浪漫主义

---

① ［德］卡尔·施米特：《政治的浪漫派》，冯克利、刘峰译，8页，上海，上海人民出版社，2004。

的定义之混乱状况，那么我们就会看到，虽然浪漫主义并非一种单纯的政治的和革命的运动，但是，"浪漫"没有成为"一个为人们接受的党派政治的标志"，或许是这么一场遍及欧洲的运动是其定义为何如此困难的原因。有一个功绩是属于恩格斯的，这就是他曾经正确地注意到"政党的名称绝非十分准确"①，这也是专注于政治的思路不容易把握政治的浪漫派的原因。但是，这恰恰反映了浪漫主义的本质，就像伦理或逻辑一样，政治与它是格格不入的。如果浪漫主义没有能力在自由抉择的基础上坚持重要的政治理念，那么，在被称为浪漫主义复合体的历史和思想关系中，就仍有必要且也有可能俘获那些可被称为政治的浪漫主义的东西的特性。一个值得注意的征候是，施米特本人关于政治的特殊本质的概念是由这样一个事实来表明的：它首先是针对浪漫主义概念的反概念。② 换言之，施米特的政治概念是如此明确地给定的，以致他对政治的浪漫主义概念的规定可以由此以否定的方式得到。最为重要的是，就像一切本质的解释一样，形而上学的准则在这里也是最好的指示，因为即使令人眼花缭乱的浪漫主义的复合体的历史和思想关系，其实奠基于其形而上的准则。

施米特坚信，今天，形而上学虽已经式微，但形而上学的准则尽管可以用人和历史等世俗化的词汇来包装，但并不因此就不存在。"形而

① ［德］卡尔·施米特：《政治的浪漫派》，冯克利、刘峰译，30 页，上海，上海人民出版社，2004。
② 刘小枫选编：《施米特与政治法学》增订本，刘锋等译，30 页，上海，华东师范大学出版社，2008。

上学是不可避免的"①。施米特关于每个人的思想和感情总保留着某种
形而上学的特点的论述提醒人们，要从笛卡尔以来的西方近代哲学的语
境理解政治的浪漫主义。在现代之初，笛卡尔的怀疑让古老的本体论哲
学开始发生动摇，并由此造成了一个也许并非出于其初衷的结果：他把
人与所有非主观的存在分离开来。对于自我意识中实存性的内容，笛卡
尔的怀疑越是可能，它就越是意识到：它拥有的一切就是自我意识和不
停的怀疑活动，而且正因为不停地怀疑，笛卡尔才得到了"现代的"自
我。"自我"上升到首要地位意味着哲学成了自我中心论的。这么说来，
现代哲学实际上被主观与客观、思维与存在、表象与实在的分裂所支
配，即使康德主义也未能逾越这一鸿沟。如果主观与客观、思维与存
在、表象与实在属于两个不同的领域，如果我们又赞同笛卡尔的自我同
一性原则，那么，这就导致了如何将两者联系起来的困难，消除主观与
客观、思维与存在、表象与实在的对立就成了时代的哲学问题。

正是在上述语境中，浪漫主义被施米特理解为一场反对 18 世纪理
性主义的运动，但并不能因此把浪漫主义理解为理性主义的反题。因
为，与诸多对笛卡尔的抽象而机械的理性主义的反动——比如，后康德
德国观念论的反动、神秘主义的—宗教的反动、维柯所代表的历史的—
传统的反动等——比较起来，浪漫主义的反动与这些反动的路径依赖十
分不同，它试图透过情感—审美的外衣来消除思维与存在等方面的对
立。但浪漫主义却不因此能够在理性主义和非理性主义之间做出决断。

① ［德］卡尔·施米特：《政治的浪漫派》，冯克利、刘峰译，16 页，上海，上海人
民出版社，2004。

它得不出这种哲学见识，尽管它有表面上的非理性主义。它"把思想的创造性移植到审美领域、移植到艺术和艺术批评的领域，然后在审美的基础上理解所有其他领域。……举凡精神、宗教、教会、民族和国家，都汇入一条洪流，它发源于一个新的中心——审美"①。也就是说，浪漫主义对于既定事实，不是从政治的、历史的、法学的或道德的背景进行客观思考，相反，它们只是审美与情感的对象，仅仅是让浪漫主义热血沸腾的东西。

笛卡尔哲学希望让他自身确信他自身的存在，而浪漫主义所做的是，让他自身确信他的思想对象的存在。在笛卡尔能够让他自身确信在自我觉醒的过程中意识自身存在的地方，浪漫主义者让自身确信他所意识的东西的存在。这样一种确信是奠基于让各种哲学体系中的异质性概念重返情感—审美领域，使其返回到主体和客体同时被直接给予的那种体验中，实质上就是使它们在情感的迷雾中浑然一体。但是，浪漫主义在自己特有的预设基础上根本无法做到这一点，因为一元论和二元论在浪漫主义那里并不是反题，就像亚当·缪勒在反驳所谓"主客体之绝对统一性的著名谬论"时，申明"'一'不过是'恒久的二'"②。这样，反题本身之所以不是反题，是因为它仅仅是机缘，"浪漫派的形式游戏的场所永远是机缘"。在这里，机缘"是一个消融化的概念，因为，凡给生活和新事物带来一致性和秩序的东西——不论它是初始原因的机械的可计

---

① ［德］卡尔·施米特：《政治的浪漫派》，冯克利、刘峰译，13～14 页，上海，上海人民出版社，2004。

② 同上书，131 页。

算性，还是目的性或规范性的关系，都与纯粹的机缘的观念不相融"①。所以，一方面浪漫主义仍然立足于自我或主体，浪漫主义的主体把一切都变成诗的机缘和机遇；另一方面它以反讽的方式逃避客观性的约束，竭力不让自己有所信持，以便保留它的无限自由。于是，人类主体便如阿尔都塞所云，将"一切自理"，无须政治约束。②

施米特的上述评论表明，他据以说明政治的浪漫主义，是一种反讽的机缘论。从哲学史上溯源，"机缘论"最初是由柯德穆瓦、格林克斯和马勒伯朗士等人为克服笛卡尔哲学所具有的逻辑的和形而上学的困难而提出的。③ 它不仅涉及形而上学问题，还涉及人的能动性的地位问题。这些"旧机缘论"者是靠"更高的第三者"——上帝——来扬弃实在与现象之间的对立的。不过，确切地说，这无法成为他们克服对立的解决之道，他们并未消除对立，而是让它存在；但只是他们向着更高的、主观的创造性的机缘转移，试图把一切反题消解于和谐统一之中。对于浪漫派机缘论者而言，"凡是能够为了自身更高的效用而把对立用作机缘的东西，就是真实的和更高的实在"④。换言之，真正的实在仅仅是被主体变为其创造欲的对象的东西。借助于浪漫创造的机缘，"两性的对立终止于'总体的人'；个人之间的对立终止于更高的有机体：'国家'或人

---

① ［德］卡尔·施米特：《政治的浪漫派》，冯克利、刘峰译，15 页，上海，上海人民出版社，2004。

② ［英］特里·伊格尔顿：《审美意识形态》，王杰等译，31 页，桂林，广西师范大学出版社，2001。

③ ［德］卡尔·施米特：《政治的浪漫派》，冯克利、刘峰译，86 页，上海，上海人民出版社，2004。

④ 同上书，89 页。

民；国家之间的纷争终止于更高的组织：教会"①。"上帝"似乎是一个
可能和实在的统一体，但这是神秘主义的态度，而绝不是浪漫主义的态
度。当传统形而上学中的最高实在——上帝——被抛弃后，"人民"与
"历史"这两种新的世俗实在就接替了他的职能。然而，更为严格的考察
表明，浪漫主义试图将从上帝那儿发现的东西，并不是最终赋予这两个
造物主，而是赋予浪漫的自我（主体）本身，机缘论体系中的要素——上
帝——主观化了，这只不过是在自由主义的资产阶级世界里，"分离的、
孤独的和获得解放的个人成了中心、终审法庭和绝对存在"。但浪漫主
义又不一贯坚持这种立场，因为说到底，对于施米特来说，维持这种解
放了的个人成为上帝的幻觉，只有在"以规则为基础"的资产阶级秩序中
才能实现。② 因为，资产阶级的社会秩序保证了公共领域和私人领域的
两分，而自由主义则信持：法律保障私人活动不受干涉。所以，从心理
学和历史的角度说，浪漫主义是资产阶级处境安全的反映。但维持这种
体验只能通过想象和幻想的方式，因为只存在被浪漫化的对象（譬如，
游侠骑士），不存在本身浪漫的对象。正是这一点，决定了浪漫的主体
为什么没有把资产阶级秩序这一自己的前提也浪漫化，相反，"他更喜
欢嘲讽这个秩序，因为它是实际存在的"③。这就是为什么我们可以经
常把政治的浪漫主义只作为政治空谈的象征的原因。他宣称自己对正义
的想象比正义的真实结果更重要。"从浪漫主义的角度看，非正义只是

---

① ［德］卡尔·施米特：《政治的浪漫派》，冯克利、刘峰译，89 页，上海，上海人
民出版社，2004。

② 同上书，97 页。

③ 同上书，97 页。

一种不谐和音，它化解于'一首圣乐、对更高生命的一种无止境的体验'之中"①。因此，在心理学的现实中，它就必然会与另一些不那么主观主义的感受结合起来。"不放弃指定两个新造物主即人类和历史的可能性"②，不放弃那个统一性的问题。这种飘忽不定、没有任何实质性政治立场的做法，被施米特称为"用一种实在来戏弄另一种实在"的反讽和密谋。因此，正像浪漫主义的感情摇摆于遁入自我和畅游宇宙之间一样，浪漫主义并无意走到认同人民与历史的地步。相反，它从自我漂向人民、国家和历史，将每一个实在都玩上一把便走，而且没有任何担当和承诺。施米特说，"假如有什么东西可以提供一个浪漫主义的完美定义的话，那就是它完全缺乏与某种原因的关系"③。它不仅否认一种确认恰当关系的理性或道德的力量，而且也否认"机缘和后果"之间存在恰当的关系。一句话，"机缘和后果"之间的关系完全是一种不可预知的神奇的关系。因此，曼海姆深刻地指出，浪漫主义可以在某种令人信服的重要意义上称为蒙昧主义。④ 也是在这种意义上，施米特说，"主体主义的幻灭"就是浪漫主义机缘论的思想结构。

（二）商谈是政治浪漫派的某种创造力的别名

我们通过更加仔细的审视可以发现，一切政治能动性都与浪漫主义

---

① ［德］卡尔·施米特：《政治的浪漫派》，冯克利、刘峰译，155 页，上海，上海人民出版社，2004。

② 同上书，72 页。

③ 同上书，84 页。

④ ［德］卡尔·曼海姆：《保守主义》，李朝晖等译，132 页，南京，译林出版社，2002。

的审美本质相冲突。政治问题对浪漫主义者而言，只是个人情感的事情，除了审美的机缘之外，没有其他责任意识。这意味着浪漫主义无力在事关对与错、正义与非正义的冲突中做抉择，"规范从概念上说是反浪漫主义的，因为任何规范都会破坏浪漫派的机缘特权"①。如果像浪漫主义者这样看问题的话，那么我们最后怎么可能在公共事务中，甚至在个人事务中维持一个道德标准和道德理想。最终看来，浪漫主义者特有的言说方式不是任何有关真理的断言，而是一种无休止的"商谈"和"争吵"。"商谈是浪漫派的某种创造力的别名"，施米特揭示了浪漫主义为何是一种伪政治：浪漫主义"在其机缘论结构所固有的有机的消极性中，想在不必变成能动者的同时成为有创造性的人"②。在施米特看来，这怎么有可能改造世界呢？其实，浪漫主义并不想真正改造世界，而始终沉溺于幻想。这是资产阶级的自由主义缺乏决断力的典型表现，"他除了那种心情的能动外，没有任何能动性"③。在这种意义上，黑格尔主义的良知依然同浪漫主义格格不入。在黑格尔那里，"人民"虽然是"世界精神的工具"，个体也是"理性的狡黠"的牺牲品，但是，这未必导致抱着绝望或寂静主义的态度放弃人类的能动性，因为我们可以联想到黑格尔的论述，个体是普遍的，他的历史行动不是作为一个私有者而是作为他的国家的公民。他相信他是自己民族的一员，有胜过世界历史之狡黠的妙计，或者正确地站在真正的理性一边；所以，施米特认为，

---

① ［德］卡尔·施米特：《政治的浪漫派》，冯克利、刘峰译，154 页，上海，上海人民出版社，2004。

② 同上书，153 页。

③ 同上书，96 页。

"从政治上说，黑格尔主义除了其保守倾向外，也可以有革命的倾向。……在这个体系的革命性发展中，即在马克思主义中，人民以无产阶级的形式，再次成为真正的革命运动的执行者，它把自身理解为历史的主宰。不然马克思主义便变得跟其他历史哲学一样，没有革命性的力量和形成一个政党的能力"①。

这里，施米特实际上是在告诉我们，马克思是一个革命家。能动主义的"热情"（后来索雷尔用它炮制出一种浪漫主义理论）充满了马克思的内心。众所周知，马克思在《德法年鉴》中对"浪漫派"做了深刻的批评。在那里，马克思强调的是政治斗争，特别是群众的实际政治斗争。他说："什么也阻碍不了我们把我们的批判和政治的批判结合起来，和这些人的明确的政治立场结合起来，因而也就是把我们的批判和**实际**斗争结合起来，并把批判和实际斗争看做同一件事情。在这种情况下，我们就不是以空论家的姿态，手中拿了一套现成的新原理向世界喝道：真理在这里，向它跪拜吧！我们是从世界本身的原理中为世界阐发新原理。"②它意味着在一个只有通过根本性的政治实践才能变革苦难现实的情境下关注社会秩序，不能停留在纯粹美感的领域，任何社会秩序不可能以高谈阔论的需要为基础。

当然，马克思这样的观点必须从历史上加以阐释。1848 年以后的社会主义者们放弃了圣西门。社会主义运动开始围绕马克思主义思想组织起来。不再仅仅哀叹贫困，对多数受苦的人表示同情，虽然同情可能

① ［德］卡尔·施米特：《政治的浪漫派》，冯克利、刘峰译，68 页，上海，上海人民出版社，2004。

② 《马克思恩格斯全集》第 1 卷，417～418 页，北京，人民出版社，1956。

很有力量，但它本身是反政治的，也缺乏普遍化的能力；不再仅仅诉求用改良来消除贫困，而是指控资本主义所造成的人性之丧失，并指出资本主义社会中的"赤贫现象的迅速发展乃是现代工业的必然后果"①，资产阶级政府对消灭贫困是无能为力的，因为消灭贫困等于消灭自身，它是建立在这种不断产生贫困的私有制基础上的，彻底推翻资本主义才能解决贫困问题。正是基于这种认识，我们赞成阿伦特把马克思看作一个革命理论家，"如果马克思有助于解放穷人，那也不是通过告诉他们，说他们是某种历史的或其他的必然性的活化身，而是通过劝说他们，使之相信贫困本身是一个政治现象，而非自然现象，是暴力和侵犯的结果而不是匮乏的结果"②。马克思在这里是在历史辩证法的主体维度上，批判资本主义社会中那种特有的人与物的颠倒关系。

值得注意的是，这里的马克思已经超越了人本主义阶段，在马克思那里，革命要反抗丧失人性的境况、争取自由，是原有解放生产力要求的逻辑理论的直接表达。这涉及生产力所成为的按自然法则发挥作用的权威力量与人类的力量之间的关系，马克思曾谈到过生产力的最高发展，也是"个体最丰富的发展"。G. A. 柯亨评论了在马克思的思想中生产力的扩展与人类能力的增长之间的"广泛的一致"。因而，历史唯物主义理论对个体的意识和潜意识的力量，以及它们的政治功能做出了解释，该功能既可以是废退的，也可以是解放的，无论在何种情况下，它都能成为物质力量。但是，马克思也看到，这种生产力的权威性的力量

① 《马克思恩格斯全集》第 1 卷，476 页，北京，人民出版社，1956。

② ［美］汉娜·阿伦特：《论革命》，陈周旺译，51～52 页，南京，译林出版社，2007。

在资本主义社会这一"一定的历史的暂时的历史境况"中，却表现为一种不自觉的、神秘的对生产力本身的破坏性力量，社会的进步同时表现为劳动工人的苦难。

对于劳动工人的苦难的理论态度，马克思在《哲学的贫困》中批评普鲁东时，做了一个历史性的总结。他说："**宿命论**的经济学家，在理论上对他们所谓的资产阶级生产的否定方面采取漠不关心的态度，正如资产者在实践中对他们赖以取得财富的无产者的疾苦漠不关心一样。这个宿命论学派有古典派和浪漫派两种。古典派如亚当·斯密和李嘉图，他们代表着一个还在同封建社会的残余进行斗争、力图清洗经济关系上的封建残污、扩大生产力、使工商业具有新的规模的资产阶级。从他们的观点看来，参加这一斗争并专心致力于这一狂热活动的无产阶级只是经受着暂时的偶然的苦难，并且它自己也把这些苦难当做暂时的……浪漫派属于我们这个时代，这时资产阶级同无产阶级处于直接对立状态，贫困象财富那样大量产生。这时，经济学家便以饱食的宿命论者的姿态出现，他们自命高尚、蔑视那些用劳动创造财富的活人机器。他们的一言一语都仿照他们的前辈，可是，前辈们的漠不关心只是出于天真，而他们的漠不关心却已成为卖弄风情了。"①这是浪漫主义的审美至上主义的心理和生理气质使然，不管是道德价值的判断，还是政治决断，都不是浪漫主义做得了的事情。因为，浪漫主义的反讽根源在于它把自相矛盾的世界中的每一情境都做不止一面的观察。

在解读普鲁东时，对于马克思来说，虽然普鲁东充满了对被压迫阶

---

① 《马克思恩格斯全集》第 4 卷，156 页，北京，人民出版社，1958。

级的同情和革命情怀，但就是在怎么办的问题上，普鲁东的所谓"每一种经济关系都有其好的一面和坏的一面"，他希望找寻一种新的结合，以便消除有害方面而保存其有益的作用的想法，只能是非辩证的、小资产者的良好愿望而已。在这一特定的语境中，马克思说："正如经济学家是资产阶级的学术代表一样，社会主义者和共产主义者是无产者阶级的理论家。在无产阶级尚未发展到足以确立为一个阶级，因而无产阶级同资产阶级的斗争尚未带政治性以前，在生产力在资产阶级本身的怀抱里尚未发展到足以使人看到解放无产阶级和建立新社会必备的物质条件以前，这些理论家不过是一些空想主义者。"①在这里，马克思站在黑格尔辩证法的素养基础上，明确地指明：今天试图像普鲁东那样脱离党派政治的利用，"希望充当科学泰斗，凌驾于资产者和无产者之上"，事实上只是"一个小资产者"②的口头粉饰。无疑，马克思清楚地看到了普鲁东的无政府社会主义是从自由主义党派国家的现代政党政治中得来的。

我们发现，施米特在说明反对革命的浪漫主义政治哲学时，也对无政府社会主义轻蔑有加。不仅如此，在施米特鼓吹柯特的"政治专政"论而讨论柯特与普鲁东和巴枯宁的关系时，施米特把普鲁东、巴枯宁的无政府社会主义奉为自己的死敌，他赞同作为一名基督徒的柯特称"在普鲁东身上看到了魔鬼"。施米特认为，普鲁东的立场之所以站不住脚，主要原因在于"它只是把上帝与魔鬼的角色互换了位置。而且，与后来

---

① 《马克思恩格斯全集》第 4 卷，157 页，北京，人民出版社，1958。

② 同上书，158 页。

的无政府主义者相比，普鲁东是一个始终坚持父权和一夫一妻制家庭原则的道德化的小资产阶级"①。这同作为结论的无政府主义是矛盾的。

在这里，我们可以意识到施米特和马克思对普鲁东批评的某种视角上的深刻联系。但是，这个事实并不意味着施米特与马克思站在一起反对普鲁东。在施米特眼里，马克思与普鲁东一样仍然受西欧资产阶级观念的束缚，不过与普鲁东相比，马克思显得"是个中学教员，而贫困、受到严责的普鲁东，至少具备体会工人群众真实生活的直觉"②。显然，在施米特看来，马克思尽管在自己的时代看到，资本主义的罪恶在于市场经济造成的不平等和社会的贫困化，因此，他要求消灭私有制，把社会的物质力量掌握在社会成员自己手里。但是，从本质上讲，由于施米特把无政府主义对政治的否定与对政治的现实性的认识对立起来，否定理性的目的和规范对政治进行评价的可能性，而仅仅承认当下实际的"朋友与敌人的划分"为"政治特有的划分"。因此，施米特错误地将马克思主义视为浪漫的无政府主义，视为资产阶级的敌对的兄弟。在施米特看来，马克思主义和无政府主义，还有工团主义的革命者，虽然它们都把对方视为"绝对的敌人"，但它们"联合起来要求废除政治对毫无偏狭的经济进行的偏狭统治。政治问题必将不复存在，只有组织—技术性和经济—社会性的任务"③。马克思主义或者陷入浪漫的无政府主义，或

---

① ［德］卡尔·施米特：《政治的概念》，刘宗坤等译，53页，上海，上海人民出版社，2003。

② ［德］卡尔·施米特：《政治的浪漫派》，冯克利、刘峰译，215页，上海，上海人民出版社，2004。

③ ［德］卡尔·施米特：《政治的概念》，刘宗坤等译，54页，上海，上海人民出版社，2003。

者把国家权力神圣化，把它视为集体理性的代表。因此，它们作为"经济思维"的信徒，均无力认识政治理念。从审美特征上，它们归属于诸如古典、浪漫或巴洛克时期的划分，或者说，浪漫主义使一切精神领域审美化只是 19 世纪马克思主义那样的经济主义的前奏。

　　这样一来，通过把那些标志着马克思主义和其他"主义"区别的实质性的前提相对化，施米特陷入一种含糊不清的政治理解势所难免。这意味着施米特对包括马克思主义在内的"主义"本身所含有的政治立场的消解，他根本就不想去理解"什么是政治"，他不理解马克思既要废除经济自由主义，又要废除自由主义思想本身，他将它们基本上视为党派政治的形式和眼界，其中所包含着的政治观念缺乏施米特所声称的本质特征，即"斗争的特征"。为了使这种以斗争为取向的政治观点能够成立，他唯一可做的就是把对政治本质的哲学见解颠倒成政治行动的思想工具，并且美化不同政治共同体可能代表了相互冲突的不可公度的善这一人类的悲剧。因此，施米特对浪漫主义政治哲学的批判虽然达到了有意义的深度，其对经济思维的政治反抗的使命也不乏警示意义，但我们应当比施米特以某种意识形态立场更原本的方式走近马克思。

附　录

一、列奥·施特劳斯：哲学与政治哲学

列奥·施特劳斯对柏拉图政治哲学的研究显然是引人启发和富有争议的。印证他身上过多地受柏拉图的影响，也是理解其对现代性危机的解读的门径。他对哲学的必要性的论证，以及他对现代政治哲学的危机何以变成了哲学本身的危机的思想根源的评论，都给人留下这样的印象。但施特劳斯"极少以自己的名义说话"（Victor Gourevitch）。因此，这样的表达艺术决定了我们需要放弃固定于某一方向意义上的对他的批判和超出本文范围之外的更深广的研究。当然，在我们这里也有一个基本的问题在本文中坚持着。这就是，讨论施特劳斯恢复古典政治哲学的诉求所包含的理论悖谬。

(一)现代性危机的出路：哲学转向政治哲学

迄今为止，西方人一直不断地在阐述现代性批判话语。诸多的现代性批判尽管有诸多差别，但它们的诸多预设都显得依然是以西方现代性为基础的。在这方面，施特劳斯因鼓吹复兴"古典政治哲学"而给人以鲜明和彻底的印象。这一切都源于：我们如何来理解施特劳斯心目中的古典政治哲学。

那么，古典政治哲学的特点何在？施特劳斯认为，在研究视角和方法以及研究结论方面，古典政治哲人之间无疑彼此不同。但他要表明，他们之间彼此的一致是更根本的。这需要以施特劳斯对柏拉图的政治哲学之研究说起。我们诚然知道，无论是从知识论进路，还是从存在论进路去把握柏拉图的"理念"，都势所难免地遮蔽了柏拉图经由"理念"去塑造"更美好实在"的生活理想本身。对于施特劳斯而言，只要看到柏拉图式的哲学并非什么"理念论"，而是政治哲学，就根本不会造成这样的假象。说柏拉图的哲学就是政治哲学，是因为柏拉图以"是什么"的问题意识来表述"大全"的尝试，均与在"什么是好的？"总问题上创建了一种联系。所以，当海德格尔声称柏拉图关于"善"的理念讲的根本不是政治伦理问题时，可以想到，施特劳斯归于海德格尔哲学的只能是乖戾。

如果我们想弄懂施特劳斯改写西方哲学史为政治哲学史的质朴意义，洞悉这种改写所蕴含的东西，关键在于把握这种改写的理论动因：只要我们作一简单的反省，就足以看清柏拉图式的哲学因先验地假定了"好"和"更好"的范型，便与当今政治哲学具有完全不同的视境而展露了现代性危机的根源。正如 19 世纪以来的思想史表明的那样，现代性危机的决定性境况在于，现代西方人出于某种理由认为，政治哲学的根本问题不能以某种终极的方式来加以解决，他们"再也不相信自己能够知道什么是好的，什么是坏的；什么是对的，什么是不对的"。哲学处于这样困难境地中，以至于其正当性是否如传统一直为之辩护的那样昭然，受到了怀疑。说到底，对于施特劳斯来说，只要"什么是好的？"问题，从"哲学"本义中产生的那种基本联系没有更清晰地显明，则哲学的正当性危机就难以避免，人们也就根本不知道政治哲学究竟何用之有。现代的政治哲学迷失在被条分缕析的学科门类中，而徒有其名正是这种处境的反映。

这里似乎首先需要正面弄清何谓政治哲学？施特劳斯在政治哲学的入门课中开讲，"凡政治行动涉及的不是保守就是变革。变革是为了完善；保守则是为了避免某些更坏的东西"。"因此，凡政治行动都预先假定更好和更坏的意见。但没有好和坏的意见，又怎么有更好和更坏的东西？当你发现自己信从了一种意见，它就会吸引你探索知识，以取代原有的意见。因而，政治行动本身就是指向关于好的知识。我们现在把好社会称为完整的政治的好，因此，凡政治行动指向的必得是好社会的问题。"①显然这也正是施特劳斯的弟子——迈尔为什么说，政治哲学的结构性特征是"柏拉图的"的缘由。今天哲学要向政治哲学转换，施特劳斯自认持之有故。他将政治哲学界定为是对"何谓正确（当）的生活？"问题的一种哲学辩护，表明其问题意识就是检讨哲学与社会或政治的关系。政治哲学与政治的区别也是在施特劳斯的这种问题意识界说中照面的，

---

① 刘小枫、陈少明主编：《古典传统与自由教育》，65～66 页，北京，华夏出版社，2005。

施特劳斯认为，政治哲学向来是普遍的，它着眼于不受时空所限的社会之最好的或者正义的秩序；政治则向来是特殊的，它关注的是存在于既定的时间地点中的某个特殊社会的存在与好。① 两者之间的诉求不同几乎贯穿了政治哲学的整个历史。

　　长期以来，政治哲学与政治的这种区分早已为人所知了，因为人是最名副其实的政治动物，开展对政治问题的研究并努力改善政治生活和实现最好的制度，就成为人类的不懈追求和目标。照施特劳斯对古典政治哲学的阐释，最好的制度目标是由哲学家加以阐释的。但最好的制度只有在最有利的条件（包括"机运"）下才成为可能。或者说，古典派所理解的最好的制度不仅是最可欲的，而且是可能的。然而，最好的制度在其可能的同时，其实现绝非必然。因此，它只有在最有利的条件下才是正当和合法的。从这个角度而言，最好的制度目标本身只能存在于"言辞"而非行动中。② 这也意味着，某种现实的制度虽然是个不好的制度，但在还没有发现比它更好的制度之前，我们不得不用它。只是我们不要误以为：既然在现实中找不到更好的制度，那它就是最好的。这一我们从施特劳斯对古典政治哲学注释中演绎出来的论断，在他的政治哲学出现之前几乎没有被严肃地看待过。何以见得？不是有不少人（例如，福山）有抱负野心并援引他们自己评判我们和其他社会的理想标准去追求对全人类的统治吗？但他们是梦想者，或至少被施特劳斯式的哲人如此

　　① 贺照田主编：《西方现代性的曲折与展开——学术思想评论》第六辑，102 页，长春，吉林人民出版社，2002。

　　② ［美］列奥·施特劳斯：《自然权利与历史》，彭刚译，140～141 页，北京，生活·读书·新知三联书店，2003。

认为。

不过，施特劳斯政治哲学还完全不同于我们至此所把握到的。在他那里重要的不只是"在最近两代人中政治哲学已经失去了它的信誉"的判词；而且，有一种完全不同的判断不明朗地一起浮现出来：他相信，在我们的时代，社会史、文化史、经济史等替代了政治史原先的显赫地位之后，在基本诉求上已经放弃了弄清现代社会具有何种性质的问题。倘若我们只是从"文明"或"文化"的概念，而不是从政治制度的概念出发去把握社会的性质问题，那么它就具有放弃"成为庞大社会本身的兴趣焦点"或"那些激励和促动着社会并使社会团结一致的生死攸关的问题"①之关照的危险。显然，对施特劳斯而言，世界上最自然的事情便是世界是以政治的方式团结在一起的。

这样，当施特劳斯用"现代性危机""西方的危机""西方文明的当代危机""当前的信仰危机""理性主义的最后覆灭""欧洲的衰落"等措辞来提醒读者注意时，他多半必定会宣称"在我们时代，政治其实已经变成普遍的了"。可是，这里立即出现了一个问题：施特劳斯举证的所谓"在美国某个城市的贫民窟里发生的骚动可以波及莫斯科、北京、约翰内斯堡、汉诺威、伦敦以及其他遥远的地方并且与它们紧密相连"②，与他所谓"政治已经变成普遍性了"是同一回事吗？显然不是的！且不论它们的关联是在客观事实的十分局限方面被设定的，而且这里施特劳斯同样

---

① ［美］列奥・施特劳斯：《自然权利与历史》，彭刚译，140页，北京，生活・读书・新知三联书店，2003。

② 贺照田主编：《西方现代性的曲折与展开——学术思想评论》第六辑，102页，长春，吉林人民出版社，2002。

碰到了西方 2000 多年来的主流哲学中存在的内在困顿和棘手问题。这
个问题简单地讲就是普遍与特殊、本质与现象的相互调解的问题。只要
像施特劳斯那样坚持以某种政治制度来标榜一个社会，社会整体乃是某
种政治制度得以从中突现出来的那个东西，从而把政治制度的原则放大
到整个社会甚至完全等同于社会生活准则，那么这样的政治制度原则也
是"分裂"的东西。这里施特劳斯的逻辑断裂是很清楚的：施特劳斯对中
立化和去政治化的反对，让人忘记了在国家或政治与社会之间有一片巨
大的空间地带，充满了各种各样的利益团体和民间组织，这是一个没有
政治"尺度"且与其他领域并存的相对独立的领域。在历史唯物主义成功
地揭示了人最初只是一种社会动物而非政治动物，以及政治现象与人类
生活和生产之间的真实联系之后，施特劳斯这种颠倒的理论表达也许就
显得很局促了。

(二)哲学与政治的关系

从一个简单的角度看来，大多数人觉得，在政治社会中，哲学自然
而然拥有社会的和政治的地位。然而，只要是为"危机"所困而又不以旁
观者的眼光打量的哲人，比如，施特劳斯，就不会这样看待哲学与政治
社会的关系。施特劳斯借此观测点，重点提出了那个不能被现代科学回
答的烫手的问题：人类应该如何生活？

施特劳斯发现，胡塞尔和海德格尔的现象学适合于他作为凸显柏拉
图式政治哲学论题的重要线索。在胡塞尔的《欧洲人的危机与哲学》的讲
演中，我们可以读到："满足于传统的保守的人们与从事哲学研究的人
们将会发生相互斗争，而且这种斗争肯定将会在政治权力领域中进行。

从哲学产生之初迫害就已经开始了。按照哲学理念而生活的人被革出社会。然而理念比任何经验权势都更要强大而有力。"①人们或许会把这几句话解释为胡塞尔心目中对两种人，即哲人与政治家之间的"不和"，导致少有哲学化自由问题的领会。施特劳斯评论说，胡塞尔重提这件"古代人"（柏拉图和亚里士多德）知道而"我们"已经忘记了的事，"差不多可算作是胡塞尔对政治哲学的贡献"②。但施特劳斯对此一带而过，强调胡塞尔对"哲学作为严格的科学"之苦苦追求，其结果构成了对政治哲学的去政治化。使我们可以作如是理解的是，注意施特劳斯《作为严格科学的哲学与政治哲学》的谋篇。它巧妙地取用了胡塞尔论文的题目，主要讨论的却是海德格尔。这里的施特劳斯似乎是说，只要指出海德格尔没给政治哲学留下位置就足够了。由于政治哲学之缺席，海德格尔便失去了辩明自己哲学的政治后果的能力。它也足以证明这样一种观点的可能性，这种观点认为，胡塞尔和海德格尔的现象学必须发展出一种关于政治世界的现象学。施特劳斯意识到，这种现象学的政治性维度缺席之根源，深究到底，还要在哲学与政治的关系中去找。

不用说，在此讨论的哲学与政治的关系问题，并不是我们现今所熟悉的那些教科书上的概念，这样的概念往往受制于关乎学科门类的成见。历史地来看，哲学与政治的关系问题实质上是从理论与实践的关系问题转渡而来。人所共知的一个说法是，哲学是最高的理论技艺，政治

① ［德］胡塞尔：《欧洲科学的危机与超越论的现象学》，王炳文译，390页，北京，商务印书馆，2001。
② 贺照田主编：《西方现代性的曲折与展开——学术思想评论》第六辑，112页，长春，吉林人民出版社，2002。

则是最高的实践技艺。依此，无论是柏拉图似乎要使哲学家成为王，还是修昔底德为了政治而拒绝哲学，都突出了哲学不能简单地等同于政治，或哲学与政治的冲突的现象实情。人们在黑尔德的"世界现象学"研究中亦可看到，哲学传统在面对政治世界性时，显得束手无策既已久长。在2000多年的哲学演变中，跃动着这样一个基本信念：严格意义上理解的哲学生活价值，在本体论上高于政治生活价值。因为哲学关乎对超时间领域的真理的把握，而政治归属于飘忽易逝的事务（希腊语叫作pragma）或意见领域。我们从此视角看便可体会到，施特劳斯和海德格尔为"什么是美好生活"争辩，也等同于"在现象的根本结构中维护永恒或真正超时间性在场的可能性"，还是试图排除这种可能性的争辩。如果更加深入地去想一想这里的指认，我们便不妨带些夸张但也带着真理性的分量断言：人类的命运就系于理论与实践之鸿沟的铲除！马克思的只由25个字（不算标点）组成的一句话说出了这里的深义："哲学家们只是用不同的方式解释世界，而问题在于改变世界。"故此，一旦追求普遍永恒的真理的哲学传统的自我辩护在历史性实践的理据上站不住脚，即便不考虑其他缺陷，单单是这个缺陷，哲学和政治社会的亲善便不可能。

对施特劳斯来说，问题始终是：在哲学与政治的龃龉中，如何保存哲学？罗森也说"不论施特劳斯的政治观点是什么，他关心的还是哲学，他要的是一个能让哲学存在的政治社会"①。哲学存在2000多年，且从

---

① 贺照田主编：《西方现代性的曲折与展开——学术思想评论》第六辑，26页，长春，吉林人民出版社，2002。

启蒙时代彰显"天赋人权"，终于壮阔成今天民主社会的大观。哲学的言论自由竟然还需要保护，还需要辩护！施特劳斯竟然还要提起"迫害与写作技艺"！我们今天几乎不能领会施特劳斯提出的这个问题了。在今天，自由民主体制可算是现代政治思想的一项成就！政客们或鼓吹美国民主与民主的理念毫无二致；或将民主的理念斥之为纯粹的幻想，诸种民主制的行为成了膜拜的神祇。政治哲人则相信，可以通过科学把大众从意见世界即政治世界引向真理世界。说哲学在道德和知识学上已经破产了，这大概已是个老生常谈。人们在忙着考虑"哲学已不再可能"。施特劳斯却用一个更为极端的论题，即哲学从来没有诞生过，力图来捍卫古典时代的真理。这里，施特劳斯的洞察是与如下问题连在一起的：哲学何以被说成寻求智慧？施特劳斯认为，通常人们对智慧的性质，尤其是最高智慧的谦卑（"自认其无知"）性质的理解没有表达出哲学的本质。在他看来，这种传统界说只说出了寻求智慧的结果。比这更重要的是：一经认识到智慧是谦卑的，是不自信的，也因此是不盲从的，我们同样也就认识到，智慧之为智慧便是要反省一切意见和知识，反省人生、政治等一切现象。古典政治哲学的特色就是政治哲人苏格拉底、柏拉图等人所彰显的这种探索精神。他们不以世俗社会的种种意见为满足，一心一意探究政治事务的本质。在施特劳斯看来，哲学若要表明自身，就要以人类应该如何生活为出发点。可是，哪怕可以有根本上只是对常识、法律和制度这些"可怜的"意见世界里的东西疑问一下这回事，在政治上也容易引发"为害"公民对城邦信仰的不利后果，从而也给爱智者带来危险。而"民众对哲学家并无同情心。正如西赛罗所说，哲学对许多人而言是可疑的"①。只是在启蒙现代性之后，此种哲人与多数人意见的对立关系才有了深刻而明显的改变，而这一改变是以哲学的目的从属于能够被所有人实际追求的目的，最终导致"哲学"本义的完全改变为前提的。正是在这个意义上，施特劳斯认为，当哲学的目的等同于能够被所有人实际追求的目的之时，也就是现代哲学出现之时。这个事实首先体现为哲学的目的已远离对永恒事物的非功利沉思，并取消了与自然等级相对应的社会等级。于是，若要捍卫哲学，便不得不去捍卫哲学所必须涉及的政治局面，让可能产生这种政治局面的社会条件再现，比如，恢复贵族等级政体。

　　进而言之，施特劳斯所谓哲学的政治转向首先意味着这样的问题意识：哲人唯有通过面对政治挑战，才能辩明哲学的正当性。施特劳斯查明：古典哲学出于自我反思的需要而转向了政治！因而，要考察作为生活方式的哲学，便只有从古人那里知道"何为哲学"和"哲人何为"。在此出现的决定性问题是：在一个无可逃避的政治社会中，是什么承担并指引了这一类生活在"观念中人"的存在？施特劳斯就此强调，哲学家也是一个人，不仅依赖于他人，而且也有出于天性的对人类的关怀。倘若这种关怀是可能的，那么哲学的"神圣癫狂"对哲学来说并不是不幸的，相反，它因此促进哲学效力于"单纯的善"（真正的正义）及其提供自然正当的政治价值原则。按照施特劳斯的推论，社会的理智生活和精神生活中的某些基本真理和信念，其中包括关于人应该怎样生活的真理和信念维

---

　　① 〔美〕列奥·施特劳斯：《自然权利与历史》，彭刚译，145 页，北京，生活·读书·新知三联书店，2003。

持着社会的存在，这些真理和信念虽然产生于具体的哲人头脑中，但就这些真理和信念为任何社会的结构性的必要因素而言，它是永恒的和超验的。这里要紧的是，哲学家不仅关心"永恒真理"或"单纯的善"，而且关心"单纯的善"变成为"政治的善"①。此谓明智者之"理论思考的神圣癫狂"与"正直灵魂节制"的默契。换句话说，哲学既能够在大众的意见之外，用真正的政治知识来衡量、批判现存政治体制与理想政治秩序的差距，依据自然正确替自身解答那个重要的问题，即人类应该怎样生活？同时又能够摆正它与政治社会所敬拜的"神"以及律法的关系。

然而，这种融通无碍的惬意的事情在何处发生？说也奇怪，就这个重要的问题，施特劳斯给出了一个令人吃惊的解答：它竟是在我们不能为那种关涉我们、驱迫或激励我们的东西找到恰当言辞的地方——不朽的灵魂深处发生。施特劳斯对此有一番讨论。他说，政治社会"纷繁多样的意见"是"纯粹真理被污秽了的片断"，它不仅是与纯粹真理——"古典的自然权利论"——相容，而且是为纯粹真理所必需的。无论政治社会的意见显得如何"纷繁""偏激"或"初级"，"人的灵魂必定有一种对于诸种理念的洞见，一种对于环环相扣的整体的洞见"②。由此表明，柏拉图的不朽灵魂的信念，施特劳斯还在不明智地坚持着。当然，在施特劳斯那里，这是与人类社会中出现哲学家的信念相一致的。倘若没有哲学家，谁能提供那"可欲"并"可行的"因而是最好的制度目标之洞见？至于"哲学是否能够合理地超越讨论或争辩的阶段而进入决断的阶段"，对

---

① ［美］列奥·施特劳斯：《自然权利与历史》，彭刚译，153～155页，北京，生活·读书·新知三联书店，2003。

② 同上书，125～126页。

此施特劳斯并无把握。施特劳斯剩下可做的事情就是指出这样一条出路："对于有关整体的恰当表达的追求永无休止，但这并不就使得人们有权将哲学局限于对于某个部分的理解之内，无论这一部分如何重要。"①遗憾的是，在这句话里我们并没有获得真切的知识增量。施特劳斯在此除了乞灵于柏拉图之外似乎别无出路。退一步讲，倘若施特劳斯的这种观点并不是一种人为做作的空洞允诺，那么就应该出现一个可能性：在一个具有多种彼此冲突的并且不可调和的价值取向的社会里，如何安排一个政治并不困难。它的前提是，承诺此种可能性的哲学家要以这样的方式行事，即对民众的意见听之任之，"采取任何一种关于权利的意见"就哲学家阐明何为正确的生活问题绝无大碍！反正，民众的意见最终因经过哲学家"求真意志"的驱迫，便可以"超越它而走向一个真正的正义观念"②。这话听起来确切无疑，它的意思也很明确：哲学家或沉思者只管哲学思考或者追求智慧，而非占有智慧！几千年来，哲学对政治的隔阂或听之任之，是所有后柏拉图的哲学的特征。而"为了真理本身追求真理"的人，便在哲学活动的这种特性的决定性地展开中造就了。

无人能够知道，在最极端的可能性中间，哲学是否被允诺了其本质的这种可能性。但我们却惊讶，惊讶于另一种可能性：一旦哲学萌生于诸继承下来的典章制度和诸集团之间的利益冲突，古代哲人在凿凿有据地谈论哲学自身的目的，谈论着哲学与政治的关系时，要求在社会和政

---

① ［美］列奥·施特劳斯：《自然权利与历史》，彭刚译，126～127 页，北京，生活·读书·新知三联书店，2003。

② 同上书，126 页。

治之上拥有哲学自主性的主张也将无法成立。因为，如果说哲学原本有自身的目的，那么它也是作为目的本身的人类能力的发展。这意味着，哲学与政治的悠久纷争，是哲学与政治的根本统一的另外一面。至此，对于哲学生活方式的施特劳斯式的"精英主义"理解，能否从它那种"悠游自在、无人管顾，过着一种得天独厚的生活"状态①，来分辨哲学的"完美"和"高尚"性质也就不言而喻了。

(三)政治哲学应该有何担当

从古至今有多少哲人在追问美好生活的可能性，但他们根本无法就"应该如何生活"达成一致意见。而且只要我们认真对待这样的问题，关于它的争论就永无止境。现在非常明显的是，哲学的主张越来越显得"破碎"和更富于语境化。人们将此归因于哲学的历史化的后果。哲学的历史化使传统意义上的哲学没有了可能。任何采纳了对于历史知识的历史主义观点的人都难免得出这样的结论：长期以来被称为"哲学"的那种根本知识——就其完全而原初的意义来说，乃是试图以对于整体的知识取代对于整体的意见——不仅达不到它的目标，而且近乎荒谬。因为这种哲学观念本身就是以那些仅仅是"历史的和相对的"东西为前提的。正是作为历史知识的这种历史主义的语境化，不可避免地出现了这样的问题，即如果哲学追求的"所谓的整体实际上总是不完全的，因此并非真

---

① ［美］列奥·施特劳斯：《自然权利与历史》，彭刚译，145页，北京，生活·读书·新知三联书店，2003。

正的整体"，那么就等于否弃了"整体有着一个永久的结构"①，也否弃了存在普遍的永恒不变的原则。这里发生的事情归根到底在于，哲学根源于人类生活世界。因此，哲学所谈论的所谓无时间的、永恒的、无限的东西，实际上就是哲学家持守的无时间的永恒概念王国。一旦这种讨论进入众人（生活世界）之中就变成了时间中"持久的有限的"或"暂存的"东西，哲学家若想维护他的超感性的概念王国以及哲学体验的先验性宣称，似乎只能选择不断地改变自己的观点。与之相联系，所谓"历史"的发现必然出现这样的事情，即人类不再可能确定所谓最重要问题或永恒问题的答案，哲学家注定不能借柏拉图式的"形而上学之眼"提供"最重要问题"的显明的答案。这表明，如果像施特劳斯那样坚持政治是最紧迫的事情，并按照那种柏拉图的先验哲学对现代政治哲学品头论足，那么最终落实在"最重要问题"上的看法只能是，"意识到我们对最重要的问题的无知时，我们意识到了最重要的问题本身"。

在我看来，施特劳斯正是在这一点上难以摆脱窘境。他回复古典政治哲学并没有达到他企盼中的虚无主义之克服。如果施特劳斯克服现代性危机的思趣是有成效的，那么他必须站在现时代的高度。毫无疑问，对现代民主制度的批评，其思想资源不是在柏拉图的"真理"中，而是在现代民主制度内部洞悉它的缺失。因为，民主同任何一种政治制度一样，只是特定时代条件下人们的历史选择。在某种政治制度后面纵然会有施特劳斯的所谓更基本的原则，那也绝不是柏拉图的"理念"。并且，

---

① ［美］列奥·施特劳斯：《自然权利与历史》，彭刚译，32 页，北京，生活·读书·新知三联书店，2003。

人们在不同的历史进程中的不同阶段必须解决的重大问题也会不同。这就是说，"人类始终只提出自己能够解决的任务，因为只要仔细考察就可以发现，任务本身，只有在解决它的物质条件已经存在或者至少是在生成过程中的时候，才会产生"①。这意味着，如果在主要靠农业生产和手工业生产来维持的经济体系中，人们能够合理期求的最好政体是施特劳斯的所谓开明的贵族制的话，那么在现代非政治化的社会条件下复活等级政治便是不合时宜。

在今天，根据对政治权力的占有（或遭到政治权力的排斥）来划分社会不同的阶层的古典政治概念已不再适用。把社会整合到一起的也并不再是古典政治统治的观念。同样，源自赋予政治秩序以先验的本体论基础的政治哲学既无必要，也不再可能；仅仅是由历史情境所造成的政治哲学的超验假想更不再有了论争的现实性。然而，就我们的时代而言，人类事务所恒久面对的最大挑战仍然在于：人类必须在历史条件下创造出某种关于好坏或对错的价值秩序，以对抗自然和生命本身的"无度的挥霍"，"无尺度的漠不关心"，"无目的的考虑"，"无同情"和"无公正"状况。② 所以，毫无疑问，上述这些反对柏拉图主义的哲学态度并没有消解"哲学何为？"的问题。现时代的"更高的理想"或"最大的问题"仍然寄望于哲学的阐明；哲学依然是发现问题、提出问题，并且至少为提出解决问题的途径寻找答案所在的方向。假定在当今的哲学家的形象中某一个特征值得关注，即他们是在刚刚指出的意义上并不是不能拥有智

---

① 《马克思恩格斯选集》第 2 卷，33 页，北京，人民出版社，1995。

② ［德］尼采：《论道德的谱系·善恶的彼岸》，谢地坤等译，145 页，桂林，漓江出版社，2000。

慧，那么，他们也不应按照施特劳斯的那个渴盼，来衡量学者或科学从哲学之中解放出来的政治后果。这里的意思是说，当今哲学家的"平民"特点决非像施特劳斯所认为的那样是他们"对自身的缺乏尊重和对自我的遗忘"，而是适应了因经济基础的变化而要求的社会中的变化的现代性后果。我没看出少数人（哲人）和多数人（大众）的严格对立；也没看出哲人在所拥有的人类最高天赋以及卓越方面得到多么偏爱。倘若真的如此，那么"应该如何生活"这个问题还必然有另一面，即人类的多重性。"整个人类事务的领域，其荣耀以及苦难，都是由人类的这种多重性而产生的。"真正的政治哲学应以此多重现象为其惊诧思索之课题。① "在一切的历史变迁之中，那些根本的问题保持不变"的含义由此才获得更坚实的理解。

二、列奥·施特劳斯与历史唯物主义

(一)西方现代性危机的出路：哲学转向政治哲学

称呼施特劳斯是政治哲学家的人，也相信施特劳斯更像哲学史家。施特劳斯所提出的核心问题——"为什么要哲学"，也是在他对中世纪哲学史进行研究时解析出来的。依施特劳斯，古代与现代对政治问题的理解是很不一样的：现代哲学相信能够凭借科学改变人的自然性而将政治

---

① 贺照田主编：《西方现代性的曲折与展开——学术思想评论》第六辑，366 页，长春，吉林人民出版社，2002。

理性化或专业化，同时搞出了一个中世纪哲学全然陌生的区分，即哲学与科学的区分；这种使哲学丧失尊严的区分带来了非同小可的政治后果：科学家或尼采的所谓"我们学者们"宣告"从哲学中解放出来"。这种解放被误解为对知识等级制的冲破，它构成民主运动的一个组成部分，从而知识不再有重要和不重要之分。据称，在"自由"文化的建设中，被条分缕析成经济、政治、宗教、艺术、科学等各种各样文化自主的领域，既能和睦共处，又能共存共荣。曾经为现代文化世界提供养分的哲学，已无力捍卫自己的生存。哲学处在失语状态并放弃了真理可证的主张，正是表明哲学的原初观念已无从辨认。① 现代哲学和科学发展的这个明确后果，引领着施特劳斯对中古思想的重估。

施特劳斯厚古薄今的心态昭然，它植根于这样的信念：前近代之后的思想并没有从前近代思想那里取得决定性的进步，相反，就作为对根本政治问题的终极真理追求的可能性来讲，他认同"把近代世界比作小人国，把古代世界比作巨人国"（斯威夫特）。施特劳斯以为，哲学存在的理由诚然在于它那毫无顾忌的追问和不满足于任何信靠某一权威的答案，这的确为何谓正确的生活提供了一种答案，可是，对于人来讲，先于那种毫无顾忌的追问就已经有了政治生活，它只意味着，何谓正确和正当的生活总是已经有了权威的解答，哲人应当肩负起政治责任，尊重那些为达到实际政治目的所不可缺少的观点。在一个既定的城邦中，哲学在面对神法，即祖先确立的祖传的方式的同时，发现了自然，并由此

---

① 刘小枫、陈少明主编：《经典与解释的张力》，310 页，上海，上海三联书店，2003。

找到属于自己的位置。因此古代哲学有可能凭靠自然法，去指引人类的生活。在这里，与哲学可以通过把人从偏见、迷信、宗教的世界引到"真理的世界"，且世界可以按照理性标准来改造的现代哲学相比，古代哲学只有一个谦逊的意图：从理性上证明并在城邦政治的领域里辩明哲学的正当性和必要性。显然，哲学自身的正当性和必要性这一原本滥觞于哲学开端的问题，施特劳斯在现代性处境之下重提它，是要彰显希腊理性哲学所追求的普遍理性知识与以意见为基础的政治社会的亲缘性，以便洞悉"齐善恶""泯是非"的现代性危机的症结所在。按照施特劳斯，若要重新赢得和保障哲学的自由，哲学须辩明为一种特定生活方式，从哲学层面认真对待政治生活中的各种价值观。

今天哲学要向政治哲学转换，施特劳斯自认持之有故。他将政治哲学界定为对哲学进行政治的或大众化的处理，首先被认作对"何谓正确（当）的生活？"问题的一种哲学辩护。它的问题意识就是检讨哲学与社会或政治生活的关系。其问题式是苏格拉底和柏拉图式的而不是亚里士多德式的，它的意味是"要阐明所问事物的自然（本性）"①。在施特劳斯看来，自然正义（正确）展示的问题就是哲学与社会或政治生活的关系问题。这一界说表明政治哲学不同于政治学。它们之间的区别首先表现在研究对象上：前者着眼的是不受时空所限的社会之最好的或者正义的秩序；后者关注的是存在于既定的时空中的某个特殊社会的存在与福

---

① ［美］列奥·施特劳斯、约瑟夫·克罗波西主编：《政治哲学史》下，李天然等译，5 页，石家庄，河北人民出版社，1993。

祉。① 两者之间的诉求不同必然会引发如下问题：政治哲学要去寻求某种据以评判我们和其他社会的理想标准，这一标准应该到哪里寻找？这一标准能不能无视政治共同体是以意见为基础这一事实？施特劳斯发现，无论是启蒙哲学，还是后启蒙哲学均拒绝到各个社会的现实所需中去寻找，因为各个社会和它们的各部分之间有着许多互相冲突的需求，若要将这许多互相冲突的需求作一价值优先的排序，实际上是不可能的。对于这些政治哲学而言，根本的政治问题无法解决，这历史处境或导致启示信仰或导致政治意志决断。

施特劳斯确信，只有在启示的名下，哲学才变得问题重重。因为，现代文化是特别理性主义的，而植根于无知的知识，带有对永恒真理的热望和渴望逃离洞穴的真正的理性主义不会成为任何政治社会的直接基础。② 一旦现代文化不再相信理性有能力赋予自己的目的以效力，那么这个文化无疑处于危机之中。现代文化的危机首先也是现代政治哲学的危机，其表现在东方和西方当会有不同：在东方，"那里的共产主义者自己把他们的纲领称为意识形态。至于当代西方，专属于它的智识力量则是新实证主义与生存主义"③。我们于此发现，施特劳斯将轻视东方社会的意识形态化的马克思主义与对实证主义和生存主义的批评并举，显然遮蔽了马克思哲学对全部旧哲学（理性形而上学）批判的真实基础，

① 贺照田主编：《西方现代性的曲折与展开——学术思想评论》第六辑，102 页，长春，吉林人民出版社，2002。

② Leo Strauss, *Studies in Platonic Political Philosophy*, Chicago, University of Chicago Press, 1983, pp. 32-34.

③ 贺照田主编：《西方现代性的曲折与展开——学术思想评论》第六辑，102 页，长春，吉林人民出版社，2002。

其论旨可简括为：在西方与在东方面临着同样的政治哲学危机。但施特劳斯认为，实证主义以及可以放在其对立面的生存主义对此毫不自知。这里的事实是，它们都喜欢抨击马克思主义为"意识形态"，臆想把自己的世界观打扮成"免于意识形态"而"具有优越性"地位。

施特劳斯表示，倘若哲学尤其是政治哲学仅仅蜕变为意识形态，亦即为某一特定的或将要出现的社会秩序所做的辩护词，就失去了它的本色。① 哲学的要求与社会的、政治的要求之间，本有着不可避免的紧张，如果哲学不知道"为什么要哲学"，哲学便面临自身的意识形态化的危险。比如，照施特劳斯的分析，意识形态化的马克思主义常常呈现出悖论式的一体两面，即把唯物史观或作为实证科学或嵌入基督教的观念，实质上就是把"特定的意识形态"和"总体性的意识形态"（借用卡尔·曼海姆的概念）混同起来，说到底是把政治理想主义与"理想"混同起来，把马克思主义与特定时代条件下进行的某种类型的政治实践混同起来，人成了某种政治逻辑建构的产物，其结果无异于否认马克思主义者自己有任何值得挺身坚持的政治信仰，一如实证主义和生存主义对政治哲学的拒斥，免不了对生活世界中最重要的问题——人应该如何生活——不知所谓的淡化或取消。难怪，施特劳斯对时代的政治困境做如下的论断他自己并不觉得奇怪，这个论断是——"国家社会主义在德国胜利之原因与共产主义在俄国获胜的原因相同：那些人，那些意志最为坚定、顽强，性情最为粗鲁、无畏，对其同胞拥有权力的人，那些对直

① ［美］列奥·施特劳斯：《自然权利与历史》，彭刚译，93页，生活·读书·新知三联书店，2003。

接相关的政治领域里的各种不同的力量有着最佳判断的人，他们成了革命的领导者"①。

（二）哲学家的优越：对贵族制的迷恋

我们看到，为重建古典理性主义，施特劳斯把政治哲学家拔高为诊断西方危机问题的当代专家。这种拔高无疑具有政治上"无能"的知识分子给自己罩上光环的嫌疑：说西方的现代性危机有其哲学的根源，意味着在理智上有消除危机的哲学对策。就这种拔高的旨意来看，施特劳斯首先寻求的是一种超越普遍主义理念的立场，比如说，在他的眼目中，自由主义和共产主义都植根于现代理性的土壤。它们都相信能通过把政治问题转化为经济或法律问题，并建立理性的社会关系而推论出"非政治的"终极普遍性社会的存在。依施特劳斯而论，这种对政治的否定，最终所要付出的代价是一切都拉平了的、平等了的，但"出于自然本性，人是不会意欲平等的。人的愉悦源于超克他人、超克自身"。没有了人与人的之间"硬朗的界限"，"人的高贵与伟大便是不可能的"②。

如果施特劳斯这些断言令人吃惊，倒不仅仅是说他以人的精神状态和价值追求画线，夸大少数人与大多数人（哲人与非哲人）的对立，或者说凡是支持等级制的学说，无法尊重民主的激情；而是说他划分等级的热情与其令人迷惑的显现与隐微两种说话方式——哲学表面上对社会的意见表示尊重，而骨子里设法背叛这些意见——所带有的傲慢，恰成鲜

---

① 贺照田主编：《西方现代性的曲折与展开——学术思想评论》第六辑，227 页，长春，吉林人民出版社，2002。

② 同上书，100～106 页。

明对照。对于施特劳斯来讲，在古典政治哲学的语境中，哲学与政治的冲突源自哲学家与政治家有关"人应该如何生活"的理解的根本不同。哲学家出于政治上的考虑可以试着把他的理解以一种隐微的方式告诉统治者，目的是保护自己免受迫害以及去引导最好的公民走向哲学。施特劳斯相信能够担当起启蒙不具哲学家潜质的人民之最好办法是倡导一种贵族政体，今天我们虽然须费相当想象，才能了解所谓"明智者的绝对统治"对于施特劳斯政治哲学的意义。但是我们费了相当想象仍然不能参透施特劳斯如下声言：古典哲学家钟情于城邦贵族统治这一思想事实，与马克思主义所讲的阶级利益不相干，而只是出于这帮"像是君主们一样"过着一种"悠游自在、无人管顾，得天独厚的生活"的人的"习性"。①在这里，施特劳斯不仅把哲学视为哲人这号人私己的兴趣，而且这号人私己的兴趣是自足的。哲人之谓"高贵"就在于他有能力在大众的意见之外替自己解答那个重要的问题，即人应该怎样生活？依施特劳斯，哲学的"私人品性"保证了哲学家们自成一个圈子，这个圈子根本上有别于其他行事前汇聚一处权衡利弊的圈子。智慧者的生活已经完全超越了城邦和所有的人类事务，但哲学家也是一个人，不仅依赖于他人，而且也有出于天性的对人类的关怀。倘若这种关怀是可能的，那么哲学的"私人品性"对哲学来说并不是不幸的，相反，它因此保有哲学效力于"单纯的善"（真正的正义）及其提供自然正当排序原则。按照施特劳斯的推论，社会的理智生活和精神生活中的某些基本真理和信念，其中包括关于人

---

① ［美］列奥·施特劳斯：《自然权利与历史》，彭刚译，145 页，北京，生活·读书·新知三联书店，2003。

应该怎样生活的真理和信念，维持着社会的存在，这些真理和信念虽然产生于具体的人（哲人）的头脑中，但就这些真理和信念为任何社会的结构性的必要因素而言，它是永恒的。

显然，施特劳斯这样的谈论不能不暴露于历史主义的反诉之中，即从历史的角度看，哲学家真的有能力替自己辩护说：真的有一个所谓"自然的"秩序，或者以人性的理念为出发点的评判标准必须遵循？此外，哲学家之作为哲学家有着阶级利益这一事实，虽然并不是马克思主义的独特发现，但在眼下除了以阶级"立法"的危险需要缓冲外，至少它仍然掩盖不了这样的事实：比如柏拉图，他当然不是无事可做就写起《理想国》来，他在构思政治理论之前，想必对自己的阶级归属或者政治问题有了自觉不自觉的想法。比如马克思，他的剩余价值理论揭示了资本的规律与劳动阶级之非人的生存状况之必然联系。照这样的事实来看，对于哲学转向政治哲学而言，施特劳斯回避"阶级偏见"此等大事或欲小之，其意图仍很显然，即谈论超社会历史、超道德和宗教的自然之发现并捍卫哲学家的优越地位。

照此说开去，施特劳斯要捍卫哲学，就不得不去捍卫哲学所必须涉及的政治局面，让可能产生这种政治局面的社会条件再现，比如，恢复贵族政体。但有研究表明，没有事实显示，施特劳斯认为有可能恢复那些社会条件。为避免这个困难，把贵族制等同于对"高贵"的自然知觉以及少数和多数之间的严格区分是不可改变的，便只能被意欲或假定——如果在形而上学层面上建立正确的生活方式可能的话。然而这正是包括历史唯物主义在内的现代政治哲学所反对的。不过，恰如前面所述，施特劳斯毕竟看到了，在哲人们为"何谓正确（当）的生活？"这个问题作最本己的主张之前，总是已经面对着各种权威的解答。哲学家要确保精神上优越，只有庇荫于某种既定的体制或者政治社会，将哲学知识合法化，变成或至少迎合一种政治力量方有可能。故此，施特劳斯引出的结论是：为了获得一个在哲学上可靠的基础，哲学必须成为"政治的"，然而，就哲学最内在的诉求而言是不可能在政治生活中实现的。哲学与政治的这一异构关系由来已久，对它所做的反思乃是古典政治哲学的核心。一旦人们认识到今天哲学颓败的趋势，呼吁重建哲学与政治的关系这件事情，就会必然发生。

　　大体已可看出，以如何应对现代性的危机而言，施特劳斯仍然分享着德意志意识形态的一般特征，即把思想和概念看作决定性的原则，把一定的思想看作只有哲学家们才能揭示的物质世界的秘密。[①] 马克思就意识形态所做的批判的根本，从哲学上来说，正意味着世界的历史性运动以及作为超感性世界的形而上学世界的终结，"一切神圣的东西都被亵渎了"，"一切坚固的东西都烟消云散了"。马克思为此提出了终结哲学、政治和宗教的一揽子计划之祈向，从这些祈向中我们能够清晰地读出我们的时代对哲学提出的真正要求。显然，这一论题是施特劳斯的隐忧并为之狂热的理论源头。施特劳斯坚信，哲学反思到处都朝着马克思对"哲学让位于历史"的预期之相反方向进行。而且"在没有合理地考察这项扼杀哲学的计划之前，我们不知道我们是否应该这样期待。合理的考察本身就是哲学探索的一部分。我们不能摆脱哲学，只因为我们必须进行哲学思考才能做出对哲学的判断。我们开始怀疑马克思反哲学的历

---

　　① 　马克思、恩格斯：《德意志意识形态》，6页，北京，人民出版社，1961。

史主义的正确性"①。

问题是，在如今哲学正在公开遭到不信任的时候，施特劳斯专注于对"为什么人类非得有哲人这号人不可，甚至这号人还要求一种能'保护哲人的道德秩序'?"②对这个问题的思考，究竟出于今天所必须面对的理论问题，还是出于一些更广泛的现实政治的理由？再说，没有古典原则能够为一切时间、地点的政治权威确立实践的基础，并因此对现实政治有直接的适用性，这本身出自古典原则。倘若真是这样，细读经典的施特劳斯何以将哲学与贵族统治的古典联盟视为无时间性的真正政治哲学？对这些问题即便我们能够论定它的枢轴，也要花很多时间。不过，对这些问题的论旨的了解仍然应该把注意力集中于哲学家与非哲学家工作目的的不同，集中于哲学与城邦之间的张力，也就是把注意力集中于作为精神生活方式的哲学与作为实际政治的区分。因此，我们还要把质疑推进一步，如果贵族制实现有个特别的困难，那么怎么指望人能够克服它？如何调和政治对于智慧的要求即"明智者的统治"和对于同意的要求即"不明智者的被统治和同意"③？施特劳斯对该问题答案的寻求仍是从一系列对人性的认定着眼的：考虑到少数明智者与众多不明智者在人数上的不成比例，而前者说服后者服从的能力也极其有限。所以，承认同意是必不可免的。同意，才能使明智的立法者制定一套公民自愿（虽

---

① [美]列奥·施特劳斯、约瑟夫·克罗波西主编：《政治哲学史》下，李天然等译，952 页，石家庄，河北人民出版社，1993。

② 贺照田主编：《西方现代性的曲折与展开——学术思想评论》第六辑，28 页，长春，吉林人民出版社，2002。

③ [美]列奥·施特劳斯：《自然权利与历史》，彭刚译，142～143 页，北京，生活·读书·新知三联书店，2003。

然也需"循循善诱")采用的法典,依特定的法律实行统治。但这样的宣布,对施特劳斯的理论前提而言犹如重重一击,因为"如果承认了不明智者同意的必要性,就等于是承认了不智慧的权利,亦即一种非理性的权利"①。但是总的来说,人性是这样的,且人性里这些绝对连贯的成分的非同小可的作用,施特劳斯式的善必须在"智慧与愚蠢""高贵与平庸"之间达成一种根本妥协,"妥协"是一种命运。历史上,有哪种"高贵"不是因为不安于任何有限而自我摧毁的? 如果我们听从《共产党宣言》对现代性的展望,面对它特有的全部嘲弄和模棱两可,古典作家的所谓高贵难道不就是卑贱(baseness)?

(三)对唯物主义和共产主义的诋毁

施特劳斯对反自由主义传统的忠诚,可以在他对马克思主义的态度上得到提炼。虽然他并不对马克思发言或者并不处理马克思的问题,但是他如果认定现代性状况仍然落在历史唯物主义对资本发展进程的预言之内,就必须回应马克思提出的问题。不难看出,因为受流俗之见的影响,他把马克思主义和自由主义视为表面对立而秘密结盟的启蒙传统之两个分支。他的论题也像施米特的学说那样向我们暗示马克思主义不过是19世纪自由主义思想方式用法之一种。② 而且,现代理性主义可等而视为自由主义,自由主义因其内在逻辑而导致共产主义。施特劳斯对这

---

① [美]列奥·施特劳斯:《自然权利与历史》,彭刚译,155页,北京,生活·读书·新知三联书店,2003。

② [德]迈尔:《隐匿的对话——施米特与施特劳斯》,朱雁冰等译,60页,北京,华夏出版社,2002。

一点的理解大体上沿袭了现代理性主义与古典理性主义之间对立的话题，认为现代理性主义没有认识到那在"人类主宰之外的东西"，因而不能发现自己的限度，所有理性的论证表面都有利于共产主义，但"不幸的是，所有理性论证都是历史论证"，"都是关于或然未来的陈述、预言，这套东西的基础是对过去尤其是对现在的分析"①。从施特劳斯的政治—神学看，预言本身就构成了政治科学的一部分。他以为，"现代占星术（作预言的社会科学）"这一标识，并不是由他的古怪阐释对共产主义所做的歪曲，而是历史唯物主义之"现代性的筹划"的表征。

明眼人一眼就看得出来，这些论辩是施特劳斯深究以苏联为中心的马克思主义政治运动所蕴含的基本预设。因为，他声称马克思主义"严重低估了自由社会的正派、同情、礼貌及合法自由的价值"，"未能正确评价和容忍贯穿于整个社会生活中的矛盾"，"未能充分认识到利用制度的制约以防止滥用职权"，因此，"马克思主义作为历史现实表明它本身极易成为一种新的尤为残酷的专制形式的基础。"②当然，施特劳斯自己不是不知道一般意义上的马克思主义是否应担当他这样的纠弹？其实此处他心中所想，是斯大林主义和后斯大林主义的共产主义。这也就意味着，整个所谓马克思主义的危机实际上是柏拉图主义化的马克思主义的危机（或者如奥克肖特那样称之为"政治理性主义"的马克思主义危机）。然而，从施特劳斯那里发出来的这些相当有意义的说法却有点奇怪了，

---

① 刘小枫主编：《施特劳斯与古典政治哲学》，张新樟等译，745 页，上海，上海三联书店，2002。

② ［美］列奥·施特劳斯、约瑟夫·克罗波西主编：《政治哲学史》下，李天然等译，1073 页，石家庄，河北人民出版社，1993。

因为他模糊了这种判断，而且对共产主义与西方文明体系所具有的存在论意义上的原则区别相当无知。[①] 这种无知并不是外在的或次要的缺点。实际上，这种无知导致他对国际共产主义运动在 20 世纪遭遇挫折的根本原因的遮蔽，我们认为，施特劳斯要么承认这一点，要么只能提出这样的假设，即历史唯物主义就是我们时代的意识形态。

事实上，受其古今之争论旨的支配，施特劳斯的确规定了自己对马克思主义的理解，但稍有不安的是，他意识到了他还没有解释表面对立的现象是怎样彼此联系的。所以，他不满于德国虚无主义者体现为"毁灭之行动"的那些言辞，对共产主义革命与共产主义运动做了细致的甄别。他认为，"就其结果而非意向而言"，"共产主义革命"可称为"虚无主义革命"，"但却无法说共产主义是虚无主义运动"[②]。这种甄别虽然非同小可，因为它多少透露出共产主义对虚无主义的挑战，但它无法根本克服他对共产主义本身的深深偏见，相反倒加深了他的政治—神学论的偏见。因为，在这里他同样依赖于成问题的前提，即依赖于"高贵者"与"低贱者"的严格区别（施特劳斯自己认为，若要考虑有智慧的人和大众的区分就有必要诉诸上帝），依赖于遮蔽唯物史观对资本批判的地平。他对历史唯物主义的解读与对现代性状况的批判并置，且无法容忍一种对现代性的辩护，在对现代性的批判中多半引出了消极的结论。对他来说，人身上对真实、高贵、伟大的渴望压根无法在现实的世界社会中满足。那幅"预示了国家的消亡、预示无阶级社会、预示了消灭一切剥削

---

① 张文喜：《自我的建构与解构》，367～369 页，上海，上海人民出版社，2002。

② 刘小枫主编：《施特劳斯与古典政治哲学》，张新樟等译，756 页，上海，上海三联书店，2002。

与不公正、预示了终极和平的纪元"的共产主义图景不过是与大多数人实际的欲求相协调，降低了人类目标上的高贵，它或者沉溺于对物质需要和安逸的追求，或者仅仅致力于生产和消费的全球化等去政治的目标①，至于在后历史状况下，协调生产以满足人的需要竟成为一个纯粹的技术过程，更是犯了违背自然的理性病。

施特劳斯的思想，明显分享了尼采所谓"人的极端堕落状态"的共产主义的诊断。与尼采一样，他认为对自由的自由主义或共产主义的诉求与20世纪的使命无法相提并论。但平心而论，这并不意味着，马克思的洞见在他的作品中总是被淹没或阉割。因受海德格尔生存论的启发，首先，他把马克思看成黑格尔的历史终结论的最有力的反对者。他认识到，如果人还有未来，就要记取马克思曾预言过的"技术化了的西方对全球的胜利"的绝望后果。在讨论技术所造成的困境时，足以令他忧虑的是，"中国正屈服于西方的理性主义"②。其次，针对经常有的误解，那种误解把历史发展的动力简化为从"手推磨"到"蒸汽磨"如此这般的生产技术的推动力，生产力以及技术性世界的强制性进步在他的信念中被视为"半吊子的马克思主义"之形而上学迷误。但是，我们认为，施特劳斯并没有发现马克思对"现代技术"反思的主导旨趣，即揭示"现代社会的经济运动规律"，并通过科学技术争取理性在整个物质现实领域里得到实现。从内里看，施特劳斯的技术价值批判是宗教性的。他的思想语法是，技术引致了毁灭人性的

① 刘小枫主编：《施特劳斯与古典政治哲学》，张新樟等译，740～743 页，上海，上海三联书店，2002。

② 贺照田主编：《西方现代性的曲折与展开——学术思想评论》第六辑，131 页，长春，吉林人民出版社，2002。

后果：它带来的只是"人类在最低水准上的统一"，根本没有深刻的理由可以认为那种追求高贵的或伟大的精神需要能够在技术性大众社会中得到满足。在他的眼里，若要超逾技术理性主义的恶果，就得依赖于一种东西方交会基础上的存在领悟，依赖于一种世界精神的联合。尽管，这种联合在目前朝向技术性世界社会的进步中还无以可能，但只要隐瞒各种精神之间的不可比较性和不真性，人们就会慢慢接受一个世界精神。一种真的联合了所有人并表达了对高贵的渴望的文化便植根于此。①

可见，启示信仰的政治乃是施特劳斯所感兴趣的。这里的施特劳斯阐明：倘若哲学要在理性上建立起自己的正当性和必要性，就难以摆脱启示信仰的挑战。这听起来显得似是而非，因为施特劳斯无以承担揭示理性与启示二者矛盾的真正根源以及物质前提。依照马克思，当下理性与启示（宗教）二者之间的冲突必须追溯到资本主义的社会生活，资本主义的社会生活本身存在着宗教的土壤。马克思把理性在物质领域里的实现——"人与人之间和人与自然之间极明白而合理的关系"的建立、"物质生产过程的形态，作为自由结合的人的产物，处于人的有意识有计划的控制之下"和"有一定的社会物质基础或一系列物质生存条件"——当作哲学和宗教自身取消的实际前提。②

（四）政治哲学的历史或反历史的品格

当我们将马克思与施特劳斯之间"争论"，锚定在施特劳斯所关注的

---

① 贺照田主编：《西方现代性的曲折与展开——学术思想评论》第六辑，129～132页，长春，吉林人民出版社，2002。

② 马克思：《资本论》第 1 卷，96～97 页，北京，人民出版社，1975。

古今之争的主题时。唯物史观的本质被施特劳斯以流俗的现代哲学来理解也就不可避免。依施特劳斯，后卢梭的政治哲学开始有了一种历史的品格，它否定了古典政治哲学的基本观点，即人有一种固定的自然本性。认为人的本性是人在克服或改变自然历史过程中凭借自身的努力形成的。人有可能在历史过程中找到其行动的准绳。历史过程及其结果比之自然状态更为可取。施特劳斯辩称，卢梭是有限制地接受这些预设的。[①] 因为，卢梭已经意识到他的作为正义保证的"普遍意志"学说，必须与他关于历史过程的学说联系起来，才能克服存在与应当、实际与理想之鸿沟，但这种联系工作的完成并非他本人，而更多的是卢梭的伟大后继者——康德和黑格尔。这些政治哲学大师都肯定了普遍意志为善，普遍理性取代自然以及"合理的或正义的社会"的历史必然性，它意味着肯定普遍意志是实存着并能被人的理性确知为普遍意志，并肯定"应当"不在存在中，不在与清净无为的卢梭式的善中，而是在"不断进取，不安于任何有限的东西"之浮士德式的行动中。[②]

需要指出，施特劳斯对卢梭的思想解释不仅连带思索了康德和黑格尔，而且马克思，一直到尼采、海德格尔统统也含括在他的阐释之中。他把卢梭、康德、黑格尔和马克思判处给"现代性之第二次浪潮"。他认为，马克思之前的政治哲学没有明确预言人类最终的完善，直到马克思依赖历史理性取代了哲学理性，断言了自然本身的历史性，以及在经济

---

① ［美］列奥·施特劳斯：《自然权利与历史》，彭刚译，277～281 页，北京，生活·读书·新知三联书店，2003。

② 贺照田主编：《西方现代性的曲折与展开——学术思想评论》第六辑，95～97 页，长春，吉林人民出版社，2002。

条件影响下的人性可完善性，才假定了政治、宗教的消亡和无压迫社会的到来。对施特劳斯和助手而言，这意味着人们无法再谈论我们对世界的"自然"理解，同时，把"历史"奉为新的"神"，即从唯一的历史科学出发来解释现实；但是，当理性似乎成了历史的一项函数，意味着没有一种观点能凭其内在的理性来证实，只有历史可以证实或证伪一项政治主张的合法性时，这必然导致我们从一侧所得的东西，即令判断标准适应"当下的事情"，在另一侧，即令判断标准适应"永恒真理"，又失去了它。对施特劳斯来说，这是否定绝对的或自然的视域的"马克思引以为基础的乐观的历史主义不正确的标志"①。

就施特劳斯的政治哲学而言，尤其是他对马克思这样一个对手的批评来说，对"历史主义"的否定近乎否定了历史唯物主义的批判性基础。对此泛泛说来也许是合适的。但是，仔细观察，施特劳斯首先直面现代理性的危机，期待重建古典理性主义，他是在古典理性主义架构下质疑历史主义的。他对历史主义的挑战，也是对现代自然观念的挑战，眼睛盯住的是 20 世纪哲学对政治和自身的遗忘，实质是回答哲学是否可能，或者说哲学首先如何"作为哲学的"自身巩固起来，在这方面，我们有理由认为，马克思对费尔巴哈的理论态度的批评，在原则上同样适用于他。没有谁比马克思更清楚现代资产阶级社会的虚无主义力量，马克思瓦解了"非历史的"资产阶级古典经济学的基本范畴，这种瓦解的本质正是，在历史地形成的资本主义被非历史地设定为永恒的自然存在之后，

---

① ［美］列奥·施特劳斯、约瑟夫·克罗波西主编：《政治哲学史》下，李天然等译，952 页，石家庄，河北人民出版社，1993。

如何从自然历史中发现历史的具体真理？如何理解在"经济必然性"范围内的马克思的共产主义的价值关怀？如何理解"自然史"亦即"自然界生成为人"的过程？如何理解科学技术与生产使自然变成了与生产劳动过程相对应的"现实"？如何理解马克思将私有财产"去自然化"？如何理解马克思将竞争与市场并不看作人类自然状态？如何理解资本与人的敌对乃是人与人自己的敌对？如此等等，一旦我们由对这些问题的领悟出发，就能从存在论意义上去辨析马克思主义与"历史主义""绝对历史主义"（卢卡奇、葛兰西）或"反历史主义"（阿尔都塞）的关系。

这里的讨论彰显了"历史主义"首先是一个争论性的概念，而此通常意味着：人类的历史被认为是分歧的与极端变化的，任何对历史主义的批评不可能逃脱一种"历史地或非历史地思考"之指责。事实上，倘若施特劳斯未曾背负非历史地思考的指责，即遭受一种其他的历史主义批评，便能克服马克思或任何一种历史主义，几乎是不可能的。因为，"他反对他所说的历史主义的理由首先自己就是建立在历史的基础上的"（伽达默尔语）。这表明，我们根本无法肯定存在着一种先于人类意志并独立于人类意志的所谓"自然正确或自然权利"，即便"自然正确或自然权利"被认为是存在并被认为能为人的理性把握和得到所有人的承认，历史则告诉我们这样一种自然权利没有任何价值。卡西尔说，与其认为哲学家"发现"了"自然"，毋宁认为哲学家"制造"了"自然"。维柯也说，"为了证明自然的问题，我们必须创造自然"。在这方面他们的看法与马克思相似。最重要的是，历史唯物主义并不指向将哲学作为一种理性的必要性来建立。最后是这一确信，即当理性在整个物质现实领域里得到实现时，作为一般或传统意义上的"哲学"自身也就取消了，更根本地作为整个形而上学奠基于其上的制度也就消灭了。在消解了价值"绝对主义"的物质前提产生之后，什么又可能是施特劳斯的自然正义在政治关系中可依傍的"实在"？难道会是他倡导的"农业的贵族政体"？

三、结　论

　　一切研究都是一段探求的旅程。我在阐释历史唯物主义之政治哲学向度时，就体现了这个观点：我的哲学探索实际上是一个旅程。这个比喻特别切合我的致思境况，那是因为它既提示了我自身的哲学探索的历程，又能把我致思的重大哲学转向关联起来。

　　我也许可以说，眼下的问题是回溯地设定的。或者用黑格尔式的话来说，我的问题总是不断地回过头来假设自己的可能性条件。回顾起来，我的精神远游始于关注一个论题——人。我发现，自从自己有了朦胧的哲学意识以来，还没有什么别的哲学问题比"人是什么？"这个问题更为长时间地盘桓于我的精神空间。《马克思论"大写的人"》是我的第一次哲学尝试，另两部与之平行的作品的书名是《自我的建构与解构》《自我及其他者》。尽管前者是一部思想论题成型于早年的作品（其中的一些思想可追溯到 20 世纪 90 年代初），仍然具有较强的概念主义或教条主义的烙印——人显得是一团概念，因此理论上会诱使人们致力于一个封闭的人的范畴理论或一套教义，不少范畴和概念不再能够通达"源头"，因而并不是一部能够从中看到哲学探索的某一个体于整全中分有整全意识的著作。不过，无论如何，后两本书的论题所试图向之射击的靶子——人本主义和主体主义，将有助于揭示发生在人们称为历史的那个东西上，其本身的祈向就是顾念对形而上学的克服。我从中得出这样的结论：在将时间引入"自我"（主体）的问题意识被理解为指向解构"自我"（主体）本身的思境中，像人本主义和主体主义那样让"人"进入一种确定的、"可以成形的"现象领域，一定遮掩了人的存在论的基础。主体主义哲学的困境表明：形而上学和"人本主义"比邻而居，人本主义恰恰也是人无依无本之形而上学观念的现代性危机形态。通过进一步思考，我从这里发现了可以解锁人的问题的通道，可以面对这个问题思考时的全部冲击力，即如何克服形而上学的问题。对我来说，单就形式上论，我的《颠覆形而上学——马克思和海德格尔之论》一书，实际上就是我关于"人是什么？"这个问题探求的结论。

但仔细想来，这里可能得到的仅仅是妄论。因为，回头去看自己的作品似乎太早，而且，在芸芸学者中，我想，新的作品的面世，总是以某一问题作为出发点的，并且是以某一问题在理论的电离层中的消失为标志的。因此，清理自己早先作品就包含从原则上廓清眼前的问题的意义，它也就不能真正做出结论。我倒愿意把我眼前的工作比作帕涅罗珀的织物①，我想我正是在重织已经被我拆毁了的衣服，且是以另一种方式重做这项工作。而这意思总是说：没有一个人会对现成的观点感到满意。但绝不仅仅如此。因为，当我们满足对主体性的形而上学的"解构"

---

① 在荷马史诗里，当奥德修斯在外的二十年中，他的妻子帕涅罗珀为了抵制她的追求者们的进攻而想出了一个办法：她许诺说，当她所织的衣服完成的时候，她就挑选一个，所以每当晚上她就把白天织的布拆掉。［美］汤姆·罗克摩尔：《黑格尔：之前和之后——黑格尔思想历史导论》，柯小刚译，255 页，北京，北京大学出版社，2005。

的要求，并因此相信在我们没有预先设置或明确使用某种特殊形而上学的人的观念的情况下，还是能够开出一种可优先选择正确的政治哲学观念时，实际上已经预设了一种形而上学的论点，即预先假设了，对于这一了解政治事务的性质和建构正确的或完善的政治哲学方面的知识的目的来说，不需要任何形而上学的学说。换句话说，我们考虑到的具有哲学根据的当代政治哲学话语之根本的存在论缺陷，实质上是封存在一种传统主体哲学之内。在刚刚过去的一个世纪里，人类得以通过负面的形式检验这两者之间的联系。我们眼面前的问题，因而也便是一种有待完成的任务是：我们能否考虑到对主体形而上学"主体绝对确定性"解蔽的必要性，以及阻挡它的另一真相——主体形而上学正是相对主义（虚无主义）的"真相"（truth）——所造成的破坏。就是说，揭破了主体形而上学的"老底"，实际上也要打破内在于现代主体的"虚无主义"概念框架。如果这个目的变得明确起来，非常重要的一点是：不从成分把握并切中当今的社会现实——它首先是与历史唯物主义这种学说联系起来——而想要对"主体主义哲学捍卫者"的失败，以及社会科学实证主义和历史主义（后两者正是历史唯物主义的政治哲学的对抗者）引致虚无主义的错失有所理解，是不可能的。在这个意义上，我们不能以为，所谓历史的现实显现的问题仅仅是一个如何把握全部历史的真实性问题，实际上它更是政治哲学问题。大概不会有人否认，即便共产主义这样看似"历史之谜的解答"的历史趋势问题，其实也是地地道道的政治哲学问题。马克思之所以绝不是偶然地称共产主义是"历史之谜的解答"，那是因为我们所知的绝不仅仅是确定无疑地知道未来的秩序将会是共产主义社会，而且我们也知道，共产主义社会是更好的未来可能的秩序，是我们所意欲的。换句话说，从政治哲学的视域来看，尽管到未来，有许多可能性将成为现实，但成为现实的可能性的视域却被它的时代已知的种种可能性封闭着，可以确知，那些当下无法想象的可能性，也无法在当下诉诸言语。因此，我们追随马克思对可能性所采取的态度，共产主义的可能性绝不是属于未来才知道的可能性，更不是那些只有留给未来的政治哲学家才能知道的可能性，相反这种可能性已经发现。特别引人注意的是，在马克思对人类世界的历史规律的分析中，它从未置身于前者的开放性的视域之中，相反它的视域已经被它的时代问题所限定而得到认识，我用下面这个问题来表述：超越资本主义狭隘的"普遍主义"是如何可能的？显然，马克思要把握的问题不是超越是可能还是不可能的，而是超越是如何可能的？既如此，马克思所意欲的未来秩序便有赖于优先选择的普遍原则。如果我们对这些原则的政治意蕴作适当的阐释，就构成了历史唯物主义的政治哲学向度。

至于，在当今后现代的喧嚣声中，我的抱负是否已经实现，老实说，真正的评断权在于读者，而我本人的评断只有在不敢如此断言之后才得以可能——我让别人去评判我的写作是否对思想有用，而我自己认为，在本书中我充其量只是用一种导论的方式提出了某些方面的论证。只要有可能，我愿意竭尽所能完成那些"尚未完成"的论证。当然，这种"尚未完成"有种种原因，其中主要的原因在于要想清楚自己到底在想什么问题，并不是一个很清楚明白的事情。在我们这个时代，已经遗忘了不留书写痕迹也照样谈论哲学的苏格拉底式的话语，我们的问题似乎也越来越复杂。这里，免不了要用"命定"这个字眼概述此种情形：某种阐释越清澈透明，越阐明事物性状，或破释疑难，由此以祛谬扶正来终止某个领域的文字写作，就越有权威意味，引发的语词战争，便也越多，并用书本将它包装起来。

需要说明的是，本书是 2008 年江苏人民出版社出版的同名著作的重版，为了保持历史原貌，除了加了重版序言之外，没有做文字调整。我要向原版和重版的编辑表达我的真挚谢意，没有他们的帮助，我的成果不可能与读者见面。

图书在版编目（CIP）数据

历史唯物主义的政治哲学向度/张文喜著. —修订本. —北京：
北京师范大学出版社，2022.6
（走进哲学丛书）
ISBN 978-7-303-27890-9

Ⅰ.①历… Ⅱ.①张… Ⅲ.①历史唯物主义－政治哲学－研究
Ⅳ.①B03

中国版本图书馆 CIP 数据核字（2022）第 083335 号

营　销　中　心　电　话　010-58805385
北 京 师 范 大 学 出 版 社　http://xueda.bnup.com
主题出版与重大项目策划部

LISHI WEIWU ZHUYI DE ZHENGZHI ZHEXUE XIANGDU

出版发行：北京师范大学出版社　www.bnup.com
　　　　　北京市西城区新街口外大街 12-3 号
　　　　　邮政编码：100088
印　　刷：鸿博昊天科技有限公司
经　　销：全国新华书店
开　　本：730 mm×980 mm　1/16
印　　张：34.25
字　　数：390 千字
版　　次：2022 年 6 月第 1 版
印　　次：2022 年 6 月第 1 次印刷
定　　价：128.00 元

策划编辑：饶　涛　祁传华　　责任编辑：张　爽
美术编辑：王齐云　　　　　　　装帧设计：王齐云
责任校对：段立超　王志远　　　责任印制：赵　龙

版权所有　侵权必究

反盗版、侵权举报电话：010-58800697
北京读者服务部电话：010-58808104
外埠邮购电话：010-58808083
本书如有印装质量问题，请与印制管理部联系调换。
印制管理部电话：010-58808284